高等学校
思想政治工作新认知

GAODENGXUEXIAO
SIXIANGZHENGZHIGONGZUO XINRENZHI

主　编　林樟杰

副主编　万　峰　沈　研

林樟杰　万　峰　沈　研　鲍炳中　李希萌
徐晓明　周银娥　高　波　焦娅敏　盛　况
钱　慧　周　倩　郑　芬　魏　敏　吴国栋　著

上海教育出版社
SHANGHAI EDUCATIONAL PUBLISHING HOUSE

序 言

程天权

进入21世纪，随着经济全球化和科学技术的发展，世界政治态势发生了深刻变化。中国社会在30年改革开放的伟大进程中发生了天翻地覆的变化，这种变化给高校思想政治工作提供了崭新的社会背景，同时也带来了很多从未遇见的新问题。大学生群体是适应信息时代最快、最大的群体，他们接受新事物、新思想快，勇于挑战传统，挑战现实，富有创新精神。但是由于阅历有限，缺乏辨别能力，在世界观、人生观、价值观等方面，大学生比其他群体更容易受到各种影响，因此高校思想政治工作变得比以前更加复杂、更加重要。

目前，高校思想政治教育面临着复杂的政治文化背景。进入21世纪，随着网络、信息技术的普及，全球化不仅仅发生在经济领域，世界各地不同社会制度、不同意识形态下的价值观念和丰富多样的文化通过网络、信息快速地在各个国家民族之间传递着，再加上中国自身的传统文化的影响，整个中国社会面临着前所未有的变化，主要体现了以下几个特点：一是传统文化与现代文化并存。两千多年深厚的文化积淀使中国传统思想道德在社会上有着坚实的基础。自“五四”运动以来，因应中国现代文明新文化的产生，随着社会不断变革，历经新中国建立、“文革”以及改革开放，与中国传统文化大相径庭的现代文化体系形成。直面新旧两种文化思想在现实社会中不断碰撞、不断融和的现实，继承什么、摒弃什么是人们一直在不断思考和争论的问题。二是东方文化与西方文化并存。东方文化源远流长，对中国社会有着深远的影响，而西方文化的传入，以其宣扬“民主、自由、平等”的特质与中国传统家国思想形成鲜明的对比，使我们在价值取向上发生激烈的冲突。三是主流价值观与非主流价值观并存。今天的世界客观上共存着多种价值观，西方价值观念虽然不是我们社会的主流，却在世界上是强势价值观念，拥有强势话语权，给青年乃至全社会的思想政治教育工作提出了新的难题。同时并存的多种文化，在现实社会中不仅仅是以冲突和对抗的形式存在着，由于文化本身具有模糊性，不可能做出精确的归类和取舍。因此，在多元文化的背景下，如何坚持社会主义核心价值体系能够为广大青少年所接受，如何在现代信息网络技术的背景下确保思想政治工作的有效性，这是我们需要重新思考和研究的重大问题。

我国现有在校专科、本科、研究生约 2 000 万人，作为中国未来和社会希望的重要一部分，他们思想政治素质的好坏直接关系到能否确保我国在激烈的国际竞争中始终立于不败之地，关系到我国能否全面快速建设小康社会，关系到我国社会主义现代化宏伟目标能否顺利推进，关系到中国特色社会主义事业能否兴旺发达、后继有人。2004 年 10 月，中共中央、国务院下发了《关于进一步加强和改进大学生思想政治教育的意见》，这为新形势下进一步做好高校思想政治工作指明了方向，是新形势下加强和改进大学生思想政治教育的根本指针。本书以《意见》为指导定位德育目标，以服务于“人的全面发展”为德育的根本，以社会主义核心价值观为主导，全方位研究了高校思想政治工作，从社会背景到工作原则，从确立目标到队伍建设，在对思想政治工作的各种因素进行系统的归纳整理的基础上，提出了新的思维方式和工作方法。我认为这是一本很有新意，颇具可读性，并且在实际工作中富有参考价值的专著。

林樟杰教授是我在上海工作时的知交，他研究德育多年，先后在上海两所高校担任领导职务，在高等学校管理和思想政治工作方面深有心得，积累了大量理论和实践方面的经验，他继《高等学校管理新认知》一书出版后，又主持编写了这本《高等学校思想政治工作新认知》。这本书是编写者理论及实践经验的积累，也是在新形势下对高校思想政治工作的背景、存在问题以及各方面影响因素的新的系统的探索。希望能够给高校思想政治工作者一个新的视野和一些新的启示，使我国高校思想政治教育工作实现新突破，走向新高度。

目 录

总　论

思想政治工作作为人类特有的社会交往活动，归根到底是受社会经济基础决定的。当代社会，在全球经济政治文化格局大变动、大调整以及我国从传统社会向现代社会深刻转型的背景下，思想政治工作面临着巨大的发展机遇，同时也受到空前的严峻挑战。社会经济政治的深刻变革和各种思想文化交汇冲撞的外生变量与高校规模加速发展、深化改革、资源配置和利益格局调整等内生变量的双重推进，为高校思想政治工作编织着广阔的发展新图景，也催生了前所未遇的复杂的新课题。当今社会，围绕着提升新时期高校思想政治工作的实效性，有关新课题、新思路、新方法的研究比比皆是，但并未见高校思想政治工作在深层次上有显著的成效。新时期高校思想政治工作的加强和改进，需要有新课题、新思路和新方法，但更重要的是必须建立在对高校思想政治工作全面系统的新认知上。高校思想政治工作新认知就是用世界的、现代的、人本的新视角，对高校思想政治工作进行全方位的系统研究并建立新的理论构架，这是创新高校思想政治工作、切实提高其实效性的一项紧迫任务。

一

改革开放 30 年来，世情、国情、党情的新变化，对高校思想政治工作提出了新要求；全球化、多元化、信息化，给高校思想政治工作送来了新机遇；新世纪思想政治工作主客体的新特点，为高校思想政治工作带来了新难题。破解新难题，抓住新机遇，适应新要求，必须用新认知建构起高校思想政治工作新的理论框架。

1. 高校思想政治工作新认知是适应新时期变革的需要

当今世界正处在前所未有的广泛而又深刻的大变革、大调整之中。政治上世界多极化不可逆转，求和平、谋发展、促合作已经成为不可阻挡的时代潮流，但局部冲突和战争此起彼伏，热点问题依然不少，各种政治力量调整组合，国际战略竞争更趋激烈。经济全球化深入发展，科技进步日新月异，国际产业转移加快，新兴发展中大国迅速崛起，但世界经济发展很不平衡，南北差距拉大，经济风险增强，各国围绕国际市场、科学技术、能源资源等的全方位争夺更趋激烈。综合国力较量中的文化因素日益突出，世界范围内各种思想文化交流、交融、交锋更加频繁，国际思想文化领域斗争依然深刻复杂，国家软实力竞争更趋激烈。

进入新世纪，中国特色社会主义建设取得了举世瞩目的成就，国家经济实力已跻身世界四强之列，人民生活正步入小康，但是人均水平仍在世界落后之列。改革开放 30 年，我国经济社会出现了一系列转变：从计划经济到市场经济；从均质社会到异质社会；从静固社会到流动社会；从单一信息来源到多元信息来源；从封闭半封闭到全方位开放。

中国共产党 80 多年的奋斗，把一个积贫积弱的旧中国建设成了繁荣富强的新中国，完成了从一个革命党向执政党的转变，从而面临执政能力建设和拒腐防变的巨大考验；党从工人阶级的先锋队发展成为中华民族的先锋队，担当着发展先进生产力、发展先进文化和代表全体人民利益的新使命。

新形势、新变化，一方面为高校思想政治工作提供了无限宽广的发展机遇；另一方面，也使得建立在革命战争年代和计划经济时代的传统的思想政治工作产生出诸多不适应。经济政治的全球化为我们融入世界、提升全球意识提供了极好的平台，但同时也隐含着“西化”、“分化”的危险；文化多元化让我们领略各种文化的神韵，但同时也冲击着马克思主义主流意识形态；信息网络化帮助我们快速获得新知，但同时也制约着思想政治工作的主导作用；经济市场化促使我们确立了竞争与效率的新观念，但同时也颠覆着传统社会的主流价值观。

随着世情、国情、党情的变化，以及我国经济体制的深刻变革，社会结构深刻变动，利益格局深刻调整，思想观念深刻变化，人们思想活动的独立性、选择性、多变性、差异性明显增强，思想道德领域遭遇了前所未有的新难题。高校思想政治工作要顺应时代的变革，必须从思想政治工作的目标、理念、原则、内容、途径方法等方面，用新思维、新认知系统建构新的理论构架。

2. 高校思想政治工作新认知是满足高校自身发展的需要

高校的发展必须适应经济社会的发展。我国经济体制已经从计划经济转变为市场经济，从一个短缺经济社会转变为供应充足的社会，而经过几十年传统经济和教育体制沉淀的高校，无论在管理体制还是在专业设置、教学内容上仍然留有旧的烙印，办学理念、思想观念还不能适应经济社会的快速发展。这就需要高校思想政治工作以新思维新认知厘清高校发展的新思路和办学的新理念。

高校的发展应适应创新型国家建设的需要。世界综合国力的竞争关键是国家创新能力的竞争。高校是国家创新能力的集中体现，但是现在高校的创新能力普遍不强，与世界强校相比，差距甚远。学校的主要精力投入不足，教师的科技创新动力不强，满足于发表论文的旧习惯和考核机制仍然盛行，即使出了些研究成果，能产业化的也寥寥无几。这就需要高校思想政治工作以新思维新认知去激发高校教师的创新动力，建立高校的创新机制。

高校的发展应与世界高等教育接轨。改革开放 30 年来，我国高校获得了空前的发展，但是还没有一所高校能进入世界高校百强之列，我国高校的总体实力与世界强校还不能相比。这不仅是实力上的差距问题，更是在教育观念上诸如服务意识、质量意识、标准意识、国际化意识等方面存在的巨大差距。高校思想政治工作的任务就是要以新思维新认知去改变学校和教师的教育观念，真正融入教育全球化，为高校发展注入新的活力。

高校发展应从规模发展转变为内涵发展。前一轮的规模扩张满足了人民的教育需求，使高等教育进入大众化时代，功不可没。但是，大学的实力和水平并不在于有几幢漂亮的大楼，度假村式的校园并不等于一流人才的辈出。高校发展必须从大规模的外延发展转变为内涵发展，加快学科的创新，提升学科的水平，改革教学内容，提高教育质量。高校思想政治工作的核心是培养造就合格建设者和优秀人才，以新思维新认知构建高校思想政治工作的理论构架是高校内涵建设、促进学校内涵发展的首要任务。

3. 高校思想政治工作新认知是服务于人的全面发展的需要

高校思想政治工作的主要功能是育人，高校教师既是育人的主体，又是学校加以培养的人才，体现学校的教育和学科水平。随着高校内部人事制度改革的深入，教师队伍也出现了许多新的变化。一是高学历教师的自身成才愿望极强，但育人意识普遍较差。现在高校教师基本上都是硕士以上学历，有的学校百分之五十以上的教师是博士，他们有着学科的研究背景和基础，强烈希望学校给予足够的条件，让他们尽早出成果，成为优秀人才。因此，他们很少愿意担任学生辅导员，平时对学生的教育意识也不强。二是教师个体意识越来越强，对学校归属感下降。所有高校普遍实行了教师职务聘任制，取消了教师职称的终身制。有的学校出于编制的制约和考查的需要，对一部分教师采用人事派遣的方法，这使得部分教师产生受雇佣感和临时感，主人翁意识和归属感下降，以致只要对自己发展有利，随时可与学校解聘。三是教师压力普遍加大，精神心理负担较重。各高校普遍加大了教师职务聘任期的教学科研学术等方面的硬性考核，一旦完不成约定任务，即面临解聘之忧。加上由于购房安家等生活成本的压力上升过快，让部分教师无法安心教育工作。有的学校已经发生由于压力过大教师无法承受而走极端的现象。由于教师在学校的特殊身份和作用，高校思想政治工作既要为教师的成才发展服务，也要激发教师为育人服务的意识，因此，需要用新思维新认知系统构建高校思想政治工作新的理论构架。

进入新世纪，当代大学生呈现出 80 后和 90 初新生代的新特点。他们的爱国热情高涨，但是表达如不理性，则有民族主义的倾向，容易被人利用；国家经济社会的迅速发展，使他们认同中国共产党的领导，同时又有着越来越强的民主诉求，对政治体制改革的民主进程非常关注；他们入党的愿望较强，但是较多的是从自身发展的功利性出发；他们求知欲强，接受信息快，全球意识较强，但是受多元文化和各种思潮影响，对马克思主义主流意识形态的认同感减弱；他们注重个人职业发展的历练，但是个人主义、消费主义和享乐主义也在他们中盛行；他们从小身经“百战”（经历过无数次考试），顽强拼搏，但是时常感到压力负担过重，心理健康问题十分普遍。大学生是高校思想政治工作主要的工作对象，当代大学生的素质决定着我国未来社会的走向。中央提出的已经被中国社会发展所证明是正确的中国特色社会主义道路以及和谐社会的建设，对高校人才培养提出了新要求，高校思想政治工作应当用新思维新认知系统构建高校思想政治工作新的理论构架，准确把握大学生身上的新特点，为学生的全面发展服务。

二

面对新形势、新难题和新要求，传统的高校思想政治工作出现了许多观念不适应、工作不对路和效果不理想的问题。围绕提高高校思想政治工作的针对性和有效性，高校思想政治工作就要用全新的视角，进行新的理论思维，从而确立突出人本性、关注利益性、注重实践性的新的理论原则。

1. 突出人本性是高校思想政治工作新认知的核心原则

思想政治工作是人类社会特有的精神生产实践活动，历来同时具有调节人与人之间的社会关系和促使个人社会化的功能。由于不同时期的社会变革发展的任务不同，思想政治工作更为直接地呈现出为社会变革发展服务的直接目的，而往往忽略了思想政治工作作为人的感性实践活动本来就是人的生命存在和生存方式，忽视了作为人的本源性需求——思想政治工作促进人自身的生存和发展的目的。这也正是当前高校思想政治工作偏重其工具性，忽略其人本性的普遍问题。其实，思想政治工作调节社会矛盾，说到底也是为了维护人自身的生存和发展条件，因此，思想政治工作的本原目的只能是服务于人的生存和发展。

思想政治教育的本原目的具有普遍性，其意义在于维护思想政治教育的本体价值，凸显思想政治教育目的的质的规定性和教育本质中的普遍性，避免因思想政治教育具体目的的经常变化而造成思想政治教育方向的迷失和整个思想政治教育的摇摆与动荡。思想政治教育只有立足于它的本体价值和本体功能，只有坚持促进人的生存和发展这一本原目的才符合人性，才是以人为本的，才能稳固自己的根基。[①] 因此,关注人本性是高校思想政治工作新认知的核心原则。

高校思想政治工作关注人本性,就是以人为本,满足师生全面发展的需要,这是高校思想政治工作的根本目标。实现人的全面发展,是人类千百年来的美好梦想。马克思认为,人的全面发展,是"人以一种全面的方式,也就是说,作为一个完整的人,占有自己的全面的本质"[②]。在他那里,人的全面发展概念无疑具有丰富而深刻的内涵,它不仅是指体力和脑力的充分发展,更包括人的一切属性的充分、自由、和谐的统一。

马克思主义关于人的全面发展的理论是我们思想政治工作的理论基础。"人的全面发展的内涵,是确定思想政治教育的根本任务、发展方向以及选择思想政治教育方式的根据;人的全面发展的目标规定了思想政治教育的根本目标和思想政治教育的本质;实现人的全面发展的途径揭示了思想政治教育的内在价值及其有效渠道。"[③]我们的思想政治工作要以人的全面发展为目标,必须深刻领会马克思主义关于人的全面发展的理论,着力于提高人的素质和能力,丰富人的社会关系,促进人的个性的自由发展,这样才能增强思想政治工作的针对性和实效性。

坚持以人为本,是高校思想政治工作坚持科学发展观的具体体现。科学发展观的核心是"以人为本",就是要尊重人,尊重人的特性和人的本质,把人作为手段与目的的统一。高校思想政治教育工作的主体和对象都是人,因而当务之急便是启发人的自觉性,调动人的积极性,激发人的创造性,做到更多地关注人的主体需要,尊重人、关心人、教育人、引导人、提高人。关注人本性,是做好师生思想政治工作必须要具备的理念和坚持的重要理论原则。

2. 关注利益性是高校思想政治工作新认知的基本价值

人类的一切活动都是为了满足一定的利益需求,思想政治工作作为人们的社会实践活动也不例外。马克思指出:"人们为之奋斗的一切,都同他们的物质利益有关。"[④]马克思研究人类社会活动的出发点就是人为了生存而进行的物质生产实践,人们在一定的物质生产实践和交换中形成了一定的利益关系和利益冲突。当社会物质产品还没有极大丰富的时候,人们总是最关心自身的物质利益以及与物质利益有关的实际问题。人们的思想问题大多也是他们处理某些物质利益关系所遇到的实际问题的反映,其思想问题的解决,也就是他们的物质利益关系得到妥善的处理和他们的物质需求得到合理的满足。而人们的物质利益和精神利益从来就是交织在一起的,当代人不仅要求满足物质生活的需要和利益,而且更

① 张耀灿.论马克思主义人学视野中的思想政治教育目的[J].马克思主义与现实,2007(6).
② 马克思.1844年经济学哲学手稿[M].人民出版社,2000(p85).
③ 郑洁.马克思主义关于人的全面发展理论及其对思想政治教育的启示[J].忻州师范学院学报,2004(3).
④ 马克思恩格斯选集(第一卷)[M].人民出版社,1956(p187).

要求满足人的精神生活的需要和利益。人们对物质利益和精神利益的追求，共同构成了社会发展和人的自身发展的基本动力。思想政治教育的内在价值就是对人的培养，这种对人的培养不是简单地将人作为工具，而是以人为目的，为人的发展和完善服务。思想政治教育可以看作是价值的观念建构和现实建构的相互作用、相互联系和相互转化的过程，而贯穿这一过程的核心和动力机制却是思想政治教育价值主体生存和发展的利益。因此，关注利益性包括物质和精神利益是高校思想政治工作新认知的基本价值。

高校师生作为高校思想政治工作的价值主体，满足他们生存发展的物质和精神的利益需要，正是高校思想政治工作的基本价值所在。高校教师既是学校的教育工作者，也是学校人才的集中体现。教师一方面承担着培养学生的重任，另一方面又要为自身的发展而操劳。他们的物质和精神利益的需求反映在他们的工作学习环境、生活条件、社会保障、民主权利等切身利益上，会出现各种各样的实际问题，教师之间，教师和管理者之间，师生之间也形成了一些各自不同的利益关系或利益冲突。高校思想政治工作要改变一谈物质利益和精神利益需求就是功利主义的倾向，切实关注教师的实际问题，妥善解决各种利益关系，合理满足教师的物质和精神利益需要。大学生是学校的教育对象，更是高校思想政治工作的主要对象，大学生的物质和精神利益集中反映在他们的生存发展和成才需求上，他们在社会化的过程中会遭遇许多实际问题，诸如对社会的认知冲突、职业发展选择的困惑等等，这些问题解决不好，就会妨碍他们自身的发展和成才，使他们所需要的物质和精神利益得不到满足。高校思想政治工作就是要从解决学生实际问题出发，满足他们在学习生活中的物质和精神利益的需要，促进学生的全面发展，这也是高校思想政治工作新认知的基本价值。

3. 注重实践性是高校思想政治工作新认知的基本内涵

马克思指出："全部社会生活在本质上是实践。凡是把理论引向神秘主义的神秘东西，都能在人的实践中以及对这个实践的理解中得到合理的解决。"①思想政治工作作为人类的社会实践活动，其内容方式及其矛盾运动等一切环节都是实践的。实践是思想政治工作的逻辑起点，也是检验思想政治工作成效的试金石。

人们的社会存在决定人们的社会意识，思想政治工作作为社会意识的组成部分，既由社会物质生活条件所决定，又具有能动的反作用。思想政治工作的实践性，首先是由社会物质生活条件所决定的。一切思想问题都是社会物质生产实践决定的社会关系的反映，思想问题的矛盾运动和思想问题的解决也只有在实践中才能有效进行。

高校思想政治工作新认知注重实践性，就是在思想政治工作的内容上要日常

① 马克思恩格斯选集(第一卷)[M]. 人民出版社，1995(p56).

生活化。日常生活是人们最基本的生存方式,无论是教育者,还是被教育者都离不开日常生活的存在方式。杜威(John Dewey)认为,生活就是发展,而不断发展,不断生长,就是生活。[①] 人们的思想问题最容易通过日常生活来反映,日常生活也最能反映人们的基本生活和生存发展需要。高校思想政治工作日常生活化,就是要贴近学校师生学习工作的生活实际,这是思想政治工作的一条历史经验,但是做起来又往往容易被忽视。贴近生活实际是思想政治工作增强针对性、提高实效性的根本保证。

高校思想政治工作新认知注重实践性,就是在思想政治工作的方式上要以参与式、体验式、探究式为主的实践方式。思想政治工作的内容是生活化实践化的,如果其方式不是实践的,可想而知,思想政治工作是不会有效果的,因为在实践中产生的思想问题,也只有在实践中才能解决。高校思想政治工作无论在显性课程中,还是在隐性课程中,无论在课堂上,还是在日常教育中,都应强化教育方法的实践性。课堂上,要通过学生的积极参与,加强师生之间的互动;日常教育中,让学生在社会环境中去体验思想问题的发生,探究合乎社会化要求的结论。

三

高校思想政治工作承担着为和谐社会建设培养合格人才和促进师生自身的全面自由发展的新任务,迫切需要用新认知新思维确立新的理论原则,本论题把高校思想政治工作放在全球化国际大背景和我国转型社会的复杂背景下,凸显新时期高校思想政治工作的新目标、新使命、新任务,形成了对高校思想政治工作理论的新突破。

首先,提出了高校思想政治工作新的时代特征。本论题分析了新世纪全球化大背景和转型期我国国情新变化以及时代浪潮的新因素的影响,提炼出高校思想政治状况的人本性、多样性、竞争性、开放性和激变性等新的时代特征。

其次,提出了新时代高校思想政治工作影响因子论。本论题探讨新时代各种因素对思想政治工作的影响,归纳提出了影响高校思想政治工作效果的十个因素和十个关系。

第三,形成了高校思想政治工作新的目标价值论。本论题从新时期高校的办学的生命力、影响力、使命感和科学性出发,经过充分论证,形成了高校思想政治工作的直接目标论和根本目标论。

第四,形成了高校思想政治工作的新的基本原则。本论题结合世情、国情、校

① 杜威.民主主义与教育[M].杜威教育名篇.教育科学出版社,2006.

情和思想政治工作的方向、理念、内容和方式，研究形成了以人为本等五个高校思想政治工作的基本原则。

第五，探讨了构建和谐校园的理念和难点，提出了和谐校园的五种精神的培育。

第六，探讨了新时代知识分子的新特点和新的特殊地位，提出了做好高校知识分子工作的新思路。

第七，探讨了新时期大学生思想状况的新特点和思想政治工作面临的新课题，提出了大学生思想政治教育的"一体化"、"两结合"和"三联动"的教育教学和自我教育的新理论。

第八，探讨了高校党建和干部教师队伍建设的新情况、新要求，提出了高校思想政治工作必须走全员育人、全过程育人、全方位育人的新路子。

第九，提出了高校思想政治工作主客体统一性的新理论。本论题研究论证了高校思想政治工作的主客体的特点，提出了主客体都是统一在主体性的人、主客体互相联系和相互转化的新理论，强调了坚持以人为本、关心每个个体的原则。

第十，探讨了高校思想政治理论课改革的必要性，提出思想政治理论课三个转化的建设规律和提高理论课实效性的原则、理念和方法。

第十一，提出了做好高校思想政治工作的新的科学思维方式。本论题分析研究了传统思维方式对高校思想政治工作的束缚和对思想政治工作实效性的消极影响，提出用一系列新的科学思维方式，去克服传统的不合时代要求的思维方式，以创新的思维，提高高校思想政治工作的实效性。

四

总结新认知新思维，构建高校思想政治工作新的理论体系，是有效做好高校思想政治工作的一项紧迫任务。《高校思想政治工作新认知》就是在这样的背景下，运用思想政治教育理论、现代教育理论、后现代德育理论、经济政治学理论、人的全面发展理论、人力资源理论、社会学理论、党建理论等，分析归纳研究形成了高校思想政治工作新的理论框架，主要分成五个部分共十二个章节。

第一部分是总论。主要回答了《高校思想政治工作新认知》论题提出的背景和必要性，阐述了本论题的理论原则和新的思路，介绍了本论题的理论框架和主要内容。

第二部分包含第一至第三章。主要是从世情、国情和社情出发，分析高校思想政治状况的新变化、新特点以及影响高校思想政治工作效果的各种因素和各种关系，研究提出高校思想政治工作对应的新的原则和对策。

第一章“新的时代特点与高校思想政治状况的变化”分为四节，分别分析了全球化国际大背景的新特点、转型期我国国情的新变化和时代浪潮中的新因素对高校思想政治状况的影响，提出了高校思想政治状况的“人本性、多样性、竞争性、开放性和激变性”的时代新特征。认清高校思想政治工作的大背景和时代新特征，是做好高校思想政治工作的必要前提。

第二章“高校思想政治工作的原则与对策”分为四节，论述了新时期高校思想政治工作应坚持的五条基本原则，用全新的理论视角阐述了思想政治工作如何更新观念，揭示了思想政治工作五个方面的内涵建设，探讨了创新思想政治工作的形式与方法。这是创新高校思想政治工作应该厘清的新思路。

第三章“影响高校思想政治工作效果的诸多问题”分成两节，从经济、政治、社会、家庭和个人性格、心理因素等各个方面研究提出了影响高校思想政治工作的十个因素，并从思想政治工作的各种角度，揭示了影响高校思想政治工作的十个要处理好的关系。

第三部分包含第四章和第五章，主要研究提出了高校思想政治工作的直接目标和根本目标，这是本论题的方向和核心。

第四章“高校思想政治工作的直接目标——增强凝聚力”分为三节，提出了凝聚力是高校创造力、竞争力、贡献力和辐射力的基础，是高校生命力、影响力和社会地位所在，探讨了凝聚力建设的四项基本要素，分析了需要克服的阻碍凝聚力建设的不利因素。这为增强高校思想政治工作的直接效果指明了方向。

第五章“思想政治工作的根本目标——学校的科学发展和学生的全面发展”分为两节，从思想政治工作要保证高校的办学方向、高校的根本任务和高校的社会服务功能出发，研究提出了高校的科学发展和学生的全面发展是高校思想政治工作的根本目标。这是高校思想政治工作的总方向和灵魂。

第四部分由第六章至第十一章组成，主要研究高校思想政治工作的主要方面和主要内容，提出加强和创新高校思想政治工作的新路子。这是本论题研究的主要内容。

第六章“高等学校和谐校园的构建”分为六节，阐述了和谐校园是学校各项工作的基础，是社会和谐的典范和动力，是高校思想政治工作的重要组成部分；论证了和谐校园建设的核心价值主导与包容多样的统一；分析了构建和谐校园的主要难点；提出了营造和谐校园的思想政治环境、大学人际环境、专业发展环境和校园人居环境；论述了和谐校园五种精神的培育；从领导体制、管理体制和办学体制等角度探讨了和谐校园的制度构建。

第七章“高等学校的知识分子工作”分为三节，比较分析了知识分子的历史特点和时代新特点，研究论述了新时代高校知识分子的特殊地位和做好知识分子工作的战略意义，提出了做好知识分子工作的新思路。

第八章“高等学校的学生思想政治工作”分为四节，这是高校思想政治工作体现育人的主要部分。本章分析论述了健康向上的学生思想政治状况的主流和国际国内社会环境对学生思想政治状况的负面影响，揭示了大学生思想政治工作面临的诸多新课题，提出了教育教学、管理服务和自我教育的“一体化”、“两结合”和“三联动”的思想政治教育新思路。

第九章“高校思想政治理论课程改革与创新”分为四节，从高校思想政治理论课的意识形态整合、知识涵养和方法论熏陶等功能和大学生认知特点出发，结合新课程改革方案的背景，论述了思想政治理论课程改革的必要性；探讨了理论体系到课程体系再到素质体系的三个转化的规律性；论证了理论课教学中要正确处理好主导与主体、智力因素发展和非智力因素培养以及知识、能力、思想品德和行为的三个关系；从教学观念、教学内容、教学方法和教学环节等方面提出了以创新精神推进思想政治理论课改革和建设的新路子。

第十章“高等学校思想政治工作队伍建设”分为四节，分析厘清了高校思想政治工作队伍建设的理论和实践的认识问题，从全员育人的角度，提出了构建思想政治工作专职队伍、理论队伍、日常管理队伍、规划指导队伍、“三育人”队伍和特聘兼职队伍等六支队伍的新构想，并探讨了思想政治工作队伍的培训考核管理。这是高校思想政治工作的组织保证。

第十一章“高校思想政治工作与党的建设”分为三节，阐述了党对高校思想政治工作的领导和各级党组织的政治核心作用以及协调发挥民主党派、各级群众组织和各方力量的作用，提出了从严治党、加强党的自身建设的六项措施。

第五部分是第十二章“做好高校思想政治工作要有科学的思维方式”，共有六节。分别从树立创新意识、民主意识、求实意识、理性意识、辩证意识和法制意识的角度，论述了克服传统的旧的思维习惯、建立科学的思维方式的理论观点。这是创新高校思想政治工作、提高有效性的首要条件。

综上所述，《高校思想政治工作新认知》是从全球化国际大背景和新时期我国转型社会及时代新浪潮的新特点出发，用世界的、现代的、人本的新视角，以新思维新认知，全面探讨了高校思想政治工作的新特点、新难题和新机遇，论述了新时期高校思想政治工作的目标和基本原则，提出了做好高校思想政治工作的新路子，旨在构建高校思想政治工作新的理论框架，为提高高校思想政治工作的实效性作出应有的贡献。

第一章　新的时代特点与高校思想政治状况的变化

我国高等院校承担着培养中国特色社会主义事业的建设者和接班人的重要使命，高校的思想政治教育工作是人才培养首要的、根本的任务。目前，我国在校大学生约有2 000万，他们的思想政治状况如何，直接关系到党的事业的兴衰成败，关系到中国特色社会主义事业的兴旺发达。江泽民同志在中央思想政治工作会议上的讲话中指出："做好新时期的思想政治工作，必须从国际和国内、历史和现实的角度，深刻分析新形势下对广大干部群众的思想活动发生作用的客观环境及其基本特点，正确审视和解决那些影响干部群众思想活动的重大理论问题和实际问题，为我们进行新时期的思想政治工作提供一个根本的比较切合实际的基础。"做好高校思想政治工作，首先要从国际大背景和转型期我国国情的新变化中把握新的时代特点，深刻了解新时代的新特点对高校思想政治状况带来的影响，这样才能提高高校思想政治工作的针对性、实效性。

第一节　国际大背景的新特点及其对高校思想政治状况的影响

要切实提高思想政治教育工作的有效性和针对性，必须紧密结合当今时代的国际背景的发展变化，敏锐地把握新时期开展思想政治教育工作所处的国际大背景的新特点，使我们思想政治教育工作不论是在内容上还是在形式、途径上都要紧紧跟上国际大背景的新变化，这是新时期有效开展思想政治教育工作的一个基本立足点。

当代大学生的成长正处于经济全球化浪潮席卷全球、世界政治多极化格局进一步发展、新技术革命突飞猛进以及综合国力竞争进一步加剧的国际大背景之下，这些国际大背景的新特点不可避免地会对高校大学生产生影响，从而为高校思想政治工作带来各种各样的冲击和挑战。这些冲击和挑战既是思想政治工作面临的困难，同时也是思想政治教育工作创新的机遇。

一、经济全球化的趋势

经济全球化是指世界各国、各地区经济，包括生产、流通和消费等领域，通过对外贸易、资本流动、技术转移、提供服务等相互联系、相互依赖、相互渗透而形成的全球范围的有机经济整体。它体现了贸易、投资、金融、生产等活动的全球化，即生存要素在全球范围内的自由流动和优化配置。

经济全球化发端于20世纪50年代，80年代正式提出，90年代形成高潮，是社会化大生产的必然趋势。江泽民同志在会见出席“二十一世纪论坛”2000年会议的外方人士时指出：“经济全球化已经成为世界经济发展的必然趋势，也是各国经济未来发展依赖的外部环境。经济全球化给人类带来前所未有的繁荣和发展机遇，同时也带来了巨大的风险和严峻的挑战。任何国家要取得本国经济的更大发展，除了依靠国内资源和国内市场外，还要善于利用国际资源和国际市场。”2001年11月10日，中国正式加入世界贸易组织，成为世界贸易组织的成员，这是我国经济融入全球化进程的一个重大事件。中国加入世界贸易组织使得中国经济进一步融入世界经济体系之中，进一步拓深了国家经济分工合作的程度与范围，国际竞争能力也得到进一步提升，我国经济社会各项事业都取得了长足的发展和进步。

经济全球化是当代世界经济的重要特征，也是世界经济发展的重要潮流。进入21世纪，经济全球化呈现出以下七个方面的趋势，必将对世界各国的经济发展和社会生活产生深远的影响：(1) 世界经济模式开始进入“融合模式”阶段，但板块特征依然明显；国际贸易将有力地推动经济全球化和地区经济一体化。(2) 要素的全球性活动加快，金融业在全球经济生活中的作用举足轻重；证券市场对全球资源配置所起的支配作用将得到进一步的加强，金融业的全球化正导致财富在全球的重新分配，国际货币体系将走向多极化。(3) 经济发展的周期及其特征将会发生变化，各国经济差距将进一步拉大；全球资源的优化配置和投资、生产、流通、消费的优化组合，全球经济增长的抗风险能力提高，它推动了全球生产力大发展，世界GDP将持续增长，这为少数发展中国家追赶发达国家提供了一个难得的历史机遇。但与此同时，经济全球化也加剧了国际竞争，增多了国际投机，增加了国际风险，更为严重的是，在经济全球化中，由于实力不同，发达国家和跨国公司将得利最多，而发展中国家所得甚少，因此，发展中国家与发达国家的差距将进一步拉大。(4) 国家经济主权弱化，但国家利益和民族特性又在强化；跨国公司将持续推动企业的跨国兼并浪潮。企业的跨国兼并打破了民族国家的壁垒，模糊了民族国家的经济界线。各民族国家在经济上的相互依赖，越来越呈现你中有我、我中有你的局面。但同时又对国家主权和发展中国家的民族工业造成了严重冲击。(5) 知识将成为21世纪生产要素中的一个独立成分。经济全球化将不断刺激技术创新和制度创新，知识经济是新世纪最为重要最具价值的新增长点。(6) 经济风险的全球化。经济全球化是把双刃剑，经济全球化使世界各国在经济上日益相互依赖、相互渗透，这就使一个国家或地区的经济震荡可以迅速波及全球。这是经济全球化在21世纪面临的一个主要风险。(7) 经济全球化对政治社会文化产生深远的影响。首先，经济全球化在21世纪的不断深化，将不断加深各国经济的相互依赖、相互渗透，使各国间的共同利益不断增加，这样，必然有利于维护世界的和平，促进世界的发展。其次，经济全球化使各国领导人和政府的政策选择余地缩小，这必然有利于形成国际关系的民主与合作气氛。当然，经济全球化会对民族文化产生巨大的冲击。从积极方面看，外来文化可以丰富本国的文化，带来更健康、更现代化的生活方式、伦理道德；从消极的方面看，外来文化中的颓废主义、黄色文化、利己主义甚至邪教也会在不长的时间内在一个国家里像瘟疫一样传播开来，破坏一个国家的民族凝聚力。如何在国际文化交流中趋利避害，是世界各国、特别是发展中国家必须解决的问题。

当今世界，经济全球化的负面影响也日趋显现。美国次贷危机引发全球金融危机、国际油价的大幅度波动、资源环境问题突出已经成为世界各国需要共同面对的难题。

经济是社会发展的基础，经济全球化实际上是包含了经济文化政治等各方面的全球化。全球化对高校思想政治状况的主要影响有：第一，贫富差距拉大，人们更加关注社会的公平公正。经济全球化为发展中国家发展经济、追赶发达国家提供了机遇，但是全球化并没有把世界带入共同富裕的社会，相反经济全球化的利益主要被掌握资本和科技优势的跨国公司及其所在国占有，富者愈富，穷者愈穷，国家之间、人们之间贫富差距进一步拉大，有责任感的知识分子和青年学生会更加关注社会的公平公正，关注落后国家和弱势群体的生存发展，关注全球化利益的共享。第二，经济全球化以牺牲资源环境为代价，人们更加关注生存环境。经济全球化的高速发展，对不可再生资源的掠夺和对环境的污染也史无前例，经济发展异化成对人类社会的毁灭性打击，以资源环境为中心的人类生存环境正被人们重视起来。第三，思想文化呈现多样性，马克思主义的主流意识形态受到冲击。经济全球化让我们感受了各个国家、各个民族思想文化的多样性，领略各种文化的精彩斑斓，但是西方国家凭借其在经济全球化中的主导地位，利用他们强大的传媒和娱乐产品，推行他们的价值观，使马克思主义的主流价值和意识形态在青年学生中的影响趋于弱化。第四，加快民主政治改革的呼声趋高，但是对西方“西化”、“分化”我国的图谋认识不清。对外开放、全球化让我们深切感受到了要实现现代化、赶超世界强国，唯有加强民主与法治，没有民主，就没有现代化。但是，当前的全球化事实上是由西方少数发达资本主义国家所主导和支配的全球化，西方敌对势力加紧推行“西化”、“分化”我国的图谋，在政治上利用所谓人权、民主、民族、宗教等问题向我国发难，在文化上极力散布资产阶级思想文化、价值观念和生活方式。对此，一些青年学生难以辨别，有的产生思想混乱，甚至信仰危机。

二、政治多极化的走向

世界经济全球化的同时，我们生活其中的世界正在变成一个平等交往的世界。由一个国家主宰他国命运和左右世界形式的局面已经不符合社会发展的潮流，所以政治多极化成为当代世界发展的趋势。

世界政治多极化是指一定时期内对国际关系有重要影响的国家和国家集团等基本政治力量相互作用而朝着形成多极化格局发展的一种趋势。多极化趋势无论在全球或地区范围内，在政治、经济等领域都有新发展。到目前为止，多极化并没有定型为某一基本的世界新格局。

自 20 世纪 90 年代以来，随着苏联的解体，美苏争霸的两极格局的终结，美国成为世界上唯一的超级大国，但世界并未出现单极格局或美日欧联合主宰世界的局面，现实是孕育于两极格局之中的多极化趋势。美国试图利用其强大的军事力量、经济力量来谋求对世界的主导地位和霸权地位；与此同时，随着改革开放以来中国经济的发展和国际政治影响力的日益增强，以及日本、欧盟、俄罗斯等国实力的增强，这些国家日益成为国际政治舞台上发挥着举足轻重影响的政治力量，从而推动了世界多极化的进程，形成了一超多强的基本政治格局。

世界格局走向多极化，符合世界发展的客观规律，有利于体现各国和各国人民的共同意愿和利益，有利于避免新的世界大战的爆发，有利于遏制霸权主义和强权政治，有利于推动建立公正合理的国际政治经济新秩序，有利于促进世界政治经济文化的协调平衡发展。政治多极化是国际政治格局发展的必然趋势。这是因为：第一，经济全球化进程使单极世界构筑的可能性大大降低，科技和经济实力成为越来越重要的因素，在科技与经济的迅速发展中，已没有哪一种力量能够全方位占据绝对优势，随心所欲地控制世界。经济多极化是政治多极化的基础，政治多极化是世界经济多中心和区域化趋势在世界政治发展中的体现。第二，世界政治多极化是世界经济发展不平衡规律作用的结果。世界各国综合国力的较量，必然导致世界政治的多极化格局。第三，各国文明的多样性成为世界多极化重要的社会基础。第四，多极化趋势必然发展的根本原因在于各大力量都要维护自己的国家利益，决不会牺牲或放弃自己的国家利益，屈服于别国利益。世界朝着多极化方向发展既是一个不以人们意志为转移的客观趋势，也是除美国以外的国家和国家集团所追求的目标。

但是政治多极化是在曲折中发展的。不公正不合理的国际政治经济旧秩序还未得到根本改变,要解决和平与发展这两大战略性问题,建立公正合理的国际政治经济新秩序,仍然任重道远。多极化格局的形成将是一个长期的过程。这是因为:第一,美国的霸权主义和构建单极世界的图谋,是多极化趋势发展的最大障碍。第二,世界上冷战思维的继续、南北贫富差距的扩大以及民族分裂和宗教纠纷等,也会对多极化趋势产生各种干扰和冲击。第三,多极化格局的形成是世界各种力量重新组合和利益重新分配的过程,由此将产生多种不确定因素,世界多极化进程将充满矛盾和斗争。

目前及今后一个时期,求和平、谋发展、促合作已经成为不可阻挡的时代潮流,这是新时代的主题。但局部冲突和战争此起彼伏,热点问题依然不少,各种政治力量深刻调整组合,国际战略竞争更趋激烈。国际形势的基本态势是:总体和平、局部战争,总体缓和、局部紧张,总体稳定、局部动荡。总的来说,西强我弱的态势还将长期存在,我们必须有足够的思想心理准备。

政治多极化的走向关乎世界和平发展的大局,关乎我国的和平崛起与发展道路,它对高校思想政治状况的主要影响是,中国等世界和平力量的崛起唤起人们对和平的期盼,但是霸权主义和强权政治仍然盛行,各种分裂势力、恐怖势力和极端势力给国际社会不断带来危害,使人们深感失望和恐惧;西强我弱的态势甚至使部分学生对我国的社会主义道路的持久发展持有一些怀疑态度,或者是显得信心不足。

三、科技的迅猛发展

科学技术进步是世界经济发展的主要动力。战后出现的第三次科技革命到20世纪70年代又掀起了新的高潮,信息技术和信息产业在这次科技革命中充当“火车头”的作用。20世纪80年代以来,以数字化和网络化为特征的信息技术飞速发展,使全球经济增长方式发生了根本性的变化。科技知识空前快速地生产、传播和转化,对世界经济、各国经济增长方式以及国际经济竞争等都产生了深刻的巨大影响。一方面科学技术对传统产业高度渗透和改造,另一方面以知识为基础的新兴产业兴起,各国经济信息化加速发展,对世界经济和整个人类社会的影响将会逐步表现出来。

人类社会生存发展的新需求和人们探索世界的“好奇心”和“创造欲”仍然是推动科技创新的两大动力。进入新世纪,人类无论在宏观宇宙、微观物质结构、生命科学与生物技术领域,还是在信息技术、纳米技术、航空航天等方面,世界各地的科学家们都取得了一系列令人振奋的新成就。科学家已经把宇宙的年龄往前推到了141亿年,并探明宇宙的主要组成成分为不知名的暗物质和暗能量,还不断发现新的行星和卫星。在微观世界、生命科学和高新技术领域,新发现、新成果层出不穷,从由4个和5个夸克组成的新粒子、新纳米材料研制和应用,到SARS

病毒研究和疫苗的生产、人类基因组序列绘制完成、克隆羊等动物克隆和人体器官克隆、世界第一个修补大脑的芯片问世、超级计算机制造和互联网超高速数据传输等等，无不显示科学技术发展的日新月异。

21世纪仍将是科学技术以更快的速度迅猛发展的时代，科技进步与发展呈现新的态势。世界各国普遍重视科技的投入和政策的支持，全球研发投入大幅度提高，创新仍是各国科技政策的关注焦点，全球研发投入大幅反弹，世界科技稳步向前，纳米技术发展势头强劲，世界航天技术在竞争中发展，国际生命科学研发风头正健，世界环保产业呈现新的发展态势，文化创意产业蓬勃发展。基础研究、应用研究、高技术研发边界模糊，并相互促进融合为前沿科技研发。知识传播、技术转移和规模产业化的速度加快，转移转化研究、工程化示范、科技创业、孵化器、风险投资、科技园等不断发展。传统的创新组织与管理模式受到挑战，战略管理、绩效管理、网络和网格化创新等组织结构和管理兴起。国家和企业都更加重视吸引、培养和支持优秀人才，尤其是青年创新人才和团队。跨学科、跨单位、跨部门、跨国界的官产学合作已成趋势，科技竞争日趋激烈。

科技进步推动着经济社会的发展，促进了经济全球化的深入发展，给亿万人民带来了繁荣和欢乐，但同时，高科技创造的核武器、人的复制、地球升温等，无一不是悬在人类头上的一个又一个“堰塞湖”，随时可以摧毁地球和人类。科技的迅猛发展对高校思想政治状况的主要影响有：第一，崇拜科技与恐惧科技并存。人们普遍崇拜科技的力量，欢呼科技的进步，大量的科技工作者都努力希望自己的研究创造奇迹，为人类的幸福带来福音。但是，人们又担心甚至恐惧科技会带来痛苦与灾难，好像科技本身是一种不可控制的力量，能制造地狱、毁灭全人类。第二，人们的生活生存方式发生重大改变。科学技术的突飞猛进，尤其是信息技术的高速发展，人们原来的生活方式随之而变，一些传统职业相继退出，新兴职业层出不穷。互联网把人们的生活“一网打尽”，数字化改变了人们的工作学习交流的方式，新的生活和生存方式必将影响高校师生们的思维方式和价值观。

四、综合国力的激烈竞争

综合国力是指一个国家的综合实力。它是一个国家所拥有的生存、发展以及对外部施加影响的各种力量和条件的总和。它包括经济、政治、科技、军事、外交、文化、精神等实力，以及其赖以存在的地理环境、自然资源、人口等基础实力。综合国力既包括自然因素，又包括社会因素，既包括物质因素，又包括精神因素，是各种因素、各个领域的总和，也是物质力量与精神力量的统一。

综合国力的大小强弱，反映着一个国家的发展水平，决定着它满足国民需求、解决国内问题的能力，也从根本上决定着一个国家在世界政治、经济、军事、外交等事务中所起作用的大小和所处地位的高低。所以，每个国家，都不能不以增强自己的综合国力为追求的目标，因而，也总是在客观条件所许可的范围内，用各种方式，尽最大努力发展自己的综合国力。

当今世界，综合国力的竞争主要表现在以下六个方面：第一，经济的竞争成为综合国力竞争的中心内容。国际竞争的目的，说到底是为了谋取经济利益。而竞争的得失成败也必须以经济实力为后盾。冷战结束之后，经济在综合国力中的地位上升，因而，经济的竞争也就成为国际竞争中最主要的内容。每个国家都在大力发展自己的经济，都在努力增强自己的经济实力，也都在用各种方法提高自己在经济上的竞争力。第二，国际政治地位和在国际事务中的影响力是综合国力竞争的主要目标。美国作为世界唯一的超级大国，力图保持自己龙头老大的地位，发挥所谓“领导者”的作用。霸权主义有增无减，连美国自己的人以及它的盟友，都批评起它的“单边主义”倾向。世界其他大国不愿生活在单极世界之下，于是大力推动多极化进程，也就是努力扩大自己的政治影响，提高自己的政治地位。相互之间也就构成了纵横捭阖的复杂关系。其中，有合作，也有竞争；有争夺，也有交易。有的国家，把谋取联合国安理会常任理事国和非常任理事国的席位当作政治上的重要目标；有的国家，力图在某个地区发挥重要的政治影响。对各种国际组织中的席位特别是领导职位，更是当仁不让。对一些热点地区、热点事务，也力图发挥自己的政治影响，以使事态朝更加有利于自己的方向发展。第三，科技的创新和率先突破是综合国力竞争的制高点。科学技术的实力和水准，是一个国家综合国力的重要体现，又给予其综合国力以强大的影响。科技与经济的结合越来越紧密，因而对于经济的贡献率也越来越高。科学技术上的一个重大突破，往往能提升一种产品的竞争力，有时甚至能带动或形成一个新的产业，对一个国家的经济、政治、文化发展提供基础和动力。因此，科学技术的竞争成为国际竞争的制高点。谁占据了它，谁就能在国际竞争中占据主动地位。第四，军事力量仍是综合国力竞争中具有威慑性的手段。军事力量是构成国家实力诸要素中的一个重要的带有威慑性的因素。在国际关系史上，国力的竞争，其重点以及直接的表现，往往是军事力量的竞争。冷战结束之后，军事斗争曾经一度有所缓和。但近年来，情况又有所变化，军事斗争在国际政治中的表现和影响又突出了，并有了一些新的特点。军事手段直接服务于政治目的，在政治斗争的同时穿插运用军事的威慑，政治与军事以及其他手段综合运用，以求达到最佳的效果。第五，文化的竞争成为综合国力竞争日益突出的一个方面。一定的文化，对于一个国家核心价值观的形成和维持，对于一个国家的精神状态和凝聚力，对于一个国家国民的素质及其能力，都起着十分重要的作用。因此，现在人们已普遍使用“文化力”的概念，意在强调文化也是一种力量。世界不同国家之间，围绕着文化的传播与封锁、扩张与抵制、消亡与保护等等，展开着复杂的较量。文化之间的合作、融合与竞争、冲突，呈现出一种复杂的状态。第六，人才和人的素质的竞争成为综合国力竞争的基础内容。传统的带有基础性的竞争,往往是资源的竞争。但在当代世界,除了少数战略性资源外,一般的物质资源在国家实力中的地位下降,而人才、人的素质作为一种人力资源,其作用和地位上升。再加上较之以往,人才的流动性、包括在世界范围的流动性大大加强,所以,人才的竞争,在当今世界表现得越来越突出。

在不同的历史条件下,综合国力竞争的方式、规模、程度有不同的特点。当今世界,随着经济全球化的迅猛发展,科学技术的日新月异,交通工具的日益发达,通讯手段的不断改进,各个国家和民族之间的联系越来越紧密。一个国家的利益已经不仅仅限于自己的国境线之内,而是越来越多地表现在与外部世界的联系之中,包括经济的联系、政治的联系、科技的联系、文化的联系、军事的联系等等。不同国家常常在这种相互联系中体现和实现着自己的利益。这种利益既包含有共同的利益,也包含有冲突的利益。共同利益构成合作的基础,冲突利益构成矛盾的基础。无论追求何种利益,为了谋取更大的份额,相互之间都必然要展开激烈的竞争,也就构成了我们常说的综合国力的激烈竞争。这种竞争,未必会比十九二十世纪更多地采用军事甚至侵略的方式,但比起以往一个国家的利益和实力主要靠自己内部发展的情况来看,其范围无疑要更广,方式要更多,程度当然也更为激烈。

综合国力的竞争归根结底体现为人才的竞争,高校作为培养人才的高地,综合国力的竞争对高校思想政治状况的影响尤为突出。首先,表现为人才的争夺。思想政治素质是人才素质的核心组成部分,也是保证人才质量的关键,相反,思想政治素质不过硬,也是导致人才流失的重要因素。高校应该从迎接国际范围内综合国力竞争的新挑战出发,大力培育敢于迎接挑战,能够胜任全球化时代国际竞争新特点的创新性的人才。其次,综合国力竞争在深层次上也是文化软实力的竞争。当今世界各国都把重视增强国家软实力,输出本国的文化,增强本国文化在全世界的影响力作为全球综合国力竞争的重要内容。并且,这一竞争过程伴随着经济全球化推动的文化全球化过程而使得世界范围内的各国文化软实力竞争更加激烈。西方借助其强大的经济实力和科技实力,不遗余力地对我国进行文化输出和文化渗透,他们在文化软实力的竞争中处于攻势地位,他们垄断和制造了绝大多数的网络信息,并借助网络传播的巨大效应向青年学生进行思想渗透,灌输各种西方思想,而青年学生也容易受到西方势力所传播的各种思想的影响,甚至对高校的思想政治工作产生了某种"免疫力"和抵触情绪,大大弱化了思想政治工作的效果,加大了高校思想政治工作的难度。再次,从制度层面上看,综合国力竞争又是社会主义和资本主义两种制度的制度模式和意识形态之间的竞争。我国的综合国力正在显著快速的增长,为我们坚持走中国特色的社会主义道路增强了信心。但是,看到西方发达国家的综合实力占据明显优势,且这种优势将长期存在,有些人对社会主义的信念发生动摇,高校的理想信念教育面临极大的挑战。

第二节　转型期我国国情的新变化及其对高校思想政治状况的影响

当代大学生的成长正处于我国经济体制转轨与社会转型的双重变革时期，这种双重变革的过程中，人们的就业方式、组织形式、利益关系、思想观念等都发生了深刻的变化，社会中发生的这种变化不可避免地会反映到学校中来，影响高校思想政治状况，使新时期高校的思想政治教育工作面临许多新的挑战，同时也给我们创新新时期的思想政治工作带来了新的机遇。由于思想政治工作与时代变化的紧密联系，决定了高校思想政治工作一定要紧密结合发展变化了的环境来实现自身的创新和发展。只有紧密地结合变化了的思想政治工作环境，紧密结合社会主义和谐社会的构建，不断地探寻思想政治教育的新方法、新手段，才会增强新时期高校思想政治教育工作的实效性。

一、向社会主义市场经济体制的转轨

1978 年改革开放以来，中国开始了由计划经济体制向市场经济体制转轨的过程，这一过程推动了中国社会发生广泛而深刻的社会变迁。党的十四大把建设社会主义市场经济体制确立为经济体制改革的目标，明确提出“建立社会主义市场经济体制，就是要使市场在国家宏观调控下对资源配置起基础性作用。”建立社会主义市场经济体制是我国经济体制的根本性创新，是实现社会主义现代化的根本途径。

社会主义市场经济体制的建立是对传统的计划经济体制的根本性变革，市场经济的基本属性主要体现在：第一，市场主体的独立性、平等性。指无论是个人还是企业都是平等的、独立的经济实体，他们具有自主地做出经济决策的权力，独立地承担决策所带来的风险。这与计划经济体制下由政府部门做出经济决策并承担责任的经济模式根本不同。第二，市场对资源发挥起基础性配置作用。市场经济条件下，建立起了各种市场，形成了统一开放的市场体系，由市场形成价格，保证各种商品和生产要素的自由流动，各种经济资源由市场来发挥基础性配置作用。这与计划经济体制下由政府来进行资源配置根本不同。第三，间接的政府宏观调控体系。在市场经济条件下，政府主要是通过各种非行政手段对经济活动进行间接的宏观调控。这与传统的计划经济条件下的直接的行政手段来管理经济根本不同。第四，市场经济是法制经济。市场经济的各种活动主要由各种法规进行规范。第五，在国际交往中，要遵循国际通行的惯例和准则。

改革开放 30 年来，我国经济体制经过计划体制、投资体制、要素市场、价格机

制和现代企业制度的改革，社会主义的市场经济体制已初步建立，在资源配置方式上实现了由国家计划配置为主向市场配置为主的转变，市场配置的基础性作用日益得到发挥，增强了经济活力，促进了经济持续健康发展。

随着经济体制改革的深入，我国社会经济成分和经济利益、社会生活方式、社会组织形式的多样化趋势日趋明显，人们的行为方式、思维方式和价值取向等社会生活的方方面面都发生了十分深刻的变化，这些变化既反映出中国改革开放以来的成就，同时又在更深的程度上推动着中国社会的发展。市场经济激发出的活力，如竞争意识、效率意识、动力和压力机制，深刻影响着高校的师生，给当代大学生的学习、生活和发展注入了新的内容和活力。广大师生的独立性、竞争和效率意识明显增强，很多学生在毕业前就对就业竞争激烈的形势有了较为清醒的认识，发奋学习成为学生群体的主流观念；他们还通过自己各方面的努力，来不断增强自己的综合素质，以更好地应对就业市场的竞争；此外，在市场经济条件下，学生也易于接受各种新的思想和新的观念，对某些问题也不仅仅满足于教师的教授，而能够独立地去思考和解决问题。

但是，随着改革开放的深入和市场经济体制的确立，追求利润的最大化、两极分化以及个人主义、利己主义和享乐主义的负效应也日益暴露。市场化取向的改革推动了中国改革开放以来深刻的社会变迁，人们日常生活的方方面面都发生了极为深刻的变化，这种变化当然不可避免地会反映到高校中来。市场经济本身所遵循的等价交换法则，追求私利的理性经济人的人格特征，贪图享受、金钱至上的价值取向等等都会在学生思想中蔓延，使得学生的整体道德水平和思想觉悟都出现了一定程度的滑坡。总体来看，学生群体中的价值观发生了较为明显的变化，以自我为中心、以利己主义为原则的价值取向在很多学生中有着较大的市场，这些都和我们高校思想政治工作所传播的、所要求学生具备的价值观产生了一定的冲突，在很大程度上抵消了高校思想政治工作的效果，大大增加了高校思想政治工作的难度。

二、社会主义民主政治的建设

人类社会是经济、政治和文化形态的有机统一体，人类文明也是由物质文明、政治文明和精神文明有机构成的统一体。人们在改造客观世界活动中形成的有益成果，表现为物质生产方式和经济生活的进步即物质文明；在政治实践活动中形成的有益成果，表现为政治生活的进步即政治文明；在改造客观世界的同时改造主观世界中形成的有益成果，表现为精神生活的进步即精神文明。党的十六大进一步把社会主义物质文明、政治文明、精神文明一起确立为社会主义现代化全面发展的三大基本目标，明确社会主义社会是物质文明、政治文明、精神文明全面发展的社会，从而使中国特色社会主义理论和实践更加成熟和完善，表明我们党对社会主义现代化建设规律的认识在不断深入。

历经两千多年封建社会的中国，人民深受封建专制的统治和压迫，要求民主和自由的斗争从来就没停过，是中国共产党领导人民彻底推翻了“三座大山”，是历史和人民选择了中国共产党，选择了人民民主。中国共产党从诞生之日起，就以实现人民民主为己任，新中国从成立之日起，就以人民民主为政治特征，改革开放从开始之日起，就以政治体制改革为重要内容不断推进。

但是，我国毕竟受封建统治影响太长、太深，民主政治建设并不能一蹴而就，而是有一个渐进的过程。改革开放，使国人接触、了解西方国家的民主传统、民主政治体制和公民的民主自由权利，反观中国的民主政治建设现状，深感不能适应经济体制改革的需要，不能适应现代化建设的需要，不能适应人民群众的需要。没有民主，就没有现代化，党和人民都已充分意识到民主政治建设的迫切性。

民主是人民的基本权利，但是，由于各国国情不同，民主的历史传统差异很大，因此，民主政治建设的发展道路和民主政治实现的制度模式是多样化的。中国共产党坚持马克思主义基本原理同中国国情相结合的思想，坚持科学社会主义关于民主理论的基本原则，吸收了人类政治文明的有益成果，提出了中国特色社会主义的民主政治建设的目标和任务。我国民主政治制度具有鲜明的特点和优势：一是坚持党的领导、人民当家作主、依法治国的有机统一。党的领导是人民当家作主和依法治国的根本保证，人民当家作主是社会主义民主政治的本质要求，依法治国是党领导人民治理国家的基本方略。二是坚持国家一切权力属于人民。人民是国家、社会和自己命运的主人，也是宪法和法律所确认和保障的民主和政治权利的主体。三是坚持民主内容和形式的统一。在国体、政体、政党制度民族自治和基层群众自治上形成一套有特色的体系，体现了社会主义民主原则同中国国情的统一，内容真实性与形式多样性的统一，民主与效率的统一，权利与义务的统一。四是坚持以民主集中制为根本组织原则和活动方式。实行民主基础上的集中和集中指导下的民主相结合，既尊重多数、保护少数，反对把个人意志凌驾于集体之上，同官僚专制主义不同，又反对把民主和法制相割裂，同无政府主义和极端民主划清原则界限。

当前，我国民主政治生活的实践中，主要存在两个人民群众意见最大的问题：一是“人民公仆”往往成为人民的主人。按照国家一切权力属于人民的根本原则，任何政府的公务员都是人民养活的，公务员的权力是人民给予的，但是现实社会中，政府“衙门”难进、官员脸色难看、领导前呼后拥、颐指气使，一句话，百姓很难感觉官员是我“可以使唤的仆人”，碰到有些官员确实为百姓办了点事，群众则把他当成了“青天”。二是权钱交易，贪污腐败。某些公务员拿人民给予的公权当作资本，谋取个人的私利，对此，又缺乏有效的监督和惩治机制。这些问题要从根子上解决，就必须大力推进民主政治建设，真正还公权于人民。一是要积极推进政治体制改革，关键是要从具体程序上落实一切权力属于人民的根本要求，国家社会的大事、关系人民群众切身利益的实事、各级官员的政绩和命运要有更广泛的人民自己举手决定，特别是要建立让各级地方领导真正感受到他的施政权力是人民群众给的、而不是上级领导给的用人选人机制。二是要建立行之有效的权力公开和监督机制，任何政务除了涉及国家机密以外，都必须公开，包括一切公务开销。把监督的权力真正交给群众，发挥民意和媒体无孔不入的舆论的作用，让一切腐败暴露在阳光之下。

高校是民主意识最强的地方，大学生有着天然的民主传统和强烈的民主精神，他们关注国家的民主政治建设，希望加快政治体制的改革。但是，他们又容易受到西方民主制度和民主传统的影响，忽视我国国情的特殊性，照搬西方的民主体制，而当发现行不通时，又容易抱怨党和政府，对民主政治失去信心。做好他们的思想工作，是高校思想政治工作的一项艰难的任务。

三、先进文化发展的动向

文化是一个国家、一个民族或一群人共同具有的符号、价值观及其规范，以及它们的物质形式。① 符号是文化的基础，是文化的表达形式。如语言符号、艺术符号、数字符号、科学符号等等。价值观是文化的核心，是文化的最高境界。规范是衡量行为和思想的准则，是价值观的具体体现，是文化的重要内容。

就文化的先进性而言，当今世界，最先进的价值观莫过于：自由、平等、正义和真、善、美。科学价值观，最高境界是真；人文价值观，最高境界是善；艺术价值观，最高境界是美；判断社会的价值观，最高境界则是人本位、自由、平等、正义。最先进的制度规范莫过于民主政治制度、市场经济制度；最先进的道德规范则莫过于尊重人、尊重个人、尊重每个人和尊重个人的利益、尊重个人的自由。相比之下，假、丑、恶，君本位、神本位，专制、特权、邪恶，显然是落后文化。

先进文化，是指面向现代化、面向世界、面向未来的，民族的科学的大众的社会主义文化，是适应先进生产力发展要求、代表最广大人民的根本利益、符合人类文明发展趋势的文化，其价值取向是有利于个人、家庭、国家、全人类的和谐与全面协调可持续发展，使人们在心灵自由、身体健康、财富自由等方面获得最大满足。

先进文化在当代中国，就是有中国特色社会主义文化，其核心是社会主义的核心价值体系。中国特色的社会主义文化是中国特色社会主义的重要组成部分，也是这一伟大事业的强大动力。文化的繁荣发展，不仅能满足人民文化需求，提高国民文化素质，而且能够凝聚民族精神，推动社会进步，提升国家“软实力”。

---

① ［美］戴维·波普诺. 社会学［M］. 辽宁出版社，1987.

先进文化的发展趋势是指先进文化建设向着理想目标前进的动态过程。在当代中国，这个理想目标就是培养和造就一代又一代德、智、体、美等全面发展的社会主义建设者和接班人，实现中国社会的全面发展和全面进步。为了实现这个目标，我们党提出了"发展面向现代化、面向世界、面向未来的，民族的、科学的、大众的、社会主义文化"的要求。

当代中国先进文化的发展方向必定是优秀的中国传统文化、先进的西方文化和中国化的马克思主义三者的有机融合。按照党的十七大的要求，首先，要传承民族优秀文化，始终保持中华文化的民族性。文化是一个民族的灵魂和血脉，一个民族的文化，凝聚着这个民族对世界和生命的历史认知和现实感受，积淀了这个民族最深层的精神追求和行为准则。文化具有历史传承性，任何一个国家和民族文化的延续和发展，都是在既有文化传统基础上进行的文化传承、变革与创新。中华民族在几千年的历史长河中，创造了灿烂的中华文明，形成了优良的文化传统，不仅成为中华民族的精神纽带，而且对世界文明作出了重大贡献。今天，发展先进文化，就要挖掘和提炼我国传统文化有益的思想价值，如"天下兴亡，匹夫有责"的爱国传统，"天地之间，莫贵于民"的民本理念，以和为贵、和而不同的"和合"思想，革故鼎新、因势而变的创新精神等。同时，要加强对文化遗产的保护和利用，运用多种方式宣传和弘扬优秀传统文化。其次，要积极吸收借鉴世界优秀文明成果，不断增强中华文化的包容性。全球文化体现人类文化的共同性，民族文化体现人类文化的多样性，地方文化体现人类文化的丰富性。所以，文化同时具有全球化和多元化的趋势。每一个国家和民族的文化都有自己的长处和特性，不同文化之间的学习和借鉴是世界文化发展的必要条件，发展先进文化，离不开与世界文明的交流和对话，离不开对各国各民族优秀文化成果的吸收和借鉴。大胆吸收一切有利于加快我国社会主义建设的有益经验，一切有利于提高我国人民精神境界的文化成果，一切有利于发展我国文化事业和文化产业的管理方式，使中华文化不仅植根于民族传统文化的沃土中，而且还顺应世界发展的潮流。再次，要大力推进文化创新，不断增强中华文化的时代性。推进文化创新是时代进步的内在要求，是促进先进文化发展的强大动力。文化创新必须坚持以马克思主义为指导，立足于中国特色社会主义的伟大实践，贴近实际、贴近生活、贴近群众，着眼于满足人民群众的精神文化需求，坚持百花齐放、百家争鸣的方针，顺应世界文化的发展潮流，运用现代高新技术，在文化观念、文化体制、文化内容、文化形式和文化业态方面努力创新，推进先进文化的发展。

高校承担着发展先进文化、培养文化新人的重任。高校的师生既是文化的传承者，又是新文化的建设者和创造者。先进文化的发展动向深深影响着高校的师生们，高校师生的文化活动也必然影响着先进文化的发展趋向。在社会主义核心价值体系的引领下，高校学生的文明素养和科学精神明显提高，爱国主义和民族精神高昂，青年马克思主义的队伍不断壮大。

但是，在先进文化的创新和发展中，已经融入全球化的进程中的中国，天天在与世界各国和各民族的文化交流和融通，世界文化的多元性是客观存在的，不以人的意志为转移。在多元文化特别是西方强势文化的影响下，大学生思想空前活跃，价值取向也呈多样化趋势，部分学生政治观念模糊，思想变得混乱，呈现多变性、动态性的特点。而思想活动的多变性、动态性，又使得他们思想变化的结果更加复杂，不确定性明显增加，可预测性明显减弱，反复性更加突出。这些都加大了思想政治工作的难度。

四、社会生活的变化

社会生活是指人们在社会中必须进行的、占据人们全部时间和整个生命的活动和过程的总和。它包括人们的衣、食、住、行、劳动工作、休息娱乐、社会交往等物质生活和精神生活。

改革开放30年，进入新世纪新阶段，我国社会主义市场经济体制初步建立，对外开放日益扩大，经济实力显著增强，我国社会生活发生了巨大的新变化：第一，人民生活水平普遍提高，总体上达到了小康水平。谁曾想，30年前，拥有手表、自行车、缝纫机“三大件”曾是许多人的追求，如今新“三大件”已几经升级，电脑、汽车、商品房对越来越多的百姓来说早已梦想成真。从1978年至2006年，我国城镇居民人均可支配收入从343元增加到11 759元，翻了几倍，农民人均纯收入从134元增加到3 587元，扣除价格因素，年均增长6.7%。城镇和农村居民人均住房面积分别从6.7平方米、8.1平方米，增加到26.1平方米、29.7平方米，居住条件大为改善。① 第二，生活方式多样，社会活力增强。我们已经彻底告别了商品短缺时代，扔掉了各种票证，人们衣食住行等日常消费结构不断升级，休闲娱乐五彩斑斓，信息化数字化已钻进了人们的日常生活和社会的各个角落。全球化、现代性的生活方式打开了人们的眼界，刺激着人们的欲望，释放着人们的能量，社会为人们提供生存发展的机会，竞争使人们的创造力勃发，社会充满了活力和生机，社会财富喷涌而出。第三，社会结构、社会组织形式、社会利益格局发生深刻变化。随着经济体制改革的深入发展，新社会阶层崭露头角，原来的单位人向社会人转变，新型的无主管企业增多，外来人员、流动人员比例增加，下岗人员增多，贫困人群增多，社会形成了特殊获益者群体、普通劳动者群体、利益相对受损者群体和社会底层群体。

当前我国社会生活的主要问题是城乡二元结构依然存在和收入分配差距拉大，核心是社会的公平正义。公平正义是社会主义国家的首要价值。因此，党的

① 中宣部理论局组织编写. 理论热点面对面·2007. 学习出版社、人民出版社联合出版.

十七大提出加快推进以改善民生为重点的社会建设，目标是确保全体人民学有所教、劳有所得、病有所医、老有所养、住有所居。

社会生活的变化直接或间接影响着一个人的思想意识和价值观念。社会生活方式是通过一个人的思想意识与心理结构的形成影响一个人的行为方式和对社会的态度，反映了一个人的价值观念。改革开放以来，我国社会生活的新变化必然影响高校师生的思想状况和价值观念。生活水平的普遍提高，增强了人们建设中国特色社会主义的信念和信心；生活水平的改善和对现代生活的追求，改变了人们传统的均富的财富观念，激发了社会的创造力；知识阶层特别是创新创意产业的高收入，让人们感到知识的优势和创造的活力，增强了大学生学习和创新的积极性；社会结构和社会组织的新变化，就业机会和人才政策的引力，促进了人尽其才、实现自我价值的观念；社会生活的快速变化和机会的稍纵即逝，提升了人们的效率意识和竞争精神。同时，社会利益格局的新的失衡，已经引起广大师生对社会公平正义的关注。

社会生活的新变化也对当代大学生的价值观念、行为准则、生活方式、社会参与等方面形成了与前几代人极具区别的特征：从注重理想向强调实际发展，从注重义务向强调权利演变，从注重集体向强调个体转化。社会生活的现代性、技术性，容易使青年学生脱离国情实际，追求奢华、迷信技术、忽视人本；更有部分学生在瞬息万变、丰富多彩的社会生活中，迷失方向，产生拜金主义、享乐主义、极端个人主义的价值观。这些都给高校思想政治工作带来了新课题。

第三节　时代浪潮中的新因素及其对高校思想政治状况的影响

21世纪为人类掀起了科技革命、知识爆炸、文化繁荣、思想解放的时代新浪，各种技术、文化、社会的新元素纷至沓来，对人们形成一波又一波的冲击，人们在享受新时代的繁荣和快乐的同时，也常常受到威胁，感到恐惧。把握时代浪潮中的这些新因素的特点，利用、促进其对高校思想政治状况的积极影响，消除其对高校师生的负面影响，是高校思想政治工作适应新时代、取得新成效的必然选择。

一、信息化网络技术的冲击

互联网是20世纪人类最伟大的发明之一，人类目前对互联网的未知远远大于已知。以互联网为核心的信息网络的产生和发展，带来了人类社会的生产方式、生活方式的深刻变革，从而深刻影响着世界发展变化的趋势和途径。网络正在成为一个吸纳、承载人类生产生活的大平台，并且逐渐衍生为一种潜在的力量源，推动社会经济、政治、文化不断向前发展。根据互联网 2007 年 7 月的调查，截至 2007 年 6 月，我国（不含港、澳、台）网民已有 1.62 亿人，仅次于美国 2.11 亿的网民规模，位居世界第二。网民年龄结构发展不均衡，表现出极强的年轻化特征，35 岁以下比例约为 80.7%，其中，青少年学生网民有 5 800 万，占网民总数的 35.8%。中国网民中，大专及以上学历超过四成（43.9%），仍然表现出较强的高学历特征，但是与历年相比，已经表现出明显的平民化趋势（2007 中国互联网发展状况统计报告）。网络已经成为人们特别是青年一代新的生存方式和生活方式，现实社会的传统社会关系将面临解构与重组。

当前，信息网络技术的发展呈现出几个主要特点：一是网络技术发展空间的无限性。一方面，网站的发展是无限的，无论文化、教育、商务、行政、媒体等，没有一项不能在互联网上做到无边无沿的发展。另一方面，互联网上新技术、新应用层出不穷。从电子邮件到新闻信息发布，到检索、搜索，到论坛、BBS，到即时通讯、聊天室，到网络游戏、网络音乐、网络电视，到新闻聚合，到博客、播客、维客、掘客，到个人空间等等，新技术发展更新的速度之快，超越了人们的想象。现在，一个从有线互联网到无线互联网的发展高潮正在到来。二是互联网发展方式的灵活性。说互联网是一个万能的工具并不为过。就像蒸汽机和电的发明，开启了人类物质生产的新纪元一样，互联网的发明，开启了人类思维活动和精神生产的新空间。在互联网上，人们可随心所欲，尽其所能地发挥聪明才智，实现无穷无尽的利用。对市场的高度贴近和对需求的紧密相随，使互联网获得无孔不入的发展。三是互联网成长规律的特殊性。互联网打破了传统产业滚动式、渐进式的资本积累发展方式，走出一条裂变式发展道路，它甚至不经过任何的原始积累过程，这就是信息时代技术创造的新力量。四是互联网发展机制的创新性。互联网是技术、市场、资本三者紧密结合的产物，首先是技术迎合了市场，随后是资本看中技术，三者合一，缺一不可。那些脱颖而出的著名大网站，无一不具有三位一体的特征。因此，在我国要打造一个主流网站，获得政府的支持是必要的。没有投入就没有做大做强的开始。但仅仅有投入是不够的。互联网是一个高度动态的事业，每时每刻都面临激烈的市场竞争，因此，它必须具有每时每刻应变的机能，只有灵活的适应市场的应变机制和体制，才能在竞争中立于不败之地。

网络信息技术发展的特点，决定了其所呈现的文化形态和对人们的影响方式具有时空高度压缩的高时效性，面向全球信息的高度开放性，网络交往的交互性、集群性、共享性、多元性、平等性，以及相对于现实的高度虚拟性等特征。网络技术的快速发展和广泛应用促进了人类精神文化活动向网络的延伸和拓展，孕育了信息时代的网络文化，极大地甚至是颠覆性地改变了人们的文化生产、传播和消费方式。网络已经成为重要的文化创作平台、文化产品传播平台和文化消费平台，网络文化已经成为人民尤其是青年学生的精神生活的重要组成部分。

网络文化的形成和发展,给大学生的学习、工作、生活、娱乐带来了丰富便捷高效的无限的生存生活空间,同时对他们的思维方式和伦理道德和行为产生了深刻的影响,呈现出许多新变化、新动向。大学生作为一个特殊的社会群体,他们接受新事物、新观念、新知识能力较强。网络文化对大学生的主体意识、民主科学精神、竞争创新精神、全球意识的培养有着积极的促进作用。网络的全球性、开放性和平等性有助于大学生开放意识、效率观念和全球观念的形成;网络的超时空和互动性为大学生交往提供了更为自由广泛的空间;网络信息的丰富性开阔了大学生的视野,拓宽了他们求知的途径;网络的高科技还可以激发大学生巨大的创造潜力。网络自身的交互性和平等性,使广大学生实现了从"受众"到对话者的转变,提升了自己的本质力量,有利于大学生政治责任感的培育和民主意识的提高;有助于塑造大学生独立的政治人格。网络文化对大学生思想产生积极的影响,如增强独立与创新意识、强化开放与竞争意识、缓解心理压力、增强自我归属感等。

但是,由于大学生仍处于世界观、人生观、价值观的形成时期,尚未定型,具有不成熟性和可塑性特点,还由于大学生人生经历的局限性,个体理性选择能力和辨别善恶能力较弱,网络文化也给大学生的思想政治、道德观念和行为带来很多负面影响。在网络社会中,人与人之间的交往依靠的是数字和符号,采用的是隐秘的途径,使现实社会的很多制约因素如道德、法律等在网络社会中无法产生直接的制约作用,从而给大学生带来道德虚无、责任感缺失、道德情感冷漠的负面影响,甚至出现侵害他人、违法犯罪的行为。另外,网络的信息多元化,对判断力不强的青年学生极易产生冲击,加之求知欲强,有叛逆心理等因素,多元的网络信息在不同程度上对学生原来的思想观念、道德认识有不同程度的否定。同时,由于网络上 90%以上的信息是英文信息,网络已成为西方国家对我们进行新一轮"西化"的主阵地。西方国家在网上传播的价值观、道德观和文化观构成了新的文化霸权,这种文化侵略不可避免地侵蚀着青年大学生。由于网络的信息传播方式是全球性的,超越民族、国家和地域,网上传播的伦理道德标准、各种思想观念、政治倾向多种多样,良莠不齐,网络已成为不同社会意识形态、思想文化进行交锋和竞争的重要场所和渠道。网络文化的无序使西方文化与意识形态入侵,使西方精神文化产品、价值观念触手可及,很多青年大学生在自觉或不自觉的感染中,不由自主地受到了影响。这势必淡化大学生的社会主义、集体主义的道德观念,弱化大学生的道德意识。网络文化对高校思想政治状况的影响已变得十分深刻和迫切。网络文化在给高校思想政治工作带来无限机遇的同时,也带来了严峻的挑战。

二、生命科学的进展

20 世纪是科学技术发展空前迅猛的百年,巨大的科技成就改变了人类对于自然的认识，促进了全球经济的持续发展，同时，也深刻而广泛地改变着人类的生活方式、社会结构和价值观念。而生命科学和生物技术领域则是过去50多年里发展最为迅速、对人类社会影响最为深刻的科技领域之一。生命科学与人类生存、人民健康、经济建设和社会发展都有着密切关系，是当今在全球范围内最受关注的基础自然科学。

所谓生命科学是把有机体诸如动物、植物和人作为研究对象的各种学科的统称，是研究生命现象、生命活动的本质、特征和发生、发展规律，以及各种生物之间和生物与环境之间相互关系的科学，是系统地阐述与生命特性有关的重大课题的科学。它的研究目的在于有效地控制生命活动，能动地改造生物界，造福人类。生命科学主要分支有：植物学、微生物学、动物学和病毒学、人类学、古生物学，藻类学、昆虫学等。除了涵盖生物学之外，生命科学还包括医学、农学等应用科学中的生命问题。目前研究的热点有生物芯片、分子生物学、脑科学、生物信息学、人工生命等。

生命科学的发展大致经历了三个主要阶段：从古代到16世纪左右是生命科学的准备和奠基时期。从16世纪到20世纪是系统生命科学创立和发展的时期，以生命为对象的生物分支学科相继建立，逐渐形成一个庞大的生命科学体系。18世纪以后，随着自然科学全面蓬勃地发展，生命科学进入它的辉煌发展阶段，其中以细胞学、进化论和遗传学为主要代表，构成了现代生命科学的基石。20世纪中叶以后，生命科学出现了不同分支学科和跨学科间的大交汇、大渗透、大综合的局面，分子生物学的建立是生命科学进入20世纪最伟大的成就，从此，以基因组成、基因表达和遗传控制为核心的分子生物学的思想和研究方法迅速深入到生命科学的各个领域，极大地推动了生命科学的发展。

目前，生命科学发展出现几个明显的趋势。一是学科融合加快，形成大科学时代。20世纪中期以来，生命科学的研究发展表现为显著的学科交叉和综合，物理学、化学、计算机科学的发展为生命科学提供了有力的研究手段。同时，生命科学的进步也为物理学、数学、化学、信息、材料与工程科学提出了许多新概念、新问题和新思路，促使这些学科在理论和方法上得到发展提高。二是研究成果的转化和应用的步伐加快。从细胞全能性的提出到人工种子，从冷冻胚胎理论到胚胎分割应用于奶牛繁殖，从基因转移到转基因作物的诞生等，生命科学正从高深莫测的理论殿堂快步地走入科研、生活、生产等各个方面。三是实验作用日趋突出。在生命科学的许多分支学科中，实验已成为生物学研究的主要方法。定量实验在科学认识中的地位和作用日益增长，许多事物和现象的数量关系和图像关系，都需要通过定量实验精确测得。四是团队合作日益突出。生命科学中任何一项成果都是集体研究的结晶，乃至全世界的智慧结晶。“人类基因组计划”的实施就是最好的例证。

现代生命科学的发展和突破所带来的影响已经不仅仅局限于科学本身，其深刻影响正在使整个科学技术与社会的关系发生着改变，使人类赖以生存的环境与价值观念面临严峻的挑战。科学技术通过对社会带来巨大利益以及对社会各方面产生的影响，表达着其自身存在的价值。这其中也包括可能对人类造成的负面影响乃至酿成灾难。中国工程院院士巴德年认为，人类基因组基本完成以后，很多基因疾病，也可以通过生活改善、环境改善来防治。不久的将来，药品不仅是化合物，蛋白质可以是药，基因和细胞也可以是药，甚至某些组织和器官也可以是药。正因为这样，"伦理"将成为今后"药审"中首要被审查的对象。在过去的10年，科学家们已绘制出40余个物种的基因组图谱。据预测，在未来10至20年里，科学家还将解读大量生物的遗传密码。与此同时，基因组研究重点将进入确定基因结构与功能等应用研究阶段，生命科学因此将迎来新的大发展。继美国科学家培育出首只转基因猴之后，美国和意大利的两位科学家公开表示，打算在今年年底之前在地中海某国培育出世界上第一个克隆人。如何防止生命科学新突破被误用和滥用将成为人们关注的热点。

生命科学发展对青年大学生的思想影响也是显著的。生命科学发展的突出成就有力诠释了科学是人类历史发展的"有力杠杆"，是"最高意义上的革命力量"的真谛，对以追求科学和真理为己任的大学生的内心触动是至真、至深、至理的；生命科学研究所展现的大融合、大协作的新趋势对大学生的知识结构、伦理道德、能力发展、自然观、生态观、创新思想等全方位地提出了新要求；同时，生命科学研究成果和揭示的科学现象对于大学生树立科学思想，弘扬科学精神，运用科学方法，遵照科学规律深入贯彻实施科学发展观，牢固树立社会主义荣辱观和健康的生命观，珍视生命，热爱生命，以崇尚科学为荣，以愚昧无知为耻，自觉抵制各种伪科学、反科学和邪教迷信的侵蚀和干扰，努力建设资源节约型、环境友好型社会，形成科学、文明、健康的生活方式和学习方式具有重要影响。但是，我们也要清楚认识到，由于大学生尚未完全进入社会，主观上比较感性和冲动，在强大的科学力量面前，容易陷入两个极端：走进悲观主义的误区；或视科学为唯一，忽视人文精神教育和培养。而生命科学的特殊性也可能使部分学生的生命观、伦理观陷入混乱，误入歧途。

三、时尚风气的弥漫

在全球经济一体化的趋势下，文化的相互融合、相互渗透、相互影响已经势不可挡，时尚风气在我国掀起热潮且持续升温，传统文化的影响力正在逐渐缩小，时尚风气已经弥漫到社会的每一个角落，大学校园作为各种文化、思想汇集和碰撞的前沿阵地自然也不例外。1999年版的《辞海》中对"时尚"一词的解释为："一种外表行为模式的流传现象。如在服饰、语言、文艺、宗教等方面的新奇事物往往迅速被人们采用、模仿和推广。表达人们对美的爱好和欣赏，或借此宣泄个人内心被压抑的情绪，属于人类行为的文化模式的范畴。时尚可看作习俗的变动形态，习俗则可看作时尚的固定形态。”追求时尚是当今社会的一种潮流。相对整个青年群体而言，大学生思想活跃，对社会新生事物的敏感性和包容性都比较强，最易于融入社会流行文化潮流。正因为如此，追求时尚文化在大学校园里已成为当代大学生普遍的心理趋势，博客、超女选秀、韩流等各种时尚文化以自身独特的方式抓住了大学生的眼球，影响着他们的思维和行为，它对当代大学生内在素质和外在形象的塑造，对个人独立人格以及价值观和人生观的逐步形成、文化品位的提升，都产生着极其深刻而广泛的影响。当然，这种影响既有积极的，也有消极的。因此，我们有必要全面认识时尚文化带给大学生的影响。

（一）时尚文化对大学生产生的积极影响

第一，在对时尚追求的过程中，高校学生提高了精神品位，陶冶了个人情操，丰富了课余生活。在追求自由的同时他们也在享受生活，张扬个性的过程中也在不断寻求突破和创新，他们不崇拜权威，不一味盲从，这些为现代社会所崇尚的价值观念逐渐在大学生身上得到体现。

第二，对时尚文化的追求有助于大学生逐渐适应社会，加快融入社会。随着社会的发展，价值观念在不同的时代也具有不同的评价标准，时尚文化是社会文明的产物，具有一定的时代性和特定性。在它的影响下，现代大学生的价值观念逐渐向着时代所崇尚的方向发展。总体来讲，当今大学生的主流价值取向是积极的、向上的。对时尚的追求会让大学生熟悉新生事物，逐步适应社会，更快融入社会，对大学生将来踏上工作岗位，增强人际交往能力起到了一定的促进作用。

第三，对时尚文化的追求还有利于缓解高校学生的学业压力，促进其身心健康。时尚文化能够极大地丰富大学生的精神世界，培养他们现代、超前、解放的思想观念，在一定程度上有利于缓解大学生成长过程中形成的各种生理和心理上的压力，有利于其身心健康发展。

（二）时尚风气对大学生产生的消极影响

第一，时尚风气容易造成大学生人格障碍和不良的心理定势。时尚文化主要通过大众媒体进行传播，它的特点在于最大限度地满足大众的感官刺激，形成短期效应，因此媒体经常把一些良莠不齐的价值标准在未经筛选的情况下推销给受众群体。而在完全进入社会以前，高校学生缺乏对社会生活的深层次把握和透彻理解，在面对这些时尚文化时，大学生往往容易被事物的表面现象所迷惑，无法正确区分或者对这种区分从心理上产生抵触情绪，于是他们变得更容易对现实妥协，对人生的态度逐渐淡漠，缺乏社会责任感，其结果就是使之更倾向追求外表的新奇特，追求感官的新鲜与刺激，而不注重内在素质的提高，从而最终造成人格障碍，并由此产生一系列的心理问题。

第二，时尚风气容易造成青年大学生价值取向紊乱。目前，社会中部分时尚文化的价值取向比较混乱，是非曲直很难定论。部分媒体的所谓价值取向，有时候完全是出于商业运作考虑或投其所好，大学生由于人生观和价值观正处于形成的关键时期，因此稍有不慎，就容易产生误解，妨碍科学的世界观和人生观的树立，影响其未来的价值取向和行为选择，由此一些不良价值观中的负面影响就不可避免地出现在大学生中间，而优秀的传统文化和民族精粹正渐趋淡出公众的视野。

第三，时尚风气容易让部分大学生的行为日趋功利化。时尚文化在很大程度上是依赖商业行为融入社会的，这就使它往往摆脱不了功利化的特征。各种明星效应、商业包装看似新鲜、奇特，实际上却可能由此改变大学生原有正确的价值取向，使得大学生的关注焦点更多地集中在庸俗娱乐等比较肤浅的价值层面，一旦大学生对时尚文化的关注超出了对法律、道德等社会问题的关注程度，错误地把世俗观念当作了追求人生价值的真谛，就会使他们不自觉地对自己、对生活采取放任、纵容的态度，缺乏明确目标，形成虚无主义、享乐主义、功利主义等消极的人生观和价值观，从而最终放弃对高尚道德情操、人生理想信念的追求。

总之，时尚风气在社会的蔓延已经对高校的思想政治状况形成了新的挑战。

四、宗教信仰的新变化

宗教是一种社会历史现象和社会行为，包括共同的信仰、道德规范、礼仪、教团组织、代表文化等要素内容。宗教信仰，是一个人在思想深处对一种宗教或其学说的认可和崇拜，从而产生坚定不移的信念及全身心的皈依。宗教信仰是世界上各个民族、各个国家普遍存在的一种社会历史文化现象，至今依然影响着全世界近三分之二的人口。目前广为流传，并具有世界影响的宗教主要有佛教、基督教、伊斯兰教，被称为世界三大宗教。宗教对世界政治、经济影响甚大。当今世界，宗教已经是世界和平举足轻重的重要力量，但有的又被某些政治集团利用，作为挑起事端和对外侵略的工具，甚至被邪恶势力利用，成为恐怖主义的工具。宗教同时作为一种社会意识形态，对社会文化、生活习惯等都有着显著影响。

宗教信仰作为人类掌握世界的一种思维方式，它利用神秘的幻想、象征、直觉来沟通现实世界与彼岸世界，带有明显的神秘主义色彩，属于唯心主义范畴。英国近代唯物主义者霍布斯(Thomas Hobbes)就提出过："宗教起源于人类的愚昧无知和恐惧。"但是，随着人类社会的发展和科技进步，人类对客观世界有了越来越多的认识，按照"愚昧论"说法，宗教应当逐步减少和消亡，但事实并非如此。在科学如日中天的现代社会，宗教仍然十分盛行，甚至在科技高度发达的国家，尤其是许多研究自然科学的大科学家中，仍有虔诚的宗教信徒。因此，我们不能简单地把宗教理解为"迷信"、"愚昧"。事实上，随着社会和科技的进步发展，很多宗教也发生了很大的变化，本身也产生了改革与发展，提出了“现代化”即“跟上时代”、“响应时代潮流”的发展口号，提出“要走入人的精神”、“走入社会道德”的思想，要求“人们不只是追求身后的救助，而要介入人间世俗，走人间现实的道路”。

现代宗教具有世俗化、道德化和心理学化的新特点。随着近现代自然科学的进步和人文思想的发展，传统宗教“超现实”、“超人间”的神秘色彩逐步被打破，宗教受到了各方面的冲击。为了适应历史的进步和发展，延续宗教的存在，各传统宗教纷纷采取了一些改革措施，扬弃一些传统形式和观点，开始关心人的世俗需要，重视人的世俗利益，并特别关注和介入战争与和平、环境污染、生态平衡、种族冲突、疾病等重大社会问题，不断扩大自己影响。正如英国伦理学家宾克莱在其《理想的冲突》中所说“如果宗教要对现代人有任何价值，它必须适合他们生活环境的需要”。从指导思想上，宗教表现出明显的世俗化特征。近现代之后，宗教的研究对象和内容也发生了明显的变化。从注重对宗教教义的论证，转变为对现实生活中道德问题的关注。宗教研究和关心的不再只是神与人的关系，也关注社会中人与人的关系，即现实的道德问题。如美国出现了以神学家为领导，有科学家、医生、律师参加的“生命伦理学研究中心”。我国的佛、道、儒等宗教，对道德的重视、弘扬、阐释更是突出，历来如此。随着宗教的世俗化、道德化，宗教日益重视对人的精神世界的关注，教育人们如何面对内心世界，如何化解困惑、焦虑，为人们提供精神关怀。人本主义心理学一位主要代表人物罗洛·梅(Rollo May)认为：“宗教能使人认识到自己的局限性，使人有勇气面对自己的焦虑，也使人能够更好地爱别人。这是宗教向人提供的一种精神性力量。”

宗教在当今世界表现出的新特点，使其存在和发展获得了坚实的基础。虽然科学发展使人们的物质生活得到了极大的提高，但科学知识和物质不是万能的，它无法解决生老病死、灾难、挫折、竞争压力等带给人们的精神上的痛苦。爱因斯坦曾说过：“科学和宗教的冲突产生于严重的误解。即使宗教和科学是泾渭分明的两个领域，但它们之间仍然存在着互相促动、互相依存的密切关系。”对于人来说，“没有宗教的科学是瘸子，没有科学的宗教是瞎子”。因此我们不难理解，为什么一些研究唯物世界的大科学家会是虔诚的宗教信仰者，甚至少数高文凭高学历知识分子和在校大学生会参与邪教。这是因为，面对人生的意义、价值、困苦、灾难等精神世界方面的困惑疑问，他们与普通人没有两样。正如有关学者所指出的那样：“如果我们承认，关注人自身的生存和未来命运是人类的一种与生俱来的本性，那么，我们就得承认，宗教之所以产生，并且直到今天仍然对人类的生活产生着重大的影响，是有其人性上和精神上的基础和根据的。”①

① 阿拉普拉著，杨韶刚译. 作为焦虑和平静的宗教[M]. 华夏出版社，2000.

我国是一个多民族、有多种宗教的国家,也是一个信仰自由的国度,在宗教信仰方面的国情十分复杂,不仅有从国外传入的佛教、基督教、伊斯兰教,而且还有土生土长的道教、儒教和其他各种具有原始宗教色彩的民间宗教,涉及的人口众多。特别是我国的一些少数民族几乎是全民信教,宗教信仰在他们社会、精神生活中占有重要的地位,有些宗教信仰和活动已与这些民族的道德风俗习惯融为一体。

当代中国随着政治、经济、文化的发展,人们精神文化生活的环境宽松,选择多元化。在这种背景下,宗教信仰的影响普遍增加,高校中的大学生群体也不例外。据有关资料考察,我国绝大多数大学生没有宗教信仰,温州大学陈安金副教授在本校学生中进行的调查显示:宗教信仰较为模糊的有 1 180 人,约占总数的 60%;明确表示不信仰宗教的有 610 人,约占总数的 30%;明确表示信仰宗教的有 210 人,约占总数的 10%。①

大学生信仰宗教的原因很复杂。国家政策法律对宗教信仰的保护,促进了宗教事业发展,为大学生宗教信仰提供了时代背景;家庭和社会环境的影响也是一个重要原因。部分学生家庭由于经济贫困或者认知水平较低,家庭成员将精神寄托于"神灵"之上,青年学生也受到影响。同时,体制转型和社会发展中所带来的一系列问题,如贫富差距的加大,利益冲突的加剧,改革中出现的企业停产、岗位优化、职工下岗等现象,法制不健全、社会分配不公,党内的一些贪污腐败、以权谋私等问题,也使部分青年学子甚至教师心生疑虑,政治信仰状况发生了重大变化,出现了"共产主义渺茫"、"信仰危机"、"淡化政治"的思想倾向。在这些不安定的心态中,他们中的许多人开始寻找能够带来希望的精神寄托。与此同时,各种网络、电视以及书籍关于宗教的介绍和宣扬比比皆是,社会上宗教教徒又不断向周围的人宣扬教义,必然对高校学生产生影响。另一个重要原因是,现代大学生普遍心理比较脆弱,在学习紧张、就业压力大、人际关系疏远等现实环境中,容易陷入精神困惑,非常渴望得到内心平静和心灵交流,而宗教在经历了世俗化、道德化和心理化的变革后,其宣传的东西很多正好迎合了大学生的心理和精神需求,进而,有些学生开始信仰宗教。但是,我们也清楚看到,很多学生对宗教信仰缺乏正确认识,而只是在遇到挫折、困难无法解决或在人际交往中发现问题时,转向宗教寻求依靠,期盼冥冥之中有神灵的庇佑和关爱,这种信仰是不稳定的,在外界发生变化、环境得到改善之后,他们很可能又会放弃。同时,由于一些心怀叵测之人打着宗教的幌子,在高校中进行非法宣传和活动,用非科学的方式解释自然现象,部分大学生缺乏科学知识,因而被各种迷信邪说所蒙骗。宗教问题的新变化和复杂性,是高校思想政治工作必须面对的新难题。

---

① 陈安金. 大学生宗教信仰成因及对策探析. 科学与无神论,2004(1).

五、心理失衡对社会秩序的重创

党的十六届六中全会通过的《中共中央关于构建社会主义和谐社会若干重大问题的决定》首次明确提出，在构建社会主义和谐社会中，要“注重促进人的心理和谐”，“塑造自尊自信、理性平和、积极向上的社会心态”。这一论断强调和谐社会不仅是指社会生活秩序或状态的和谐、安定，也包括社会成员心理的健康、和谐。促进和保持社会成员的心理和谐，是构建社会主义和谐社会的题中应有之义。由于心理不和谐、不健康给社会和他人造成伤害，从而影响社会和谐，这种影响力有时会带来十分严重的后果。这种心理上的不和谐在一定条件下是造成社会不安定的心理因素。事实上，社会上许多故意伤害他人和危害社会的攻击性事件就常常是由心理挫折或失衡等心理不和谐状态所引起的。

当前，我国正处于计划经济向市场经济的转轨时期。改革开放和市场经济在给我国经济社会带来巨大发展、综合国力大大提高的同时，也不可避免地带来诸如社会竞争加剧、升学压力增大、就业形势严峻、贫富分化和城乡差距拉大等社会问题。这些不和谐因素也是造成人们心理失衡的重要原因。而心理失衡所引发的一系列社会问题，又增加了诸多的社会不安定因素，造成了对社会秩序的重创。近年来一些调查显示，我国急剧的社会变迁所引发的心理问题逐渐增多。我国目前每年大约有 25 万人自杀，其中由于心理疾病引发的自杀成为青年人群的首位死因。大学生作为青年人群的重要组成部分，存在的心理问题是比较多的。而大部分人长时间处于一个误区，以为只有表现出明显的症状才算是心理疾病，因而忽略了大学生一些心理疾病的早期表现。从现代心理学角度分析，目前大学生的心理状况令人担忧，主要表现在自闭、抑郁、焦虑、偏执、强迫、精神分裂等方面，其原因大多是学生的心理问题没有得到及时的调适和解决。因此，高校和社会必须从多方面进行有效努力来预防和消除各种心理疾病，其中就包括心理失衡。

所谓心理失衡是指个体的愿望、需求得不到满足或遭受挫折、经历失败时，产生的一种心理上的不平衡，甚至紊乱的状态。心理失衡是心理不健康的前兆，它不仅会影响学生正常的学习与生活，而且直接关系到学生素质的全面发展和健康成才。

大学生的心理失衡现象在大学新生身上表现尤为明显。每年刚入学的大学生往往会出现各种各样的心理问题，心理学上将这一时期称之为“大学新生心理失衡期”。导致新生心理失衡的原因首先是现实中的大学与他们心目中的理想大学间由于存在一定差距而产生的心理落差；其次是新生因为不适应新的环境、新的人际关系等变化造成的一定程度的心理失调；另外，新生由高中时代的佼佼者转而成为大学中普通一员所带来的某种角色上的转变，也是导致其心理失衡的原因之一。此外，在其他大学生身上，也存在一定的心理失衡现象，这部分大学生的压力很大程度来自所学专业的课程负担过重，学习方法有问题等，由此造成精神长期过度紧张。其次，部分学生由于自身性格和过去的生活环境等方面的原因，不善于独立生活和正确处理人际关系，也可能产生心理失衡，比如：不当的家教方式、单亲家庭环境及学校环境的负面影响、学生间形成的消费攀比、对贫困生的歧视和冷漠等等。大学生对情感方面的问题能否正确认识与处理，也直接影响到大学生的心理健康。此外，社会竞争模式的转变，也是引发大学生心理失衡的一大诱因。近年来，由于社会竞争加剧，就业市场不景气，大学生寻找合适的工作机会变得越来越困难。这种状况给大学生、尤其是众多高年级学生造成很大的心理压力，使他们长期因焦虑、自卑而缺乏安全感，并由此引发了一系列的心理问题。

高校学生面临的各种心理失衡问题成为和谐校园建设过程中的不和谐音符，对高校乃至整个社会构成了潜在的不安全因素，同时也对目前高校思想政治工作提出了新的挑战。

第四节　高校思想政治状况的时代特征

国际大背景的新特点、转型期我国国情的新变化和时代浪潮中的新因素以及高校自身参与社会变革和接轨国际教育的实践都对高校思想政治状况产生了广泛而深远的影响，并呈现出人本性、多样性、竞争性、开放性和激变性的时代新特征。研究把握新时期高校思想政治状况的新特点，是高校思想政治工作适应师生的思想实际和需要，增强思想政治工作的针对性，实现思想政治工作目标的基本需要。

一、人本性

所谓人本性的时代特征就是指以人为本的思想观念成为社会的普遍现象。一定的人的思想观念是一定的社会存在的反映，人赖以生存的物质生活和生产条件是人的最基本的社会存在，因此，人类的一切思想活动和观念归根到底都是人的物质生活和生产活动的反映。满足人的物质生活和与之相适应的精神生活的需求是人类社会最基本的要求，也是人的思想最基本的反映。这种反映人的本源需要的人本思想在人类社会的文明史上源远流长，也是人类社会进步的基本动力。新世纪新阶段，大到治国方略，小到企业管理，纵向各个阶层，横向社会的各个方面，以人为本的思想观念已经成为社会的共识，是现代人思想观念最根本的时代特征。

高校作为文化层次较高、知识分子集中的地方，人本性思想更为普遍和鲜明。

首先体现在关注人的全面自由发展。教师不仅肩负着让学生全面发展的使命,也时刻关心自己事业的发展,学生更是把自己的自由全面的发展当成头等大事,成为有用之才是学生的自然的追求。第二体现在关注人的权利和利益,尊重个体价值和尊严。人们越来越注重自身的生存发展权利和自由民主的权利,突出个人的价值、尊严和利益,当前学生越来越追求个性、崇尚独立,越来越要求对个体价值和个体选择的尊重。第三关注人的生命和生命感觉。一方面,经济社会的发展和科学技术的进步更加凸显了人的价值,但是,另一方面,以牺牲资源和环境为代价的发展,又把人的生存环境逼到了绝境,当今社会,越来越多的人感到生命感觉的重要和生命的珍贵,在今年的四川大地震中,抗震救灾把救人放在第一位,人的生命是最重要的。

但是,人本性思想观念在某些人的身上发生了偏差或异化。他们片面强调以人为中心,不顾人与自然本应和谐相处,巧取豪夺,肆意破坏自然界的平衡,到头来还是让人蒙受自然的惩罚;也有人把以人为本当作以自己为本,只顾自己,从不考虑他人的权利和利益,只想学校和社会应为他提供服务和资源,从不想自己应尽什么义务,成为自私自利的极端个人主义和自由主义者。

二、多样性

高校思想政治状况的多样性就是指思想文化的多元化和价值观念的多样性,这是改革开放、经济文化全球化和人民生活水平大幅提高、精神文化需求日益旺盛的必然结果。

思想观念是社会存在的反映,伴随着改革开放的深入发展,社会各个方面都发生了极为深刻的变化,社会经济成分、就业方式、组织方式、利益关系等各个方面分化和差异深刻改变了过去在单一的意识形态、社会体制下相似的工作环境、大致相等的收入以及思想的高度契合,使得处于不同的所有制、不同的社会组织、不同的职业群体、不同的利益关系中的人们产生不同的思想观念;人们物质生活水平的极大改善,促使人们有更多的闲暇时间和精神文化追求;外来文化的涌入,打开了人们文化交流之门;人们思想活动的独立性、选择性、多变性、差异性明显增强。高校是社会的缩影,社会上形形色色的思想观念必然地反映到学校中来,学生受到来自社会的、来自家庭的各种思想观念的影响,以及学生自身经历、经验与认知发展的不同,高校学生的思想状况也呈现多样性,这是高校思想政治状况的一个重要特征。

高校思想政治状况多样性特征主要表现在:第一,思想文化交流的丰富性。改革开放使得高校大量增加了与世界各国的大学等机构的学术和文化交流,各种思想文化在高校交汇、交融,尤其是西方发达国家的强势文化对师生影响很大。第二,思想意识形态的复杂性。马克思主义的意识形态仍然是我国高校的主流意识形态，但是，高校又是西方敌对势力和各种政治思潮渗透争夺的必争之地，各种意识形态在高校中都会有一定的呼应、交锋，有的还有一定的市场。第三，价值观念的差异性。受经济社会发展的变化和各种思想文化的影响，高校师生从传统的单一的价值观向多元价值观转变，在对待生活、交往、工作与事业发展上，师生的价值追求分化、价值评判多样，出现多种价值观共存的格局。

三、竞争性

经过改革开放30年来的发展，我国在经济运行体制方面已经完成了由计划经济体制向市场经济体制的转型，随着市场经济体制改革的深入发展，市场竞争理念、效率意识也深刻地渗透到了社会生活的方方面面。市场化的深刻发展使得越来越多的领域被纳入到市场的领地，或者说市场原则已经渗透到越来越多领域，竞争意识和效率意识成为影响人们思想观念和行为的具有决定性意义的参数。这种意识也渗透到高校师生中，特别是渗透到了学生的思想观念、价值取向、思维方式、行为模式、个性心理等方方面面，使得大学生的竞争意识和个人意识明显增强，使得新时期的学生在思想特点上表现出较为明显的竞争意识，可以说，竞争性是当前高校思想政治状况的一个较为鲜明的时代特征。

学生群体内竞争性意识的增强一方面是市场竞争意识渗透的反映；同时也是学生群体面临的学习压力与就业竞争压力的反映。学生群体的竞争性意识表现在学习中更加努力学习，增长知识，掌握专业知识技能；积极参与学校的各种学生社团性活动，锻炼自己各方面的能力等，全面提高自己的素质和素养，为在将来就业竞争中争取优势。学生们的思想也更加包容、开放、更趋于积极，较多的学生倾向于在比较中接受新的思想和观念，这些思想状况都为我们在新时期做好学生的思想政治工作提供了很好的契机。高校思想政治工作者要把握学生群体思想方面的这些积极变化，在开展思想政治工作的过程中因势利导，引导学生将这种积极的意识正确地运用到处理自己的学习、成才、生活与就业的各个方面，引导学生将学校思想政治工作所传输的观念、理论运用于分析自己生活中以及社会上各种各样的现象和问题，从而提高学生对思想政治工作的可接收度。凡事有利必有弊，学生群体的竞争意识有很多积极的方面，当然也存在不利的或者说消极的方面，比如在学习成绩、(校内)行政资源、荣誉性资源等方面的竞争也使得学生群体内部关系紧张，在竞争中失败的学生更容易产生各种各样的心理问题，大学生的心理健康成为目前全社会都较为关注的问题。面对社会上的种种诱惑，部分学生在心态上比较浮躁和急功近利，不愿意脚踏实地地为实现人生目标而奋斗；此外，竞争意识所引发的效益意识使得学生学习中也以实用原则来进行学习内容的选择。这些学生思想中竞争性意识的发展所带来的消极面给思想政治工作带来新的问题，也证明了进一步做好学生思想政治工作的必要性。

四、开放性

在改革开放和全球化的大背景下，教育要面向现代化、面向世界、面向未来，与国际教育接轨，开放性自然是高校思想政治状况的时代特征。

高校思想政治状况的开放性是适应经济全球化、文化多元化、政治多极化的国际背景新趋势和我国经济体制改革深入发展、经济社会快速发展的国情新特点的必然结果；是适应科学技术的迅猛发展、尤其是互联网信息技术的日新月异促进信息的公开和快速传递的必然结果；是高校国际化发展推动学校的开放和交流的需要，更是高校生产、传播知识和文化的灵魂。

高校思想政治状况的开放性，首先表现在思想政治的环境是开放的。高校中广泛的国内外的学术文化交流，铺天盖地的各类学术文化讲座，专家名流在这里聚集，各种文化在这里交融，各种思潮在这里激荡，各种思想在这里碰撞，师生在开放的环境中学习和创新。其次表现在思想观点和价值评判的公开。在开放宽松的思想政治环境中，广大师生无论对国家社会的大事，还是对学校的各项事务，或是对身边发生的事情，都能品头论足、直言不讳，谏言献策、各抒己见，在许多高校的各类公共平台上，如 BBS 上可以见到师生活跃的身影。第三表现为尊重差异、包容多样的心态。高校中来自不同国家、不同民族和不同文化背景的师生都能互相尊重、和睦相处，尊重、欣赏和认同文化思想观念和生活民俗上的差异，包容价值追求的多样和选择的自由。

五、激变性

高校的知识分子本身是对事物反应极为敏感的群体，加上青年学生的年轻和无牵无挂、容易冲动，他们的思想观念和行为容易受到周围环境的影响而发生突变。最近，世界范围内美国次级贷款危机的爆发、原油价格高企、粮食价格暴涨引发全球经济的不稳定，国际政治中大国利益的较量、核利用的危机和恐怖主义的威胁，致使世界格局动荡，产生了一定的安全危机，全球经济政治的风云突变，必然会影响高校师生思想政治状况的急剧变化。几年前，美国导弹“误炸”我南联盟使馆，曾一夜之间引发我国高校学生爱国抗议的热潮。今年奥运火炬的传递遇阻，再次掀起以青年学生为主的“全球华人迎奥运护圣火”的网络爱国签名活动。随着我国经济政治体制改革的深入，社会正处在利益格局深刻调整、各种矛盾日益突出的转型期，城乡二元结构的冲突，收入分配的不公，房市、股市的动荡，国内社会的突发事件常常会影响高校师生的思想，引发师生对社会公平公正的不平而可能出现的激烈情绪。高校内部的深化改革，师生学习工作和生活的紧张与压力，也促使有些人思想情绪的激变和心理反应的突然失衡。因此，激变性是高校思想政治状况的又一个鲜明的时代特征。

总之，时代的发展、社会的深刻变化赋予了高校思想政治状况以新的时代特征，即人本性、多样性、竞争性、开放性和激变性。高校的思想政治工作者要科学把握思想政治状况的这种时代特征，紧紧贴近这种时代特征来创新高校的思想政治工作理念、方式和方法，利用其中的积极向度来做好新时期的思想政治工作。

第二章　高校思想政治工作的原则与对策

高校的思想政治工作是我国大学坚持社会主义办学方向，坚持育人为本、德育为先，培养德智体美全面发展的社会主义事业建设者和接班人的根本要求。进入新世纪新阶段，高校思想政治工作面临着世界格局多极化、经济全球化、科学技术突飞猛进的发展趋势，在我国改革开放、社会主义市场经济深入发展和继续全面建设小康社会的新形势下，高校思想政治工作在对象、内容、方法和环境等方面都发生着深刻的变化。全面把握高校思想政治工作的原则，选择和运用相应对策措施，将有助于我们发挥思想政治工作的功能作用，增强高校思想政治工作的自觉性和科学性。

第一节　高校思想政治工作中必须坚持的基本原则

高校思想政治工作的基本原则是人们根据高校思想政治工作的客观规律，总结思想政治工作的实践经验概括提炼出来的，在思想政治工作的全过程中起着指导和规范的作用。原则反映规律，它是在当规律被人们认识并成为指导行为的准则时形成的。因此，我们在新形势下开展高校思想政治工作，必须遵循思想政治工作的基本原则，使思想政治工作在其指导下有序有效地进行。

一、社会主义核心价值体系主导引领与包容多样相统一的原则

在高校思想政治工作中，坚持社会主义核心价值体系主导引领与包容多样相统一的基本原则，是克服教育内容单一化、简单化，缺少针对性和层次性的弊病，把思想政治工作内容的方向性与现实生活和思想特点的灵活性相结合的方法。用社会主义核心价值体系主导引领，是指思想政治工作内容要体现社会主义核心价值体系的性质和方向。由于一定的社会意识形态总是与其他的社会思潮并存、

渗透，人们的思想不可能简单划一，针对具体对象的思想差异，要包容多样性，所以，教育内容要有多样性。我们在开展高校思想政治工作过程中，社会主义核心价值体系主导引领必须与包容多样结合，两者缺一不可。坚持两者相统一必须做到：

第一，高校思想政治工作必须以社会主义核心价值体系来主导来引领。社会主义核心价值体系，是我国各族人民团结奋斗的共同思想基础，是占支配地位的国家主流意识形态，在社会文化建设中处于主导地位，它应当也完全具备引领社会思潮的统摄和导向功能。

必须坚持把社会主义核心价值体系融入高校思想政治工作的全过程和各个方面；必须坚持用马克思主义中国化的最新成果武装高校的全体党员、教育高校的全体教职员工和学生，用民族精神和时代精神具体化的大学精神凝聚力量、激发活力，倡导爱国主义、集体主义、社会主义思想，加强理想信念教育，加强国情和形势政策教育，不断增强广大师生对中国共产党领导、社会主义制度、改革开放事业、全面建设小康社会目标的信念和信心；必须加强价值观教育，坚持树立以“八荣八耻”为主要内容的社会主义荣辱观，倡导爱国、敬业、诚信、友善等道德规范，开展知荣辱、讲正气、感恩等活动；必须确立阵地意识，利用高校的科研条件和学术资源，加强马克思主义理论研究和建设，增强党的思想理论工作的创造力、说服力、感召力。上述的内容和要求是密切相连、相互渗透的。只有把握了这些内容和要求，才能真正坚持社会主义核心价值体系的主导和引领。

随着我国经济社会的深刻变化，社会意识出现了多样化倾向，既给青年学生的思想带来了空前的活力，同时也为他们的价值观带来冲击，青年学生在价值观方面产生诸多迷茫、困惑和疑问。面对这样的情况，我们要牢牢掌握高校思想政治工作的指导权、主动权、话语权，立足时代发展要求，针对高校师生思想存在的问题，真正发挥社会主义核心价值体系的主导和引领作用。在这个前提下，尊重差异，包容多样，充分挖掘和鼓励学校师生中不同群体所蕴含的积极向上的思想精神，更好地用社会主义核心价值体系引领社会思潮，最大限度地形成思想共识，凝聚力量，齐心协力建设中国特色社会主义。

第二，高校思想政治工作应该尊重差异、包容多样。当前，世界范围思想文化的交流日益频繁、交融不断深化、交锋更加激烈，国内社会思想文化领域多元、多样、多变的特征日益明显，各种价值观念相互激荡。这是一个不以人的意志为转移的客观历史过程。社会思潮的多样化对于拓展人们的眼界、丰富社会生活、增强人的主体性、促进创造活力的迸发，无疑具有重要的推动作用。但同时应该看到，社会思潮的多样化存在一定的盲目性、无序性，如果没有核心价值体系的有效引领，势必导致价值失序甚至社会秩序的紊乱。因而，要把中国特色社会主义伟大事业不断引向深入，确立社会主义核心价值体系，引领整合多样化的社会思潮，巩固全党全国各族人民团结奋斗的共同思想基础，十分必要和紧迫。

党的十七大报告中明确指出：要"积极探索用社会主义核心价值体系引领社会思潮的有效途径，主动做好意识形态工作，既尊重差异、包容多样，又有力抵制各种错误和腐朽思想的影响"。无论过去、现在和将来，社会思潮呈现差异性和多样性，都是或必将是一种客观存在。我们党提出以社会主义核心价值体系引领社会思潮，这种"引领"本身就蕴含着尊重其差异性，包容其多样性。反之，如果对差异性不予尊重，对多样性不予包容，所谓"引领"也就无从谈起。尊重差异、包容多样，是坚持以社会主义核心价值体系引领社会思潮的重要前提条件。对于高校师生中多种多样的思想实际，放任自流不行，一味堵塞也不行。唯一正确的办法，就是尊重差异、包容多样，积极地加以"引领"。尊重差异、包容多样，是要根据高校师生的要求，丰富和发展社会主义核心价值体系的主导和引领的作用。如在教育内容选择的多样性上，可以有国情教育、人文素质教育等与社会主义核心价值体系相关、相容的其他必要的辅助教育内容。如针对教育对象的不同类型、不同层次和个体差异，选择不同的教育内容和教育方法，通过理论学习、社会实践体验、校园文化氛围的熏陶，能够增强高校思想政治工作的针对性和实效性。

同时必须指出，尊重差异，包容多样，决不是允许各种反马克思主义的社会思潮滋长，更不允许它们动摇我们的主流意识形态。必须始终高举马克思主义的旗帜，不断建设和发展社会主义核心价值体系。把握了这一点，就把握了高校思想政治工作的性质和方向。

第三，坚持社会主义核心价值体系的主导引领与包容多样相统一。社会主义核心价值体系既是一个具有先进导向的体系，又是一个兼容并蓄的体系，要做到主导引领与包容多样相统一，有以下一些要求：

一要坚持社会主义核心价值体系主导引领下的包容与多样。我们在开展高校思想政治工作的时候，主导引领是前提、是根本。建设社会主义核心价值体系，不是要消灭价值观的差异性，而是要以主流的价值取向引导全社会的价值取向，并借以统一人们的思想和行为。在主导引领的问题上要有坚定性、一贯性，不能把包容多样理解为朝令夕改、变化莫测，它是为了更好地贯彻主导引领的灵活性，体现教育的针对性和准确性。另一方面，也要防止单一和极端化。忽视多样性会使我们的思想政治工作抽象、单调。

二要坚持社会思想文化、社会思潮多样性之中的主导性。在涉及高校思想政治工作内容的方向性、思想性方面，必须遵循和体现主导引领的要求。思想政治工作的内容，随着时代的发展，日益丰富多彩，选择的余地越来越大。意识形态和思想文化观念的多样化是必然的，有正面的作用，但同时也必然会冲击主流思想文化，挑战社会主义意识形态的主导地位，为青年学生的健康成长带来重要影响。为此，高校思想政治工作必须坚持正面教育引导，坚持社会主义意识形态的主导地位，坚持用社会主义核心价值体系武装青年学生的头脑。这是我国社会主义性质和社会发展要求决定的，也是青年学生自身健康发展的内在需要。应该知道，我们采取包容多样性，目的是更好地体现主导引领的作用。坚持社会主义核心价值体系的主导性不是否定价值取向的多样性，而是要使多样的价值取向形成一种“和而不同、相互补充、统一于社会共同理想”的局面。

二、党的领导、开放民主和依法治校相一致的原则

坚持党的领导、开放民主和依法治校相一致的基本原则，反映了时代发展变化对高校思想政治工作的新要求。高校思想政治工作中贯彻党的领导、开放民主和依法治校相一致的原则，有利于提高党对高校的领导水平和执政能力，有利于开放民主得到保障和发展，有利于依法治校得到支持和完善。党对高校的领导是中国特色社会主义教育的性质所决定的，党的领导是开放民主和依法治校的根本保证，开放民主是社会主义大学的本质体现，依法治校是提高党领导高校的能力与水平的根本要求。坚持党的领导、开放民主和依法治校相一致原则的具体要求是：

第一，党的领导是保持高校思想政治工作正确方向的根本保证。坚持党对高校的领导是中国特色社会主义教育的性质所决定的。我国是社会主义国家，中国共产党是中国特色社会主义事业的领导核心。坚持党的领导是高校思想政治工作的根本保证。我国高校实行党委领导下的校长负责制，党委的领导核心作用、党总支和党支部等基层组织的政治核心和战斗堡垒作用，是实现高校思想政治工作目标的坚实的组织保障。党在高校的领导主要是政治、思想和组织领导，体现为根本性、全局性、关键性方面。党的领导应当把主要精力放在抓方向、议大事、管大局上，解决好带全局性、战略性的重大问题，做到总揽不包揽、协调不代替。

高校思想政治工作的成败与否，取决于党的领导的能力与水平。党领导高校的能力，是一个重大的战略性课题，归结起来，就是两个关键问题，一是培养什么样的人，二是怎样培养人。党在高校的全部工作的出发点和落脚点都在于促进学校发展，培养高素质人才。这也是党在高校的中心工作。只有抓住这一中心工作不放松，才能使党的工作落到实处。高校作为培养全面发展的高素质人才的摇篮，思想政治工作显得尤为重要。当前和今后一个较长的时期内，高校思想政治工作所肩负的任务，就是要加强党对思想政治工作的领导，切实保证高校人才培养的正确方向。

第二，开放民主是增强高校思想政治工作生机活力的必然要求。开放民主，是在新的历史条件下对高校思想政治工作的一种必然要求。首先，开放和民主体现了马克思主义的本质要求，为马克思主义伴随实践和时代的发展而不断与时俱进提供了源泉和动力。思想政治工作是党的工作的一个重要组成部分，由于我们

党的执政地位，思想政治工作必然与社会政治、经济、文化等联系在一起，这就使开放民主成为思想政治工作的必然要求。同时，开放民主也是社会主义大学的本质特征，作为一种大学精神，要求教师和学生，必须有开放的胸襟和视野，有世界眼光和全球意识，要求学校有开放民主的氛围，体现人文关怀，体现平等和正义。

开放民主是最能反映高校思想政治工作发展特征的鲜明标志。随着教育面向现代化、面向世界、面向未来的深入推进，开放和民主已经和正在强有力地推进高校思想政治工作发展，也为思想政治工作提供了发挥作用的广阔平台和时空领域。开放民主打破了传统思想政治工作的狭隘领域和教育层次，拓展了高校思想政治工作的领域，使高校思想政治工作能够正确反映时代特征和实践要求，永葆蓬勃生机和活力。开放民主改变了传统思想政治工作封闭、单一的文化环境，使广大师生的视野日益开阔，思想日趋活跃，民主平等、开放意识不断增强。高校思想政治工作面临复杂多变的环境，面临各种理论、思潮、信息的激荡、冲击，要学习借鉴人类文明中的一切优秀成果，创造性地加以运用，要发展自身功能，在开放民主的条件下充分发挥作用，使思想政治工作更加有效。

第三，依法治校是发挥高校思想政治工作作用的基本前提。依法治校是依法治国方略的一个重要组成部分，是为贯彻落实法治国家原则，实现高校管理的法治化目标，以法律方式规范高校管理的过程。依法治校能够最大限度地消除产生思想问题的因素，使得师生员工心情舒畅，这是高校思想政治工作由虚变实、由难变易、由软变硬的基本前提和重要保证。高校思想政治工作要通过长期不懈的法制教育，增强广大师生的社会主义法治意识，既要增强他们的民主意识和权利意识，又要注重增强法治意识和义务意识，形成全体师生自觉学法守法用法的良好氛围。要组织广大师生学习学校的各种规章制度，提高他们的法制观念和依法办事的能力，使他们知法懂法，自觉依法办事，使他们的法治意识潜移默化为内在的素质，守法内化为一种道德上的义务，这时依法治校才能从真正意义上得到实现。

高校思想政治工作必须与学校大政方针的制定和执行紧密结合起来，与学校各项规章制度的建立结合起来。要积极推进依法治校，在重大问题的决策以及实施过程中，要十分注意发扬密切联系群众的优良作风和民主办学的优良传统，充分调动教代会、学术委员会等组织的积极作用。同时要严格依法照章办事，强调制度化、程序化、规范化，自觉地将教学、科研、社会服务等各项活动纳入依法依章办理的轨道，健全和完善内部管理的各项制度，通过法律的途径解决各类矛盾和问题，使学校各项活动健康、稳定运行。同时，思想政治工作作为“软”任务，更需要用制度来加以“硬化”。要建立健全思想政治工作责任制，切实加强和改进学校党委对思想政治工作的领导，要将思想政治工作纳入学校建设发展的总体规划，提出明确要求。还要建立完善合理的思想政治工作投入保障机制、队伍保障机制和考评保障机制等。

三、世情、国情和校情相结合的原则

坚持世情、国情和校情相结合是新时期高校思想政治工作的基本原则。世情、国情和校情主要指一定时期内国际上和国内以及高校发生的现实事件的现状和发展趋势。世情、国情和校情对高校思想政治工作有重要影响,它不仅影响高校师生的政治观念的形成,而且还可以影响一定时期的思想政治工作的内容和方式。做好新时期高校思想政治工作,必须坚持世情、国情和校情相结合的原则,从国际和国内、历史和现实的角度,深刻分析新形势下对广大教师学生的思想活动发生作用的客观环境及其基本特点,正确审视和解决那些影响师生思想活动的理论问题和现实问题。坚持世情、国情和校情相结合原则的具体要求是:

第一,坚持世情、国情和校情相结合要贴近世情。当前世界正处在大变革大调整之中,科技、经济、政治等方面的发展相互交融和激荡,理论的发展和社会的变革都呈现出日新月异的局面,高校思想政治工作面临的环境和工作条件发生了与过去很不相同的变化,既为高校思想政治工作提供了前所未有的发展机遇,也带来新的挑战。党的十七大报告指出:“当代中国同世界的关系发生了历史性变化,中国的前途命运日益紧密地同世界的前途命运联系在一起。”“中国发展离不开世界,世界繁荣稳定也离不开中国。”这些论述客观描述了当今中国的发展和世界的变化日益紧密地联系在一起,也揭示了高校思想政治工作必须贴近世情的前所未有的重要性。新形势下的高校思想政治工作不能置身于世界潮流之外,相反,必须顺应时代发展要求,树立世界眼光,密切关注世界文明的发展趋势,善于从国际形势发展变化中把握发展机遇、应对风险挑战,善于吸收不同文明中科学、进步的合理成分。

因为,只有贴近世情的高校思想政治工作,才能让我们对世界格局的基本特点有比较清楚的认识;只有贴近世情的高校思想政治工作,才能让我们全面认识西方文化的影响,有效抵御西方国家意识形态的渗透;只有贴近世情的高校思想政治工作,才能让我们认清面临的挑战和机遇,增强加速自身发展、增强综合国力的紧迫感;只有贴近世情的高校思想政治工作,才能培养用科学的方法分析形势的习惯,提高我们观察形势的能力。

第二,坚持世情、国情和校情相结合要立足国情。在新的历史条件下,高校思想政治工作必须立足基本国情,联系新的实际,才能符合教育的规律,取得预期的效果。党的十七大报告指出:“经过新中国成立以来特别是改革开放以来的不懈努力,我国取得了举世瞩目的发展成就,从生产力到生产关系、从经济基础到上层建筑都发生了意义深远的重大变化,但我国仍处于并将长期处于社会主义初级阶段的基本国情没有变,人民日益增长的物质文化需要同落后的社会生产之间的矛盾这一社会主要矛盾没有变。”让广大师生准确了解我国基本国情,了解当前国内各方面发展的基本情况，深刻认识推行改革开放的必要性、紧迫性和正确性，激励他们积极投身到建设中国特色社会主义的伟大事业中去，是高校思想政治工作的一项重要任务。

我国将长期处于社会主义初级阶段的客观实际决定了意识形态领域矛盾和斗争的长期性、复杂性、尖锐性，也决定了加强和改进高校思想政治工作的重要性和紧迫性。社会主义初级阶段的客观存在必将制约、影响青年学生的思想，其思想矛盾和斗争必须呈现出长期性、复杂性的特点，从而使高校思想政治工作的任务更重、难度更大。党的十七大提出为夺取全面建设小康社会新胜利的历史任务。全面建设小康社会，需要培养大批德智体美全面发展的社会主义建设者和接班人，赋予了高校思想政治工作新的历史使命，既为高校思想政治工作注入了新的生机和活力，也提出了新的更高的要求。十七大报告中指出："强调认清社会主义初级阶段基本国情，不是要妄自菲薄、自甘落后，也不是要脱离实际、急于求成，而是要坚持把它作为推进改革、谋划发展的根本依据。我们必须始终保持清醒头脑，立足社会主义初级阶段这个最大的实际，科学分析我国全面参与经济全球化的新机遇新挑战，全面认识工业化、信息化、城镇化、市场化、国际化深入发展的新形势新任务，深刻把握我国发展面临的新课题新矛盾，更加自觉地走科学发展道路，奋力开拓中国特色社会主义更为广阔的发展前景。"这一论述也是对高校思想政治工作如何立足基本国情提出的新要求。

第三，坚持世情、国情和校情相结合。高校思想政治工作要从学校发展的实际出发。近年来，高校思想政治工作在培养人才方面发挥出强有力的服务和保障作用，同时也面临着一些挑战。一是在深化教育教学和管理体制改革的过程中，广大师生的自主性、选择性和参与性不断提高，民主意识和竞争意识显著增强。这就需要做大量深入细致的思想政治工作，正确引导。二是伴随改革的深入，高校的办学模式日益呈现出多样化和特色化的发展趋势，这就需要深入研究和构建与之相适应的高校思想政治工作。三是伴随办学规模的扩大和后勤社会化的发展，学生的学习、生活场所趋于分散，高校思想政治工作如何保证覆盖面，如何采用灵活多样的工作思路和方法。这些问题都是进一步加强和改进高校思想政治工作必须探索解决的。

另外，高校思想政治工作要从师生的实际出发。当前，在社会转型、经济转轨的背景下，一些教师受市场经济趋利因素的影响，在教学过程中精力投入存在偏差；一些教职工的政治责任感比较淡薄，课堂教学、管理工作和服务工作存在着"只求过得去，不求过得硬"的现象；一些教职工"思想上不求上进，工作上不争上游，学习上缺乏热情、对国家大事漠不关心"的思想仍然存在。为此，要结合教职工的思想实际，针对他们关心的问题，不断改善高校思想政治工作的途径、内容和方法。高校学生的情况是最大的校情。现在的大学生生于改革初期的 20 世纪

80 年代，长于急剧变化的 90 年代，现在又处于快速发展的社会转型期，他们有崇尚自我、张扬个性、强调自我的心理。再加上高校扩招，学生的素质参差不齐。他们有着成才发展的愿望，但自我把握往往不足；维权意识和参与意识较强，但自制能力、自律能力和抗挫折的能力不足；社会环境日益开放和多样化，但自我价值的选择、取舍缺少自控的能力；部分学生还面临着学习费用支出方面的负担。面对大学生的思想困惑和精神压力，思想政治工作必须切实了解广大学生的实际，坚持以学生发展为本，耐心细致地做好思想政治工作，帮助他们解决困难，解除困惑。思想政治工作必须重心下移，深入学生，贴近他们的学习和生活，做好就业指导、心理健康教育、宿舍的服务管理、困难学生的关怀帮扶等，将思想政治工作融入学生关心的问题、与学生发展成才最密切的环节中去。

四、以人为本的原则

科学发展观作为一种全新的发展观，其核心就是“以人为本”，具体到高校思想政治工作层面上，就是要以师生发展为中心，提倡人性化、人格化的教育和管理。中共中央国务院《关于进一步加强和改进大学生思想政治工作的意见》中，提出了“以人为本”的大学生思想政治工作的指导思想，这与我们党长期贯彻的执政理念是一致的，是新形势下我们开展思想政治工作的根本方法和途径，更是思想政治工作的魅力所在。正确认识和坚持高校思想政治工作中“以人为本”的原则，对于加强和改进高校思想政治工作具有重要的现实意义。

第一，高校思想政治工作必须坚持以人为本。坚持以人为本，是新时期加强高校思想政治工作的前提。以人为本，就是要重视人的价值，肯定人的作用，充分调动和激发人们的积极性和创造性，以达到人的全面发展的目的。高校思想政治工作面对的是一个高智商的群体，学校教职员工和大学生都有着较高文化素养以及一定的理论和政策水平，有较强的独立思考和洞察、分析、解决问题的能力，有强烈的参与意识和民主管理意识等特点。这决定了学校思想政治工作不宜采用那种居高临下式的“我说你服，我打你通，我调你动”的简单方式，而只能在尊重对方的基础上展开。

坚持以人为本，是高校思想政治工作坚持科学发展观的具体体现。科学发展观的核心是“以人为本”，就是要尊重人，尊重人的特性和人的本质，把人作为手段与目的的统一。高校思想政治教育工作的主体和对象都是人，因而当务之急便是启发人的自觉性，调动人的积极性，激发人的创造性，做到更多的关注人的主体需要，尊重人、关心人、教育人、引导人、提高人。所以说，坚持以人为本，是高校建设、发展、稳定的前提和基础，是做好师生思想政治工作必须要具备的理念和坚持的重要原则。

以生为本是以人为本原则在高校思想政治工作中的具体化。高校的主要功能是培养高素质人才，所以，高校思想政治工作的主要对象是学生。以人为本，在高校就是以学生为本，以学生为中心，促进学生的全面发展。在对学生进行思想政治教育过程中，要承认学生的发展变化，了解学生，尊重学生，理解学生，服务学生，引导学生，教育学生，相信学生，依靠学生；必须将工作的切入点和着力点放在学生身上，认真研究其发展需要的新变化、新需要，同时针对每个具体的人的特定思想形成的客观原因和影响因素，通过有效地改变某些外在因素和条件，促进大学生的全面发展，从而为社会培养出更多的栋梁之才。

第二，全面落实以生为本原则的具体要求。一要在尊重大学生的基本需要中体现以生为本。要尊重每一个学生的需要，尊重每一个学生的生存和发展的权利，要关注学生作为人的共同性和个性的差异性，将每一个学生视为教育和培养的目标，关注学生的物质和精神生活世界，关注学生本身的生存和发展的命运。能否满足大学生的尊重需要是高校思想政治工作能否取得实效的重要前提。根据马斯洛（Abraham H. Maslow）的需要层次论，大学生思想政治工作如果做不到尊重人，不能使大学生的尊重需要得到满足，就肯定不会收到良好的效果。首先要尊重学生符合时代特征的追求，辩证地看待大学生求新求变、追赶潮流、追求时尚的思想和行为；对新生事物在实践中造成的矛盾和问题，要注意调整思想政治工作的方式方法，努力通过引导的方法解决；其次要坚持党务公开和校务公开，发扬校园民主，满足学生的知情权；再次要尊重学生主人翁的地位，支持学生的积极参与热情，注意调动学生参与学校民主管理的积极性，多渠道征求学生对于学校建设发展的意见和建议，建立和完善必要的学生参与机制，支持和保障学生依法参与管理；第四要尊重和满足学生的正当利益，要落实学生的监督权和申诉权，并建立相应的监督和权益保障机制。

二要在促进大学生全面发展中彰显以生为本。高校思想政治工作要以实现学生的全面发展为目标，从学生的根本利益出发，促进学生身心健康的和谐发展，全面提高学生的整体素质。高校是培养人、教育人的重要基地，是造就高层次的社会主义建设者与接班人的场所。因此高校思想政治工作必须以促进人的全面发展为出发点和归宿点，教育引导学生将个人的全面发展与社会的进步统一起来，将自我实现与对社会的贡献统一起来，提高自身的思想政治素质、科学文化素质和身心素质。从实现人的价值来看，思想政治工作的作用就在于帮助人们确立和坚定人生的理想信念，实现和提高人的价值，使生活更有意义，更有人的尊严。高校思想政治工作，就是通过促进学生的全面发展，引导学生充满信心地生活，充满智慧地学习，充满快乐地成长。

三要在思想政治工作中强化三种意识。一是服务意识。要坚持“一切为了学生，为了一切学生，为了学生的一切”的理念，以其作为高校思想政治工作的宗旨。高校的教育工作者只有认真倾听学生的呼声，并积极帮助学生解决实际问题，让学生真正感受到党、团组织的关心，学校的温暖，学生才能自觉地接受教育，思想教育工作才能真正收到实效。二是尊重意识。要尊重学生生理的需要、安全的需要、归属的需要、交往的需要、被社会和他人尊重的需要和自我实现的需要，在思想政治工作中我们要尊重学生的主体地位，尊重学生的人格，尊重学生的个性，尊重学生的思想。三是情感意识。要求思想政治工作者以极大的热情和高度的责任感对待学生，从思想上、学习上、工作上以及心理情感上全面关心学生，使思想政治工作者将解决他们的实际问题和思想问题结合起来，高度重视情感因素，通过真诚关爱培养学生爱党、爱祖国、爱人民的情感。

五、党政齐抓共管的原则

坚持党政齐抓共管，一起努力，共同做好思想政治工作，是我们党开展思想政治工作的重要原则和经验。高校各级党组织和行政部门都应当自觉地把思想政治工作放在非常重要的位置，尤其要把大学生思想政治教育摆在学校人才培养工作的首位，在学校党委统一领导下党政齐抓共管，努力探索一套行之有效的思想政治工作方式、方法、手段和机制。

第一，高校思想政治工作必须坚持党政齐抓共管的原则。坚持党政齐抓共管原则符合高校思想政治工作系统性的特点。教育是一个系统工程，做好高校的思想政治工作，需要学校党政领导、各部门和全社会力量的密切配合。就高校内部而言，高校曾存在党委抓德育、行政抓智育的约定俗成的工作职责划分，这种“两张皮”的管理体制，在长期的实践中产生了很多弊端。另外，在高校存在两种比较普遍的错误观念：一种是认为大学生已经成人，他们应该对自己的行为负责，学校不需要也不应该去管他们了；另一种则认为作为高校教师只要上好课，搞好科研就行，育人工作是班主任、辅导员和学生工作干部的事情，把教书与育人隔离开来。这种思想认识不利于贯彻党和国家的教育方针。只有坚持党政齐抓共管的原则，才能有效发挥学校育人的整体优势，把对学生的思想政治工作作为全体教职员工的职责，实现全员参与、全员育人；只有坚持党政齐抓共管的原则，才能积极协调高校学生工作的不同层次和方面，使思想政治工作覆盖到学生学习、生活、工作的各个角落，渗透在学校工作的各个方面，做到全方位育人；只有坚持党政齐抓共管的原则，才能有效实现全过程育人，形成全员育人、全过程育人、全方位育人的思想政治工作格局。

坚持党政齐抓共管原则符合高校师生思想问题复杂性的客观实际。高校师生的思想问题，是社会的政治、经济、思想、文化等方面问题的综合反映，涉及社会的各个方面。高校思想政治工作涉及学校的教学、科研、管理等方面，思想政治工作不论是直接的还是间接的，都具有一定的广泛性和社会性，所以，思想政治工作不仅党的组织要做，行政和工青妇等群众组织都要做。只有发挥学校的整体优势，形成职责明确，各方面相互配合，齐抓共管，覆盖全校的工作机制，才能做好高校思想政治工作。

第二，高校思想政治工作坚持党政齐抓共管原则的具体措施。一要建立健全思想政治工作的协调组织机制。在学校党委统一部署和要求下，协调好党政有关部门之间的关系，沟通多种教育途径，整合各种教育力量和手段，把思想政治工作贯穿于教学的全过程，落实在教学、管理、后勤服务的各个环节中。高校思想政治工作要改变单一的工作方法和途径，建立学校思想政治工作联席会议制度，由学校的党、政、群众团体和有关职能部门、院系负责人参加，定期讨论分析研究学校思想政治工作的新情况新问题，提出相关对策措施，落实具体任务，形成学校党委领导下的党政工团密切配合、齐抓共管思想政治工作的新格局。

二要把党政齐抓共管的原则落实到师生的思想政治工作实际中，并与学风、校风、教风建设结合起来。要把思想政治工作与学校各项工作有机结合，融入师生的教学、科研、学习和生活之中，使之从不同渠道、运用不同手段，对师生进行思想政治教育，最大限度地发挥思想政治工作的作用。防止和纠正思想政治工作与业务工作脱节的"两张皮"、思想政治工作只依赖思政理论课教师和政工干部的不正常现象。要紧扣育人这个中心，发挥课堂教育的主导作用，既发挥思想政治理论课的主渠道作用，又明确所有课程都有育人功能，真正把思想政治教育融入大学生专业学习的各个环节，渗透到教学、科研和社会服务各个方面，贯穿到教育教学的全过程。同时，还要开展大学生社会实践活动，解决理论教学与思想道德践行问题，全面提高他们的综合素质，充分发挥思想政治工作的整体功能。在新形势下，特别是要研究探索大学生思想政治工作进宿舍、进社团、进网络的有效途径。

三要积极调动学校各方面力量，一起来做思想政治工作，形成党政齐抓共管、全员育人的环境氛围。依靠群众，开展思想政治工作，实行群众自己教育自己，是我们党一贯倡导的工作方法。高校思想政治工作不能仅靠思政理论课教师和专职政工干部对师生进行教育，搞"单打一"，而应走出一条以精干的专职思想政治工作队伍为支柱力量，兼职思想政治工作队伍参与配合的新路。同时要打破各部门的界限，凝聚所有从事教学、科研、行政等部门的力量，建立党团员为核心的群众性思想政治工作网络，充分发挥广大师生在思想政治工作中的积极性、主动性、创造性和聪明才智。

第二节　高校思想政治工作观念的更新

加强和改进高校思想政治工作，首先要转变思想观念。思想政治工作的观念是影响、支配思想政治工作行为的重要因素，进而影响到思想政治工作的效果。但是，高校思想政治工作观念又受社会环境、学校自身情况和师生思想特点等多方面因素的影响和制约。当前，这些因素都发生了很大的变化。为此，高校思想政治工作也要适应时代不断发展变化的要求，不断地解放思想，更新观念。

一、适应与不适应：传统思想政治工作内容的得与失

在改革开放前的一段时期，应该说传统的思想政治工作是适应了我国的国情，能够较好地完成思想政治工作的任务和达到预期的效果。改革开放至今30年，我国进入了一个全新的历史时期，所处的社会环境、经济环境、社会观念、思维方式、人际关系、生活方式等各方面都发生了深刻变化，高校思想政治工作也要结合新的实际，重新审视传统思想政治工作内容的得与失。

1. 传统思想政治工作的内容面临新的问题

长期以来，高校思想政治工作坚持正确的政治方向，传播了马克思主义理论和先进文化，为培养我国社会主义事业接班人和建设者，作出了重要贡献。然而随着国际国内形势的新变化，社会多样化的趋势日益明显，教职工和学生的自主意识增强，他们接受的信息很丰富也很庞杂，他们的思想十分活跃，要真正把他们的思想认识统一起来，也不那么容易。如“三义”教育中的社会主义和集体主义教育内容在当前就面临着新的问题。在当代社会主义运动遭受重大挫折和当代资本主义发生深刻变化的背景下，如何解释社会主义是优于资本主义的社会制度并最终将取代资本主义这一命题？在提倡个性解放，注重个人价值实现的今天，又如何去教育人们将之与树立集体观念、关注并维护集体和国家利益有机地结合？在利益驱动原则盛行的今天，原有的“大公无私”、“毫不利己、专门利人”、“全心全意为人民服务”等提法是否还适合所有社会层面的人的教育？如今又该倡导怎样一种合理的易于让人信服和接受的价值观、人生观、世界观？这一切，都是高校思想政治工作面临的以往不曾遭遇的矛盾和冲突。为此，我们必须努力用新的视角、新的观点、新的语言，拨开思想疑团，廓清认识迷雾；用新的经验、新的认识、新的成果来丰富马克思主义的理论宝库。只有这样，才能增强马克思主义理论的说服力和战斗力，才能真正发挥思想政治工作的作用。

2. 传统思想政治工作的内容脱离新的实际

传统思想政治工作进行了以“三观”、“三义”、“三德”为核心内容的理论学习和宣传教育。但原有的思想政治工作的内容在当今背景下显得抽象和空泛，缺少和现实社会实际密切相连的具体的、实在的内容，缺少现实生活中的具体可操作的行为标准和参照体系，因而内容显得虚而不实，难以解释新的现实生活。如高校思想政治工作在一定程度上没有较好解决涉及学生切身利益的如就业、恋爱、心理需求、个人发展等敏感问题，在学生心目中的地位不高，受理解和支持的程度

不够。因而,思想政治工作一定要在"立意要高"的前提下,做到具体操作上"重心要低",将思想政治工作的内容根据当今的社会形势背景、社会生活内容加以细化和具体化。高校思想政治工作无论是理论上还是实践上都应积极开放,向其他学科敞开大门,吸纳现代文学、史学、美学、心理学等学科的知识。不仅要进行马克思主义理论教育、理想信念教育和公民道德规范教育,还要进行法律知识、市场经济知识以及国际经贸知识的教育,尤其要加强现代科技知识的教育。

3. 传统思想政治工作的内容偏离新的主题

坚持改革开放,推动科学发展,促进社会和谐,全面建设小康社会是当今中国社会的主题,思想政治工作应紧密结合改革、发展和稳定过程中的现实情况,积极为之服务。新时期的思想政治工作,无论从其面临的国际国内形势还是广大干部群众在思想上存在的新情况新问题,都充分说明:简单地沿用老框框、老套套,不紧密结合实际予以探索和创新是没有出路的。但当前偏离新主题,脱离现实实际的情况还是相当严重。如不能针对国际国内形势变化的新实际,实事求是地、有针对性地加强对马克思主义中国化最新成果的学习和宣传,无法体现思想政治工作的积极作用;不能紧密结合干部师生在当前学习、工作和生活中产生的思想认识上的新问题,有的放矢,对症下药,理想信念教育浮于表层,更谈不上增强全民族的凝聚力和战斗力;不能针对市场经济运行过程中产生的新问题,采取切实有效的应对措施,社会主义道德教育无法切入,提高全民族的思想道德素质也就成了一句空话。

二、主体与客体:确立思想政治工作是人的工作的理念

主体与客体是人类一切活动的基本要素,它们的对立和统一贯穿于人类认识和改造世界的始终。在哲学上,主体是在与客体的相互联系、相互作用中而存在的,并且主体与客体也处在相互转化中。思想政治工作是一种关于人的对象性的活动,因而思想政治工作的活动及过程必然包含主体与客体的问题。研究高校思想政治工作的主客体及其相互关系,尤其是科学地把握主客体对象的特点,科学地认识客体的主体性,对于高校思想政治工作实践的发展具有十分重要的意义。

1. 高校思想政治工作客体的主体性及其意义

思想政治工作主体与客体的区分,是为了强调党对思想政治工作的领导作用,强调思想政治工作应该坚持正确的主导方向,强调思想政治工作者应该承担起发动、组织思想政治工作活动的重大责任。由于高校思想政治工作主客体的特殊性,即主体与客体都是具有主体性的人,不仅思想政治工作主体对思想政治工作活动有着重大的影响,思想政治工作客体的主体性也会在思想政治工作活动中发挥重要的作用。近年来,人们开始对高校思想政治工作客体的主体性进行研究,认为高校学生接受教师的教育,是受教育者的角色,是客体,但他们是学校最

主要的群体，应重视他们的积极性、能动性和创造性在思想政治工作中的发挥，并把它引导到正确方向上来，使之成为增强思想政治工作有效性的促进手段。因此，高校思想政治工作要树立以生为本的思想，确立思想政治工作是人的工作的理念。

2. 高校思想政治工作坚持以人为本的原则

坚持以人为本，就是一切从人民群众的需要出发，促进人的全面发展，实现人民群众的根本利益。以人为本是科学发展观的核心和本质，也是高校思想政治工作的出发点和归宿。高校思想政治工作坚持以人为本的原则，是指在思想政治工作中，重视人的价值，肯定人的作用，坚持一切从人出发，尊重人、理解人、关心人，充分调动和激发受教育者的积极性和创造性，以达到人的全面发展为目的的观念。

传统思想政治工作强调教育的社会适应性，忽视个体适应性，教育的目的往往以社会的规范和要求为依据来确定。传统思想政治工作还认为，在思想政治工作中教育者是主体，受教育者处在被动、服从的地位。在这种观念的影响下，思想政治工作自我排除和否定了教育者与受教育者之间的良性互动，忽视了受教育者在教育过程中的主观能动作用，并由此形成了单纯强调知识的灌输，或者单纯强调行为的训练和管理的“说教式”和“管教式”两种僵化的教育模式。

高校思想政治工作必须坚持以人为本的原则，开展思想政治工作时，要把提高师生素质摆在突出位置，坚持办好实事关心人温暖人，解疑释惑教育人提高人，寓教于乐引导人陶冶人，组织活动凝聚人满足人，弘扬先进激励人鼓舞人。思想政治工作的加强和改进为提高师生个体素质提供了外部条件，而这些条件只有通过个体的内在因素才能发挥作用。从人的素质形成和发展规律来看，人的素质不是外在于人的，而是在社会影响下引发人体内部身心发展而养成的。这就要求每位师生都要加强自我教育、自我修养和自我调适，将思想教育内容内化为自己的价值观念、行为规范、情感意志和行为模式，积淀成自身的素质，让师生在参与中自己教育自己，自己提高自己，增强识别各种错误思潮的能力。高校思想政治工作必须坚持以人为本的原则，要从思想上、学习上、工作上以及成长与发展等方面关心教育对象，把思想政治工作落到实处，把开展思想政治工作同解决师生的实际问题紧密结合，把解决师生最关注、与师生切身利益联系最密切的问题，作为解决师生思想问题的切入口，通过为师生办好事办实事，使师生思想认识得到提高，矛盾得到化解。高校思想政治工作坚持以人为本的原则，要求以提高师生思想道德素质为思想政治工作的出发点。

3. 尊重学生的主体地位

学校的一切工作都是围绕着培养合格人才这个总目标进行的。教师在人才培养过程中处于中心地位，是主导作用。然而，学生又是受教育的主体，是有主观意识的人。教师的主导作用只有通过学生这个主体的接受，才能体现出来。这就是学生的主体性。我们在探索思想政治工作的内容和方法时，要尊重大学生在教育活动中的主体性，坚持以生为本。高校思想政治工作要始终为学生的成长进步与成才服务。思想政治工作者必须从“服务”的角度去理解思想政治教育工作的性质，探索适时实用的新方法。那种将学生置于被动受教育的地位，忽视学生的主体地位，居高临下式“灌输”的老办法必须改变。要特别注重把握学生的实际需求。只有符合学生实际需求的教育才能为学生乐意接受。我们的思想政治工作，如果不能深入了解和研究工作对象的内在需求，根据学生的所想、所需去确定教育的内容和方法，组织开展丰富多彩且喜闻乐见的生动活泼的教育活动，“通情”而后“达理”，就很难使学生自觉地接受教育，思想政治工作也得不到广大学生的认同和支持。因此，思想政治工作者要不断提高自身的思想政治素质和教育引导学生的能力，经常深入学生之中，了解学生的需求，解决实际问题。

高校思想政治工作者要切实克服以往那种居高临下的观念，要与学生平等相待，变单向灌输为师生互动，以交流为途径，以沟通为方法，创造良好的氛围，激发学生的主体意识。思想政治工作者要争取做到与学生心理相融，情感相通，注意调动学生的积极性，激发学生内在的潜力，注重把握学生的个性特点，引导他们能动地接受教育，学会自我教育。我们的思想政治工作如果不能切合当代大学生的思想实际，而是一味机械地灌输，就不会达到预期的实际效果，甚至可能引起学生的逆反心理，产生抵触情绪。高校思想政治工作要面向每个学生，尊重、关心、教育好每一个学生，引导学生从自身内在需要出发，形成正确的需要层次和需要结构，通过思想政治教育最大限度地激发学生内在成才动力，发挥他们的主体作用，积极引导大学生提高自身素质，寻找正确的成才途径和方法，立足现实，放眼未来，自立自强，刻苦学习。

4. 树立思想政治工作主体全员化的观念

在高校，思想政治工作主体具有广泛性，凡是有目的、自觉地影响学校师生政治觉悟、思想观念和道德行为的组织和个人，都属于思想政治工作的主体。从事思想政治工作的机构和人员是思想政治工作主体的核心部分，担负着更加重要的职责。高校要不断建立和完善党委统一领导，党政工团齐抓共管、分工协作，各级领导干部“一岗双责”的思想政治工作领导体制，形成“全员育人”的思想政治工作网络。全体教职员工要树立“教书育人、管理育人、服务育人”的观念，把思想政治工作渗透在教学、科研、管理等各项具体工作中去，为思想政治工作的开展提供可靠的组织保证。高校要培养造就一支既具有较高理论水平又熟悉思想政治工作的专职队伍，配备一支学历、年龄结构合理的辅导员队伍，明确任期和职责，做好大学生的党建工作和思想政治工作。同时要树立高校思想政治工作也包括教职工的思想政治工作的理念。注意关心青年教师的生活，帮助他们解决工作、学习和生活中的实际困难。而教师自身要把握好自己的角色定位，在思想政治工作中发挥激励者、组织者、指导者和促进者的作用，为培养千百万全面适应社会主义现代化建设的高素质人才作出贡献。

三、与时俱进：对价值观、义利观、善恶观的再认识

当今世界正在发生广泛而深刻的变化，当代中国正在发生广泛而深刻的变革。这些变化和变革必然会带来思想的空前活跃，以及正确思想与错误思想、进步观念与落后观念的相互影响，同时人们的思想也呈现出一系列新的特点。对此，我们必须坚持马克思主义的立场、观点和方法，主动回应和解惑释疑，要突破传统观念的限制和束缚，不断更新教育理念，强化社会主义荣辱观教育，积极引导广大师生正确认识社会变革给思想观念带来的各种影响，分清主流和支流、正确和谬误，这是高校思想政治工作的一项重要任务。

1. 传统价值观的“四个转向”

社会主义市场经济的建立和完善，导致社会价值体系的深刻变化。高校师生的价值观的变化则是这种社会变化过程中最为典型的。主要体现为以下“四个转向”：

一是由单一价值观信仰转向多元价值观信仰。出现了多种价值观并存的格局，价值及价值观的相对性和层次性显著增多。高校教师的价值观相对大学生来讲，较为单一、传统，而大学生的价值观更为现代、更为多元化。中、老年教师比青年教师更为单一、传统，价值观更为理想化。而在大学生中，研究生、高年级本、专科生的价值观相对低年级学生更为多元化，更为现代化。这种价值观的变化，与每个时代的人所接受的教育有关，与每个时代的国内外条件和社会背景有关。

二是由理想主义的价值取向转向务实主义的价值追求。随着社会开放度的扩大，人们的选择性加大。现今人们的思想价值标准逐渐从理想转化为实际，讲实在、讲实惠蔚然成风。这种表现同样也是青年人多于年长者，大学生尤为突出。教师中，年轻教师胜于中、老年教师。

三是由重义轻利的传统价值观转向义利统一的价值观。长期以来，高校教师的价值观中存在重义轻利，他们轻视物质利益，注重精神、和谐、平等、公平等基本价值取向。而现在这种传统的价值取向在中、老年教师中已有所改变。

四是由过去的集体本位价值观转向重视个人价值、权利和利益。改革开放以来，中老年教师的价值观发生了深刻的变化，重视个人价值追求的现象较为普遍。青年教师和大学生有较强的自主意识，不消极依赖、盲目服从，要求发挥自我价值的欲望更为强烈，个人的发展有了更多的机会和更广阔的空间。

这些价值观的转变，主流是积极的，是适应和符合社会发展潮流的，是与市场经济的发展要求相吻合的，对社会、对学校的改革发展是有利的。但是，我们

应清醒地看到，由于各种价值观的交错和碰撞，一些学生，包括小部分青年教师，出现了价值观上的混乱，在极少数教师和学生中，出现了信仰物化和信仰的失落，对理想、前途感到困惑和迷茫。为此，我们要注意到这些消极的负面的因素，要加强思想政治工作，在大力提倡现代意识、现代观念的同时，又要大力提倡正确的、科学的价值标准和价值理念，积极引导广大师生树立一种既注意个人利益和个人发展，又注意国家、集体利益的两者相结合的奋发向上的价值观。

2. 从"重义轻利"走向"义利统一"

在中国传统文化中有一种"重义轻利"的观念。古代的"重农抑商"，商业不登大雅之堂，是出于商业要讲"利"。中国文化中充满对"义"的崇拜，如"义不容辞"、"义无反顾"、"舍生取义"等等。我们在思想政治工作中当然要发扬这种"义"的精神，这也是一种民族精神。但是，在生活中我们往往走到另一个极端，即讳言"利"，把"利"视为恶，视为不道德。活生生把"义"和"利"对立起来。在这种观念支配下，形成不讲效益、不讲成本、不讲价值、不讲利润、不讲实际效果的状况。其结果，"义"也被架空了，成为空虚不实的东西。这种观念显然不能适应市场经济发展的要求。市场经济要求生产经营者以最少的劳动耗费或最少的资本投入获取最大的利润，求"利"成为基本原则。这个原则对于争取最佳的资源配置效果、尽可能提高劳动效率是必需的。因此，我们在思想政治工作中，要防止在批评"唯利是图"的时候，导致不讲"利"；防止在批评"一切向钱看"的时候，导致不讲"钱"。要知道，在当今时代，只讲"义"而不讲"利"，少数人可能做到，多数人做不到；短时间可能做到，长时间难以坚持。今天，在新的历史条件下，我们的思想政治工作应该走出"义善利恶"的认识误区，确立义利统一的新观念。

3. 对传统善恶观的再认识

在以"文革"为标志的"左"的思想影响下，一种把个人与集体、个人与社会的关系对立起来的绝对化观念，成了人们的思维定势。凡是讲个人的要求、个人的利益就是"私"，"私"是卑鄙无耻的，是不能容忍的，一切为"公"才是道德的、高尚的。这时候，人失去了个人意识，失去了自主意识，失去了主体意识，只留下并不具体的"集体主义观念"、"单位意识"。这种传统的善恶观和思维定势，使得个人缺乏创造精神，缺乏责任感和真正的主人翁精神。而这正是在计划经济条件下，我们的生产效率上不去，服务质量上不去的重要原因之一。

在市场经济的机制下，这种社会成员个人作用"疲乏"的现象得到了强制性的克服，每一个人似乎在无形的手的指挥下，为社会提供服务，并实现个人的利益。这样，人的能动性和社会的生机活力被激活了。我们的思想政治工作不能离开实际去进行。"大公无私"、"公而忘私"的精神境界应该宣传和提倡，"无私奉献"、"一心为公"的榜样需要树立和发扬，但对多数人来讲，这种境界难以完全做到，这种榜样的力量也是有限的，尤其是在劳动仍然是一种谋生手段的阶段。我们必须走出传统的善恶观的误区，在倡导奉献精神的同时，确立承认个人利益的观念，力求先公后私，公私兼顾，个人与社会一致的观念。

四、从单向的封闭式的灌输到双向的开放式的互动

灌输教育是思想政治工作的基本方法。在高校思想政治工作中运用灌输的教育方式既是理论的需要，也是实践的需要。在社会各阶层甚至最先进的工人阶级中也不能自发地产生科学社会主义思想，而要靠学习、教育、实践。因此，灌输对于一切思想政治工作的对象都是必要的。但是，长期以来，由于单纯强调发挥人的主观能动性，思想政治工作中比较多的是采用灌输式的方法，也就形成了较为单一的理论灌输的教育模式。新的形势下，如何从单向的封闭式的灌输到双向的开放式的互动，增强灌输教育的实效性，是高校思想政治工作中必须研究的一个重要问题。

1. 走出灌输教育的误区

在传统的思想政治工作中存在着一种重灌输轻启发的倾向，重教有余，重学不足，灌输有余，启发不足，采取的是“注入式”方法，是单向教育。教育者自觉或者不自觉地突出自己的角色地位，居高临下，生塞硬灌，进行说教；受教育者只能被动接受，不能主动参与，习惯于“你说我听，你打我通，你压我服”的简单做法。单纯灌输，不能深入受教育者个人的思想实际，不能真正获得来自受教育者的反馈效果。结果只能是教育内容不能入心入脑，教育效果差，导致受教育者在思想政治工作中参与程度较低，削弱了他们的主体作用，降低了思想政治工作的实效性。

另一种倾向是认为灌输教育无用。这种观点认为在发展社会主义市场经济的条件下，搞经济、搞业务是务实，思想政治工作是软任务，可有可无。因此，思想政治工作无能为力，无所作为。随之而来，怀疑思想政治工作的作用，削弱思想政治工作，导致了“一手硬、一手软”的状况出现。这两种错误倾向，我们都必须坚决防止和反对。

灌输教育是指对受教育者进行有目的、有计划、循序渐进的马克思主义理论的宣传教育，全面宣传党的路线方针政策，系统传播先进文化和科学方法，从而根本上提高人们的思想觉悟和认识水平。灌输是教育过程的本质，而不是一种具体做法，更不意味着填鸭式、死记硬背、简单生硬的做法。随着改革开放的不断深化和市场经济的不断发展，人们的自主意识、平等观念日益增强，在思想上、政治上要求有充分的民主权利，在人与人之间的关系上要求平等相待，在人格上要求相互理解和尊重。过去那种居高临下的说教方式再也不为人们所接受。这就要求我们在进行灌输教育时要以尊重人、理解人、关心人为出发点，把教育者和受教育

者放在同样的地位上进行平等的沟通交流和互动。只有这样,思想政治工作的内容才能进入人们的心田,输入人们的脑海,内化为人们的精神力量,产生良好的灌输效果。

2. 注重双向的开放式的互动

在高校思想政治工作中,要既注重发挥教育者的主导作用,又注重发挥受教育者的能动作用。灌输教育有一个基本的前提,即思想政治工作者的思想素质、政策水平、知识水平和对先进意识形态的把握必须明显高于受教育者。然而,由于现代社会信息获取方式的多样化,以及人们对信息获取形式的改变,可能会出现受教育者对知识和信息的把握在量上或者在质上超过教育者,或在时间上领先于教育者的情况。因此,教育者与受教育者之间的关系必须由单向式教育发展为互动式交流,也就是实现从"单向灌输"的说教型教育到"双向交流"的疏导型教育的转变。

当今社会是一个开放的时代,当代大学生民主意识增强,推崇开放,思想政治工作的开放性、民主化也就成为必然。而单向灌输的方式违反了这样的原则,已经难以发挥思想政治工作的作用,因为只靠单向灌入、强迫命令会严重地挫伤和压抑受教育者的主动性和积极性,有时还容易导致被教育者的逆反心理,产生某些负效应,不适应大学生自我发展的需求,更难达到思想政治工作的教育目的。新时期高校思想政治工作必须改变单一的灌输教育模式,实现从单向灌输模式向双向互动模式的转变。这样,既丰富了思想政治工作的内涵,扩大了思想政治工作的作用,拓展了思想政治工作的具体渠道和途径,又使思想政治工作更加科学化、民主化和现代化。我们要把思想政治工作作为一种平等的双向互动活动和交流过程,在这种情况下,思想政治工作由少数人的专利和特权成为每个人都可以运用的互助交流方式和手段,由单向的、单一途径的说教,变成双向的、多种途径的互助与共勉,使单方面被动地受教育变成双方面的相互促进和共同提高。

我们要充分发挥思想政治理论课和理论学习的主渠道、主阵地的作用,不断向教职员工和学生灌输马克思主义中国化最新成果和社会主义核心价值体系,组织大学生学习好基本理论、经典著作,掌握其基本内容和精髓。让学生们学会用邓小平理论去分析解答现实中存在的各种疑问和热点问题,解决和澄清思想中的一些模糊认识。新时期高校思想政治工作要与时俱进,勇于开辟思想政治工作的新途径,不断加强和改进沟通机制;强化学生自我教育意识,激发学生的自我学习、自主教育的内在动力,发挥学生的主体作用;要建设用于开放式的双向互动的网络平台,推行开放式的双向的互动的思想政治工作模式,巩固高校思想政治教育的网络阵地。

当前,还要着重抓好教职员工尤其是青年教师的理论学习,进行以理想信念、社会公德、职业道德、爱国主义教育为重点的思想政治教育,全面系统地将社会主义先进文化、正确的价值观念和道德观念灌输到青年教师的头脑中，教会他们用正确的思想理论去分析判断和借鉴吸收接触到的一切思想文化，保证正确的思想文化入脑入心，促进他们的思想道德素质的全面提高。

第三节　高校思想政治工作的内涵建设

在改革开放不断深入和社会主义市场经济快速发展的背景下，人们原有的相对统一的思想观念受到强大的冲击，原有的思想政治工作的模式受到巨大的挑战，思想政治工作的有效性问题日益突出，这一情况在思想活跃的高校表现得更为明显。因此，对高校原有的思想政治工作的内容和方法进行改革和创新，加快内涵建设，充分体现时代特征，是我们当前面临的迫切任务。

一、加快理论创新

高校思想政治工作必须理论创新才有生命力。随着社会的发展，人们观念的变化，思想政治工作的理论建设也应当与时俱进，在继承和发扬党的思想政治工作优良传统和不断借鉴吸收相关学科研究成果的基础上，不断创新和发展。

第一，高校思想政治工作的理论创新是继承和发扬我党思想政治工作优良传统的需要。人类社会的发展历史证明，继承和借鉴是人类文明得以发展的必不可少的基础和条件。然而，仅有继承和借鉴是不够的，它们只是手段；只有创新才是继承和借鉴的目的，才是人类文明得以发展的真正的强大动力。思想政治工作是我们党的政治优势和优良传统，在长期的中国革命和建设中以及改革时期都发挥了重要作用。这些优良传统和经验所体现的科学精神和基本原则，仍然是我们今天必须遵循的。但是，我们现在所处的社会环境、工作任务、工作对象以及教育手段都发生了深刻变化。思想政治工作的理论也要随之发展变化，不能固守原来的一套。在建设和发展思想政治工作的理论的过程中，要在坚持优良传统的前提下，把继承和创新有机地结合起来。做到在继承中创新，在创新中提高和发展。如果思想政治工作的理论不坚持创新，那么党的思想政治工作的优势和传统就会逐步丧失。所以要真正继承和发扬党的思想政治工作的优良传统，是离不开理论创新的。

第二，高校思想政治工作的理论创新是顺应当今时代发展和经济社会发展的需要。新形势下的高校思想政治工作面临的现实问题是，随着开放的不断扩大和改革的逐步深入，原来宣传和固守的一些理论观点和思想观念，正在或将被改革和革除；在社会主义市场经济建立过程中，某些旧有的东西被打破，而新的东西未能及时跟上而造成在观念、理论上的失范；许多社会现实问题，到经典作家的著作中已经找不到现成的答案。因而，根据目前的社会现实状况，对照原有的思想政治教育的内容体系，找出与当今社会现实情况发生不适应之处及未及覆盖之处，深入进行研究，进行理论创新和发展，是当今高校思想政治工作者的历史使命。

第三，高校思想政治工作的理论创新必须以社会主义核心价值体系为指导。要用中国特色社会主义理论体系丰富高校思想政治工作的内容，坚持不懈地用马克思主义中国化最新成果武装学校师生头脑。党的十七大报告指出："中国特色社会主义理论体系，就是包括邓小平理论、'三个代表'重要思想以及科学发展观等重大战略思想在内的科学理论体系。这个理论体系，坚持和发展了马克思列宁主义、毛泽东思想，凝结了几代中国共产党人带领人民不懈探索实践的智慧和心血，是马克思主义中国化最新成果，是党最可宝贵的政治和精神财富，是全国各族人民团结奋斗的共同思想基础。"中国特色社会主义理论体系是我们党的理论创新成果，党的理论创新引领各方面创新。当前我们要以党的十七大精神为指导，弘扬求真务实、开拓创新的科学精神，加强高校思想政治工作理论的研究、创新和发展，努力开创高校思想政治工作的新局面。

第四，高校思想政治工作的理论创新必须借鉴和吸收相关学科的研究成果。思想政治工作是一门新兴的学科。作为新兴的学科，其理论建设应该而且必须借鉴一些相关学科的研究成果和合理因素，取我所需，为我所用。我们在借鉴和吸收相关学科的研究成果时，必须以党对思想政治工作实践经验的理论概括为主体，同时吸收其他学科中有益的相关理论知识和科学方法来补充、丰富和充实自己，使思想政治工作这门科学更加完善。要知道，借鉴是一种在已有基础上的再创造和新发现，本身也是一种创新的探索活动，没有求真、求实、求新的科学态度是不可能取得成功的。我们在研究和借鉴中，必须发挥创新精神和超越精神，不能老是停留在别人的结论和水平上，要有新探索、新发现、新创造。

二、贴近生活实际

贴近生活实际是思想政治工作的一条历史经验，也是思想政治工作应遵循的一条基本原则，又是思想政治工作增强针对性、实效性的根本保证。当前，高校师生对自己的工作学习环境、生活条件、社会保障、民主权利等切身利益十分关心，许多思想问题往往是由于这些实际问题得不到解决而衍生出来的。在这样的背景下，高校思想政治工作要取得好的效果，必须贴近广大师生的现实生活去开展，从他们的思想实际出发，针对突出问题，查找深层原因，把思想政治工作做实做深做细。

第一，高校思想政治工作要以务实的精神来推进。思想政治工作是一个在务虚中求实，在求实中务虚的过程。即思想政治工作既要通过讲道说理，解惑释疑来消除隔阂，化解矛盾，通过解决思想认识问题推动实际问题的解决；也要通过解决具体的实际问题，达到思想的统一和人心的凝聚。所以，高校思想政治工作必须务实。要把解决思想问题同为师生办实事、解决实际问题结合起来；把理想信念教育同尊重教职工的物质利益结合起来。务实就要讲究实际，讲究实效，脚踏实地去做，不搞花架子；要有针对性，通过调查研究，准确把握师生的思想状况，找准问题的重点和难点，揭示问题的实质，区分对象，分清主次，对症下药；要力求把矛盾和问题解决在基层，尽力做到不把矛盾上交，不推卸责任。高校思想政治工作的切入点是晓之以理，动之以情，以情感人。要满腔热情地关心体贴学校师生，把好事办实，实事办好，在一定时期，突出重点办一些群众看得见、摸得着、暖人心的好事。这样的思想政治工作，就可以达到虚事实做，化无形的工作为有形的效果。

第二，贴近生活实际是高校思想政治工作内容层面的要求。思想政治工作是对人的引导和激励，最大量的工作是在最广大的群众之中，因此，思想政治工作要把重心下移到基层，下移到平时，下移到平凡的事情上。思想政治工作就是要用先进的、科学的思想和理论知识武装头脑，用正确的道德观、价值观、理想和信念去教育人、引导人、鼓舞人，如何来实现呢？就是要通过贴近生活实际来实现。高校思想政治工作要贴近师生生活，重心下移，服务基层。贴近生活，就是把思想政治工作的重点、重心放到院系、教室、班级、宿舍，就是要求我们在进行思想政治工作时，要特别注意用事实说话。对一些社会热点问题，师生关心的焦点问题要敢于接触，善于引导，把思想政治工作的大道理融入师生的日常生活之中。用说服教育和深入细致的工作方法，解决师生中出现的新情况和新的热点问题，使我们的思想政治工作在新的形势下更为有效。

第三，贴近生活实际是对高校思想政治工作方式方法层面上的要求。高校思想政治工作要与解决实际问题相结合，增强针对性，确保实效性。思想政治工作对象是人，目的是提高人的思想政治素质，如果一味空谈大道理，读文章，学理论，念文件，往往枯燥乏味，效果不佳。如果把思想政治工作与解决实际问题结合起来，效果就不同了。在高校的舞台上，思想政治工作就是要结合现实生活当中的实际情况和实际问题去做，使师生在思想上、情感上引起共鸣，得到他们的认可并为大家所接受。高校思想政治工作的基本准则是尊重人、理解人、关心人。尊重人，就是尊重广大师生的人格和权利，尊重他们丰富多彩的人生，尊重他们的不同意见，平等待人。理解人，就是理解当代教师和学生的个性特点、兴趣爱好和具体处境，承认他们在政治、思想、文化、心理素质等方面的差异，从具体情况出发开展工作。关心人就是满腔热情地关心师生的实际困难，真诚地为他们解决实际困难，让他们从与切身利益相关的小事中体验到党和政府的关怀，增进对学校的向心力，从而在学习工作中迸发出更大的积极性。如目前大学生面临着四大压力：学习压力、经济压力、心理压力和就业压力。思想政治工作要贴近师生生活，就要解决大学生的实际问题，要认真做好帮困助学、后勤服务、心理健康教育、毕业生就业指导等“四大实事”。思想政治工作只有从大学生的实际需要出发，反映他们的根本利益，才能受到大学生的欢迎，才能真正奏效。

三、赋予时代特色

现有的思想政治工作的内容体系是我们党常年积累的宝贵财富，我们应当坚定不移地坚持和发展它，这是一个最基本的前提。但任何事物都是在发展的，思想政治工作的内容也必然会随着时代的发展而发展，从而保持其强大的生命力。随着世界越来越向中国开放，中国越来越走向世界，赋予思想政治工作的理念、内容、手段以时代特征，是我们加强新形势下高校思想政治工作内涵建设的重要任务之一。

第一，适应时代发展需要，不断更新高校思想政治工作的理念。将思想政治工作赋予时代特色，首先必须更新理念。一是开放的理念。现代社会是一个空前开放的社会。经济全球化深入发展，科技革命加速推进，全球和区域合作方兴未艾，国与国间的相互联系日益紧密，大大扩充了社会的开放性程度。高校思想政治工作面对着开放的世界，必须改变传统的、封闭的思想理念和理论体系，确立开放的理念和体系，才能与现代社会的发展趋势相适应。

二是发展的理念。当今世界各国的经济、文化、教育、科技等，无不处在不断的改革发展之中，处在激烈竞争之中，处在渗透发展之中。面对经济社会快速、全面发展的形势，高校思想政治工作也要在竞争中不断改革，在改革中不断发展。高校思想政治工作在新的形势下，不仅要继承和弘扬优良传统并赋予传统以新的活力，而且要发展和创新并形成新的理论和方法。

三是创新的理念。现代社会的开放性、竞争性和发展性，必然地提出了创新要求，而人们的自主性、选择性的增强，又为创新提供了主观条件。因而，高校思想政治工作不能再像过去那样只注重传达、解释、认识、理解，必须以马克思主义为指导，紧密结合社会的实际和学校的实际，创造性地开展工作。思想政治工作的创新，不仅表现在理论与实际的高度结合，内容和形式、手段和目的的有机统一，而且最终表现在实效上，看是否有效调动人们的主观能动性，最大限度地开发人们的潜能和创造性。

第二，适应时代发展需要，不断充实高校思想政治工作的内容。思想政治工作的内容是最能体现和反映时代特点和风貌的，在高校这个大舞台上，思想政治工作有着广泛的内容和宽阔的领域。我们既要坚持不懈地进行正确的理想信念教育，又要针对新形势下广大师生的精神渴望和心理需求，用科学文化知识来开启心智，陶冶情操；既要加强政治理论和革命传统教育，又要引入时代内容，引导广大师生树立适应社会主义市场经济发展的新观念；既要加强形势政策和法律法规的正面教育,又要有力地批判各种错误思潮和腐朽愚昧思想。当前,要着重抓好以下几方面内容的教育活动。一是深入开展社会主义核心价值体系主题教育。要巩固马克思主义指导地位,坚持不懈地用马克思主义中国化最新成果武装和教育广大师生,用中国特色社会主义共同理想凝聚力量,用以爱国主义为核心的民族精神和以改革创新为核心的时代精神鼓舞斗志,用社会主义荣辱观引领风尚,巩固全党全国各族人民团结奋斗的共同思想基础。二是必须坚持不懈地开展理想信念教育、国情教育和形势政策教育,引导广大师生通过纵向的历史对比、横向的国际比较和现实的发展变化,加深对社会主义核心价值体系的认识和理解。三是加强民主法制和维护社会稳定的教育,引导广大师生在更好地维护实现自身权益的同时,能更加明确自己的认识和履行应承担的义务,树立严谨的治学态度,坚持良好的学术道德,不侵犯他人的知识产权,不断巩固和发展来之不易的团结稳定的大好局面。四是积极开展大学生道德实践活动,引导大学生坚持知行统一,从身边的事情做起,从自我做起,从具体的事情做起,着力培养良好的道德品质和文明行为。

第三,适应时代发展需要,不断改革高校思想政治工作的手段。高校思想政治工作的手段,是在思想政治工作过程中教育者与受教育者相互传递、接受信息的工具及其使用的方法。传统的思想政治工作手段单一,方法单调,效率低。这种状况与现代大众传播媒介的广泛影响已不相称,与大量的思想政治信息需要的选择、加工、存储的需要不相适应。因而,适应时代发展需要,不断改革高校思想政治工作的手段,是提高思想政治工作影响力和教育时效,扩大覆盖面的重要途径。思想政治工作手段适应现代社会的发展变化,就是不断地用现代科学技术武装、改造信息的传播媒体,以实现思想政治工作手段的最优化。

近年来在我国兴起的互联网作为传播媒体异军突起。互联网时代的到来,实现了信息的高效、快捷传递,使传统的高校思想政治工作手段受到了挑战。网络突破了思想政治工作的时空界限,广大师生接受信息的渠道大大拓宽。如学生除了从书本、课堂上获取的知识以外,越来越多的知识、信息是从互联网上获得的,这些信息和知识急剧地改变着学生的学习、生活和思维方式。互联网以其丰富的信息资源、迅捷的传播方式、广泛的参与性,成为广大师生获取知识和各种信息的重要来源和渠道,同时也为高校加强和改进思想政治工作带来了机遇。高校要依托网络平台,建设好网上思想政治教育阵地。同时,要培养充实网络思想政治工作者队伍。网络使师生互为信息的传播者和接受者,同时互为思想政治工作的教育者和受教育者,在互动过程中,教育者要争取主动,积极引导,以主动信息作正面引导,让学生在教师的引导下接受信息。同时高校思想政治工作者要提高自身的网络知识水平,掌握鉴别信息的技能,提高筛选信息的能力,使自己既成为大学生佩服的思想政治工作的良师,又成为大学生信赖的网上益友。

四、融合传统文化

高校思想政治工作除了赋予时代的特征，充实时代的内容之外，充分借鉴和利用我国的传统文化同样是必不可少的。胡锦涛总书记提出的以“八荣八耻”为主要内容的社会主义荣辱观，是对传统文化的继承和发展，是中华民族传统美德和时代精神的完美结合。我国的传统文化中沉淀了许多在今天看来仍有着积极意义的人文、科学思想，其中蕴含了以爱国主义、民族精神为精髓的中华民族的传统美德，这些内容不仅与我们党的思想政治工作的内容体系不相违背，而且是与之相辅相成、互为补充、相得益彰的有机组成部分。

第一，高校思想政治工作中融合传统文化的重要性。首先，融合传统文化可以进一步充实高校思想政治工作的内容。毛泽东同志曾说过，我们可以吸收世界上一切的文明成果为我所用，尤其是我们民族的优秀成果。传统文化对于提高广大师生的思想、道德、文化及心理素质有着良好的作用，如对大学生进行“诚信”、“孝”、应对“挫折”等方面的教育，都有着不可替代的作用。其次，融合传统文化有助于培养当代大学生崇高的人生理想，增强他们的民族自豪感和自信心。爱国主义一直是中华民族的优良传统，是中华民族得以发展壮大的内在推动力，内化于其中的民族精神更是我们这个伟大古老的民族屹立于世界民族之林的脊梁。古往今来，有爱国诗人屈原的以死报国；有“先天下之忧而忧，后天下之乐而乐”的范仲淹；更有“天下兴亡，匹夫有责”的顾炎武……历代的仁人志士用鲜血和生命谱写了一首首爱国主义诗篇，使中华民族得以不断壮大和发展。再次，融合传统文化中有益的伦理思想，有利于提高大学生的道德素养。一直以来，高校思想政治工作对大学生进行理想信念教育的同时却往往忽视了其内在修养的培养。中国古代的儒、道两家均非常重视道德的教化作用。孔子提出的“仁者爱人”的仁爱思想，老子的“德者，同于德”的重“品德”的教诲，以及儒、道所共同追求的“天人合一”的至高境界。这些对于大学生追求和谐、完美的人格都具有激励作用。

第二，高校思想政治工作中要融合传统文化的精华。我国传统文化范围广泛，内涵丰富，针对广大师生的思想实际，在思想政治工作中，对传统文化的以下内容可以着重进行吸收利用：

一是“自强不息、厚德载物”的精神。自强不息，是要求人们要为自己的理想不断努力而奋斗，而且要有气节，要威武不能屈、贫贱不能移、富贵不能淫。厚德载物要求能包纳万物，当然包括他人。自强不息教育可以帮助大学生勇敢地面对困难和挫折，树立起良好的民族气节，还可以帮助大学生正确处理人和人之间的关系，包括正确处理人与自然的关系。

二是爱国主义精神。爱国主义是我们民族生生不息、代代相承的精神灵魂，以传统文化中的爱国英雄为榜样，可以激励当代大学生继承爱国主义传统，明确肩负的历史责任，刻苦学习科学文化知识，用自己的聪明才智报效祖国，为中华民族伟大复兴贡献自己的力量。

三是仁人君子的做人处事原则。在人和人的相处中，中国传统伦理思想特别强调要“推己及人”、要关心他人，也就是要“爱人”。理解掌握传统文化中的仁人君子精神，有助于学生正确处理人际关系，也有助于社会的稳定和共产主义道德的形成。

四是孝道。中国传统文化里，百德“孝”为先。抛开里面的糟粕，我们可以把孝理解为是以亲情为基础的代代相传的义务。通过孝道教育，使大学生懂得尊重父母、孝敬父母，努力学习，勤俭节约。同时还要教育大学生要“老吾老以及人之老，幼吾幼以及人之幼”。只有孝敬老人蔚然成风，社会主义的良好道德风尚才能得到弘扬。

五是天人合一的思想。在人与自然的关系问题上，庄子认为，人是自然的一部分，因而天与人是统一的。天人合一的思想表明，人不能盲目地去征服自然、破坏自然，而应自觉地尊重自然、关爱自然，使自然万物都能生长发展。通过学习这一思想，可以帮助当代大学生牢固树立环保意识，自觉保护野生动植物，爱护环境，促使人与自然的和谐，保证我国社会经济的可持续发展。

第三，高校思想政治工作中融合传统文化的主要措施。马克思主义是高校思想政治工作的指导思想，融合传统文化是在这个原则指导下进行的，所以它只能是辅助性的。融合传统文化应该同新的实际相结合，为解决思想政治工作的新情况、新问题服务。在高校思想政治工作中，对待传统文化必须坚持批判继承的原则，在吸收融合的过程中合理地加以改造、创新，选择有益的内容，以推动高校思想政治工作健康地发展。

一是开设“优秀传统文化精品课程”。要求精心开设课程，挑选书目和版本，配置优秀教师。在大学校园中，这种传播方式是较为成功的，也是大学生比较认同的学习传统文化的主要方式之一。

二是定期邀请“国学”名师、专家开展系列讲座。让大学生领略传统文化魅力所在，开阔他们的思想视野，使他们对自己民族的优秀传统文化，从心灵上产生认同感，进而产生自豪感，并正确认识传统文化。

三是开展“传统经典读书周”等活动。可以推荐大学生读《周易》、《老子》、《论语》、《庄子》、《孟子》等相对较为经典的传世之作，这些经过我们数代先人千锤百炼的智慧结晶，是我们中华民族优秀文化的杰出代表。让大学生利用课堂与业余时间阅读、背诵这些传世之作，对他们的思想、心理、行为的发展都会起到良好的辅助作用。

四是将传统美德规范列入大学生行为规范之中，并且把学生遵守传统美德情况作为有关先进评选的依据。百德“孝”当头，道德教育应首先以开展孝敬父母作为活动的启动点，教育学生体贴父母、孝敬父母、珍惜父母的劳动成果。只有孝敬自己的父母，才能"老吾老以及人之老，幼吾幼以及人之幼"，才能成为一个真正情操高尚的人。

五是引导大学生合理利用网络资源。随着"国学"的进一步升温，网上的一大批"国学"网站纷纷开通，为大学生的学习提供了很多的便利，比较好的关于国学的网站有"孔子 2000"，"中国简帛网"，"国家图书馆"等，这些都是国内质量比较高的网络品牌资源，可以鼓励大学生充分利用，促进其对优秀传统文化的学习。

五、树立可学典型

运用先进典型影响和带动群众，提高人们的思想认识，是我们党的思想政治工作的优良传统和有效方法。这种方法在于通过先进典型的言行，把高深的理论和抽象的道德规范人格化具体化，使受教育者从这些形象的、可信的榜样中受到深刻的教育，从而增强思想政治工作的吸引力和有效性。典型大都是我们身边的人，而不是无论怎样努力都遥不可及的人，所以往往具有亲和力和感化力。

第一，要以社会主义荣辱观为价值坐标，发挥先进典型的榜样作用。在高校，无论是在教职工中，还是在学生中，都有着多种多样的典型。先进典型包含着普遍的共性，代表着事物发展的正确方向和一般规律，体现着时代的特征。新时期高校的先进典型还体现着 21 世纪的中国人的精神风貌，他们以实际行动生动形象地诠释着以"八荣八耻"为主要内容的社会主义荣辱观，是推进社会主义核心价值体系建设的鲜活教材。要及时总结和宣传体现核心价值要求的先进典型，特别要注重普通教师和学生身边先进典型的示范作用，广泛开展学习活动，把他们的感人事迹、先进思想和高尚精神变成学校的精神财富，充分发挥高校师生身边先进典型的可亲、可信、可学的优势，引导广大师生爱国守法、明礼诚信、团结友善、勤俭自强、敬业奉献等基本道德规范，使他们明确是非、善恶、美丑，自觉履行法定义务、社会责任、家庭责任，推动形成良好的校风学风，形成和谐的人际关系和文明的社会风尚。

第二，高校中树立可学典型，需要注意以下一些要求。一是高校的教职工，尤其是从事思想政治教育的教师必须努力成为"典型"。教师以身作则的示范，不仅可以增强说理的可信性和感染性，而且能像春雨润物一样起着潜移默化的作用。"学高为师，身正为范"，是评价一名教师的社会标准。高校的思想政治工作者必须努力达到这样的标准，才能具备基本的从业条件，发挥自己的榜样示范作用。否则，难以称职。

二是善于发现、培养和树立学生典型。在学生群体中，从来就不缺少典型，只是缺少发现。所以，从事思想政治教育的教师要充分认识到树立可学典型的重要意义，注意在学生群体中发现、培养和树立典型，发挥典型的先锋引领的作用。要防止“听听很感动，想想很激动，实际没行动”的状况。近年来，很多高校定期开展三好学生等表彰活动，挖掘和弘扬学生身边的先进，使学生更感可亲、可敬、可学。实践证明，运用先进典型对学生进行教育，远比一般的道理效果要好得多。

三是注重扶持和培养已经树立的典型，注意维护典型的威信。可学典型的威信首先取决于典型本身事迹的先进性和感人性。这就要求我们选择的典型必须是来自生活，有着广泛的群众基础，能以他们的高尚情操和感人的事迹感染人，受到人们的敬仰。其次，可学典型的威信也有赖于切实而全面的宣传，使广大师生能全面准确地了解和熟悉典型的品德，作为自己言行的榜样。我们不仅要善于发现和宣传典型，更应该重视对典型的培养。因为事物不是一成不变的，不加强培养教育，先进典型也可能变为后进。如果典型已经不能承担典型的功能，就必须选取新的典型。

第四节　高校思想政治工作的形式与方式的创新

思想政治工作的形式与方式，是思想政治工作得以进行的承担载体，具体形式与方式有课堂教学、实践教学、座谈讨论、报告演讲、谈心、家访、心理咨询等。思想政治工作正是通过这一系列具体形式与方式得到充分的展现的。新形势下，高校思想政治工作的形式和方法顺应时代发展要求，不断改进和创新，是继承和发扬党的思想政治工作优良传统的需要，也是面对新的挑战的需要。只有这样，思想政治工作才能保持旺盛的生命力，才能真正发挥其应有的作用。

一、讨论式、对话式的教学方式

教学活动是高校在培养人才的过程中最基本、最主要的活动，课堂教学是学生接受知识信息的最主要的渠道，课堂教学活动对学生的教育和影响，具有时间长久、角度广泛、作用力强的特点。近年来，为了增强思想政治工作的有效性，高校的思想政治理论课在教学方法方面做了一些尝试，如采取讨论式、对话式的教学方式就是其中之一。

1. 传统课堂教学方式的缺陷

长期以来，我国的思想政治理论课教学自觉或者不自觉地遵从了教师权威、知识本位和精英主义的教育价值取向，这三种教育价值取向融合而成的课堂教学在本质上是独白式的，即承认并维护教师在教学中的主导地位，忽视学生作为学习主体的地位与权利。可以说，讲授式、注入式在很长时间内一直是传统课堂教学方式的主流。在传统的思想政治理论课教学中，学生被动地听和记。有“对话”，也有“独白”，但更多的是“独白”。教师偶有提问也仅仅是为了借学生的回答来验证教师所讲的结论，或为了活跃课堂气氛。课堂上只有一种结论，其结论也是预先设定的。如此“对话”，使学生被动地参与教学过程，他们的学习积极性不能充分被调动。表面上看，达到了思想和认识的高度统一。实际上，由于行为压抑，思想受限，不能平等地共同参与教授和学习活动过程，使得教育效果并不理想，思想政治教育的主要目标难以真正落实，更难以使学生用马克思主义的基本理论知识去分析解决现实生活中的诸多问题。随着思想政治理论课面临的环境和条件的变化，以及学生思想和个性的多元化，这种教学方式的缺陷日益凸显。

2. 讨论式、对话式的教学方式的特点

讨论式教学和对话式教学都是指教育者与受教育者基于相互尊重、信任和平等的立场，以学生为中心，以语言为媒介，注重沟通理解，师生针对问题焦点共同讨论和辩论，共同学习的、开放的、互动的教学方式。学生通过讨论式、对话式教学，在教师启发、指导下，充分发挥自主学习精神，经过自学思考和师生间探讨，从而掌握知识、解放思想、提高认识。讨论式、对话式教学是师生、生生主体之间思维碰撞、多重循环交流、共同寻求真知灼见的教学方法。不同的是，讨论式教学强调要有更多的主体，更注重激发参与者的自主性。讨论式、对话式的教学具有如下一些表征：第一，强调以生为本。讨论式、对话式教学并不忽视教师传授知识和学生对知识的掌握，但传授知识不是第一目的，它的第一目的是人。它强调以生为本，使教师和学生均成为课堂的主人，获得全面发展。第二，注重互动交流。讨论式、对话式教学是师生、生生通过交互对话，进行双向互动，多向交流，共同、平等地参与教学活动过程。第三，师生的心态自由开放。讨论式、对话式教学活动中，师生不仅进行语言的交谈，而且双方均向对方敞开心怀，实现心灵的碰撞和思想的交融。

高校思想政治理论课的讨论式、对话式教学是对传统课堂教学的革命，它强调师生双方“对话”主体相互理解的过程，有利于促进大学生对马克思主义基本理论懂、信、用的统一。它既有助于弥补传统思想政治理论课教学的缺失，又有利于发展大学生的自主性，从而提高思想政治理论课教学的实效。通过对重要的理论问题和实际问题不同观点的争议、辩论，使学生能够更好地理解马克思主义基本理论，更容易化为内在的情感认同。因而，高校思想政治理论课要从高校学生的实际情况出发，尊重教育的对话性特点，根据学生的心理特点，积极采用讨论式、对话式教学方法，激发学生的学习兴趣，提高思想政治理论课的教学效果。

3. 采用讨论式、对话式教学方式的基本要求

采用讨论式、对话式教学，对高校思政理论课教师提出了挑战。一要提高教师对课堂的调控能力，适时调整对话教学的起伏、快慢、动静、时间和空间收放的变化；要善于调动每一个学生的积极性，鼓励他们畅所欲言并因势利导把握好教

学方向；通过多样灵活的课堂教学方法，激发学生积极参与的热情，培养学生自主学习和创新的能力。

二要充分尊重学生的主体地位，建构民主平等的师生关系。要发扬教育民主，积极营造宽松和谐、民主自由、生动活泼的教学环境和氛围，在师生平等的基础上开展教学活动。要坚持学生的主体地位，在发挥传道、授业、解惑作用的同时，尊重学生的参与意识和行为，允许学生参与探讨、研究和争论，以明辨是非，加深理解，提高认识；树立平等的意识，注重双向沟通，让学生进入平等的对话氛围，享有平等对话的权利；坚持以理服人、以情感人，通过真心关怀，热心帮助，架起师生信任的桥梁，使学生主动地参与和积极地支持思想政治工作。

三要积极倡导互动交流，实现真正意义上的"教学相长"。面对有一定知识水平、思维意识和自主能力的大学生，教师必须树立交流的意识。只有实现教育者与被教育者思想的互动交流，思想政治工作才能取得实效。教师要准确定位自己，及时完成从课堂教学的"权威教学者"到"共同探讨者"的角色转换，改变"一言堂"、"填鸭式"的教学方法，充分利用讨论式、对话式教学，活跃课堂气氛。要和学生多沟通，多倾听学生的心声，鼓励探讨、争鸣、各抒己见，激发大学生的交流欲望和参与行为。要研究和把握学生的心理活动规律和特点，注重心理辅导和人文关怀，注重感情和心理交流，帮助学生认识心理上的矛盾和弱点，引导学生提高心理素质水平，为形成良好政治道德素质奠定基础。要注意创新具体实现形式，通过开展学习型讨论、发现型讨论、自由式讨论、辩论式讨论、演讲式讨论、网上讨论、主题式讨论、分组讨论、伙伴式讨论、集体式讨论等，达到教学相长的良好效果。

二、多媒体等现代教学手段

随着科技革命的加速推进，多媒体、网络信息技术及其产品不断涌入人们的视野，在很多方面和很大程度上影响了人们的生活、学习和工作方式。高校思想政治工作是政治性、理论性、实践性很强的意识形态领域的社会信息传播活动。运用多媒体、网络信息技术等现代教学手段，可以使思想政治工作的形式更新颖，内容更形象，功能更强大，效果更明显。

1. 多媒体等现代教学手段的应用

我们通常所说的多媒体教学是特指运用多媒体计算机并借助于预先制作的多媒体教学软件课件来开展的教学活动，即计算机辅助教学(computer assisted instruction，简写为 CAI)。计算机辅助教学是指利用多媒体计算机，把语言、文本、图形、图像、动画、影像、声音等素材进行综合处理，并实现双向交流的教学方式。由于多媒体能够集合声音、色彩、形象、动静等元素，可以给学生带来多种感官、多种类型的刺激，从而使教学的材料和内容能够清晰、直观、生动，学生能够更简便、快捷地感知和理解教育素材的内涵和意义，教学过程更加情境化、趣味化、形象化和丰富化，从而有利于充分调动学生的积极性和主动性，提高课堂效率，改善课堂教学效果。

实践证明，多媒体技术是加强高校思想政治理论课教学的可行性手段之一。影视、录像、VCD、计算机等多媒体教学工具和计算机、网络等多媒体技术的运用，改变了传统教育中的黑板、粉笔给学生的感受，能够创设丰富有效的教学情境，使学习内容形象、直观，能够增强思想政治教育的吸引力和感染力；能够激发学生对思想政治理论的学习兴趣，培养学生的创造性；也能够促使教师提高素质，有利于促进教师对教材知识体系的深入理解，促使其掌握新的教学技术、改变教学方法。可以说，多媒体技术的运用，为当前的思想政治理论课教学注入了新的活力，在创新教育形式、增强教学效果方面，显示出了强大的优势。重视运用多媒体等技术提高思想政治工作有效性，已经成为思想政治工作者的一项重要工作。高校思想政治工作者要重视多媒体教学在思想政治教育中的作用。

2. 网络信息技术教学手段的应用

高校是现代信息技术传播和利用最为快速和广泛的领域，大学生已成为网络的受众主体之一。网络作为一种现代信息传输手段，为高校思想政治工作提供了现代化的新载体，为高校思想政治工作的创新提供了新手段。网络时代的思想政治工作必须与时俱进，充分利用网络信息技术，发挥其教育引导学生的正面作用。近年来，许多高校高度重视校园信息网络的发展以及网络信息对师生思想的影响，注重利用网络阵地和信息平台开展教学活动，为初步形成网络思想政治工作新格局，积累了宝贵的经验。

在网络信息社会的背景下，必须坚持思想政治教育进网络。一方面，思想政治教育进网络，可以极大地提高思想政治教育的传播效果，扩大了覆盖面。传统思想政治工作集中在同一地点、同一时间，进行同一主题内容的教育，而网络信息容量大，内容丰富，涉及面广，自由开放，信息传播快捷，没有时空界限，是交互式的远程信息交流，从而为思想政治教育提供了广泛的传播途径。高校“围墙”的概念将消失，教育者“一言堂”的教授方式将被信息高速公路所形成的丰富的网络信息资源所取代。这使原来相对狭小的教育空间，变成开放性的教育空间。另一方面，思想政治教育进网络，能够实现思想政治教育手段的现代化。在网络中，与学生进行思想交流，可以迅速了解到学生各方面的信息。思想政治工作者可以通过网络渠道，及时对学生的思想道德和心理状况进行了解；可以创新地运用网络，开辟健康的思想文化栏目，并充分发动师生建立积极、健康、向上的网站或网上论坛，利用电子布告系统(BBS)，及时地倾听广大学生的心声并及时研究解决他们提出的问题；也可以利用大众媒体，通过网络大众化的影响力，抢占网上宣传的制高点，充分发挥互联网思想政治教育阵地的功能。

3. 运用多媒体、网络信息技术等现代教学手段的基本要求

多媒体、网络信息技术是社会进步、科技与经济发展的关键因素，也是高校思想政治工作的重要手段，如何加以利用，对于学生的培养至关重要。高校思想政治工作要注重依靠多媒体、网络信息技术等现代教学手段，提高思想政治工作的实效性。

一要树立正确的现代教育观念。教学的主要任务是向学生传授知识和培养学生能力。无论是现代教学手段，还是传统教学手段都有各自不可替代的优势和难以克服的短处，这就需要在整体教学设计中，全面考虑各种因素，恰当组合，不能搞形式主义。所采用的现代技术手段，应是整体性、科学性、实用性和技术性的有机统一。开发和利用教学软件要以正确的教育思想为指导，要防止只注意趣味性而忽视科学性和思想性。

二要建设信息化校园，为高校思想政治工作提供平台。目前，大学生上网的人数和上网的时间在他们的校园文化生活中已占有相当大的比例。要重视和充分运用信息网络技术，提高时效性，扩大覆盖面，增强影响力；要密切关注和研究信息网络发展的新动向，善于运用网络开展工作，努力掌握网络思想政治工作的主动权，增强网络正面宣传和影响力，抵御信息高速公路和其他途径带来的腐朽文化的侵蚀；要重视和充分运用计算机多媒体技术，增强思想政治工作的吸引力和感染力。

三要科学地使用多媒体等现代科学技术，不断创新教育形式。学校应在坚持正确政治方向的前提下，把思想政治工作纳入校园网络建设的总体规划，将网络文化纳入校园文化建设的总体格局进行部署，努力构建思想政治教育网络新平台，辅助整体教学；要配备多媒体设备，加强用于信息公开和内外宣传的校园网的建设，提高校园信息化水平；要以计算机网络建设为重点，适应高校信息化的特点，进一步加强高校思想政治工作；要根据课堂教学活动的实际情况，充分利用多媒体设备和技术，对已设计好的教学程序、方案进行适时修改和完善，使多媒体的运用与课堂教学紧密结合起来。

三、显性课程与隐性课程的有机交融

一般来说，显性课程是指列入教学计划的正式课程。相对于显性课程而言，隐性课程是指没有列入教学计划、相比于显性课程具有潜在性特点的非正式课程，它往往以间接的、暗示的形式渗透在教科书、教学活动及校园物质文化背景等教育环境中。显性课程与隐性课程共同构成了完整的课程体系，在学校的教育教学活动中发挥着重要的作用。两者的有机交融，既可保证列入教学计划的正式课程能够较好地发挥作用，又可充分发挥隐性课程的积极作用，提升显性课程的教育教学效率和效果。

长期以来，高校思想政治教育从整体来看，存在显性课程与隐性课程的分离，影响教育效果，有必要进一步研究显性和隐性课程的关系，促进两者的融合。

1. 加强显性课程的建设

主要是切实加强思想政治理论课等教学计划课程的建设。思想政治理论课是对大学生进行系统的马克思主义世界观、人生观、价值观教育的主渠道、主阵地。高校要牢固树立“学校教育，育人为本，德智体美，德育为先”的理念，“切实把社会主义核心价值体系融入国民教育和精神文明建设全过程”，在思想政治理论课上下功夫，不断增强教育的针对性、实效性和吸引力，不断增强科学理论对大学生的引领作用。要紧紧抓住思想政治理论课的师资队伍建设、学科建设、教学规律研究和教学改革等重要环节，增强教学活力和教学效果。应不断加强思想政治理论课学科建设和课程体系的完善工作，确保社会主义核心价值体系进课堂、进教材、进头脑，内化为大学生的思想道德素质。

2. 加强隐性课程的建设

一是要利用网络平台，拓展网络的思想政治教育的渠道。充分应用学校网站进行思想政治教育网络讲座，利用电子函递系统进行讨论，利用电子布告系统(BBS)加强思想政治教育内容的宣传，利用网络新闻服务器向广大用户提供针对各种专题互相讨论和交流的服务。要加强思想政治教育网站建设，围绕一些重点、热点的理论或实践问题开展网上讨论。如在BBS上建立自由讨论区，大学生用户可发表自己的观点、看法，针对某些问题展开讨论；高校思想政治工作者可以在其中表明自己的立场、观点，宣传党的方针政策，解决大学生的思想问题，从而达到思想政治教育的目的。二是要丰富思想政治教育的覆盖面，发掘隐性课程载体。主要是利用校内有线电视网络、广播台等宣传舆论阵地，普及优秀革命影视片和歌曲，加强校内人文景观建设，挖掘环境育人资源，美化育人环境，营造高雅的校园文化氛围，努力提高学生文化素质和学校的文化品位，建设健康、高雅、向上、和谐的校园文化；对校园内各种人文社会科学类讲座，严格管理和审批制度。三是加强管理，创造环境，确保隐性课程发挥作用。加强对学生社团的引导和管理，制定规章制度，明确管理部门和指导教师，对申请登记和按章开展活动等切实负起责任；进一步加大对校园周边环境的治理(如校园周围网吧、舞厅、录像厅、游戏机房等的管理)，为思想政治工作创造良好的工作环境和氛围。

3. 坚持显性课程与隐性课程相融合

思想政治理论的显性课程与隐性课程的融合，是加强和改进高校思想政治工作的重要途径。这样，有利于落实素质教育的理念，有利于提高思想政治课的教学质量，有利于学生的健康成长。所以，要积极推进高校思想政治理论的显性课程和隐性课程相融合。一是显性课程要注意结合隐性课程展开。也就是说思想政治理论课的教学内容、课程的性质应该体现在隐性课程中。显性课程，不仅要直接通过课程自身来贯彻思想政治教育的基本主旨和目的，而且要充分利用学校的空间、建筑、设施和人文环境等各条件，多渠道、全方位地实现它的主旨和目的。二是要在隐性课程中深化显性课程。隐形课程要重视学生积极的、自主的学习和思考，注重课堂以外空间和时间的教育覆盖。隐性课程要通过学校的第二课堂，围绕着学生的全面发展展开，要引发学生的兴趣，引导学生的思路，着重注意思想政治素质的提高。通过隐性课程的补充，加深学生对显性课程内容的记忆和理解，从而实现两者的相互渗透和融合。

四、实践式、参与式、体验式、研究式等教学方式

实践式教学，是以实践为基本环节和教育手段的教学方式，即通过实践获取知识，提高能力，促进学生的发展。参与式教学，是指鼓励学生参与教学全过程的方法。其实现形式是“随时参与”、“集中参与”、“章节参与”。体验式教学，是指在教学活动中，创设一种情感和认知相互促进的教学环境，让学生在轻松愉快的教学气氛中有效地获得知识并获得情感体验的一种课堂教学模式，其方式主要包括情境活动、小组研讨、案例分析、角色扮演、经验分享、作业练习以及其他一些需要学生动起来的参与活动。研究式教学，是指对问题不急于下结论，充分利用已有的知识去分析、钻研、探究，有利于培养学生分析、解决实际问题的能力以及积极探索、勇于创新、敢于质疑的品质。

1. 实践式、参与式、体验式、研究式等教学方式的作用

与传统的教育方式方法相比，实践式、参与式、体验式、研究式等教学方式都具有很好的效用和功能。可以肯定地说，高校思想政治教育形式多样化是现实的要求，有利于学生多种能力的培养，有利于促进学生全面发展，有利于增强思想政治教育的效果。

一是实践式、参与式、体验式、研究式等教学方式的运用，适应了高校人群思想多样化的要求。在现代社会，人们生产、生活更加个性化和分散化。在这种背景下，影响人们思想形成、发展和变化的因素，也更具有多样性、复杂性和变化性。高校思想政治工作要综合运用多种方式方法，才能与情形各异、复杂多变的环境中的人们思想的实际相适应。实践式、参与式、体验式、研究式等教学方式的运用，使思想政治工作方式由集中、统一、大型的活动形式向小型、灵活、多样的方式转变，由千人一面为主向因人而异转变，把思想性和知识性、趣味性有机结合，体现人文关怀和感情寄寓，使柔性化、交互式教育成为高校思想政治工作的重要特点。

二是实践式、参与式、体验式、研究式等教学方式的运用，是思想道德教育融入整体教育活动的要求。大学生既是高校学生工作的对象又是自我教育的主体，充分发挥大学生自我教育、自我管理、自我服务功能，是做好新时期学生工作的重

要手段。我们要倡导“一切为了学生的成才和发展”的意识，弘扬主旋律，打好主动仗，有重点、分层次、多渠道地开展以社会主义核心价值体系为核心内容的道德实践活动、社会实践活动和校园文化建设，让大学生在实践参与中受到教育，得到提高。要把思想道德教育与解决大学生的实际问题结合起来，继续做好帮困育人和就业服务指导工作，注重人文关怀和心理疏导，加强和改进大学生的思想道德教育工作，为他们健康成长创造良好的校园环境。只有将思想道德教育融入整体的学生教育活动，开拓领域，丰富教育形式，才能既符合学生成长的规律和要求，又能科学有效地发挥思想政治工作的功能。

三是实践式、参与式、体验式、研究式等教学方式的运用，能起到增强思想政治教育的效果。随着多媒体等现代化教学手段的日益丰富以及校园网络环境的逐步形成，大学生思想政治教育的载体应在过去较为单薄的课堂教育和有限的课外活动的基础上加以拓展，实现教育载体的多样化，增强思想政治教育的可接受性，进而增强思想政治教育的效果。

2. 运用实践式、参与式、体验式、研究式等教学方式的基本要求

在进行实践式、参与式、体验式、研究式等多种教学方式的过程中，要注意以下几点：

一要将理论教育、情感关怀、实践体验相结合。在教育过程中要注重发挥教育对象的主体作用，改变过去思想政治教育中说教、灌输的方法，而要在亲切关怀下，把思想认知与实践体验结合起来，使学生能够愉悦和自觉地认识与践行正确的政治观念和道德要求。开展座谈、演讲、研讨、交流、知识竞赛、网络、展览等形式新颖的活动吸引学生，使学生的聪明才智在活动中得到发挥，兴趣爱好得到满足，在自我参与中实现自我教育。通过开展包括实践式、参与式、体验式、研究式、启发式、讨论式等多种活动，大力开展丰富多彩的群众性活动，完善、探索有效的教育形式。

二要实现第一课堂与第二课堂的结合。可以把思想政治工作寓于素质教育之中。思想政治教育既要通过思想政治理论课这个重要途径，加强学生的思想品德教育、心理健康教育和学生行为规范的养成教育，又要利用第二课堂延续思想政治教育的效果。通过举办大学生艺术节、科技节、体育节和各种社团活动等，积极开展社会实践活动，使学生在校内活动和校外实践中增长才干，提高素质，陶冶情操。要把“第一课堂”与“第二课堂”结合起来，拓宽学生知识面，增强学生集体荣誉感和竞争意识，取得良好的教育效果。总之，要加强思想政治理论课教学，运用富有时代性、典型性、科学性、启发性的实例，教育引导学生树立正确的思想意识，做出恰当的行为选择；还要充分利用教育资源，合理安排实践教学，组织学生结合教学内容和思想实际，开展社会实践活动，实现理论教育与实践教育的有机统一。

三要开展研究式教学方式的探索和实践。高校思想政治工作要根据形势的要求，密切结合热点、难点问题，开展研究式的教育活动。思想政治理论课教学切忌教条式的照本宣科、死记硬背，要改进考试办法，注重提高学生运用理论分析解决实际问题的能力。在一些高校，研究生也是思想政治工作的主要对象。对于他们的教育，应该与其研究性的学术活动和思维层次水平结合起来，在不断创新中切实加强和改进高校思想政治工作。

五、一对一的个别工作方式

所谓一对一的个别工作方式，指的是教育者针对教育对象个体的思想实际，在轻松、自由、和谐的气氛中，通过个别谈话的沟通方式，增进相互理解和信任，有的放矢地开展思想政治工作。一对一的个别工作方式，充分注意教育对象的差别，承认其在智力、社会背景、情感和生理等方面存在的差异性，了解其兴趣、爱好和特长，并根据社会要求适应其能力水平进行教育，使之得到发展，也是做好思想政治工作的一个重要环节。坚持一对一的个别工作方式，有利于增强思想政治工作的针对性，增强教育的效果。做好一对一的个别教育工作，要注意以下几个方面问题：

1. 确立个性教育的思想理念

没有个性就没有创造性。要重视培养学生的个性发展，通过了解学生个体社会责任感的发展程度，以及在行动中成为自觉主体的智力水平，实施个别化教育。个别化教育是触及人的内心世界、解决特殊矛盾、充分挖掘潜在因素的行之有效的思想教育方式。近年来，随着高校思想政治工作对象个性化特点的日益突显，发挥一对一的个别工作方式的作用意义更加重大。从整体来看，目前在校学生与20世纪80年代、90年代的大学生相比，自学能力、自律能力都有所下降；自我意识强、团结协作能力弱；自我期望值高、应对挫折能力差；自由权利意识强、责任义务意识弱。在日常学习生活中，自尊与自卑同在、理想与失落并存。从个体来看，当代大学生由于受自身条件、环境、教育和主观能动性不同的影响，其素质结构不可能完全一致。不同的学生个体在思想品德形成中具有不同的特点，相同的教育管理活动相对于不同个体会产生不同效果。因此，在思想政治工作过程中，必须树立以生为本的理念，针对不同的对象，提出不同的切合实际的要求，分析不同个体的不同特点，因材施教。

2. 关注大学生的心理问题

当前，随着经济全球化、教育国际化、价值取向多元化、信息网络化，人们的理想、信仰等受到严峻的考验和冲击，一些人不同程度地出现了道德困惑、理想迷惘、信仰危机；而市场经济快节奏、强竞争、高速度、多变化的特点，贫富差距的拉大，制度建设滞后引发的社会震荡，使得许多人心理失衡，心理压力增大。反映在高校则是大学生心理问题呈明显上升趋势。针对当前大学生的心理特点，必须开展个别心理咨询工作，针对每一个个体进行教育活动，将心理教育与个别教育方法结合起来，增强针对性和实际效果。高校思想政治工作应从适应每个学生独特的个性发展需要出发，针对学生的个性差异，采取个性化的教育手段，满足不同的需要，有效地发挥学生的主体作用。要根据党的教育方针和学生的身心发展规律，帮助学生树立正确的世界观、人生观、价值观；还要根据学生的兴趣、爱好、追求等特点，因材施教，因势利导，使学生生动活泼地成长。教师要在肯定个性、尊重个性、发展个性的基础上，加强集体主义价值观的教育引导，为当前高校思想政治工作奠定扎实的思想基础。

3. 加强对特殊困难群体的思想政治工作

高校思想政治工作要把解决大学生中的特殊困难群体的问题作为工作的重点内容。所谓特殊困难群体，首先是指那些在生活上、身体上有困难、需要帮助的学生，他们或者家庭贫困、衣食拮据，或者身体病残、自理困难，他们需要有人帮助和扶持。此外，比他们更需要特别关注和扶持的，则是精神上的弱势群体，也就是那些在精神上、心理上存在各种疾病和障碍的学生，他们的问题因为具有隐蔽性和潜在性，因此常常被忽视和漠视，但是这些问题的危害和影响却往往更为深远和巨大，因此更应引起高校思想政治工作者的注意。高校思想政治工作要从这些特殊困难学生的实际需要出发，开展形式多样、方法灵活、内容科学、层次有别的活动，充分发挥一对一的个别工作方式的积极作用，增强思想政治教育的针对性和效果，尽可能地创造条件满足不同层次学生、乃至不同学生个体的不同需要。

4. 落实好一对一的个别工作方式的具体措施

一是推行导师制。个别指导应该有一定的制度保障，高校推行的导师制，以建立和完善一对一的特殊指导关系的长效机制为目的，值得借鉴。导师可以借助专业的优势，帮助学生拓展学习的空间；可以通过定期或不定期的思想交流，在学生需要作出正确选择时，提出支持性建议。二是重视情商教育。思想政治工作与情商教育之间实际上存在着很多共同点和彼此相通之处，可以充分利用一对一的个别工作方式，发挥思想政治工作的优势，把情商教育的相关内容适当地借鉴吸收到思想政治工作中来，既提升大学生的素质，又进一步增强一对一个别工作方式的作用。三是加强个别谈心活动。长期以来，谈心活动是思想政治工作者提高做群众工作能力和教育效果的主要办法之一。要继续发挥个别谈心活动这一优势，加强与学生的交往和接触，了解学生情况和掌握思想动态，与学生保持密切联系，增强思想政治工作的针对性和实效性，提高思想政治工作效率。

第三章　影响高校思想政治工作效果的诸多问题

提高高校思想政治工作的水平，首先要用科学发展观来对其工作的内涵进行研究，了解影响高校思想政治工作效果的有哪些主要因素，从而努力使教学方式和方法贴近实际、贴近生活、贴近大学生，符合大学教育教学的规律和大学生学习的特点，不断增强教育教学的针对性、实效性和说服力、感染力。

第一节　影响高校思想政治工作效果的十个因素

一、"社会政治"因素

"社会政治"即社会化的政治。指国家权力的形式和手段，这种社会化的政治生活的基本特征，就是在实现人的个性的自由发展中，人们自觉认同的共同约定俗成的社会政治纪律和公共道德规范。

"社会政治"的实现，同社会主义建设的历史发展过程一样，有一个历史的发展和积累的阶段。我国社会主义社会政治也有不同的发展阶段，是逐步地建设和自觉积累的过程。

"社会政治"对高校思政工作的影响有双重意义，一是约束：即要求思政工作者要有强烈的维护"社会政治"的责任感；二是目标，即要求思政工作者能引领更广大的青年学子共同营造和建设理想的"社会政治"。

在我国整个社会主义初级阶段，有计划、有步骤地沿着发展"社会政治"的方向，进行新政治生活的建设与积累，是社会主义政治形成的必需的历史阶段。我们把这一新型社会政治的发展历程，称之为"走向社会政治"的历史道路。只有坚持不断沿着社会政治的方向和道路，才能实现科学社会主义的政治目标。提出走向理想的"社会政治"的理论并在实践中制定出一整套的基本路线、基本方针和基本政策，是中国共产党建设中国特色社会主义的重要任务之一。

二、社会经济因素

社会经济因素从理论上说，包括(1) 人民生活水平的提高；(2) 社会公共事业的发展；(3) 地区之间的差距缩小；(4) 社会发展迅速；(5) 中国在国际上地位提高；(6) 与周边国家合作良好；(7) 社会矛盾明显缓解。其中与思想政治工作者和工作对象有主要关系的因素有个人(家庭)收入、受教育水平、居住地区社会经济条件。

社会经济因素对思想政治工作的效果的影响是不容忽视的。一是大学生来自不同地区、不同家庭，经济背景不同；二是不同的家庭对本身的经济条件有着不同的习惯性认识；三是思政工作者与思政工作对象的社会经济条件及认知差异。

对思政工作者来说，避免社会经济因素对思政工作的消极影响，是提高思政工作效果的一个方面。这就要求思想政治工作者：首先要正确认识我国目前的社会经济不平衡的现象；其次，必须充分了解并理解思政工作对象的不同的社会经济背景，以及他们原有的对社会经济状况的感知；同时还应积极疏导学生个体之间因经济差异产生的心理失衡。

如：某班有来自不同地区的两位学生，经济状况差异显著，对他们进行大学生艰苦奋斗教育，学生的感知和认知必然会有不同。来自发达地区的学生认为生活水平好了，谈艰苦奋斗是多余的；而来自贫困地区的学生认为我的生活已经够艰苦的，自己已经是艰苦奋斗了。

思政教师采取的主要方法：一是宏观教育，强调艰苦奋斗的优良传统和内涵。二是分类教育，引导经济条件好的学生认识节俭的美德、助人的美德、吃苦耐劳的美德等；引导经济条件差的学生认识经济的贫困不等于精神的贫困。从而使学生们能认识到艰苦奋斗的历史作用和现实意义，弄懂艰苦奋斗不是做苦行僧，而是一种勤俭节约的美德、执著向上的意志、吃苦耐劳的精神，激发学生为理想而奋斗的激情。

三、家庭因素

家庭是指以婚姻和血统为基础的社会单位，包括父母、子女和其他共同生活的亲属。在影响高校思想政治工作效果的因素中，一个不容忽视的方面就是家庭因素。它主要体现在：(1) 家庭状态(这里仅指家庭的和谐、成员完整)；(2) 家庭经济；(3) 家庭教育。

1. 家庭状态

家庭是否和谐与家庭成员的是否完整对大学生个体的影响至关重要。一般来说，家庭成员和谐、完整，学生心理状况较健康正常，对事物的认识比较客观，能以良好的心态待人处事。而来自不和谐家庭、父母离异的单亲家庭的学生心理上有较大的戒心、压力或自卑感。

2. 家庭经济

根据大学生心理健康的调查分析结果而言，家庭经济条件好的大学生心理健康状况要比家庭经济条件差的学生好。但是家庭经济因素对大学生本身都有正负两方面影响，负面的影响表现在家庭经济状况不是很好的大学生极易形成自卑心理，而家庭经济较好的大学生则容易以公子哥的派头自居。

3. 家庭教育

指父母或其他年长者在家庭中对子女实施的教育，包括健康方面、德育方面、智育方面。家庭教育因素包括家庭教育者（主要指父母）的文化水平、道德理念和教育方法、手段。家庭教育是人生教育的起点和基础，它直接关系到大学生的性格、品格、处事方式、世界观等。这里我们所指的家庭教育暂时忽略文化因素，一般来说，好的家庭教育是指家长有良好的道德理念，有恰当的教育方法和手段，做这些学生的思想政治工作往往效果较好。而不好的家庭教育指家长娇严失当、教不得法、过分溺爱；或粗暴无知，伤害了子女的身心，做这些学生的思想政治工作更需要有针对性和耐心。

四、个人性格因素

个人性格指个人对现实的稳定的态度和习惯化的行为方式。通常特征包括认知、情绪、意志、对现实的态度等。

认知是指人们在感知、记忆、想象和思维等认识过程中所表现出来的个别差异。思想政治工作就是一种让人们认知真理的过程，忽略大学生在认知上的差异，必然不能取得理想的效果。

情绪指人们情绪活动时在强度、稳定性、持续性以及稳定心境等方面表现出来的个别差异。大学生在情绪方面所表现出来的性格特点有多种，如有的能较好控制自己的意志，情绪比较稳定；有的受情绪影响较大，容易冲动兴奋或抑郁、沉闷。显而易见，思政工作者在工作中要注意观察判断不同情绪的人群和人群中不同情绪的个体，用最有效的方式开展工作。

意志是性格的重要组成部分之一，受人的理想、信念、价值观制约。主要包括是否具有明确的行为目标，对行为的自觉控制水平，在紧急或困难条件下的表现，在经常的和长期的学习工作中的意志表现。对一些意志薄弱的大学生的工作要更加耐心，鼓励其保持恒心，坚韧不拔。

对现实的态度是个人性格中的最重要的组成部分。主要是指个人对社会、对集体、对他人、对自己以及对待学习、工作、劳动的态度的特征表现。例如对社会、对集体、对他人的态度的表现有：善交际、孤僻、正义感、正直、诚实、狡诈、虚伪、具有同情心等等;对自己的态度的表现有:自信、自强、自尊、自负、自卑等;对待学习、工作、劳动的态度的表现有:勤奋、懒惰、认真细致、马虎、粗心大意、创新精神、墨守成规、勤俭节约、挥霍浪费等等。

不仅是大学生,每个心智基本正常的人,性格都是迥然不同的。对思想政治工作者而言,同样的工作方法和教育手段对不同性格的对象必然会产生不同的效果。

五、社会与个人的心理因素

社会一般是指由自我繁殖的个体构建而成的群体,占据一定的空间,具有其独特的文化和风俗习惯。由于社会一般被认为是人类所特有的,所以社会和人类社会一般具有相同的含义。人类社会是指:人们以共同物质生产活动为基础,按照一定的行为规范相互联系而结成的有机总体。构成社会的基本要素是自然环境、人口和文化。广义的社会则可以指一个国家、一个大范围地区或一个文化圈。

由于社会环境的变动常会影响个体的心理和躯体的健康,个人的心理因素又常与社会环境密切相关,因而常称为社会—心理因素。

社会因素一般包括社会制度、社会文化、社会经济水平,它影响人们的收入和开支、营养状况、居住条件、接受科学知识和受教育的机会等。社会因素还包括人们的年龄、性别、风俗习惯、宗教信仰、职业和婚姻状况等。

心理因素是指在特定的社会环境条件下,导致人们在社会行为方面乃至身体、器官功能状态方面产生变化的因素。心理因素着重于个体的内在情绪(兴奋、抑郁、焦虑、忧郁、恐惧、愤怒、悲伤等心理紧张)及对周围环境和事物的态度和观念。

人的心理活动是一个极为复杂的动态过程,直接对其产生影响的主要有生物的、心理的、社会的因素。在这里我们特指受到社会影响的社会—心理活动。

对于大学生而言,有同样的社会环境不等于有同样的心理活动;不同性格的学生对同一事件有不同的心理反应。

例 1:上海某高校在一定范围内对学生进行问卷调研显示,对在校的生活消费表示满意和比较满意的学生占 70%,其中,来自家庭总收入 5 000 元左右的学生占 90%;表示不满意的占 30%,其中家庭总收入 10 000 元以上占 65%,来自家庭收入 3 000 元以下占 30%。

例 2:大学生对党和国家开发西部策略和进程的一项问卷调查中,完全赞同和拥护的达 98%,体现了大学生对国家发展的愿望。但是,对目前发展进程表示满意和比较满意的为 65%,其中大部分为城市学生;对目前发展进程不了解的占 10%,其中 90%以上为发达城市的独生子女。

六、社会与个人的思维方式因素

由于社会是人们以共同物质生产活动为基础,按照一定的行为规范相互联系而结成的有机总体，所以，个人的思维方式必然与社会环境密切相关，它作为人们建构世界的观念模式，对人们的言行(及至影响外部世界)起决定性作用。

我国社会从计划经济向市场经济转型，大学生个人的思维既受到传统思维(家庭)的制约和束缚，又受到社会变革的冲击和吸引，思维方式活跃且又矛盾。

有效开展大学生的思想政治工作，要克服一味灌输空泛的原则规范和理想目标，要求学生无论理解与否，都必须接受和贯彻执行，因为当这些原则规范和理想目标与客观实际不相符合时，不仅扼杀了大学生的思想智慧和生机，也必然会遭遇大学生内心的质疑；同时，也要努力培养大学生科学的思维方式，使得他们在社会的发展中发挥应有的作用。

科学的思维方式是靠知识和实践积累起来的。大学教育要适应市场经济需要，但是大学教育又不能完全等同于商品经济。一件商品生产出来，马上就能看到效应。教育就不同了，教育产出往往不能很快见效应，它有一个过程，它的效益会滞后出现。如果不恰当地把一个大学毕业生比作一件商品，那么，这件商品所产生的效益也许会比普通商品所发挥的效益大得多。这种商品不但不会有损耗，还会随着时间的推移发挥出更惊人的能量。所以，成功的大学思想政治工作者必定与大学的教育事业紧密相连，就是要培养出具有科学的思维方式、全面发展的大学生，只有这样的大学生才能真正适应社会。

大学生学习专业知识固然很重要，但是知识无穷无尽，一个人活到老学到老，永远没有学完的时候。全面发展并不是指学完世界上所有的知识，那不可能也没有必要。对于现代大学生来说，更重要的不是知识本身，而是掌握和运用知识的方法，这种方法就是科学的思维方式，它可以使人受益终身。

七、性别因素

人的个体的性别差异是一种客观存在。针对不同性别的大学生的思想工作，要有不同的方式。一方面，女生较男生胆怯、懦弱，男生相对而言比较胆大、坚强，承受打击的能力也比女生强；另一方面，女生在生活中遇到的困难比男生多，易产生心理问题，此外还有女生毕业后择业比男生难、就业压力大等。而女生自身的特点决定了她们不像男生那样会采取一些较强烈的手段来充分宣泄压力，而这些压力更容易逐步累积，日久形成抑郁等负性情绪，所以大学生中女生的心态比较复杂。

心理学家的调查结果表明，性别角色和性别观念比生理性别对大学生人格特征的影响更大。70%以上的女性大学生渴求呵护和关心，希望别人感受她的可爱与聪慧；而70%以上的男性大学生首先需要得到重视和肯定，希望别人承认他的力量和能力。

因此，高校的思想政治工作不能简单地对男生女生一刀切，有时需要用不同的方法，有时需要严厉，有时需要委婉。

不可忽略的是，现代大学生个性中的性别反差现象存在。随着社会的进步，男女平等观念得到进一步认同，女性在家庭、在社会地位方面的逐步提高，促使女大学生产生更强的参与感和权威感。而她们在某些方面受到的"歧视"，如就业、就职等，会使她们产生逆反心理。在思想政治工作中要关注这些学生的思想动态，因势利导地开展工作。

八、阅历与地域因素

大学生来自全国各地，生长在不同地域，有着不同的阅历。所谓阅历，就是指亲身见过、听过或做过的，由亲身经历得来的知识或经验，是指一个人对社会、对事件、对生活中所发生的事的经历及理解程度。

人们每天都在经历一些事情，每天都会对发生的事件进行思考，通过长时间的积累，对一些事物的看法由浅入深，由表及里，这时的人们就会有自己的想法和看法。经历得越多阅历越丰富。很多时候，一个人对事物的理解角度、程度、深度都受到本身阅历的影响，因此不尽相同。不同的阅历会产生不同的思想、态度、性格、情感。高校思想政治工作者要对来自不同地域的、有着不同阅历的工作对象有基本的了解，从而可以有针对性地开展交流。

值得一提的是，尤其要关注一些性格内向、家庭关系复杂（单亲或再婚）的学生。在他们成长的过程中，都承受了不甚明亮的、不能向别人随意倾诉的家庭变故或痛苦的遭遇。这些学生大多数内心比较封闭，排他性较强。对他们的思想工作需要更加细致入微。

九、人际关系因素

人际关系指在人们物质和精神交往过程中产生、发展和建立起来的人与人之间的关系，它是社会关系的表现形式，由行为、情绪、认识三个相互联系的成分组成，包括在社会交往中的影响力，倾听与沟通的能力，处理冲突的能力，建立关系、合作与协调的能力，说服与影响的能力等等。

有些人在人际交往中的影响力是与生俱来的，他们在参加集体活动的时候，只要很短的时间就能和所有人交上朋友。而且，他还能从与朋友的相处中，得到许多乐趣。这些大学生的生活是比较充实而且丰富多彩的，不存在或较少存在交友方面的困扰，并且能获得许多人的好感与赞同。但也有些人并不具备这样的天赋，他们在社交活动中常常比较内向，同朋友相处的行为困扰比较严重，而且在心理上出现较为明显的障碍。这些人可能不善于交谈，也可能是性格孤僻的人，不开朗，或者是盲目自傲等。

人际关系因素对思想政治工作的影响包含两方面：一方面是工作对象的人际关系，在开展思想政治工作时应当对这一现象有准确的判断，对一些人际关系较为欠缺的学生尤其要注重开导，引导他们胸襟开阔，积极参加集体活动等。

另一方面是工作者本身的人际关系和处理人际关系的能力。处理人际关系的能力对于一个思想政治工作者或是一个群体的领导者来说是非常重要的，这种能力包含了一个人与他人的沟通、说服、引领的能力。毋庸置疑，一个思政工作者不善于与他人沟通或总是沟通不当，那么他的工作往往收效甚微。

十、思想政治工作者的人格因素及工作方法因素

人格魅力是一种感觉，是为了表达这种感觉而创造出来的词。在当今社会中，为人处世的基本点就是要具备人格魅力。人格是指人的性格、气质、能力等特征的总和，也指个人的道德品质和人的能作为权利、义务的主体的资格。而人格魅力则指一个人在性格、气质、能力、道德品质等方面具有的很能吸引人的力量。在今天的社会里，一个人能受到别人的欢迎、容纳，他实际上就具备了一定的人格。

人格魅力是高校思想政治工作者实施个性化教育必备的内在素养，它是在千头万绪的思想政治工作实践中逐渐培养起来的。高校是为社会培养具有良好的思想政治素质、职业道德水平、较高专业技能和动手能力的复合型人才的学府，一个思想政治工作者的素质、个性、人格魅力可以影响学生的一生。

有人格魅力的思想政治工作者可以更有效地履行学校、社会赋予的神圣职责。高校思想政治工作者要努力保持和提高自身的人格魅力，应当逐步培养和形成一些基本素养：身先垂范，品格高尚；明白事理，规范管理；知人善任、融情于理。

同时，要把握适当的工作方法，宽严得当，轻重有别，尤其要掌握一些基本方法，如：细心体察了解大学生的个体差异，因人施教；晓之以理，循循善诱；以诚相待，理解尊重；加强正面引导，多鼓励、多激励；等等。

综上所述，影响高校思政工作效果的因素是多样的、复杂的，有很多时候是交错的、互为影响的。思想政治工作必须透过现象，揭示事物的内在规律，既要敢于面对存在的问题，又要敢于大胆地引导，切实地回答和解决现实问题。社会生活的新变化也造成了人们一定的逆反心理，人们更愿意平等地进行探讨。这就要求我们必须面对现实，设法突破逆反心理的束缚，增强实效性。那种居高临下、颐指气使的姿态，那种言之无物的空洞说教已经不管用了。同时，当前社会处于急剧变动的状态之中，利益调整频繁，社会矛盾纷繁复杂，随时可能产生一些热点、难点、疑点问题，其实这些疑点、难点、热点就是人们普遍关注的焦点，也是人们的思想认识转变的关键点。

第二节　影响高校思想政治工作效果的十个关系

高校思想政治工作要走实事求是、与时俱进的道路，在认识上需要正确把握好若干关系问题，才能避免可能出现的脱离实际和因循守旧的弊病，避免形式主义和“左”“右”倾向的困扰。

一、高与低：立意要高，重心要低

我们党的目标是为共产主义而奋斗，但我国又将长期处于社会主义初级阶段。这就决定了我们的思想政治工作既要立足于大目标，立意于事业的制高点，又必须着眼于现实生活，从初级阶段的实际着手。也就是说：立意要高，重心要低。

在高等学校，我们要坚持马克思主义的主导地位，用科学的理论武装干部和师生，要广泛进行党的基本路线教育，爱国主义、集体主义和社会主义教育，开展形势任务、民主法制和道德准则教育等，其立意都要坚定地定位在共产主义、社会主义方向的高度，这就是通常所说的高校的社会主义办学方向问题。但是整个教育工作的重心要下移，要降低，要从实际出发。比如，我们在对大学生进行邓小平理论教育中，不仅要通过课程讲授，让学生了解邓小平理论的历史背景、理论体系等内容，把大道理讲透，也要让学生通过社会调查和社会实践，从中国社会近30年的巨变中，从自己身边的事实中，具体体会这个理论的科学性和生命力。我们在对大学生进行道德教育时，不仅要让学生懂得共产主义道德的基本要义、社会主义精神文明的主要内涵，也要让学生通过一系列为社会服务的活动，如办“爱心”学校，“搞义务家教”，在校园里开展“文明修身”活动，从自己动手维护校园环境做起，等等，在亲身实践中，在十分具体的小事中，学习共产主义道德，树立社会公德的观念。

一味强调立意之高，忽视将重心放低，很容易形成空洞说教的局面，走向“假、大、空”的形式主义，这就很难体现新时期思想政治工作的实效性；而如果一味强调从具体做起，而忽视立意的高标准，则容易形成就事论事的局面，有迷失大方向的危险。因此，立意要高和重心要低，是一个整体的概念，只有两者相互渗透，才能使思想政治工作做到既坚定正确又切实有效。

二、虚与实：虚事要实做，实事须务虚

思想政治工作要做到虚实结合，这里有两个方面的问题。一是就思想政治工

作本身来讲,似乎是虚的,但必须"实化",要同解决实际问题结合起来,不是空对空,要做到虚事实做,才能有实效。正如胡锦涛总书记所说的,"要坚持政治理论教育与社会实践相结合,既搞好课堂教育,又注重引导大学生深入社会、了解社会、服务社会"。思想政治工作的"实化"还体现在工作本身要克服形式化、教条化、公式化、口号化,要有说服力地回答现实生活提出的、广大群众关心的重大思想理论问题,特别是热点、难点、疑点,能做到这一点,思想政治工作就由"虚"变"实"了。

二是业务工作本身,似乎是很具体很实在的,但务虚也是必要的。因为工作是要人去做的,而人是有思想的,办一件事,完成一项业务工作,要让干部群众明白做这件事的目的意义,让大家在一个明确的指导思想下去干。我们平时所说的"思想领先",就是指日常工作不要事务化。在干大的事情、重要的事情、需要众人齐心干的事情时,更应如此。在高校,如何把爱国主义教育、社会主义教育具体化?我们是通过人文科学的各种课程、讲座,举行升国旗仪式、组织大家参观考察活动,同时结合现实中的重大事件如抗议以美国为首的北约轰炸我驻南使馆、反对"台独"的斗争等,使虚事变实的。在抓学科建设、抓教学科研工作、抓课程和教材改革等工作中,我们是通过加强教师的思想政治教育,提高教学科研人员的素质,把握学科建设和发展为经济和社会服务的导向,而使得这些业务工作具有正确的前进方向和更强的思想动力。

总之,我们的思想政治工作不能离开正在干的事情,不能离开当前的中心工作,要结合实事去做,结合业务工作去做;同时,我们在干实际工作时,又必须坚持以科学的理论和先进的思想武装人的头脑,贯穿思想政治的内涵。要防止和纠正思想政治工作与经济工作脱节的"两张皮"现象。

三、情与理:寓情于理,事半功倍

我们在工作中经常会遇到这种现象:同样一个道理,有的人讲起来动人心弦,有的人讲起来干巴巴没人愿意听。这里当然有一个人格力量的因素在起作用,但在讲道理时是否倾注了内心的体验,是否以情感人,也是重要原因。

胡锦涛同志指出,开展大学生思想政治工作"要坚持解决思想问题与解决实际问题相结合,既以理服人又以情感人,增强思想政治教育的实际效果",要求我们寓情于理,情在理中,把两者统一起来。总书记还指出,"要以爱国主义教育为重点,深入进行民族精神教育,引导大学生增强民族自尊心、自信心、自豪感,做到以热爱祖国、贡献全部力量建设社会主义祖国为最大光荣,以损害社会主义祖国利益、尊严和荣誉为最大耻辱"。我们的思想政治工作者、党的干部,首先必须自己通过学习、研究和实践,做到坚信共产主义的真理,懂得社会主义的道理,掌握马克思主义的原理,在群众中做好以理服人而不是空洞说教的宣传。同时要对无产阶级革命事业充满真情,对马列主义、毛泽东思想和邓小平理论充满真情,归根到底是要对人民群众有真情，去做宣传。并且多做得人心、暖人心、稳人心的工作，群众才会信任你，才会信你讲的理。

在高校，如何在思想政治教育中做到情、理结合，也是一个值得注意的问题。学生的思想理论教育要体现以理服人、以情感人，就要求我们的理论教师能够深入浅出、针对学生的思想实际，针对他们关注的问题有说服力地进行释疑解惑，并从中灌注自己的真情实感。如果我讲我的，你听你的，照本宣科，毫无新意，甚至所讲的东西自己心里也不相信，那会有什么效果呢？对教工队伍中的思想问题和实际矛盾，要靠我们各级党组织、党的干部用实事求是的态度、与人为善的态度、真情实意的态度去处理，特别要针对知识分子的特点，更多地讲求“春风化雨、润物无声、耐心细致、潜移默化”，这样才有可能取得事半功倍的效果。

四、宽与严：不审势则宽严皆误

我们在工作中有时一味强调“严格”，有时一味强调“宽松”，在一些问题上强调“从严”，在另一些问题上强调“从宽”，却很少去研究“宽”和“严”的相互关系以及把握“宽”、“严”的情势。在这个问题上，我认为有以下几点值得深思：

一是“宽”和“严”从来都是相对的。绝对地、过分地强调“宽松”，会走向没有约束、无法收拾的思想混乱，会导致主旋律变调，社会统一意志瓦解，凝聚力涣散。而绝对地、过分地强调“从严”，会失去社会群体中的润滑剂和亲和性，减弱社会的生机活力，同样使凝聚力涣散。

二是“宽”和“严”，在“度”的把握上必须因时、因地、因事、因人制宜。这就是武侯祠对联中所写的“不审势即宽严皆误”：如果不从审度情势出发去处理问题，那么不管是宽是严都是会失误的。采取不顾实际情况的“一刀切”，一概从宽或一概从严，往往事与愿违。比如高等学校应该有一个宽松的政治环境和学术环境，但这种“宽松”永远是有“度”的。政治上的宽松，不能宽松到听任反对党的基本路线的言论，听任资本主义的、封建主义的腐朽反动的思想观点占领我们的讲台；学术上的“宽松”，也要贯彻“百花齐放、百家争鸣”方针，不能允许以势压人的学阀作风，也不能允许无原则的派系之争和不同形式的人身攻击在校园里有市场。

三是“宽”和“严”是一对可以相济共存的矛盾。所谓“制度无情，操作有情”，就充分体现了两者相济共存的道理，即制度虽然无情，但在制度的具体操作中却应该是有情的；虽然操作中是有情的，但最终还是要执行既定的制度，这是“宽”和“严”的统一。又如我们在党的建设和干部工作中既要坚持治党务必从严的原则，同时又要切实关心爱护干部，这也是一对相辅相成的矛盾。这里，“严”和“宽”相济共存之处在于：对干部的从严要求，是真正的爱护干部；从严要求干部，不应排斥对干部思想政治和工作积极性的爱护，以及生活条件、生理和心理健康的关心。

五、有形与无形：注重多方位、渗透性

思想政治教育是多方位的，如何通过有形的和无形的各种方式、各种途径、各种手段、各种媒介、各种载体，使之具有对教育对象的渗透力，这是取得实效的一个十分关键的问题。有形教育，我们通常是用组织学习、听取报告、开会讨论、上政治理论课、媒体宣传等，让主流的声音正面地、直接地影响和教育群众。这可以说是思想政治工作的主渠道。这种有形教育，特别是在事关大是大非的问题上，必须做到旗帜鲜明、理直气壮，具有强烈的震撼力、感召力。但我们不可忽视思想政治工作的无形渠道：这种无形渠道不是直接以思想教育的面目出现，不是进行政治的、理论的、道德的说教，而是渗透在业务活动中、日常生活中，使人在不知不觉中受到感染，受到熏陶，受到潜移默化的影响。它的作用，它对人的思想影响，甚至可能比有形的教育更深刻、更有力。

无形的教育，首先表现在教育者的人格力量上。群众心目中的党员和干部，学生心目中的教师和辅导员，他们有没有理论功底和真才实学，是不是言行一致起模范作用，能不能真正把老百姓的冷暖放在心上，群众心里是雪亮的。这是一种无形的教育，它无时无刻不在起作用。无形的教育大量表现在业务工作中。在大学里，两课老师上政治理论课是有形教育，但他自己信不信自己所讲的道理，对这些道理有没有真情实感，则是一种无形的教育。对其他业务老师来讲，在专业教学中体现出来的，大量的是无形的思想政治教育。人文课程的教学，比较容易结合教学内容，开展世界观、人生观、价值观的教育，即使是理工和其他课程，也可以在专业史教学和具体专业内容的教学中融入辩证唯物主义、唯物史观、方法论等方面的教育。

无形的教育也体现在环境氛围上。一所学校的校园环境、学术风气、文明程度、学风校风，是无形的教育力量。一个社区、一家工厂、一座城市中的情况也是如此。我们应该高度重视“环境育人”的作用。

有形的教育要改进、要创新，无形的教育要重视、要开拓，并且使有形和无形的教育相互补充、相互促进，才能闯出一条多方位的、渗透到各个领域的思想政治工作新路。

六、新潮与传统：旧瓶新酒两相宜

在新世纪到来的时候，在我国改革开放的成功实践中，人民的物质生活和精神文化生活都出现了前所未有的快速变化，可以说是日新月异，新潮涌动。在这种情况下，我们的思想政治工作如何面对新潮，创造新的形式、赋予新的内容、形成新的机制，同时又要继承我们党的思想政治工作的优良传统，发挥传统的优势，这又是一个值得研究的问题。在这个问题上，所谓“新瓶不能装旧酒，或旧瓶不能

装新酒”的看法，是不全面的。我们可以探索一条用新瓶装陈酿和用旧瓶装新酒，把新潮与传统融合起来的新途径。

信息网络技术及其相应的观念，是一种新潮。我们的思想政治工作如何去面对、去占领这个新的阵地，是一个紧迫的课题。首先要有主动出击的精神状态，不能被动应付，也不能采取“堵”的办法。要准备经过长期的、艰巨的、坚持不懈的正面宣传，化网上劣势为优势。而要做到这一点，我们的领导干部和全体思想政治工作者必须抓紧学习网络知识，密切关注互联网信息内容及其发布方式，研究网络技术的新动向。在此基础上，采取利用网络开展工作的新对策。这样，才能使我们传统的思想政治教育的内容拓展新领域，提高时效性，扩大覆盖面，增强影响力。网络所体现的开放性、交互性、平等性、即时性等新观念和特征对我们思想政治工作如何面对未来，也是有重要启示作用的。

我们的思想政治工作要适应新的形势、运用新的形式，同时又必须保住优良传统、发扬优良传统，使其在新的历史时期焕发更强的生命力。胡锦涛同志也明确指出，“越是改革开放，越要加强思想政治工作，只有思想政治工作加强了，才能够促进改革开放的健康发展”。江泽民也指出：“我们搞改革，绝不是说过去的一切都不行了，都要统统改掉，而只是要改掉那些实践证明已经成为弊端的东西，已经过时了不再适用的东西。”他告诫我们：“如果把好传统好作风丢掉了，或者削弱了，那就违背了我们改革的性质和要求，就不可能搞好改革创新。”这些话非常深刻、辩证地阐述了传统和创新的关系。我们在思想政治工作中，必须把优良的传统作风，比如为人民服务的宗旨、实事求是的思想路线，“团结—批评和自我批评—团结”的解决人民内部矛盾的方法，等等，结合新时期的新特点，赋予新的内容，加以发扬光大。而那些被实践证明是错误的东西，如用大搞群众运动、用“大民主”去解决群众性的思想教育问题的方法，则是需要坚决摒弃的。同样，我国和外国优秀的思想文化遗产，完全应该拿来为当前中国的思想政治工作所用，而对那些封建的、资本主义的糟粕则要加以坚决摒弃。

总之，新潮与传统可以融合，也必须融合。面对新潮、迎接新潮，又继承优良传统、发扬优良传统，这是思想政治工作既富有时代感、又富有深层次内涵之必须。

七、即时性与长远性：治表和治本的结合

在当前新旧体制交替和社会生活的急剧变化中，思想政治工作面临许多需要即时处理的矛盾，这是一个新的特点。这些矛盾，有的是市场经济条件下利益关系调整中出现的，有的是在经济工作和其他业务工作中面临新情况而产生的，有的则是随着社会生活方式的变化和随之发生的观念上的碰撞而带来的。这些矛盾突出时，思想政治工作马上成为当务之急。此类即时矛盾的处理，如果能做到

耐心、细致、适度，合情、合理、合法，为群众所接受，那么矛盾就可能及时化解，并达到调动群众积极性的要求。反之，如果工作不细、考虑不周、处置不当，则可能使矛盾激化，甚至酿成不安定的局面。因此各级组织必须高度重视即时矛盾的处理。

就事论事地处理即时矛盾，只能达到治表的目的。从长远看，从根本看，我们党的组织更不能忽视治本的工作。一是要针对群众在思想认识和工作、生活中产生的实际问题，注重理想信念教育，着眼于增强群众的凝聚力。二是要针对发展社会主义市场经济的新要求，切实加强社会主义道德教育，着眼于群众思想道德素质的提高。理想、信念问题和道德素质问题，关系到人的世界观、人生观、价值观，这是更具有根本性、决定性和长期性的，是治本的工作。

在高校学生工作中，我们既要做好一时、一处、一事的思想政治工作，更要从怎样做人，形成怎样的思维方式，确立怎样的人生目标等带有深层性、长远性的问题上全面提高学生的素质，这样把治表和治本统一起来，才能体现新时期思想政治工作的威力和实效。

八、先进性与普遍性：不同的层次，不同的要求

我们的思想政治工作，既要有对全体人民的广泛性和普遍性的要求，又要注意区分不同的层次，提出不同的要求。对于党的干部，对于共产党员，对于要求入党的积极分子，可以要求他们树立共产主义的崇高理想，努力成为马克思主义者，但是如果对所有的人都提这样的要求，实际上是不切合实际的。对全体公民的教育，应该提出广泛性的要求，要坚持进行爱国主义的教育，集体主义的教育，基本道德观念和法律意识的教育等，动员大家将建设富强、民主、文明的社会主义现代化国家作为共同理想和目标，并为之奋斗。

一个值得注意的问题是，我们常常容易把先进性的要求同普遍性的要求混同起来，忽略了层次性的原则，脱离了实际，这是思想政治工作效果不能尽如人意的一个重要原因。在社会主义初级阶段，人们的思想觉悟是有限的。毫不利己、专门利人的共产主义人生观，无私奉献、大公无私的共产主义价值观，少数先进分子可能做到，多数人不一定能做到。对多数人来讲，虽然难以做到“毫不利己、专门利人、无私奉献、大公无私”，但“不损人利己”，“公私兼顾而在两者发生冲突时应克己奉公”，却是可以接受、可能做到的。我们应该提出切合实际的要求，着眼于逐步提高全民族的素质。

但先进性要求与普遍性要求也不是完全无关的。一方面，对先进分子，要求他们首先做到并模范地达到普遍性的要求；另一方面，用先进分子的榜样及其先进思想来教育、激励一般群众，起示范引导作用，也是思想政治工作的一个好办法。先进分子的人格魅力体现了中华民族的民族精神，体现了时代前进的方向，

因此他们足以成为普通人的楷模，并在推动全社会普遍素质的提高方面发挥强有力的作用。因此，从这个意义上说，榜样的力量是无穷的。如果我们从另一个角度，即不同层次有不同要求的角度看，则也可以说，榜样的力量是有限的。因为榜样的思想和行为所达到的崇高境界，非常人所能达到。胡锦涛指出，对大学生"要以理想信念教育为核心，深入进行正确的世界观、人生观、价值观教育，使所有大学生都明白，党和人民对当代大学生寄予殷切期望，全面建设小康社会和实现社会主义现代化需要大学生去建设，中华民族的伟大复兴需要大学生去奋斗，青春只有在为祖国和人民的真诚奉献中才能更加绚丽多彩，人生只有融入国家和民族的伟大事业才能闪闪发光"。我们必须既要发挥榜样的先进性，起引导作用，又要实事求是地提出普遍性的要求，并使两者有机结合起来，才能使思想政治工作做到有针对性、实效性、主动性。

九、强化与淡化：机制和队伍建设的辩证法

思想政治工作的求实和创新，要有机制和队伍的保证，也就是一要有人做，二要有一个良性的运行机制。但思想政治工作的渗透性和全方位性决定了它是全党的工作，所有的党员领导干部、所有的党员都要做，同时又必须建设一支政治强、业务精、纪律严、作风正的专兼结合的思想政治工作队伍。需要注意的是，谈到加强思想政治工作，人们就自然地提出加强队伍的问题，而加强队伍，则主要是考虑增加专职人员的问题，这就很容易陷入一个新的误区。

因为只注重增加专职思想政治工作人员数量往往会以淡化兼职队伍的作用、淡化全党做思想政治工作的意念为代价。其结果往往是助长"两张皮"的现象，不是加强而是削弱了思想政治工作。专职政工队伍应该是一支特别精干的队伍，应该是一支对思想政治工作特点与规律特别有研究的队伍，不是人越多越好。这支队伍必须与兼职队伍相结合，依靠全体党员、全体党员干部形成思想政治工作的一个完整的网络和联动的机制。

从高校情况来看，专职政工队伍当前需要强化，将来应该淡化。这是因为国际政治斗争和经济科技竞争所带来的影响以及我国正在进行的完善和发展社会主义制度的自我变革所带来的影响，都是极其深刻的。在这个国际国内形势纷繁复杂的社会生活大转轨的时期，高校必须建设一支数量足够的、高水平的、专门的思想政治工作队伍，这是新的历史条件下培养社会主义事业建设者和接班人的特殊需要。但从长远来看，我们需要寻求一个能落实全体党员、全体教师都来做学生思想政治工作的机制，使得全体党员的先锋模范作用和做思想政治工作的责任心能充分显示出来，使得全体教师教书育人的积极性能充分体现出来，由此带来专职思想政治工作队伍的逐步淡化，这才是更符合高等学校特点和高等教育规律的思想政治工作的机制和体系。

十、教育与自我教育：价值引导和自我构建的统一

教育和自我教育相结合体现在思想政治教育过程中就是价值引导和自我构建的统一。胡锦涛总书记在全国加强和改进大学生思想政治教育工作会议上的讲话中特别强调：要坚持教育与自我教育相结合，既充分发挥学校教育的引导作用，又充分调动大学生的积极性、主动性。

如果把教育看作是一种培养人的外部推力，那么自我教育就是一个人成长的内部动力。思想政治教育的效果应该是在能培养教育对象自我教育意识、自我教育习惯、自我教育意向和动机，使教育对象在多元化的开放社会中依据教育者所传递的价值观进行自我选择和自主构建，并对自己的选择切实地承担选择的责任。

古往今来，所谓学校，就是教育培养人的地方，它所传授的各门课程都具有育人功能，所有教师负有育人职责。在政治化的世界格局中，要坚持社会主义特色，就是要坚持教书与育人相结合，坚持教育与管理相结合，形成全党全社会共同关心支持大学生思想教育的强大合力。

要做到教育与自我教育相结合，必须形成“齐抓共管”的氛围。在教育与自我教育相结合的过程中，来自各个方面的教育都对自我教育施加影响，这种影响的结果可以是对教育的增效，也可以是减效甚至是抵消，只有齐抓共管，才能产生增效的结果。“齐抓共管”并非只要齐抓共管就能自然而然产生增效，只有各个方面在“培养什么人”、“如何培养人”等问题上达成共识，在教育目标、内容、方法等方面步调一致，并能相互补充，才能真正形成合力，增强教育的效果。

要使教育能对自我教育发挥作用，就必须坚持以学生为本，坚持一切为了学生的发展，一切为了学生的成长成才，一切都着眼于调动和依靠学生内在的积极性。从尊重学生、理解学生、关心学生出发，把广大学生的根本利益作为出发点和落脚点，使学生真正感受到：做到德智体诸方面全面协调发展，既是党的教育方针的要求或根本目的，也是他们自身内在的需求或根本利益；把德智体美等有机统一在教育的各个环节，既是学校全面推进素质教育的需要，也是他们自身素质应对 21 世纪发展挑战的需要；把党的培养目标与学生自己的发展目标结合起来，把学生的根本利益化作他们自己发展的根本动力；把社会理想教育与教育对象的实际需要和个人理想结合起来，让他们自觉、自愿、自主地接受教育内容。

在教育与自我教育相结合的过程中，思想政治教育工作者还要解决两个方面的问题，一是如何提高受教育者的认知水平，即解决他们“能不能”对教育者的教育内容作出积极能动的反应；二是如何培养受教育者的情感因素，即解决他们“愿不愿”接受教育者施加的教育内容。因此，在解决这两个问题的过程中，思想政治教育者必须学会有计划地搜集、选择、加工、制作、传递思想政治教育的信息，引导

教育对象向社会要求的方向发展；必须具备高尚的人格和品质，通过一系列思想政治教育的步骤、环节等自然地表现出来，提高思想政治教育的可信度；必须掌握良好的教育手段和方法，将单一直白的教育内容以生动形象的形式反映出来并渗透到教育对象身心，推动整个思想政治教育过程的进展，并能娴熟利用信息网络技术与学生进行沟通交流，拓展思想政治教育的空间和渠道。

只有这样，才能确保价值引导和自我构建的有效统一，教育与自我教育有效结合。

第四章　高校思想政治工作的直接目标——增强凝聚力

思想政治工作是社会发展进程中逻辑地存在的重要社会活动，也是人们社会生活中必不可少的内容。作为我党特有的一个传统和优势，思想政治工作是我国经济工作和其他一切工作的生命线。

思想政治工作的目的是解放人的思想，提高人的认识，启迪人的智慧，塑造人的灵魂，凝聚人的力量，发展生产力，为经济建设服务。在新形势下，高校的思想政治工作，从本质上说就是以马列主义、毛泽东思想、邓小平理论、"三个代表"重要思想为指导，深入贯彻科学发展观，通过教育人、启发人、解决人的立场和思想问题，提高人们的思想政治水平。胡锦涛同志曾指出："思想政治工作说到底是做人的工作，必须坚持以人为本，既要坚持教育人、引领人、鼓舞人、鞭策人，又要做到尊重人、理解人、关心人、帮助人。"

高校是培养人才的重要基地，培养中国特色社会主义事业的建设者和接班人是高校的根本任务，也是高校思想政治工作的根本目标。高校思想政治工作的对象主要是学生和教工。思想政治工作之于大学生，就是提高学生思想政治素质和道德素质，造就有理想、有道德、有文化、有纪律的合格人才。思想政治工作之于教工，就是稳定教工的心态，当好教工的后方，协助教工做好教学管理工作、培养高素质人才。换句话说，高校的思想政治工作就是协调、改变、提升和统一全校师生的思想和行为，使全校师生拧成一股绳，朝着一个目标一个方向前进。因此，高校思想政治工作的直接目标是增强师生们的凝聚力。

第一节　凝聚力建设在高等学校的重要地位

凝聚力原本是一个物理学的概念。指物质结构中，能使分子与分子之间、原子与原子之间、基本粒子与基本粒子之间牢牢黏合在一起的那种内在力量。由于存在凝聚力，物质才保持着原来的结构和状态；凝聚力消失，物质结构便被打破，事物就会出现质变。

关于群体凝聚力这个概念，最早是由群体动力学派著名心理学家科特·利文(Kurt Lewin)在20世纪50年代提出的。利文认为，凝聚力概念主要应该关注个体如何知觉其自身与某个特定群体的关系。在这之后，国内外学者开始从心理学和组织行为学等角度，在社会学、社会心理学、心理咨询、军事心理、组织行为学、教育心理学等领域对群体的凝聚力进行研究。如，美国社会心理学家费斯汀格(Leon Festinger)把凝聚力定义为“作用于群体成员使其留在群体内部的各种因素的合力”；也有学者使用“黏性”这个词，来解释团体一起工作的能力和团体发挥工作单位功能的能力；马伦(B. Mullen)和库珀(C. Copper)(1994)则把凝聚力喻为系统中能把人与人之间的摩擦降低到最低限度的“润滑剂”①；我国学者认为一个团体的凝聚力是团体对其成员的吸引力，团体内成员间的心理亲和力，其具体表现是对团体忠诚，成员间有“我们的”感情，有相互合作的亲情，有一致的价值观念和相近的心理感受等。

对于一个团队来说，凝聚力好比生命力。一个凝聚力高的团队往往会呈现出这样的特征：团队成员归属感强，做事认真并不断有创新行为，愿意参加团队活动并承担团队工作中的相关责任，维护团队利益和荣誉；成员之间沟通信息快，关系和谐，并具有极强的民主气氛。团队的凝聚力不仅是维持团队存在的基本条件，而且是团队发展壮大的必要条件。小至每个家庭，大至民族国家，要延续和发展都离不开凝聚力。没有了凝聚力，家庭成员就会各奔东西，民族就会遭人欺辱和奴役，国家就会四分五裂，甚至灭亡。所以，对一个团体来说，没有凝聚力，也就没有了一切。

对于高等学校来说，凝聚力指学校对全体师生的吸引力、全体师生对学校的向心力，以及全体师生相互之间的聚合力，其实质是教职员工和学生对学校的责任感、使命感和归属感的总和。凝聚力是高校的立足之基，是一所高校创造力、竞争力、贡献力、辐射力的核心基础，它不仅包含着全体师生共同的价值观和团体精神，还包含着全体师生与学校共同的发展目标。高等学校要持续、健康、快速发展，关键就要通过思想政治工作，提高广大师生的凝聚力，调动广大师生的积极性，树立每一位师生员工的主人翁精神，使大家心往一处想，劲往一处使，才能为高校的发展提供坚实的基础。

一、高校的生命在于创造力，创造力的基础是人的凝聚力

根据《中国大百科全书》，创造力是“根据一定的目的和任务，开展能动的思维

① Mullen, B& Cooper, C. *The relation between group cohesiveness and performance: an integration*. Psychological Bulletin, 1994, 115: 210-222.

活动，产生新认识、创造新事物的能力”。创造力的核心是创新能力。创造力是创新的载体，创新依赖于人的创造力。

人类社会的进步，社会生产力的提高，科学技术的发展都离不开创新活动。江泽民同志曾经指出，创新是一个国家的灵魂。可以说，人类的文明史，就是一部不断创新的历史。敢于创新，善于创新，既是时代的要求，又是历史的潮流。

同样，高校的生命力在于创造力。江泽民同志在党的十六大报告中指出，要“坚持教育创新”。作为教育与科研机构的高校，它的创造力具体体现在，不仅要造就数以亿计的高素质劳动者，数以千万计的专门人才和一大批拔尖创新人才，而且要承担起国家和地方经济发展的支撑、科技创新的重要源动力等重要角色。据统计，全国有61.7%的国家重点实验室、35.3%的国家工程研究中心建在高校；在“十五”期间前四年，全国高校累计获得科研经费991.8亿元，承担各类课题61.9万余项，发表论文146.3万篇，其中国际三大检索论文176 147篇。“十五”期间，全国各高校累计获得国家自然科学奖75项，占全国授奖总数的55.07%；国家技术发明奖64项，占全国授奖总数的64.4%；国家科技进步奖433项，占全国授奖总数的53.57%，其中国家自然科学一等奖1项，国家技术发明一等奖2项，后者打破了我国连续6年无国家技术发明一等奖的局面。作为实施“科教兴国”战略重要战线的高等教育事业，不仅培养了一大批优秀科技创新人才，更创造了一大批优秀科技成果，为国家经济建设、社会发展发挥重要作用，作出了重大贡献。高校已成为国家创新体系的重要组成部分，是基础研究、高新技术研究和科技成果转化的主力军，构建高校教师职业创造力，不断提高教师教育教学水平和自主创新能力，是实施“科教兴国”战略的重要因素。

2006年1月9日，胡锦涛同志在全国科学技术大会上的讲话中指出：“建设创新型国家，核心就是把增强自主创新能力作为发展科学技术的战略基点，走出中国特色自主创新道路，推动科学技术的跨越式发展。”在十七大报告中，胡锦涛同志又对“提高自主创新能力，建设创新型国家”作了相关论述。高校应该成为科教兴国的强大生力军。教育应与经济社会发展紧密结合，为现代化建设提供各类人才支持和知识贡献，这是面向21世纪教育改革和发展的方向。

创造力是高校的生命力，创新是高校发展的灵魂。高等学校具有学科门类齐全、科技人才密集、研发能力强等优势，但只有将这些优势整合、调动起来，才能充分发挥其作用。高校创新的关键不仅要有良好的思想方法、思维方式，更重要的是要有人的积极性、主动性，归根到底就是要有凝聚力。

高校创造力的主导性群体是教师，这不是一般的群体，而是一个以掌握专业知识为标志的知识群体。他们每个人的劳动本身就是创造力的来源，但是每个人个体的劳动只是一个创造思维，不足以成就一个大的事业，好比一滴水唯有汇入江河，才会是澎湃汹涌的浪涛，才会有波澜壮阔的大海。面对大的研究领域，个体的力量是单薄有限的，这就需要群体的凝聚力，在集体中与别人进行思想上的碰撞和信息交流，才有利于对真理的准确把握。

同样，现代学科中的一些重大研究与技术变革问题，客观上都需要不同学科知识的交叉、综合、互补，需要专业侧重点不同的人员汇合起来，才能形成相对完整的知识结构，才能使科研团队的知识视野比较开阔，具备较强的创新能力，取得高质量的创造成果。

例如，嫦娥一号飞船成功升天，靠的不是个别人的努力，而是一个科学团队的共同奋斗，这其中涉及多门学科不同研究领域的专业人才，是凝聚力作用下创造力的具体体现。再如体育运动也不是一门单独学科，仅仅竞技体育的训练过程，就包括科学选材、系统训练、训练水平的测定与评价、技术诊断、机能评定、医务监督、伤病防治、体力恢复等众多环节，对于体育项目的研究需要集合遗传学、生物力学、生物化学、生理学、教育学和心理学等多门科目。

虽然高校的主体是教学与科研队伍，但是高校内部的管理队伍、行政人员、后勤保障也是一个渗透范围广、人员众多的重要群体，他们担负着学校除教学、科研任务以外的所有管理、服务工作，他们同样是办好学校不可缺少的组成部分。如果没有这些管理、行政、后勤部门的科学管理、尽心服务，那么学校可能就会缺乏合理的排课安排、有序的教学秩序、科学公正的福利待遇、安全的保障、干净的校园环境等。对于从事教学与科研的教师来说，没有了教工的服务，教师就会缺乏稳定的后方保障，就不能安心于本职工作，安心地教学、搞学术或科技创新。团队精神的最大特点是１＋１＞２。教师与管理人员只有在团队中分工协作，相互配合，才能最大限度地发挥个人的能力，并在群体的智慧和力量上实现优势叠加。因此凝聚教师与管理队伍，也是高校创造力的基础。

二、高校生存的核心在于竞争力，竞争力的基础是人的凝聚力

“力”的本义是能力、力量。“竞争”的含义是争胜。因此“竞争力”的含义可以理解为争胜的能力与力量。达尔文的进化论揭示了事物进化的真相，整个生物界的进化，就是竞争。自然科学家用“物竞天择，适者生存”来揭示，一个生物如果具有竞争力的话，大自然就会选择它，使它能生存下来。竞争是自然法则，却也是社会发展的规律。高等学校要发展要生存，要赢得竞争，如何赢得竞争，其关键就在于竞争力！

从 1999 年高校开始扩招，到 2002 年，短短几年，中国高等教育的在校生规模已经翻了一番。截至 2002 年末，全国共有高等学校 2 003 所，共有培养研究生单位 728 个，其中高等学校 408 个，科研机构 320 个。高等教育招生和在校生规模

继续快速增加，2002 年全国招收研究生 20.26 万人；高等教育共招收本科、高职（专科）学生 542.82 万人，成人高等教育招生 222.32 万人。① 我国的高等教育也从精英教育阶段迈入了大众化教育时期。

大众化教育时期的到来，给我国高校带来发展机遇的同时，也对其提出了更大的挑战，特别是我国加入 WTO 后，标志着我国正式步入全球化的竞争之中。这样，高校不仅要面临国内同行的竞争，而且要面对国外高校的挑战。这种激烈的竞争和挑战，显然不是某一方面条件的竞争，而是包括校园硬件设施、师资队伍、现代化教学手段、教学水平、科研水平、人才培养质量、精神状态及办学理念等多种因素在内的综合实力的竞争。中国高等教育在现实中正面临着四大矛盾：人民群众对高等教育的需求与高等教育不发达的矛盾；高校扩招、规模扩大与国家财力不足的矛盾；社会对高质量、高层次人才的需求与高等教育质量不高的矛盾；高校的办学观念、体制与国际高教市场一体化及激烈竞争的矛盾。此时，如果高校不能顺应时代潮流，独辟蹊径，为自身发展谋求一条前进的道路，那就极有可能被淹没在重重矛盾的冲击之中。所以，高校要想在激烈的竞争中获得发展且立于不败之地，就必须勇于迎接挑战，努力寻求提升自身竞争力的有效途径。

哈佛大学前校长科南特(James Bryant Conant)曾经说过："大学的荣誉不在于它的楼舍和人数，而在于它的一代一代的师资力量。""有一流的大师才会有一流的学生，有一流的大师才会有一流的学术成果。"这说明，大学教师决定了大学的教学质量、科研活动质量以及社会服务质量，是高校竞争力的关键。

因此高校的竞争力，说到底是人力资本的竞争，是人才的竞争。而在人的素质中，精神状态往往起到至关重要的作用。这种精神状态必须是一个团结拼搏的状态、自强不息的状态，人心思齐、人心思进的状态，也就是具有强大凝聚力的状态。纵观任何一个组织的发展历程，在其发展的关键时期，无不是凝聚力极大增强的时期。一个综合国力发达的国家、一个业绩好的工厂、一个竞争力强的学校，都是一个凝聚力最高的地方，在这种环境中，大家都怀抱着相互合作的意识和心态，认识到合作的价值和意义，也知道唯有合作才能实现共赢，不合作大家都将遭受损失。并且，每个成员都甘于为集体、为团队的共同目标和远景放弃自我，全身心地投入并奉献自己的聪明才智。高水平成果不是一个人或几个人能完成的，往往是由一个或几个梯队或团队相互协作来共同完成的。因此教师必须积极融入所在的学科梯队，以积极的态度加强成员间的相互协作，共同创造团结协作的梯队氛围，为取得高水平的成果奠定坚实的基础。有人问香港首富李嘉诚，在 21 世纪的企业经营中，最具竞争力的东西是什么？李嘉诚毫不犹豫地回答：凝聚力！

---

① 2002 年全国教育事业发展统计公报[N]. 中国教育报，2003-05-13.

凝聚力就是生产力，因为“人心齐、泰山移”。有凝聚力，就会有竞争力。

三、高校的地位在于贡献力，贡献力的基础是人的凝聚力

大学是基于认识论发展起来的，大学是一个“按照自身规律发展的独立有机体”。大学之所谓象牙塔，就是因为其看起来像完全脱离了校外的时事一样，是摆脱了外事的束缚，放弃了暂时的利益，成为保护人们进行知识探索的自律的场所。但是，贯穿19世纪的不断加速的工业革命给高等教育以越来越现实的影响，“过去根据经验就可以解决的政府、工业、农业、劳动、原料、国际关系、教育、卫生等问题，现在则需要极深奥的知识才能解决”。于是，高等教育的职能不仅限于保存、传授和发展高深学问，又担负起为公众服务的职能。

从世界主要经济强国的发展历程来看，国家或者地区的发展从根本上取决于该地区的教育水平，以及由此培养的高素质国民。中世纪的大学产生以后，迅速成为欧洲文化复兴和传播的中心，也是随后进行的文艺复兴、宗教改革和近代启蒙运动的重要阵地。19世纪德国按照洪堡思想，创办了当代真正的研究型大学后，全民教育为德国培养了高素质的国民，大学给德国带来了创造和发明，智力成为这个国家最重要的资源。凭借这一资源，19世纪的德国引领了第二次工业革命，站在了世界科学技术发展的前沿。日本是资本主义工业化里程最短、发展最快的国家。1870年，日本的国民生产总值只有英国的13%，但到1950年，达到了英国的46%，至20世纪60年代末，超过了英国、德国，仅次于美国、苏联。① 1987年，日本人均国民生产总值达19 642美元，超过了美国，此后日本经济始终位于世界前列。日本前首相吉田茂在《激荡的百年史》一书中总结日本明治维新后百年来的发展历程时说：“教育在现代化中发挥了主要作用，这大概可以说是日本现代化的最大特点。”在日本经济发展过程中经历的两次飞跃，大学的作用举足轻重。美国是世界上高等教育最发达的国家之一，其精英高等教育也处在世界首位，培养出许多世界一流人才，为美国的发展作出了巨大贡献，也为美国在世界竞争中的霸主地位奠定了基础。

纵观国内外高等教育的发展，高等学校走出象牙塔，服务社会成为当今中外高等教育的必然趋势，引领社会的发展和促进社会进步成为当今大学的责任。

美国加州大学伯克莱分校首任校长克拉克·科尔(Clark Kerr)曾经指出：“现代美国多元化大学为什么能够存在？历史可以给我们一个答案；与周围社会环境的和谐相处则是另一个答案。除此之外，它在维护、传播和研究永恒真理方面的作用简直是无与伦比的；在探索新知识方面的能力是无与伦比的。综观整个高等院校史，它在服务于文明社会众多领域方面的贡献也是无与伦比的。”在现代社会

---

① 张珏.日本：教育对日本现代化起了主要作用[J].教育发展研究.2003(3).

里，大学被誉为人类社会发展的"动力站"。知识的保存、传授、传播、应用和创新，文明的传承和进步，人才的发掘与培育，科学的发现与技术的更新，社会的文明与理智，不同文化间的交流与沟通，无不以大学作为基础。从某种意义上说，大学的发展既是社会进步的产物，也是社会进步的组成部分。

高等学校从原来的在象牙塔内做学问，到现在的走出象牙塔，成为社会的中心或"主要组成部分"，这说明，高等学校的地位取决于其对社会的贡献力。

高校对社会的贡献力，不仅在于高校是一个培养高层次人才并对其开展教育的地方，还在于高校已成为高层次人才和科技创新的基地、新产业培育发展的源泉，是国家和地方经济发展的重要科技支撑。

现在很多社会部门和个人会把高校的占地面积、现代设备作为衡量高校贡献力的大小，并决定了该校的社会地位，却忽视了贡献力的基础是高校全体师生的凝聚力。前面我们谈到过高校的创造力和竞争力的基础在于人的凝聚力，而高校对社会的贡献力离不开高校内部教职员工的努力，离不开高校人才的创造力。办学的关键是教师，一批思维活跃、创造力强、奉献精神足的教师。可以说，谁拥有了高素质的教师队伍，谁就掌握了当前教育改革的主动权，谁就赢得了发展的先机，谁就能依此开发出最先进的技术，谁就会拥有最强劲的竞争力，谁的贡献力也就越大。而这样的教师队伍，需要用强大的凝聚力来造就。这里的凝聚力不单是团结，更多的是指高校全体师生对学校的归属感，对学校目标的认同感，是基于情感认同、事业认同前提下的奋斗精神、奉献精神、团结精神。

社会心理学家沙赫特(Stanley Schachter)曾就群体凝聚力对生产效率的影响这一课题进行试验。在别的因素保持不变的状态下，企业的凝聚力越大，这个企业的生产效率就越高，企业也就越有活力。同样，一所高校的凝聚力越强，全体师生把学校的目标看作自己的目标，把学校的发展当成自己的事业并为之不停努力，那么学校的创造成果就越多，其对社会的贡献也就越强。

四、高校的影响在于辐射力，辐射力的基础是人的凝聚力

我们中的许多人，小的时候就立志读大学、当科学家。而大学在国内首推清华和北大，在国外首推哈佛和剑桥。这些著名大学，我们即使不了解它们的办学宗旨和教学特色，却对它们的名字如雷贯耳。这就是学校对人们的影响。有些企业，在招聘人才的时候要求应聘者来自重点大学，这反映的是高校对于企业的影响。因此，从某种角度说，高校的影响是指高校在国内和国外的声誉、品牌效应、知名度的辐射程度，这是一种无形的资源。

大学的声誉，是大学在社会中的一面旗帜、是大学的品牌。声誉一旦建立，它就是一所大学独一无二的最大财产。美国权威杂志《美国新闻与世界报道》和《新闻周刊》等杂志每年对美国大学进行评估排名，评估体系中一个重要的评价标准

就是大学的声誉。

高校的影响在于辐射力,具体表现在高校能够吸引到全球尽可能多的经费支持,包括政府、企业、社会慈善机构和家庭、个人的赞助。如斯坦福大学在建校之初的一段日子里主要依靠创始人的捐赠来维系办学,从1920年起开始征收学费,从此以后,上学的学费逐年增长,如今一名学生一年的学费加生活开支已接近2万美元,但如此高昂的学费却没有阻止学子们求学的脚步,学校的生源一直非常旺盛,大学入学人数保持了直线上升之势。这种巨大的吸引力来源于学校的知名度或者说是声誉,即大学的影响。

高校的影响在于辐射力的另一个具体表现是,著名的高校还会吸引一流的人力资源。例如麻省理工学院,在1997年—1998年间,有71个国家和地区的1 000多名学者前来从事教学、科研和学习。这些世界知名大学在全球范围内选聘教师,挑选学生,并开办境外学校,从事国际化研究,进一步扩大其国际影响力。

高校的影响,透露出一所学校的教育精神、办学理念,这种精神和理念是对一个大学发展历史的写照。这种辐射力我们无法直接看到,但它带来的效应却可以让人感觉到,它拥有足够的力量,可以影响人们的意志,可以改变大众的行为。

而高校辐射力的基础则是人的凝聚力,因为人才是高校这种精神和理念的传承体。大学阶段的教育和学校优良传统等潜移默化的长期熏陶,对学生世界观的形成和人生历程等均有深刻的影响。一所凝聚力强的学校,其成员的归属感强,并能主动维护学校的利益和荣誉,大学中每一个体成员对学校发自内心的无形的认同感和自豪感,使个体以自觉的行为促进学校的发展,这种凝聚力是个体对学校的向心力。当他们离开这所学校,走上其他的岗位后,他们会自然而然地把这种影响带到所在的环境中,他们会把母校的校风、学风、思想文化以及优良传统带入社会并传播至各行各业、四面八方。而正是这种社会影响力、做事的风格魅力、良好形象的感染力支撑起学校的社会知名度,提高学校的声誉和影响。

第二节　高校凝聚力的基本要素

凝聚力对群体来说是个至关重要的问题,一个单位,如何把每个人的力量凝聚在一起,这既是一个理论问题,也是一个现实问题。有学者从企业管理的角度提出,影响群体凝聚力的因素有:成员间的相似性、领导者与成员的关系、群体内部的协作和群体间的竞争。还有学者从学校管理的角度研究,把凝聚力的因素划分为:认识因素、组织因素、情感因素、行为因素、物质因素。也有学者认为,凝聚力因素包括群体目标、对利益的认识、群体核心、群体成员的心理满意度、科学的管理模式和运行机制、校园文化等。

影响高校凝聚力的因素有很多种。作者认为，高校凝聚力的基本要素主要是：理想和信念、事业和发展、环境和政策、关爱和情感。要增强高校的凝聚力，可以从以上四个方面着手。

一、用理想和信念凝聚人心

理想，是人们超越现实、超越自我、追求未来远大价值目标的高度自觉的自我意识，是对经过预测而设计的人们为之奋斗的未来最完美的远大价值目标体系。信念，是在对真理的坚信与价值认同的基础上超越现实、超越自我，坚信未来美好结果的稳定的自我意识，是坚信正确并必能产生良好结果的稳定、持久的观念。理想和信念是最高的价值追求，是居于支配、统摄地位的价值观念。它们对人们的思想言行具有决定性的影响，是主宰人们灵魂的精神支柱。因此，有人这样比喻，“理想是魂，支配人们的行动；理想是火，能点燃进取之心；理想是灯，能照亮前进的方向”。

有理想才有追求，而有了追求才会有责任感、使命感，才能孜孜以求，去学习知识，去努力和奋斗。邓小平同志曾说，“为什么我们过去能在非常困难的情况下，战胜千难万险使革命胜利呢？就是因为我们有理想，有马克思主义信念，有共产主义信念”。

共同的理想和信念能够引导人们团结起来，为了共同的目标而奋斗。邓小平同志曾经说过，“我认为，最重要的是人的团结，要团结就要有共同的理想和坚定的信念。我们过去几十年艰苦奋斗，就是靠用坚定的信念把人民团结起来，为人民自己的利益而奋斗。没有这样的信念，就没有凝聚力”。江泽民同志指出：“只有在全党同志和全体人民中牢固确立正确的理想信念，才能不断增加凝聚力和战斗力，我们的事业才能不断取得成功。”

随着市场经济的发展，改革的不断深化，我国的经济生活越来越富裕，精神生活也越来越丰富多样，同时，许多国外的新思想、新文化像潮水一般涌来。人们的经济价值观念、思维模式、道德观念等都悄悄地发生着巨大的变化。特别是信息时代的到来、网络的普及，使各种思想相互交杂和缠绕，东方与西方之间、传统与现代之间、发达国家与发展中国家之间，不同文化和价值观体系的比较冲突，使我国的思想多元化日趋明显。高校中个别师生的价值取向多元化，政治意识不强，爱国主义淡薄，理想信念也开始有所模糊和动摇，功利和实用主义开始充斥。比如，有些高校青年教师入党积极性不高，一些专业课青年教师甚至对入党很反感，认为自己是搞科研的，两耳不闻窗外事，不愿加入党组织；有的教师教学态度不端正、精力分散、敬业精神欠缺、讲实惠、讲索取、拜金主义严重；有的教师贪图享受，追求个人名利，存在着个人主义、享乐主义的不良思想；有的教师缺乏严谨的治学态度，心态浮躁，急功近利，这些都会直接影响我国教育事业的成败。

胡锦涛总书记在全国优秀教师代表座谈会上指出:“教师是人类文明的传承者,推动教育又好又快地发展,培养高素质人才,教师是关键。”因此高校的思想政治工作一定要做好高校教师和大学生的理想信念教育,引导他们树立正确的世界观、人生观、价值观。

人类发展的历史表明,一个民族、一个国家,如果没有共同理想,也就失去了民魂国魂,就失去了凝聚力和生命力,只有确立了共同的理想信念,才会有强大的凝聚力和向心力。在现阶段,建设中国特色社会主义是全社会人民的共同理想。实现共产主义是共产党人的最高理想。

胡锦涛在党的十七大报告中明确指出:“中国特色社会主义伟大旗帜,是当代中国发展进步的旗帜,是全党全国各族人民团结奋斗的旗帜”,在当代中国,“坚持中国特色社会主义的理论体系,就是真正坚持马克思主义”,“坚持中国特色社会主义道路,就是真正坚持社会主义”,“用中国特色社会主义共同理想凝聚力量”,建设富强民主文明和谐的社会主义现代化国家。

高校的思想政治工作要牢牢抓住理想信念教育这个核心。在新的历史条件下,用什么样的理论和信念来增强民族的凝聚力,如何坚持马克思主义和科学世界观不动摇,确立正确的人生观和价值观,已经成为高校思想政治工作的紧迫的任务。高校担负着培养新时代高素质人才的重要任务,必须切实加强教职工和学生的世界观、人生观和价值观教育,这不仅是高校思想政治工作的重大课题,同时也是关系到我国社会主义事业兴衰成败的大事。有了这共同的理想信念,广大教师就能真正静下心来教书,潜下心来育人,大学生就能为了祖国的繁荣富强而认真学习。

二、用事业和发展凝聚人心

从组织管理学角度来说,一个人之所以加入某个组织,说明他或她对该组织有助于实现自己某一阶段的职业目标寄予厚望,对于组织来讲,之所以接受他或她为组织中的一员,是希望他或她能为组织效力。而组织在要求其成员作出贡献的同时,应当积极为组织成员的职业发展提供机会和创造有利条件,促使组织成员自觉地把个人的职业生涯与组织的目标紧密地联系在一起,增进组织成员的责任感,在组织与成员的共同成长过程中实现人才战略。

著名的心理学家马斯洛(Abraham Maslow)的需要层次论告诉我们:社交需要、尊重需要、自我实现的需要这三个层次是人的高层次需要。因此,高校在要求教师为学校发展作出贡献的同时,也要给教职工提供充分的发展空间和自我实现的机会,使他们的个人能力和素质随着学校的发展而成长,这样,学校与教职员工的相互认同感就越高,教职员工对学校的归属感越强烈,凝聚力也就越强。

据美国学者玛汉·坦姆仆(F. M. K. Tampoe)的调查,知识工作者对激励中实施的不同措施的反应是不同的，对金钱财富占 7%；对工作自主占 30%；对个体成长占 33%。这一调查表明，财富收入对于知识工作者来讲，对他们的激励作用不大，自我发展、个体成长才是他们所关心和追求的。

任何一个组织中，如果个人的才能得不到发挥、得不到重视，个人的发展停滞不前，那么个人就会丧失前进的动力和希望，丧失对组织的信心，在组织中，就会变得得过且过或者离开组织寻求有利于自身发展的新组织。

高等学校是知识密集型单位，个人发展对学校而言就是能力开发、潜力增值，教职工的全面成长将为学校发展储备强大后续动力，推动学校的现代化管理步入良性循环的轨道。看得到远方的灯火，脚下的路才开始坚实。因此学校不仅要有一个使全体教职工共同为之奋斗的发展规划与蓝图，还要让教职工的才能在学校这个集体中得到发展，体现自己的价值，要用事业与发展凝聚人心，使每个教职工都把自己的事业和发展与学校的兴衰紧紧联系在一起。

那么如何用事业和发展来凝聚人心呢？这就要求高校要为教师搭建事业发展的平台，比如，可采用请进来、送出去、锻炼使用等多种途径开展培训工作，有计划地把那些确有培养前途的人员送出去脱产学习，甚至较长时间的出国培训，给他们更多培训、进修的机会，更多对外活动的机会；还要鼓励大家报考硕士、博士研究生等，提升自身学历水平。高校还应加大对踏踏实实从事教学、科研并做出一定成绩的教师的支持和激励力度，为政治素质好、业务能力强又富有创新意识的教师提供上升的空间（学术、职位、工资等），使他们看到前途、希望，在目标的不断实现过程中，体验成就感，建立起示范效应，并形成良性竞争的热烈局面，把自己的事业作为学校发展的一个部分。

同时，还可以鼓励教职工参与涉及学校建设和发展等重大事项的管理，强化教职工的参与意识，疏通参与渠道，要注意给广大教职工提供更多的机会，支持教职工参与学校各项具体工作的管理，以使他们在参与中锻炼能力和显露才华，增强他们的主人翁责任感，激发每位教职工的主观能动性和内在潜力，不断创造学校内部活跃的气氛，更好地增强教师的事业心、责任感和归宿感。

高校教师对学校的归属感很大程度上取决于工作满意度，工作满意度的高低在一定程度上又是由合理的工作设计所决定的。要想达到留住人才的目的，高校管理者应重视职工的职业发展，为他们设置合理的发展目标，通过有效的培训，做到人尽其才，并最大限度地调动教师的积极性。高校中教师的职业发展类型主要是专业技术型。他们中有的具有渊博的专业知识、很强的科研能力，有的具有高度的教育责任感和教育艺术。有的人除了对教学科研重视外，还在管理上有一定的兴趣。高校管理者可根据具体情况针对不同类型的教师，通过仔细的评估与选拔，找出重点培养对象，认真安排他们的岗位与升迁路线，特别是在评定职称中适当改变“论资排辈”的现象，使有能力、素质高的青年教师脱颖而出。

三、用环境和政策凝聚人心

意大利著名诗人但丁曾说："要是白松的种子掉在石头缝里，它只能长成一棵很矮的小树。"人具有主观能动性，不同于植物，但是但丁的话，却道出了"环境造人"的道理。唯物辩证法认为，外因是事物变化的条件，内因是事物变化的依据，外因通过内因而起作用。无论是物质环境、精神环境，还是自然环境都对一个人的成长具有不可低估的作用。

学校是教育、培养人才的场所。实践证明学校环境的优劣、政策的合理与否，对人的全面发展、教学的质量和学校的发展起着至关重要的作用。环境陶冶人，环境造就人，政策能够稳定人、能够鼓舞人，良好的环境和合理的政策不仅能提高教职员工的工作效率，保证良好的教育教学质量，稳定教职工人心，吸引优秀的人才，还能树立高校的自身形象，激发全校师生的自豪感、归属感，提高教师在工作上的积极性，更可以通过提供和改善环境来团结师生员工、凝聚人心，促进人与学校的全面发展。

美国心理学家巴克(Berker，R. G.)从"生态心理学"的角度指出，环境对于激发和形成人在环境中的行为方式有很大影响，其影响之大足以克服组织成员之间许多个体的差异，以至于在具体组织中，人们往往表现出相互一致而又与一般人不同的行为方式，甚至人们一看便知他们的行为属于那些特定的组织。

华中理工大学博士生导师刘献君教授的"泡菜理论"，更是对教育环境重要性的生动描述。即，泡出来的白菜、萝卜的味道，取决于泡菜汁的味道；同样，学校育人的氛围与环境决定所培养出来的学生的素质。

高校的"环境"可以分成校园的物质环境和精神环境。其中，物质环境指学校的基础建设、财力物力资源，精神环境不仅指人文环境、制度环境，也包括教师和学生的成才环境。

1. 物质环境

学校物质环境主要包括花草树木、园林景色、校舍建设、场馆设施等基础建设，也包括办学经费、仪器设备、教学用具、图书资料等财力物力资源。

学校中亭台院落、小桥流水、花草树木等自然景观构成了学校的基础设施，创造的是一个充满生机，具有文化内涵和高雅情趣的校园环境。正如教育家苏霍姆林斯基所说："我们在努力做到，使学校的墙壁也说话。"校园的每一栋建筑、每一座设施、每一条道路、每一片草坪、每一朵鲜花，不仅可以改造校容校貌、美化校园，它们本身就蕴藏有丰富的人文内涵，给人以一种高尚的文化审美享受，一种生机勃勃、奋发向上的动力，激发师生热爱学校、勤奋工作、努力学习的热情。

大学的物质环境好、基础设施完备、办学经费充实，大学所能够提供的教学、科研设备越多，图书信息量越大，就能吸引更多的国内外优秀人才，学校的人才素质越高，学科点的实力就越强，学生的培养能力也越强，同时给学校的教职员工的发展条件也会越好，潜力发挥得越大，大学的发展能力就越强，全体师生的凝聚力就越强。“大师、大楼、大气，一个也不能少。”这里的“大楼”就是指学校的物质环境。

因此高校的物质环境是凝聚人心的物质基础。哈佛大学文理学院前任院长罗索夫斯基(Henry Rosovsky)说：“我再强调一下我的论点：工作场所的物质环境，其影响是巨大的，对此，我每天早晨都能体会到：当我穿过市内肮脏的哈佛广场而进入庭院(哈佛大学校园)时，好像在沙漠中找到了一块绿洲，立即感到心旷神怡，清新地开始一天的工作。”①

2. 人文环境

教育部、共青团中央《关于加强和改进高等学校校园文化建设的意见》强调指出：高等学校要重视“加强校园人文环境和自然环境建设，建筑精神内涵丰富的物质文化环境，努力营造良好的育人氛围”。

校园人文环境即是校园的文化环境，是高校师生共同创建的一种特定的物质制度、精神环境和文化氛围。它不是简单的唱歌跳舞、跑步打球，而是高等学校的精神环境和文化氛围，是一所大学人文精神、科学精神和办学思想等方面的综合体现。它反映的不仅是一所大学的精神，亦是该所大学人的精神，是全校师生精神风貌的表现，是学校办学理念、人才培养模式的寄托。因此，重视和加强校园人文环境建设，创设优良的人文环境，对于高素质人才的培养起着至关重要的作用。

高度民主、思想自由、学术气氛浓厚的人文环境是个人成长和学校发展的最佳人文环境。良好的人文环境，对人的思想、品质和心理具有辐射作用，因为它渗透在校风、校纪、教风、学风、教育者的言行作风以及人际关系等方面。它不仅具有立竿见影和潜移默化的作用，还具有凝聚力和向心力，有助于健康向上的学校精神的形成，人们在这种环境中，建立和谐、信任、理解、互助的群体关系，增进集体感与荣誉感，形成共同的追求。诚如教育家梅贻琦所说：“课程以外之学校生活，即属于训导范围之种种，以及师长技身、治学、接物、待人之一切言行举措，苟于青年不无几分裨益，此种裨益亦必于格致诚正之心理生活见之。”

3. 制度环境

现代的管理者都已经认识到，不管是国家、企业，还是学校，任何一个组织的发展与竞争，实质是人才的发展与竞争。人才的培养，不仅需要坚实的物质环境和良好的人文环境，还需要健全的制度和政策。同样，一所人才辈出、大师云集的高校离不开合理合适的政策制度。要想真正地留住人才，并不仅仅是给他们一套

① Randel. D. M. *the Harvard Concise Dictionary of Music and Musicians*. The Belknap Press of Harvard University Press. 1999. p82.

好的房子或多少岗位津贴就行了，还要建立一个对他们专业建树有帮助的宽松、合理、民主、公正、健全的制度环境。

据中国教育部统计，从 1978 年—2002 年底，我国约有近 60 万人通过各种渠道，前往世界 100 多个国家或地区学习和研究。目前在硅谷的 20 万工程技术人员中就有 6 万名是从中国出去的技术人才。美国的硅谷约 7 000 家高科技公司中约有 2 000 家由华裔创办或管理。硅谷地区的高科技创业者李信麟在接受《亚洲周刊》采访时曾这样说："没有中国人，硅谷就不成其为硅谷。"近些年来，中国清华大学和北京大学等高校涉及的高科技专业的毕业生每年 70%以上都去了美国。

优秀人才之所以外流，除了在国外有丰厚的收入以外，很大一部分原因是与国内组织管理体制的僵化、运作机制的不规范等有关。很多单位内部人际关系复杂，干什么事都要凭关系，办事效率低下，扯皮现象严重。北京大学青年经济学家张维迎在 1999 年关于《财富》论坛"世界 500 强"的讨论中指出："国际竞争的核心不是资金和人才的竞争——资金和人才都是国际可以流动的；也不是技术的竞争，而是制度的竞争。从中国长远来看，应该学习的是制度改造。"张教授的这番话，不是否定人才竞争是国际竞争的核心，而是强调了制度的重要性。

中国大学基本上是一种官本位的体制。学校中的资源配置，包括教师职称的晋升和聘用，在很大程度上受行政权力的左右。甚至学术委员会的组成也是由行政权力决定的，其中包含不搞学术的行政人员，也是很普遍的现象。

因此建立合理、民主、健全的制度和政策刻不容缓。学校制度环境建设不是建立一个能把人管死、套牢，像一个个框子一样的政策和制度，而是要以培养人、教育人、规范人、塑造人，促进人的转化和进步为目的。必须改变目前许多高校的行政管理部门机构臃肿，工作流于形式，服务意识淡薄，态度生硬，令教师望而生畏的局面。高校应搞好后勤服务，为教师创造良好的工作环境，营造团结向上的整体氛围，建设好校园文化，增强学校凝聚力。

4. 成才环境

成才环境是上述三个环境的综合体。任何一个人才的成长都离不开物质环境、人文环境和制度环境的共同作用，三者缺一不可。

四、用关爱和情感凝聚人心

以往的经验告诉我们，凝聚力的增强需要三条纽带，一是物质纽带，二是感情纽带，三是思想纽带。其中感情的增强和思想的沟通，都属于思想政治工作的范畴，而物质纽带的有效性，也有赖于思想政治工作的伴随。感情纽带是密切人际关系的重要环节，也是提高凝聚力的重要途径。

党的十七大文件中要求，"加强和改进思想政治工作，注重人文关怀和心理疏导”。这就要求学校管理者应关注全体师生的情感世界，关注他们的价值追求，关注他们的心灵感受，要用关爱和情感凝聚人心。

具体可以从以下几方面来着手。

第一，要关心教师的物质生活，维护教师的利益和需求。教师这一职业本身注定了教师的教学、科研生活是一种精神生活，但精神生活开展是以满足物质生活为前提的。如果教师连最基本的生活需要和工作条件都无法得到保障和满足的话，何谈教师的发展与成长？又如何吸引大批有才华的青年来学校呢？教师的住房、工资待遇等福利是他们比较关心的问题，学校应想方设法为教师解决后顾之忧，想他们所想，急他们所急，不断改善教师的生活待遇，完善教师的医疗、养老、住房等社会保障。只有这样，才能保证教师静下心来教学科研。

第二，要关心教师的精神生活，关注教师的思想和心灵。随着教育体制和用人制度改革的深入，教师承受的竞争压力逐渐加大，而社会对人才需求层次的不断提高，人才培养成为国家和社会关注的焦点之一，客观形势和各方面不断对教师提出新的要求，也对教师形成了巨大压力。2005 年 8 月 25 日，中国人民大学公共管理学院和新浪网联合启动了“2005 年中国教师职业能力和心理健康调查”，截止到 2005 年 9 月 26 日，共收到 8 699 个合格反馈表。统计显示：82.2%教师反映压力较大，29%的教师存在严重的职业倦怠，38.5%的教师心理健康不佳。

因此，关心教师的精神生活，关注教师的思想和心灵是凝聚全体教工的重要手段。比如，有些高校在员工生日时，会送上一束鲜花或给予其他物质祝福，这就让教职员工深切感受到单位大家庭般的温暖融和之情；还可以通过组织教职工趣味运动会、才艺展示大赛等各种文体活动，让教职工在游戏之余提高自己的身体素质和健康水平；也可以组织教职工外出旅游观光，使教职工不仅在紧张的工作之余得到身心上的调整，而且接受实实在在的文化熏陶，获得人文知识的充实。这些实实在在的关爱极大地增强了学校的整体向心力、凝聚力，因为它使每个员工都能感受到集体对自己的关怀，个体就能对这个学校产生强烈的认同感，并愿意竭尽全力为学校的发展贡献自己的一份力量。

第三，要尊重教师的个性和人格。主要是指在高校管理中，除发挥严密的组织机构、计划和严格的规章制度的管理作用外，要以人为本，以情为主，要贯彻“以人为本”的管理思想，营造一个和谐、融洽、自由、民主的氛围。贯彻“以人为本”就是以教师为中心，以教师的全面发展为核心，创造相应的环境条件。教师是办学成败的关键人群，创办一流学校，就必须有高质量的教师队伍。有时候，一句暖心的话可以留住一个人才，一句无意的过头话可以逼走一个人才；一件小事办好了，也许留住了一个人才，一件小事没办好，可能失去一个人才。百年大计，教育为本；教育大计，教师为先。教育的发展，教师是关键，以教师为本，就是以教师为中心，调动教师的积极性，满足教师的合理需求，营造公平公正有利于教师成长的环境，充分发挥教师的积极因素和潜能，促成教师个体之间团结合作的氛围。

第三节　扼制涣散人心的不利因素

《伊索寓言》中的天鹅、梭子鱼、虾，不能拉动一辆小小的车子，其原因在于它们思想不统一、拉的方向不一致。而微小的蚂蚁能溃决坚固的大堤是因为它们齐心。俗话说，人心齐，泰山移。这些均印证了凝聚力之于集体的伟大力量。一个学校的生存和发展离不开全体师生的凝聚和团结，有了凝聚力才能有创造力、竞争力、贡献力和辐射力。所以高校的思想政治工作应当结合实际情况，增强学校的凝聚力。然而在实际工作中，高校的思想政治工作面临着不断变化的挑战。

一、改革中的利益冲突

随着改革开放，社会、经济不断发展，社会的各个领域都面临着改革开放带来的机遇和挑战。高校作为高等教育的施教系统，在社会变化发展所带来的多样而复杂的要求下，也正在力图通过改革来适应外部的要求和谋求自身的发展。

改革是必然的，这是对过去不合理现状的改进或者改善。改革又是艰难的，因为如果将改革看成是利益再分配的过程，那么改革难免要以牺牲部分人的利益为代价。同样，高校的改革也是困难的，因为在高校改革过程中并不是人人都能够受益或同等程度地受益，有些人甚至会受到损失或暂时受到损失，比如我国各大高校的人事分配制度、教师的聘任制度等。改革中的这些利益冲突如果处理不好，就会影响到高校的凝聚力，影响到高校的生存与发展。

1. 高校工资制度改革

长期以来，高校教职员工的工资在兼顾公平的名义下，吃着“大锅饭”，同职务、同资历人员，工资和津贴基本一样，收入与所承担工作责任的大小、工作数量的多少、工作质量的好坏没有挂钩。很多高校都会出现这样的现象，忙碌岗位和清闲岗位上的职工，工作量不一样，拿的钱却一样多，做多做少一个样！公平理论认为，人们总是要把自己的努力和所得到的报酬同一个和自己条件相等的人的努力与报酬进行比较，希望保持分配上的公平感，这样才能调动其工作积极性。如果付出的劳动与他们得到的报酬不成正比，没有体现按劳分配的原则，不但无法起到激励人才的作用，还极有可能挫伤他们的自尊心，影响人际关系，在工作中也会产生消极情绪和离心倾向，影响教学乃至全局的工作，甚至造成高校人才的外流，学校凝聚力的下降。

随着国家经济的发展与改革，近年来，全国许多高校围绕建立高素质人才战略目标，以“效率优先、兼顾公平”为原则，开始了人事分配制度的改革，以打破“大锅饭”和平均主义的分配倾向。将薪酬与岗位、能力、业绩紧密挂钩，坚持向优秀拔尖人才、学术带头人和教学科研管理骨干等倾斜。这个改革是对全体教职员工的一种激励措施，但是对于那些坐着“铁交椅”，端着“铁饭碗”，吃惯了“大锅饭”，长期混日子，不思进取，能力不强，工作水平不高的教师和管理人员来说，可能存在着利益的损失。同时在改革的过程中，个别院校的激励措施过于集中于少数的优秀教师，又导致了“捧了一个人，涣散一片心”的尴尬局面产生。

2. 高校教师聘任制度改革

1999 年教育部出台了《关于当前深化高等学校人事分配制度改革的若干意见》；2000 年中组部、人事部、教育部出台了《关于深化高等学校人事制度改革的实施意见》的通知，该文件提出“推行高等学校教师聘任制和全员聘用合同制，教师及其他专业技术人员实行专业技术职务聘任制，淡化身份评审，强调岗位聘任”；2002 年 7 月，国务院办公厅转发《人事部关于在事业单位实行人员聘用制度的意见》，该意见的核心是实行人员岗位聘任制。

岗位聘任制遵循公开、平等、竞争、择优的原则，通过按需设岗、择优聘用、竞争上岗、考核评估、契约管理等程序，建立优胜劣汰、能上能下的用人机制，它促进了教师管理制度由“身份管理”转向“岗位管理”，为教师群体创造了一个宽松、公平、公开、公正的竞争环境，有利于激励教师自我奋进、刻苦钻研、精益求精，促进教师队伍整体素质的不断提高。

高校的教师聘任制度改革可以说是适应市场经济条件下高校人才竞争的要求和高等教育飞速发展的需要，是势在必行的。2003 年初，北京大学人事制度改革方案正式出台，其突破口就是师资聘任制度改革。以北大为例，在北大的这项改革中，副教授和讲师实行“三年合同聘任”和“15 年或 18 年不升即离”，而教授则不经任何程序就自动转为终身聘任。在此次高校教师聘任制改革中，受冲击最大的莫过于那些未能被终身聘任的青年教师群体。“非升即离”的压力迫使青年教师急功近利，围着学校规定的尚不完善的评价体系转。考核方面的不科学性，可能导致学术腐败等问题的大量出现，而教授的终身聘任一方面限制了青年教师晋升的机会，另一方面聘后缺乏有效管理的不合理状况，可能导致“评聘之前使劲干，评聘之后死不干”的倒挂的自甘平庸态势。那么，青年教师到底何去何从呢？从某种角度说，有限期聘用摧毁了青年教师对学校的归属感与安全感，也就是摧毁了高校的凝聚力。这或许是上层改革者或者管理者在制定此项改革时所未曾预料的。

二、发展中的瓶颈问题

发展是硬道理，但是发展的过程不是一路顺风的。高校在发展的过程中，必然会受到学校内部和社会外部大环境的影响，比如说，经济的全球化、高校的扩招等。发展过程中遇到的困难和问题如果不加以合理有效的解决，则会成为阻碍发展的瓶颈，不但会影响高校的师生的个人利益，也会影响到高校师生的凝聚力，更会影响到高校的进一步发展。

以大学生就业为例，在2006年全国普通高校毕业生就业工作会议上，教育部公布：2002年至2006年的大学毕业生人数为：145万人、212万人、280万人、336万人、413万人；分别比上一年增加了：67万人、68万人、58万人、77万人；增幅分别为：46.2%、32%、20.7%、22.9%。根据有关部门统计，随着就业人数的剧增，本科毕业生待业数也随之增加：2001年约为34万人，2002年为37万人，2003年为52万人，2004年为69万人，2005年增加至79万人。2008年1月3日在社科院的《社会蓝皮书》发布会上，《社会蓝皮书》主编、中国社会科学院社会学研究所所长李培林提到：2007年全国近500万高校毕业生中，至今仍然有100万高校毕业生没有找到工作。

每年都有几十万的毕业生在毕业离校时没有落实工作岗位，毕业生的就业形势日益严峻，“大学生就业难”已成为严重的社会问题。而造成就业难的原因，不仅有来自大学生自身的问题，如预期高、心态不平、能力缺乏等原因，也有我国高校扩招带来的人才供需失衡、师资缺乏、教学质量下滑等原因，还有高校人才培养对于社会发展和市场需求的结构性矛盾，要么就是一窝蜂地搞热门专业、要么就是专业设置和专业知识大大落后于市场需求。

对于大部分大学生及其家庭来说，接受高等教育的一个重要原因就是希望能够找到满意的工作，但是现在大学毕业了却意味着失业，那么对于他们来说，造成的心理不平衡和失落感势必很大。毕业生对于母校的认同感也会降低甚至缺乏，这样学校的凝聚力又从何谈起呢？同时，作为高校来说，自己的学生毕业后找不到工作，那么势必也会降低学校的声誉，影响学校的继续招生，也会进一步影响到这所高校的发展。一所学校没有生源、没有发展，那就不可能存在了。因此，大学生就业难问题不仅是社会问题，从根本上来说，也是学校的发展问题。在大众化教育的背景下，高校要根据社会发展和市场需求，科学地进行专业设置和学科教学，要找准自己的位置，办出自己的特色；同时要增加师资力量、提高自身教学质量，不能把目光停留在地方或国内的狭窄区域里，而应以国际的人才培养标准来要求，要在科学合理的办学理念和人才培养观下，加强大学生就业方面的指导与培训，培养社会适应性人才。

随着我国社会主义市场经济的发展和高等教育的改革，近年来，高校人才的频繁流动，也已成为制约高校发展的瓶颈，同时成为影响高校凝聚力的一大因素。一个集体或者组织，如果员工或个体频繁跳槽及流动，那么不仅对于集体或组织造成一定的成本损失，也说明了员工个体对于组织的忠诚度和归属感产生了问题。对于高校来说,高校人才的频繁流动和流失给高校带来的影响是很大的。很多高校为培养自身教师制定了委培生等优惠政策,但是到最后可能人财两空,造成经济损失的同时,也会严重损害到其他教师的工作积极性,造成不良的社会效应。同时高校人才的频繁流动与流失也严重影响到师资队伍的稳定和学校的整体实力,更重要的是,还会扰乱高校正常的教学秩序,严重影响高校人才培养的质量。

高校人才的频繁流动和流失的原因是多方面的,既有社会环境的原因,如近年来,高校频频扩招使得全国各高校的学生人数剧增,原有师资力量相对匮乏,特别是新兴学科和应用学科的专业教师严重不足,学科带头人、学术骨干则更为匮乏,正是目前高校人才的短缺,造成人才供需不平衡,从而导致人才数量与人才需求之间的矛盾突出,进而导致高校人才流动频繁;也有个人的原因,如高校的地理环境、个人的经济收入等个人选择;还有高校的原因,如有待改进的激励制度和考评制度、正在完善中的教师聘任制度以及学校的人文环境和对人才的重视程度及培养计划等。“百年大计,教育为本,教育大计,教师为本”。因此,高校应该建立客观、科学、公正的人才评价机制及人才使用机制,要建立合理有效的激励机制,要改善高校的人文环境,为教职员工创建良好的学术科研环境,要重视对人才的尊重和自我实现的需要,做到事业、情感、待遇留人。这样教师才会有归属感,有团结力;高校才有凝聚力,有发展。

三、知识分子的内部矛盾

我国历来有“文人相轻”的陋习,曹丕在其《典论·论文》中说“文人相轻,自古而然”。文人,即有文化知识之人,高校中的知识分子皆可称为文人。在高校这个文人如此密集之地,“相轻”现象自然不少,最直接的表现就是高校教职员工的内部矛盾,其一反映在教师与学校的管理者之间,其二是教师群体之间。

1. 教师与管理者之间的矛盾

大学的基本职能是人才培养、科学研究,站在教学、科研第一线的教师是高校的主体。但是由于我国自古以来严重的官本位倾向,原本应服务于教师的行政管理人员官僚作风日盛,往往凌驾于授业解惑的教师之上。无论是考核制度还是评价机制,主要对象均是第一线的教师,领导们都是“免检单位”;而在利益分配制度中,总是领导们先分配好再轮到教师,管理部门的利益是从来不容许受到影响的。领导干部跑到哪个岗位都是领导,科研立项要有领导挂名才能申请到经费。权术大大高于学术,于是教师都抢着去竞聘做官。有人甚至编了“校级干部一教室,处级干部一走廊,科级干部一操场”这样的顺口溜来讽刺目前高校中的“官多”现象。

对于存在于管理者与教师之间的矛盾,管理部门应当调整自己的角色定位,管理者与教师之间要平等相处,要端正自己的服务角色,要明确管理人员与教师的目标都是为了学校的发展，为了培养更多的人才，应当树立以人为本的管理思想。要强调教师是学校的主人翁，管理要以教师为本，但在管理模式上不能过分强调量化的考评，不能用过于苛刻的制度、权力去约束教师，否则就会大大打击教师工作的积极性。应该实行民主管理，通过教代会、座谈会等各种渠道，听取教师提出的合理意见和建议，营造一个祥和的心理氛围和良好的文化环境，制定有利于教师积极性充分发挥的各项制度。身为管理者的领导干部理应深入基层，对教师要热情关怀，针对他们上进心强、热情、好学，希望得到信任、重用的特点，在工作中充分给予赏识和信任，支持他们大胆工作，赋予重任。

2. 教师群体间的矛盾

由于一般的教学工作都是教师个人独立的，因此教师的工作具有个体性的特点。而且在大部分高校中，教师除了学校的集体活动和规定的教学课程外，其余时间是可以自由安排的，因此高校教师在一起相处的时间可能并不多，交往也普遍限于表面。由于相互理解不够、沟通渠道不畅，加之教师的年龄、经历、专业、个性都存在差异，以及每个教师的性格也有所不同，因此教师群体之间也往往会产生矛盾。有的教师自命清高、孤芳自赏、独来独往，使人敬而远之；有的教师好猜疑、嫉妒，往往只看到自己的长处和优点；有的教师从个人情感好恶出发，对不喜欢的同事冷漠相待；有的教师以自我为中心，以个人利益为交往的准绳，明争暗斗，不择手段。而随着教师人事制度的改革以及社会对教师的压力增大，教师之间也往往为了名和利而产生更多的矛盾。同样的资历，为什么他人的职称能比自己先评；同样的条件，为什么人家能优先出国进行培训；等等。

教师之间的矛盾，对教师个体来说，不仅会严重影响教师的心理状态，使教师产生心理问题，影响到学校的教学和个人的发展；对于学校整体来说，也会严重影响到学校的校风和凝聚力。因此高校应加强教师的思想政治工作，通过思想政治教育，在教师中树立和提倡服务意识、集体主义，形成团结友爱、相互尊重的思想和风尚，积极开展“凝聚力工程”等思想政治工作，提高学校的管理水平，增强教师的工作热情。应该想方设法为教师增加交往和增进理解创造必要的机会。在教师交往中不仅要注意增加交往的频率，更要注意交往的深度，即既有一般礼节性往来，又有推心置腹和志同道合的交往。具体可以通过党团活动、教研室活动、课堂讨论等渠道，组织各类学习、培训和参观，召开座谈会和民主生活会，开展形式多样的知识竞赛和文体活动等，同时也可通过余暇闲谈、私人谈心交流等，让教师多交往，使教师人际关系更加理想化。学校还应通过深化改革，努力改善教师的生活质量，为教师解决后顾之忧，消除各种影响人际关系的负面效应和不利因素。只有教师与管理者、教师与教师之间的关系协调好了，成为一个融洽的整体，才有可能团结合作，共同出色完成教学任务，实现高校的和谐发展。

四、内外部突发事件的负面影响

近年来，伴随着社会的转型，中国的高等教育也进行着大刀阔斧的改革，社会转型和高等教育改革交织在一起，使得高校发展中增加了更多不确定的因素。自高校扩招以来，高校成为青年密集度最高的社区之一，高校不再是以往的象牙塔，学校内外部的突发事件不断发生，不仅给学校的教学秩序带来了影响，其所带来的负面影响也给高校教师和学生带来不安，给高校的凝聚和发展带来了不稳定因素。

1. 外部突发事件

2003 年的“非典”不仅给我国公民的健康带来了严重影响，也给我国各地区各行各业带来了严重的经济影响。对于高校来说，每一个师生都面临了前所未有的挑战，不仅是对个人健康的挑战，更是对高校全体师生凝聚力的一场大挑战。由于高校中师生密集，因此只要有一个地方发生了疫情，就会引起全校乃至整个地区的关注。某地方高校在发现第一起疑似病例时，学校便第一时间采取了预防隔离措施，但是隔离措施却给同寝室楼的其他同学带来了恐慌，于是流言四起，每一个同学都高度紧张，每一个老师都高度关注，每一位家长都急切地等待着结果。在这危急时刻，教师和同学都站出来了，通过各种方式鼓励这些被隔离的同学，开导他们，安慰他们，为他们树立起“团结才能克服困难，团结才能赢得胜利”的信心。同样的时刻，某重点大学内，却有同学不顾学校规定，私自接纳校外人员来校住宿，有同学私自到非典疫情严重的省份，并在不汇报不隔离观察的情况下，私自回校。如果每个个体都以自我为中心，不顾及他人的安慰和健康，那么这肯定是一个没有凝聚力的组织。我们说众志成城，只有大家团结起来一条心，才能克服困难。

2. 内部突发事件

学校内部的突发事件也很多，比如北大博导王铭铭剽窃事件、西南某学校学生李静怀孕被勒令退学事件、武汉某高校学生徐丽低胸拍照求职事件、清华大学学生刘海洋“泼熊事件”、云南大学马加爵杀人案、陕西考生丁炜考上大学其父自杀事件、河南大学千名大学生头枕“黑心棉”事件、北京某高校男生马忠义持刀劫持女生事件、同济大学副校长吴世明被捕事件、北大博士刘燕文状告北大学位案等。高校是社会培养人才的场所，集中了大量年轻的高素质人才，高校被称为社会稳定的晴雨表，一旦发生紧急事件便会引起社会的广泛关注，在社会上引起强烈的反响。而这些事件的发生，往往是由一些偶然的因素引发的，发生前不易被察觉，因此常令管理者措手不及并使学校陷入被动的局面，如何谨慎和妥善处理这些紧急事件是对学校办学治校能力的严峻考验。

英国危机管理专家迈克尔·里杰斯特说得好，“预防是解决危机的最好方法”。在校园的突发事件管理中，可以通过思想政治教育和加强全员危机意识进行对突发事件的预防，而突发事件的预防不可能阻止所有突发事件的发生，因此高校还要建立完整的全覆盖的突发事件的处理办法和机制，提升应对突发事件的能力。

五、个别人和个别问题的放大效应

在高校的凝聚力建设中，个别人的行为或者问题也会影响到整个集体的凝聚力和团结力。比如，由于高校的财务是高校自主管理的，因此高校怎么“花钱”由个别领导干部说了算。于是，基建、招生、后勤等权力集中的环节，成了高校领导干部捞钱的途径，也成了他们职务犯罪的“重灾区”。有报道称，从 2004 年 1 月至 2005 年 4 月，杭州高校中共有 15 名领导干部因贪污受贿等职务犯罪，被立案侦查。他们在招生、收费、采购、基建等环节中，进行权钱交易，以权谋私。北京工业大学计算机学院实验中心女教师徐晶，在负责为该实验室采购“211 工程”项目设备的过程中，贪污 90 多万元，用于个人购房、买车和送女儿出国留学等消费。而在对其侦查阶段中，徐晶供述表示，她购买房屋和汽车是为了让她有“更好的条件投入科研项目”，对于给女儿的钱，则表示，“这也是为了给国家培养人才”。湖北设计专修学院原院长吴志明为“谋发展”，多次向武汉工程大学职教学院院长、总支书记行贿，共计 28.2 万元；湖北省教育考试院高考办综考科原主任科员易自强，利用职务之便，收受书商及学生家长贿赂达 8 万元；武汉大学后勤服务集团副总经理，在兼任武汉武大建筑工程公司总经理和担任武汉大学教职工校外住宅建设工作领导小组办公室主任期间，在负责武汉大学学生公寓和校外教职工住宅建筑工程中，利用职务之便，收受工程承建单位人员的贿赂共计 63.5 万元。

高校中类似于个别领导干部利用职务之便，进行权钱交易，以权谋私的现象还有很多，虽然都是个别人的行为和问题，却给整个高校带来了严重的影响。不仅影响了高校的声誉，也让高校的其他教工和学生对管理层开始产生怀疑和不信任，更严重的是使社会对我们的大学和高等教育也产生了怀疑。管理不善、制度不严、执行不力，给这些高校的“老鼠”有机可乘。因此，高校要从制度上去杜绝，要政务公开、信息公开，实行阳光工程、透明工程。

六、敌对势力和错误思潮的影响和渗透

改革开放特别是我国加入 WTO 加速了我国的经济发展和科学发展，而经济全球化、信息全球化在推动资本的全球性流动、文化知识的快速传播及各民族文化交流的同时也带来了多元化的文化思想，其中不乏不健康的文化、思想和生活方式。好比窗子打开后，呼吸到新鲜空气的同时，苍蝇也飞了进来。这对我国公民的社会行为、生活方式、价值观念、审美情趣、伦理道德、交往方式、人际关系等

产生了一定的消极影响，甚至于对我国的民族凝聚力也产生了一定的负面影响。

目前，我国是世界上最大的社会主义国家，正在不断发展、日益富强。而我国的敌对势力不愿看到中国的强大、统一和繁荣，他们把我国视为其推行世界霸权主义的巨大障碍和潜在的战略对手，一直不遗余力地利用其科技优势、经济实力、军事实力、霸权地位等手段和方式对我国实施“西化”、“分化”的政治战略。

高校是一个特殊的组织，它具有深厚的文化底蕴，它是社会进步的驱动器，它是科技发展的核心力。高校的教师肩负着传播和建设先进文化的重要使命，他们培养着社会主义事业的建设者和接班人，高校的大学生们朝气蓬勃，在他们身上寄托着国家和民族的未来。但是高校的教师特别是青年教师以及伴随着改革开放成长起来的新一代大学生，他们喜欢独立思考，有着较强的求知欲，乐于学习各种知识，因此更容易受错误思潮的冲击和影响。因此，西方敌对势力开始将我国高校作为实施“西化”、“分化”战略、进行政治渗透活动的重点目标和主要场所，通过采取投递、传真、信息、网络等现代科技手段对高校进行全方位、多层次的影响和渗透，企图同我们打一场没有硝烟的争夺接班人的持久战争。

而互联网普及带来的高速信息在产生巨大社会效能的同时，隐藏在互联网中的某些不良因素也在悄然增长，互联网上各种思想文化的冲突和网络信息的复杂性、不可控性，给高校师生带来了不同程度的心灵冲击。

大量西方文化思潮和价值观念的冲击，以及改革开放的不断扩大和社会主义市场经济的深入发展也不同程度地给象牙塔内的师生带来了负面影响，一部分青年学生津津乐道西方资产阶级的民主政治、人权思想、文化观念与价值倾向，对思想政治工作、德育教育、马克思主义理论教育产生逆反心理；一些教师对马列主义思想和基本原理持怀疑态度，对马克思主义的信仰发生了动摇，即使口中不言表，心里也有抵触情绪；部分大学生对一些社会问题开始感到迷茫、压抑、焦虑、疑惑；有些大学生追求名利，表现出实用化、功利化的倾向；有些教师开始产生“金钱至上”的想法，享乐主义、利己主义、拜金主义有所抬头；有些则崇洋媚外、民族自尊心和自豪感淡化。

因此，高校首先要加强教师和大学生的思想政治素质教育，加强爱国主义、集体主义、社会主义教育，用马列主义、毛泽东思想、邓小平理论和“三个代表”重要思想武装头脑。其中，提高教师队伍的素质更是推进高校思想政治工作的基础工程。使广大教师在教学过程中，能够将理想信念教育，科学的世界观、人生观和价值观，高尚的道德情操，在润物无声、潜移默化中贯穿到整个教学过程，并通过教师自身的人格魅力，为人师表的表率作用来感染和影响学生，做到“不仅要教好书，还要育好人，各个方面都要为人师表”。

其次，要充分发挥高校党组织的作用，以党团组织活动为载体，着重抓好党的路线、方针、政策的宣传工作。

再次，创新思想政治工作的思路和方法，必须坚持以人为本，积极探索新时期思想政治工作的新思路、新方法，把尊重人、理解人、关心人、得人心、暖人心、稳人心作为加强和改进高校思想政治工作的切入点。碰到问题，要做好思想上的引导工作，不能依靠“灌 、禁、堵、统、封”的方法与手段，因为这些做法不但不能奏效，反而会进一步激发师生的好奇心和叛逆心理。

最后，也要积极主动地利用新的手段做好思想政治工作，比如要研究计算机技术和网上文化，学会借助互联网来做好思想政治工作，把思想教育阵地建立到互联网上。

第五章　思想政治工作的根本目标——学校的科学发展和学生的全面发展

第一节　思想政治工作保证学校科学发展

一、坚持社会主义办学方向，避免“西化”、“商化”、“僵化”

1. 思想政治工作具有鲜明的意识形态性

思想政治工作具有意识形态功能和非意识形态功能，其中意识形态功能是思想政治工作的主导性功能。“所谓思想政治教育的意识形态性，是指它的政治性、阶级性，也就是它明确地属于一个阶级，并为这个阶级的根本利益服务，其作用在于维护一个特定阶级社会的统治阶级的统治。”①

思想政治工作与作为统治阶级的意识形态有着极其紧密的联系，正如马克思所说：“统治阶级的思想在每一时代都是占统治地位的思想。就是说，一个阶级是社会占统治地位的物质力量，同时也是社会上占统治地位的精神力量。”②思想政治工作是为了统治阶级需要而产生的，也是为了统治阶级需要而发展的，换句话说，它是统治阶级意识形态得以推行和强化的重要手段和途径。

随着政治多极化、经济全球化、文化多元化趋势的不断加剧和我国改革开放的不断深入，当代中国的主流意识形态正在经历前所未有的考验。从国际环境来看，西方国家企图凭借自己的经济和科技优势向外输出自己的意识形态和价值观念，对其他国家进行意识形态的渗透和扩张；就国内情况而言，社会主义市场经济体系的建立，对人们原有的经济关系、价值观念和生活方式产生重要影响，人们思想活动的独立性、选择性日益增强。在意识形态领域搞多元化，这在任何国家，对任何执政党都是行不通的。苏东剧变的教训告诉我们，动摇乃至放弃对马克思主义、对社会主义的信仰，必然会造成人们思想意识领域的混乱，进而导致国家的

---

① 石书臣．论思想政治教育的意识形态性与非意识形态性的统一[J]．探索，2003(3)．

② 马克思恩格斯选集[C]．人民出版社，1972(p52)．

崩溃。

我国思想政治工作的重要内容就是对人们进行主流意识形态的教育，具体地讲，就是要在意识形态领域坚持以中国化的马克思主义理论为指导不动摇。坚持马克思主义在我国意识形态领域的指导地位，对于统一人们的思想、维护社会的稳定、保持我党的执政地位有着至关重要的意义。江泽民同志在2000年6月召开的中央思想政治工作会议上强调指出：加强和改进思想政治工作，最根本的是坚持和巩固马克思主义在我国意识形态领域的指导地位。“坚持马克思主义的指导地位，最基础的工作是用马克思列宁主义、毛泽东思想、邓小平理论和‘三个代表’重要思想武装全党，教育人民，努力对当前亟待进行理论引导或说明的突出问题，作出科学的、有说服力的、符合实际的解释和说明，充分发挥理论在思想政治工作中的基础性作用。”①

“思想政治教育是社会和社会群体用一定的思想观念、政治观念、道德观念，对其成员施加有目的、有计划、有组织的影响，使他们形成符合一定社会所要求的合格的思想政治品德的实践活动。”②思想政治工作的方向就是占统治地位的意识形态的方向，它必须为占主导地位的意识形态提供有力的思想保障，这是思想政治工作所必须肩负的使命和任务。我们社会主义高校的思想政治工作就是要保证学校的社会主义办学方向。

2. 高校思想政治工作的地位和作用

党的第一代领导核心毛泽东同志在早期的革命实践中就非常重视教育的政治功能，建国后，他仍然强调要加强党对教育的领导，强调“教育必须为无产阶级政治服务”，坚持教育的社会主义方向。邓小平同志在继承了毛泽东同志关于教育的政治性、阶级性的思想，在总结历史经验和客观分析现状的基础上，明确提出“学校应该永远把坚定正确的政治方向放在第一位”，深刻说明政治方向是学校工作的灵魂，学校必须坚持社会主义办学方向。

以江泽民同志为核心的党的第三代领导集体在领导教育事业改革和发展中，同样注重社会主义办学方向，强调培养“千千万万忠诚于社会主义事业的合格接班人，是保证国家长治久安的战略”。他在1994年全国教育工作会议上明确指出：“各级各类学校都要全面贯彻党的教育方针，坚持社会主义办学方向，努力培养德智体全面发展的四有新人。”在党的十五大报告中，江泽民进一步把培养“适应社会主义现代化要求的一代又一代有理想、有道德、有文化、有纪律的公民，作为有中国特色社会主义文化建设的一项重要任务”。

现阶段，以胡锦涛同志为核心的党中央十分重视大学生的思想政治教育，胡

① 李辽宁．当代中国思想政治教育意识形态功能研究[M]．武汉大学出版社，2006(p131)．

② 于洪军．意识形态教育：思想政治教育的应有之义[J]．求实，2004(10)．

锦涛同志在2005年全国加强和改进大学生思想政治教育工作会议上指出，大学生是国家宝贵的人才资源，是民族的希望、祖国的未来，要使大学生成长为中国特色社会主义事业的合格建设者和可靠接班人，不仅要大力提高他们的科学文化素质，更要大力提高他们的思想政治素质。

我国的高等教育是社会主义性质的教育事业，这种根本性质决定了它必须坚持共产党的领导，坚持社会主义方向，坚持用马克思列宁主义、毛泽东思想、邓小平理论和"三个代表"重要思想来教育全体师生。因此，高校的思想政治工作也要为社会主义政治服务，全面贯彻党的基本路线和教育方针，保证大学的社会主义办学方向。

什么是社会主义的办学方向？

第一，培养什么人、如何培养人，这是我国社会主义教育事业发展中必须解决好的根本问题。高校是培养人才的重要基地，必须把培养中国特色社会主义事业的建设者和接班人作为根本任务，首先要解决好培养什么人、如何培养人这个根本问题。

第二，教育事业必须为社会主义现代化建设服务。社会主义现代化建设成功与否，关系到国家的前途和民族的命运，关系到社会主义事业的兴衰成败。因此，高校要主动适应和服务经济社会的发展，为社会主义现代化建设贡献自身力量。

第三，高校应成为建设社会主义精神文明的坚强阵地。社会主义精神文明是社会主义社会的重要特征。建设高度的社会主义精神文明是社会主义现代化的重要目标。高校在精神文明建设中，要发挥其辐射和引领作用，成为弘扬社会主义精神文明的重要阵地。

因此，思想政治工作在学校工作中占有十分重要的地位，正如江泽民同志在第三次全国教育工作会议上指出："思想政治教育，在各级各类学校都要摆在重要地位，任何时候都不能放松和削弱。"

3. 新时期高校办学应着力避免三个趋向

(1) 应着力避免办学中的"西化"趋向。

随着经济全球化的发展和网络技术的突飞猛进，文化传播进入到了一个全新的时代，一方面，它为世界各国人民之间相互沟通、相互联系提供了极大的便利，另一方面，也使得西方的强势文化对本国人民的世界观、人生观、价值观造成冲击。

西方文化也对我国大学文化产生深刻影响，它确立了"以人为本"的教育理念，促进了大学师生民主、平等关系的形成，对当代大学制度的形成也产生了积极的作用。然而，西方的价值观念本身就良莠不齐，在传播过程中又难免泥沙俱下，再加上西方敌对势力的恶意渗透，其消极影响不容忽视。

在政治思想上，西方敌对势力为了实现其"西化"、"分化"的图谋，借助人权问题、台湾问题等攻击中国政治制度，使部分学生在思想上产生困惑，动摇对马克思主义的信仰和对共产主义的信心；在价值观念上，拜金主义、享乐主义和极端个人主义，使部分学生淡化集体主义观念和艰苦奋斗精神，只关心自己的个人利益和眼前利益；在生活作风上，部分学生追求新潮和时髦，崇尚金钱、权力，放任"性"观念和"性"行为。

我们要正确对待西方文化对当代大学文化的冲击，对其中的积极因素要认真总结，更好地学习借鉴，而对于其负面影响，要提高警惕，发挥思想政治工作的作用，保证大学的社会主义办学方向。例如，我们要坚持用正确的思想、科学的理论武装大学生的头脑，用先进文化占领校园文化阵地，指导学生学习、探讨马克思主义、毛泽东思想、邓小平理论和"三个代表"重要思想，认清西方敌对势力意识形态斗争的真正企图，从而增强防范和抵御意识，真正树立走中国特色社会主义道路的信念。

(2) 应着力避免办学中的"商化"趋向。

自改革开放以后，中国逐步从高度集中的计划经济体制向市场经济体制转型，高等教育体制也在逐步适应新的经济体制的过程中发生一些变化。1985 年，国家颁布《中共中央关于教育体制改革的决定》，1992 年，国家教委颁布《关于国家教委直属高校深化改革，扩大办学自主权的若干意见》，1993 年，中共中央、国务院颁布《中国教育改革和发展纲要》，社会主义市场经济体制开始对大学产生越来越大的影响。

"大学市场行为的出现是以经济形势和经济政策的全球化、自由化为大背景，以提高教育质量、提高有限的高等教育资源的使用效益和效率为重要目标取向的。"①市场力量的介入，使大学确立起公平竞争、效率优先等观念，然而不可否认的是，市场行为的理念与大学教育的理念存在差异。市场追求利润最大化，强调以最小的付出获取最大的回报；而我国大学教育的目的是培养全面发展的人，培养中国特色社会主义事业的建设者和接班人。"市场目标的影响使得大学制度的建立容易过分重视经济价值而忽视精神价值，从而产生功利化、非人文化，只追求实用性、即时性等诸多不良倾向。"②

因此，高等教育的市场化现象已经成为一个事实，而从全世界范围来看，这也成为一个趋势，探讨其应不应该似乎已无必要，目前我们所要做的是充分发挥思想政治工作的作用，着力避免市场化带给大学的消极影响。

(3) 应着力避免办学中的"僵化"趋向。

20 世纪 50 年代我国高等教育办学模式的主要特点是典型的以国家为主体，

---

① 苗素莲．市场行为对大学的影响[J]．现代大学教育，2003(5).
② 芦文慧．市场经济视野下现代大学制度的重构[J]．南阳师范学院学报，2006(1).

国家或者各级政府在办学中起着绝对的主导作用。1953年颁布的《关于修订高等学校领导关系的决定》中规定："中央高等教育部根据国家的教育方针、政策与学制，遵照中央人民政府政务院关于全国高等教育的各项决定与指示，对全国高等学校（军事学校除外）实施统一的领导。"无论是学校的设立，还是专业设置的变更，乃至教学计划和大纲的制定，都体现出以政府作用为基础的行政约束力。

1985年，中共中央作出了《关于教育体制改革的决定》，明确提出我国高等教育体制的弊端之一就是"在教育事业管理权限的划分上，政府有关部门对学校主要是对高等学校统得过死，使学校缺乏应有的活力；而政府应该加以管理的事情，又没有很好地管起来"①，并提出要"扩大高等学校的办学的自主权"。随后，在《中国教育改革和发展纲要》中，对政府与学校的关系作了重新界定："在政府与学校的关系上，要按照政事分开的原则，通过立法，明确高等学校的权利和义务，使高等学校真正成为面向社会自主办学的法人实体……学校要善于行使自己的权力，承担应负的责任，建立起主动适应经济建设和社会发展需要的自我发展、自我约束的运行机制。"②

在计划经济体制下，学校运作的条件、资源完全由上级主管部门所占有和支配，学校无须考虑对其发展发生影响的其他因素。然而，随着社会主义市场经济改革的不断深化，竞争机制、资源配置、特色经营、需求导向等对高等教育的发展产生越来越明显的作用，迫使高校首先思考自身如何生存发展，即提升竞争力的问题。在这样的背景下，如果还抱有原来的旧观念，用一成不变的老眼光来看待问题，学校就得不到较好的发展，这就需要我们发挥思想政治工作的作用。例如学校在争取社会支持的过程中，要树立"以服务求支持，以贡献求发展"的理念，自身主动融入为社会经济服务的行列，才能为自身的后续发展创造条件。

二、适应社会发展需求，为经济发展和社会进步服务

1. 思想政治工作直接为经济发展服务

(1) 思想政治工作的经济价值分析。

"所谓思想政治工作的经济价值，就是指思想政治工作对经济建设的效用关系，即思想政治工作主体（包括思想政治工作组织和个人）可以通过自己的劳动为一定的生产关系的建立、巩固和完善提供服务，为推动物质生产力的发展提供可靠保证，从而推动整个经济的发展。"③思想政治工作是有关于人的工作，它直接以人的思想意识和行为作为控制和调节的对象，它通过改变或形成人的思想、观点等来影响人的劳动。马克思曾说："批判的武器当然不能代替武器的批判，物质

① 蔡克勇．我国高等教育体制改革及其综合效益分析[M]．人民教育出版社，1997(p4)．

② 同上 1997(p135)．

③ 陈蕾．试论思想政治工作对经济发展的价值显现[J]．宁夏党校学报，2003(1)．

力量只能用物质力量来摧毁;但是理论一经掌握群众,也会变成物质力量。理论只要说服人,就能掌握群众;而理论只要彻底,就能说服人。”①这里,马克思深刻揭示了思想政治工作在一定条件下可以转化为经济价值。

第一,保证经济发展方向。

毛泽东曾指出:“只要我们的思想工作和政治工作稍为一放松,经济工作和技术工作就一定会走到邪路上去。”②不受一定思想支配的纯粹的经济发展是难以想象的,在经济上占统治地位的阶级一定会用自己的思想体系来影响经济发展的方向。

我们的思想政治工作就是要保证社会主义市场经济发展的方向与正常运行。社会主义生产的目的,是为了满足人民群众日益增长的物质和文化生活的需要,其本质特征决定了我国的经济制度是生产资料公有制,即以公有制为主体,多种所有制经济共同发展的基本经济制度。如果没有思想政治工作的方向保证,经济发展势必会陷入喋喋不休的争论,抑或是私有化大量出现,动摇社会主义公有制的主体地位。

第二,营造良好经济环境。

“发展社会主义市场经济,不仅要求建立相应的法律法规体系,而且要求建立与之相适应的思想道德体系。”③市场经济虽然是人类社会目前为止最为合理最有效率的经济运行模式,但它也是一把“双刃剑”。“如果缺乏必要的社会规范和道德约束,单纯的经济利益驱动和效益最大化追求,不仅会导致整个社会的实利主义风气和个人利己主义冲动,而且难以确保社会经济的均衡发展,更难以确保人类自然资源和生态环境的合理利用和保护。”④

我们的思想政治工作就是要为经济发展创造一个良好的精神环境和社会风气。通过思想政治工作,人们抛弃了封闭、保守、僵化、低效等思想观念,增强了在经济活动中的法制观念和道德意识,形成勇于进取、有序竞争、锐意开拓、求强求富的良好氛围。思想政治工作还可以“帮助人们更好地认识改革开放带来的巨大变化,提高对社会发展前景的认同与信心,同时揭示改革过程中存在的矛盾、困难和风险,引导和调整社会心态,增强人们的心理承受能力,从而形成有利于经济进步的认识环境、道德环境和社会心理环境。”⑤

第三,创造更多经济价值。

人是经济活动的主体,而人的经济活动(实践活动)也是受思想意识支配的,

---

① 马克思恩格斯选集(第1卷)[C]. 人民出版社,1995(p9).
② 毛泽东文集(第7卷)[C]. 人民出版社,1999(p351).
③ 江泽民. 论“三个代表”[M]. 中央文献出版社,2001(p94).
④ 王勤. 论思想政治教育的经济价值[J]. 教学与研究,2003(3).
⑤ 同上.

人的素质、主动性、积极性和创造性，直接关系和影响生产的效率和经济的发展。列宁指出："全人类的首要的生产力就是工人，劳动者。"①邓小平同志继承和发展了列宁的这一思想，他在《全国科学大会开幕式上的讲话》中指出："人是生产力中最活跃的因素。"②江泽民同志在庆祝中国共产党成立八十周年大会上指出，"人是生产力中最具有决定性的力量。"③马克思主义者的思想中一脉相承贯穿着这样的理念，即人在生产实践活动中占有主体的地位。

我们的思想政治工作就是通过做人的工作来推动经济持续增长。劳动者的素质主要包括思想道德素质、科学文化素质和身体素质等，其中思想道德素质占有特殊地位，"它不仅直接影响生产力及其要素的作用方式和人作为生产力的发展状况，还决定人科学文化素质的性质和方向，影响人的智力和体力发挥的程度，影响人在生产力中起决定作用的劳动能力"。④ 思想政治工作培养劳动者的责任感和事业心，调动劳动者的积极性、主动性和创造性，从而影响到劳动者对生产客观条件的利用程度和主观能动性的发挥程度，最终创造出更多的经济价值。

2. 思想政治工作为社会、文化进步发展服务

(1) 适应社会发展要求，为社会主义现代化建设服务。

作为源头的中世纪大学采用古希腊延续下来的"七艺"为主要教学内容，旨在培养牧师、绅士、律师和医生等专业人才。19 世纪初，德国的洪堡以"教学和研究相统一"的原则创办了柏林大学，发展了大学的研究职能。第二次世界大战后，大学教育在世界各国得到普遍发展，尤其是在美国这样经济、科技正在高速发展的国家，迫切要求大学为其提供更直接的服务。其实早在 1795 年美国创立第一所州立大学——北卡罗来纳州立大学开始，大学在开展教学、科研活动的基础上，已经开始尝试在某一方面为所在州的社会经济发展服务。1862 年，美国国会通过《莫里尔法案》，规定联邦政府向各州赠予土地，促使各州建立从事农业和机械制造工艺的学院。法案的实施不仅促进了农工学院的兴起和地方工农业的发展，而且最终确立了美国现代高等教育体系，还孕育了大学直接为社会服务的观念。20 世纪初期，作为赠地学院的威斯康星大学校长范海斯(Charles R. Van Hisc)明确指出："教学、科研和服务都是大学的主要职能。更为重要的是，作为一所州立大学，它必须考虑每一项社会职能的实际价值。换句话说，它的教学、科研、服务都应当考虑到州的实际需要。大学为社会，州立大学要为州的经济发展服务。"⑤"威斯康星理念"的诞生标志着大学社会服务职能的正式确立，这一思想继而被世

---

① 列宁．列宁选集(第三卷)[C]．人民出版社，1972(p843)．
② 邓小平．邓小平文选(第 2 卷)[C]．人民出版社，1983(p88)．
③ 江泽民．论"三个代表"[M]．中央文献出版社，2001．
④ 陈蕾．试论思想政治工作对经济发展的价值显现[J]．宁夏党校学报，2003(1)．
⑤ 朱国仁．高等学校职能论[M]．黑龙江教育出版社，1999(p125)．

界各国大学所普遍接受和实施。

第一,大学发挥社会服务职能是社会经济发展的客观要求。

随着知识经济的浪潮席卷全球,各国的生产方式都在发生深刻的变革,过去依靠的那种"资金+资源+劳动力"的粗放型经济增长模式已不再适应时代的要求。全世界都在寻找一条"科技含量高、经济效益好、资源消耗低、环境污染少"的经济发展之路,大学无疑成为探索这条道路的中坚力量。在经济全球化的今天,社会的进步将更加依赖科技的发展,而随着具有学科门类齐全、人才密集、设施先进、文献资料丰富、信息资源广泛等方面优势的高等学校日渐向社会敞开大门,参与到为社会经济服务的行列中来,以科技为核心要素的生产力得到了空前的释放,极大地推动了社会经济的发展。"在后工业社会里,大学成了轴心机构,这不仅是从培养知识界的精英这一意义上说的,而且是从为整个社会提供知识的意义上说的。"[①]正如比尔·盖茨(Bill Gates)在其《资本主义的未来》一书中预言的那样,在21世纪重要竞争方式的改变中,高等教育扮演的角色是具有决定意义的。

就我国而言,"十五"期间,中国大学承担各类科研课题61.9万项,发表论文146.3万篇,其中国际三大检索论文17.6万篇,累计获得国家自然科学奖75项,占全国授奖总数的55.07%;技术发明奖64项,占全国授奖总数的64.40%;科技进步奖433项,占全国授奖总数的53.57%。截至2005年底,全国高校专利拥有量达3.5万项,其中发明专利拥有量2万项。2005年,中国高校科技研究与开发人员总数超过25万,全国高校累计争取科技活动经费400多亿元,依托高校建设的国家重点实验室为113个,占总数的61.7%。已经启动试点的国家实验室中有50%设在高校。

第二,大学发挥社会服务职能是高校自身生存发展的现实需求。

高校开展社会服务工作,不仅有力地推动了社会经济的发展,而且激发了学校的活力,增强了办学实力。通过社会服务,高校可以促进学科发展。大学适应社会的需要,积极扶植若干学科,使弱势变优,优势变强;积极推动学科间的交叉融合,在对经济和社会发展有重大推动作用的领域抢占制高点。通过社会服务,高校可以促进人才培养。这里的人才培养不仅体现在可以开阔教师和科研人员的视野,提高他们理论联系实际的能力,从社会实践中发现自身的不足,从而激发学习和研究的热情;而且还体现在对学生实践能力和创新能力的培养上,训练了他们解决问题的实践技能,增强了社会责任感,强化了社会价值观。通过社会服务,高校可以扩大经费来源,为学校的发展提供更好的物质基础。从某种意义上讲,大学的社会地位和公众形象不仅取决于人才培养和科学研究的水平,而且更多的来源于对社会经济的贡献力和影响力。高校从国家、地方政府(纵向)和社

① 伯顿·克拉克,王承绪译.高等教育新论[M].浙江教育出版社,1987(p32).

会、企业(横向)得到的支持,一般而言,同高校对国家和地方经济发展作出的贡献呈对应关系。"以服务求支持,以贡献求发展"就是要求高校在为社会经济服务中体现自身的价值,取得社会的承认、信任和支持,也为自身的后续发展创造更好的条件。

第三,思想政治工作促进高校社会服务功能充分发挥。

首先,思想政治工作可以促进观念转变。目前,高校为社会服务还存在许多观念上的障碍,如一些教师受重义轻利、重理论轻实践的传统观念影响较深,比较多的关注教学内容和科研活动,形成一种不愿过多参与社会事务的所谓"象牙塔"文化。科技成果转化的效率难以令人满意,①部分原因在于有些教师认为文章发表或者课题通过鉴定意味着研究的终结,并没有为成果的市场化作出努力。还有些高校的知识分子自命清高,在学术上喜欢"单打独斗",不习惯与他人合作。这都需要发挥思想政治工作的作用,切实转变高校教师观念。知识经济的浪潮把大学从社会的边缘逐渐推向社会的中心,大学与社会的联系日益紧密且广泛,这就需要高校把握自身新的角色,发挥优势主动适应社会的需要。作为高校主要群体之一的教师也应该"眼睛向外",将自己的研究融入社会主义的经济发展中。另一方面,在现代学术发展中,尤其是在自然科学的研究中,团队合作正越来越显示出它的优越性,跨学科、跨领域乃至跨国间的合作能更有效地整合资源,促进学科的发展。高校教师要认清现代学术的发展趋势,通过团队合作更有力地推进科学研究的深度和广度。

其次,思想政治工作可以激发活力。思想政治工作通过调动人的情感因素来激发教师的活力。"情感作为一个人对客观事物的主观体验,是精神的重要构成因素,是人的精神状态外观的内在支撑,是人们对外界刺激是否符合自己的需要所作出的一种心理反应,对认知活动具有调节导向功能。"②思想政治工作者尊重、关爱和信任教师,主动与他们进行情感上的沟通,并向他们阐明学校进行社会服务的必要性,赢得他们的支持。教师的利益与学校的利益是一致的,学校发展较快,教师能得到的机会就多,因此,"以服务求支持,以贡献求发展",不仅是学校发展的策略,也是教师自身的发展策略。高校的思想政治工作引导教师主动投身社会实践,认识社会实践的需要,把握社会实践的本质,为教师的学术研究和社会需要的对接搭建平台。

还有,思想政治工作可以营建氛围。高校的社会服务不仅需要学校层面的制度设计,如大学奖励机制的设计要兼顾到教师的社会服务工作,教师的专业技术

---

① 由教育部组织的清华、复旦等国内20所高校联合完成的"大学科技成果转化的探索与实践"研究课题显示,我国高校虽然每年取得的科技成果在6 000项至8 000项之间,但真正实现成果转化与产业化的还不到十分之一。

② 王利华．论思想政治教育的精神动力价值[J]．经济与社会发展,2006(4).

职务的评聘和年终考核要考虑到教师科技开发和成果转化的实绩等，而且需要思想政治工作者的努力，在教师的头脑中逐渐形成新型的社会服务观念，即从单纯追求数量的增长向数量与质量相结合、以质量提升转变，从个体独立作业或者小型的自发合作向自发与组织相结合、以学校有组织的合作转变，从项目合作为主向项目合作与战略合作相结合、以长期合作为主的转变。通过学校政策的引导和思想政治工作者的努力，每位教师都能接受并实践新型的社会服务观念，学校就能形成有利于社会服务的校园氛围。

(2) 思想政治工作促进文化进步。

思想政治工作所要直接面对的是人的思想、观念或者认识上的问题，它必然属于人类精神活动的范畴。而文化，就其本质而言，也是人类精神活动的产物，因此两者有着内在的特定联系。“可以这样说，一定的思想政治工作方式的背后总存在着特定的文化模式作为其支撑；相应的，思想政治工作内在地为某种文化模式积淀人文力量，造成一种顺应时代潮流的精神现象。”①

第一，思想政治工作具有文化选择的功能。

人类的文化多姿多彩，按照不同的理解方式可以做多种的划分。我们说，思想政治工作的文化选择，就是根据生产生活的实际需要在一定价值观引导下的选择。如果一定的社会观念、思想、知识等文化因子与思想政治工作的目标一致或趋向一致，思想政治工作就会吸收积极因素，并将其纳入到思想政治工作的轨道，成为思想政治工作的有机组成部分。如果文化因子与思想政治工作的目标背道而驰或者有相互抵触的成分，思想政治工作就会摒弃消极因素，将其排斥出工作体系，以确保思想政治工作目标的实现。

积极的文化因子被不断强化，消极的文化因子被不断抑制。例如，思想政治工作要求批判继承中华民族传统文化，对其精华的部分要予以保留并发扬光大，而对糟粕的部分要加以批判并坚决克服。胡锦涛同志在中国共产党第十七次全国代表大会上指出：“要全面认识祖国传统文化，取其精华，去其糟粕，使之与当代社会相适应、与现代文明相协调，保持民族性，体现时代性。”

第二，思想政治工作具有文化传播的功能。

“思想政治工作对文化的传播，是指思想政治工作使特定的文化与人的观念、智慧、意志、情感建立起联系，使社会规范成为人们维持良好生活秩序的准则；使健康的审美情感成为丰富人民生活的内容和方式，使文化呈现出参与社会生产和社会生活的巨大力量。”②

我们的思想政治工作就是用一定的思想观念和道德规范去影响对象，使他们

---

① 罗保华．试论思想政治工作对文化发展的价值显现[J]．唯实，2003(3)．

② 罗保华．思想政治工作文化价值探析[J]．中国青年政治学院学报，2004(2)．

形成符合一定社会或一定阶级所需要的思想品德的社会实践活动。这里的“思想观念”和“道德规范”就包含了大量的文化因子，具体而言，就是要“巩固马克思主义指导地位，坚持不懈地用马克思主义中国化最新成果武装全党、教育人民，用中国特色社会主义共同理想凝聚力量，用以爱国主义为核心的民族精神和以改革创新为核心的时代精神鼓舞斗志，用社会主义荣辱观引领风尚”，就是要“大力弘扬爱国主义、集体主义、社会主义思想，以增强诚信意识为重点，加强社会公德、职业道德、家庭美德、个人品德建设”。

第三，思想政治工作具有文化创新的功能。

“创新是一个民族进步的灵魂，是国家兴旺发达的不竭动力。”①一个民族的文化要想走在世界文化发展的前列，就必须不断创新，借鉴、吸收、整合世界文化遗产中的优质因子，丰富和发展本民族的原有文化，形成最具影响力和凝聚力的先进文化。

我们的政党是一个坚持与时俱进、勇于创新的政党，二十五年五次修订党章充分体现我们党理论创新和实践创新的全过程。因此，我们的思想政治工作也对文化具有创新的价值。“思想政治工作会影响人的价值观念、知识结构、个性特点和行为方式，进而又以行为和语言的形式表现于社会生活之中，丰富和更新原有的文化系统，改造原有的文化结构，从而对社会文化起到一种强烈的活化和促进作用。”②例如，思想政治工作倡导不断革新的理念，宣传鼓励创新的政策，报道各行各业大胆开拓、勇于进取的典型人物，从而为文化创新营造良好的社会氛围。

3. 思想政治工作促进人才培养

（1）培养人才是高等学校的根本任务。

中国已加入 WTO，在世界多极化和经济全球化的今天，科技进步日新月异，综合国力竞争日趋激烈。当今和未来的国际竞争，其实质则是以经济和科技为基础的综合国力的竞争，说到底就是人才的竞争。谁拥有更多更好的人才，谁就能在竞争中取得主动，赢得未来。因此，教育将始终处于优先发展的战略地位。

高校作为培养人才的重要基地，作为先进科学文化知识的集散地和创造源，在培养中国特色社会主义事业建设者和接班人方面，有着不可推卸的社会责任。高校的根本任务，就是为国家培养出具有正确的世界观、人生观、价值观，具有创新精神和实践能力的全面发展的合格人才。

关于人才培养目标，历代中央领导人都有过清晰的表述。毛泽东同志提出我们事业的接班人，必须又红又专，思想上的红和业务上的专，要有机地结合起来，就是德智体全面发展的“三好”学生的标准。邓小平同志根据时代发展的需要，又

---

① 中共中央文献研究室．江泽民论有中国特色社会主义：专题摘编[M]．中央文献出版社，2002(p243)．

② 罗保华．试论思想政治工作对文化发展的价值显现[J]．唯实，2003(3)．

提出了我们培养的人应有理想、有道德、有文化、有纪律的“四有人才”标准。

江泽民同志在思考当前我国教育新形势下培养人才的标准问题后，在北大百年校庆提出了四点希望，到了清华大学建校 90 周年时又进一步发展和完善了新的人才观理论，对当代大学生提出五点希望，即希望他们成为理想远大、热爱祖国的人，成为追求真理、勇于创新的人，成为德才兼备、全面发展的人，成为视野开阔、胸怀宽广的人，成为知行统一、脚踏实地的人，明确要求大学生从五个方面努力培养、塑造自己的灵魂，成为新时期的有用人才。江泽民同志对大学生的要求体现出了个性与共性的统一，专业技术知识与思想道德品质的统一，开放意识与继承民族文化传统的统一，理论与实践的统一。

胡锦涛同志更是将培养什么人、如何培养人作为我国社会主义教育事业发展中必须解决好的根本问题来认识。他强调，高校是培养人才的重要基地，必须把培养中国特色社会主义事业的建设者和接班人作为根本任务，造就千千万万具有高尚思想品质和良好道德修养、掌握现代化建设所需要的丰富知识和扎实本领的优秀人才。把大学生培养成中国特色社会主义事业的建设者和接班人，对于全面实施科教兴国和人才强国战略，确保我国在激烈的国际竞争中始终立于不败之地，确保实现全面建设小康社会、加快推进社会主义现代化的宏伟目标，确保中国特色社会主义事业兴旺发达、后继有人，具有重大而深远的战略意义。

(2) 思想政治工作促进人才培养工程顺利进行。

“以人为本”是高校思想政治工作的本质要求。当代大学生是宝贵的人才资源，是民族的希望，祖国的未来，促进他们的全面发展，不仅是人才培养的需要，也是社会主义社会发展的需要。

我们的思想政治工作以理想信念教育为核心，深入进行树立正确的世界观、人生观和价值观教育；以爱国主义教育为重点，深入进行弘扬和培育民族精神教育；以基本道德规范为基础，深入进行公民道德教育；以大学生全面发展为目标，深入进行素质教育。

考虑到人的主体性，我们的思想政治工作尊重受教育者的人格。思想政治工作的教育过程，“既是教育者按照社会要求积极组织实施教育的过程，也是受教育者基于自身的思想基础和内在需要，通过自己的积极活动，能动地接受教育和自我教育的过程”。① 因此，我们的思想政治工作不要把受教育者当成受教育的客体而存在，而是把他们当成教育过程的主体。这就要求教育者淡化自己的身份意识，从人格上平等对待被教育者，以热情、诚恳的态度来探讨问题、交流思想；当受教育者犯了错误时，并不是依靠急风暴雨似的批评来解决问题，而是用真挚的感情、得当的方法来帮助受教育者认识自己的问题并努力克服改正。

---

① 权菊青．充分认识思想政治工作的人本价值[J]．中共郑州市委党校学报，2005(5)．

考虑到人的主观特性,我们的思想政治工作重视受教育者的心理需求。“人是有思想感情的,人的认识过程是一个复杂的系统,理性的思维过程是建立在情感、欲望等主观特性基础上的,它必须以人的基本要求、积极情感和意欲作为动力。”①因此,我们的思想政治工作不仅要晓之以理,更加善于动之以情,以情感人。这就要求我们的教育者应重视感情投入,对受教育者以诚相待,热情关心他们的学习和生活,及时解答他们的思想困惑,帮助解决他们的实际困难,从而在相互信任的基础上产生积极的效应。

考虑到人的个体多样性,我们的思想政治工作关注受教育者的个体差异。人的个性是客观存在的,由于自身条件、环境、兴趣和价值观等的不同,教育对象的个体必然会形成相对不同的个性特征。我们的思想政治工作拒绝先入为主、千人一面的集体灌输方式。这就要求教育者全面准确地把握教育对象具有的共同特征和个性差异,制定不同的计划,提出不同层次的要求,有的放矢地针对不同的个体开展因人而异的工作。

我们的思想政治工作除了按照政治强、业务精、纪律严、作风正的要求,努力建设一支高素质、高质量、高水平的思想政治教育工作队伍以外,还应充分发挥课堂教学的主导作用,占领大学生思想政治教育工作的主阵地;强化育人意识,通过社会实践、校园文化建设等拓宽大学生思想政治教育的有效途径;加强党团组织建设,强化思想政治工作的重要功能;加强全方位领导,建立大学生思想政治教育工作长效机制,切实促进人才培养工程顺利进行。

三、满足人民群众接受高等教育的愿望,保质保量培养各类人才

1. 高等教育多层次发展满足人民群众接受高等教育的愿望

教育部2008年5月5日公布2007年全国教育事业发展统计公报,指出2007年是我国教育事业发展进程中的重要一年,各级各类教育取得了新进展。2007年,全国共有普通高等学校和成人高等学校2 321所。其中,普通高等学校1908所,比上年增加41所,成人高等学校413所,比上年减少31所。普通高校中本科院校740所,高职(专科)院校1 168所。全国共有培养研究生单位795个,其中高等学校479个,科研机构316个。高等教育招生数和在校生规模持续增加。2007年全国各类高等教育总规模超过2 700万人,高等教育毛入学率达到23%。②

我国高度重视职业教育发展,把职业教育摆在了突出的位置。2002年、2004年、2005年三次召开中国职业教育工作会议,出台了一系列加快职业教育发展的政策措施,实施了国家技能型人才培养培训工程,国家农村劳动力转移培训工程,

① 权菊青.充分认识思想政治工作的人本价值[J].中共郑州市委党校学报,2005(5).
② 教育部发布2007年全国教育事业发展统计公报.

农村实用人才培训工程,成人继续教育和再就业培训工程和职业教育基础能力建设工程,建立健全家庭困难学生资助体系,职业教育的改革与发展的步伐明显加快,进入了历史上最好的时期。从 2002 年开始,中等职业教育招生快速增长,特别是 2005、2006 两年实现了招生连续比上年增长 100 万的目标,在校生规模迅速扩大,结束了 2001 年前招生连续下滑的局面。2006 年招生 747.82 万人,比 2001 年增长了 347.88 万人,平均增长速度达到 13.3%,在校生人数达到 1 809.89 万人,是 2001 年的 1.55 倍。2007 年,全国中等职业教育(包括普通中等专业学校、职业高中、技工学校和成人中等专业学校)共有学校 14 832 所,比上年增加 139 所。招生 810.02 万人,比上年增加 62.2 万人;在校生 1 987.01 万人,比上年增加 177.12 万人。①

民办高等教育成为高等教育事业的重要组成部分。2007 年民办高校 297 所,在校生 163.07 万人,其中本科生 21.12 万人,专科生 141.94 万人,另有其他形式教育的学生 22.36 万人;独立学院 318 所,在校生 186.62 万人,其中本科生 165.68 万人,专科生 20.94 万人,另有其他形式教育的学生 0.87 万人;民办的其他高等教育机构 906 所,各类注册学生 87.34 万人。② 民办教育的快速发展,对满足人民群众接受教育多样化的需求,对深化办学体制改革以及提高劳动就业率、促进社会主义和谐社会建设,发挥了积极的作用。

加快高等教育发展,不断满足人民群众日益增长的对于高等教育的强烈需求,对增强综合国力、提高国民素质、促进经济发展和社会进步具有深远的意义。但我们应该看到当今世界,人才资源是第一资源,人才的竞争是最大的竞争,世界各国主要国家对人才的重视达到了空前的高度。在招生规模扩大以后,大学生人才的储备,是国家可持续发展的重要后劲。同时我们也应该清醒地认识到,由于学生数量的急剧增加,学校各方面条件、环境等因素跟不上,都会影响培养学生的质量。下面简单分析一下,思想政治工作对提高学生质量的作用。

2. 思想政治工作对培养各类人才的价值分析

"思想政治工作是指社会和社会群体用一定的思想观念、政治观点、道德规范,对其社会成员施加有目的、有计划、有组织的影响,使他们形成符合一定社会所要求的思想政治品德的社会实践活动。"③它是一项有关于人的工作,对促进人的全面而自由的发展具有十分重要的价值,而这种价值不仅体现在社会群体中的教育者身上,也体现在社会成员的受教育者身上。下面仅就思想政治工作对受教育者的价值展开讨论。

第一,把握正确的政治方向。

---

① 教育部发布 2007 年全国教育事业发展统计公报.
② 同上.
③ 李娟. 思想政治工作创新[M]. 中国言实出版社,2004(p112).

所谓政治方向,指的是政治理想、政治信念、政治立场、政治态度、政治品质等的综合表现。人才的正确的政治方向不是与生俱来的,而是后天习得的,是在接受思想政治教育和社会实践的过程中确立起来的。

国外没有提出“思想政治工作”这类概念,而是在“公民权利和义务教育”、“国民精神教育”、“道德教育”、“历史教育”的旗帜下进行思想政治教育,但并不是说实施教育过程中没有政治性色彩。有的国家还专门建立了“社会道德委员会”等机构,实行专人专做道德教育的有关工作。日本、美国、新加坡等国政府,拨出相当数量的专款,资助道德教育的调查和研究工作。美国的政治教育和价值观教育有两个主旋律:一是把美国的宪法和《独立宣言》作为最高经典进行传播和灌输;二是宣扬美国的三权分立政治制度和民主、自由、平等、博爱的价值观念。①

我国在改革开放以后,人们的思想发生了很大的变化,科学民主的精神明显增强,价值观念呈现多元化的发展态势,也因此,有的人开始怀疑社会主义能走多远,党的领导是否需要坚持。这就需要思想政治工作帮助受教育者用正确的立场、观点和方法来认识和分析问题,认清社会历史发展的规律,通过教育和引导受教育者总结历史经验,不断提高认识水平和觉悟水平,促使受教育者从思想和行动上真正拥护和坚持马克思主义、毛泽东思想、邓小平理论和“三个代表”重要思想在意识形态领域的主导地位,为社会主义现代化建设而奋斗。

第二,塑造完善的人格风貌。

人格是指一个人的总体精神面貌,它通过个人的生活道路而形成,反映了人与人之间稳定的差异特征。这些差异特征包括三大方面:个性心理特征(气质、能力和性格)、个性倾向性(需要、动机、价值观)和自我意识(自我认识、自我体验、自我控制),是一个人在其与环境交互作用的过程中所表现的独特的行为模式、思维方式和情绪反映的特征。②

目前,人格教育也受到国际教育学界的重视,国际教育基金会专家汤姆·菲利普斯先生在“科学与和平周大型报告会”中以“爱的人格是世界和平的基础”为题作了演讲。他说:“本世纪初时,许多人以为凭着科学技术的发达,可以解决所有的社会问题。然而,今天我们非常清楚地看到:若不能培养出有爱心有良知的个人及稳定的家庭,就无法期待美好社会。科技不能解决所有社会问题,社会需要人格教育。”美国洛杉矶联合校区的中学已开始引入人格教育课程,布什总统对此表示支持,他还建议将每年用于人格教育的联邦基金从目前的900万美元提高到2 700万美元,以更好地教育中学生遵守纪律,培养学生健全的人格。

我们现在的思想政治工作就是“通过传导社会价值准则、行为规范和社会实

---

① 吴琼. 当代国外思想政治教育方法及其启示[J]. 求实,2000(5).
② 丁雪梅. 论大学生人格教育与完善[J]. 社会科学论坛,2006(10).

践活动相结合的方式，才能使受教育者养成社会所需要的思想品德、心理素质等”①，这不仅包括崇高丰富的精神境界和健康良好的心理品质，而且还强调道德认知、道德情感、道德行为的统一，即能用正确的社会行为规范和价值标准来控制自己的行为。

第三，激发持久的精神动力。

精神动力是人自身生存发展的需要，是人们在一定社会物质生活条件中形成并推动人的能动性的表现。“人是社会的存在物，人的本性决定了人要追求精神价值，对精神价值的需要和创造，是人类社会应有的追求，是人之为人的标志，也是社会文明进步的表征。”②

我们的思想政治工作历来重视通过理想信念教育来激发受教育者的精神动力。列宁在他的著作中强调共产主义是我们的理想和信念，无产阶级正是从这个理想中得到最强烈的斗争动力的。邓小平指出：“我们多年奋斗就是为了共产主义，我们的信念理想就是要搞共产主义。在我们最困难的时期，共产主义的理想是我们的精神支柱，多少人牺牲就是为了实现这个理想。”他还说：“过去我们党无论怎样弱小，无论遇到什么困难，一直有强大的战斗力，因为我们有马克思主义和共产主义的信念。有了共同的理想，也就有了铁的纪律。无论过去、现在和将来，这都是我们的真正优势。”

通过思想政治工作帮助人们确立坚定正确的理想信念，这是我们前仆后继、奋斗不息的精神支柱和力量源泉。有了它，人们就能在任何复杂的情况下，始终保持坚定正确的政治方向，具有克服各种困难的勇气和力量。在革命战争年代，能够坚韧不拔、前仆后继，与敌人展开无畏的斗争；在社会主义建设时期，为了党和人民的事业艰苦奋斗，无私奉献，甚至不惜牺牲生命；在新时期，抵御各种腐蚀诱惑，排斥种种错误思想的侵袭，保持共产党人和人民公仆的本色。

四、符合高等教育自身规律，把握教育发展、学科建设和人才战略的要义

教育是发展科学技术和培养人才的基础，在现代化建设中具有先导性、全局性的作用。要培养数以亿计的高素质劳动者、数以亿计的专门人才和一大批拔尖创新人才，就离不开高等教育的发展。因而加强和改进大学生思想政治教育，对于全面实施科教兴国和人才强国战略，对于坚持教育发展规律，坚持社会主义的办学方向，确保中国特色社会主义事业兴旺发达，具有重大而深远的战略意义。加强高校思想政治工作，使高等教育更符合自身规律，进一步把握教育发展、学科建设和人才培养的要义。

① 李娟．思想政治工作创新[M]．中国言实出版社，2004(p115).

② 王利华．论思想政治教育的精神动力价值[J]．经济与社会发展，2006(4).

1. 高校思想政治工作可以保证学校高等教育发展的方向

思想政治工作是高校工作的生命线，对坚持社会主义的办学方向和人才培养方向具有重要的作用，因此要把思想政治工作纳入学校工作的总体规划之中，融合到学校工作的方方面面。我国高校实行的是党委领导下的校长负责制，就是以党委集体领导为前提，所以党委要发挥好领导的核心作用，通过政治、思想等方面的领导，把握好学校发展的方向。高校领导班子思想政治素质的高低，直接关系到社会主义的办学方向，关系到学校的办学水平，关系到学校的和谐发展。

要始终不渝地坚持社会主义的办学方向。坚持社会主义办学方向，是高校领导班子思想政治建设必须解决的首要问题，也是高校领导班子最基本的政治素质。坚持社会主义的办学方向，就要始终坚持党对学校的领导，在“办什么样的大学”、“怎样办好大学”和“培养什么样的人”、“怎样培养人”这些重大问题上，要坚持用马列主义、毛泽东思想、邓小平理论和“三个代表”重要思想武装头脑，坚持科学发展，坚持与时俱进，坚持用正确的理论指导实践、推动工作，努力培养和造就既有理想信念之魂又有民族精神之根的社会主义事业的合格建设者和可靠接班人。①

高校的领导不仅要按照政治家的标准要求自己，还要按照教育家的标准要求自己。其实，高校的党委书记、校长应该努力使自己成为政治家和教育家。高校领导班子的建设一定要坚持政治素质和业务素质“两手抓、两手都要硬”。一方面，要懂政治、讲学习，坚持正确的政治方向、政治立场和政治观点，努力培养敏锐的政治辨别力和洞察力，善于从政治上观察和处理问题。只有这样，才能在政治上保持坚定、清醒，在原则问题上明辨是非，在行动上高度一致，才能在错综复杂的形势面前经受住各种政治风浪的考验。另一方面，②还应当懂教育、会管理，领导班子要领导好学校的发展，就必须能够洞察高等教育的发展趋势、研究高等教育的发展规律，并及时调整学校的发展目标和工作思路，不断实现教育质量的提高、学科建设的优化、专业结构的合理和办学效益的增长，从而实现“规模、结构、质量、效益”的有机统一，完成人才培养、知识创新、社会服务三大任务。

2. 思想政治工作保证高校的学科建设与人才培养的质量

学科建设作为高等学校的一项基本建设，它不是一项具体的工作，也不是学校哪个职能部门的专门职责，而是全校各部门、各单位，包括全体师生员工都负有学科建设的使命。所以，要想在学科建设上抓出实效，必须坚持统一领导。首先是思想上的领导，一定要在思想上切实解决学科建设“扛什么旗，走什么路，实现什么目标”的问题。高校学科建设要以科学发展观为指导，坚持全面、协调、可持

---

① 马新华．加强高校领导班子建设，促进高等教育事业和谐发展[J]．河南教育(高校版)，2007(10)．

② 同上．

续发展的理念，遵循学科发展和科学发展的规律。

高校作为传播科学知识、开发高新技术、培养高级专门人才的重要基地，在实现科教兴国战略中担负着伟大的历史使命，是中国先进生产力发展的重要源泉，是中国先进文化的生产者和推动器。因而高校思想政治工作的目的便是为了促使大学生政治素质、思想素质和道德素质的提高，而他们思想政治素质的提高，又会为其他素质的提高提供动力支持，最终促使综合素质的提高，从而实现人的全面发展。思想政治工作者通过教育为学生提供理想、信念等动力支持，调动学生的学习积极性，同时为大学生的成长创造良好的环境。① 现代社会所需要的人才应该具有较高的综合素质，既有广博的知识、开阔的视野，又有深厚的理论功底和高尚的人格品质；既了解本专业的前沿，又懂得社会的政治、经济；既熟悉中国历史，又能放眼世界未来；既有开拓进取的创新精神，又有脚踏实地的求实态度。只有这样的人才，才能适应现代社会的飞速发展，迎接知识经济的挑战。

第二节　思想政治工作保证学生的全面发展

一、马克思主义关于人的全面发展的理论阐述

人的全面发展是相对于人的片面发展而言的。资本主义在提供了人发展的物质前提，创造了前所未有的生产力的同时，却也造成了人的“畸形”发展，使人成为金钱资本的奴隶。马克思、恩格斯通过分析资本主义生产劳动过程中由于分工造成的工人片面的、畸形的发展，提出了人的全面发展的概念。

马克思所认为的人的全面发展，是“人以一种全面的方式，也就是说，作为一个完整的人，占有自己的全面的本质。”②在他那里，人的全面发展概念无疑具有丰富而深刻的内涵，它不仅是指体力和脑力的充分发展，也不仅仅是“通晓整个生产系统”，更包括人的一切属性的充分、自由、和谐的统一。

1. 马克思主义关于人的全面发展的基本含义

（1）人的素质和能力的提高。马克思指出：“任何人的职责、使命、任务就是全面地发展自己的一切能力，其中包括思维能力。”③恩格斯也认为，人的全面发展是要“使自己的成员能够全面发挥他们的才能”④，“每个人都无可争辩地有权发展自己的才能”⑤。这里，人的能力的发展不是仅指体力和智力的提高，而是指

① 陈雪梅．论加强高校思想政治工作的重要性[J]．高教高职研究，2008(3)．

② 马克思．1844 年经济学哲学手稿[M]．人民出版社，2000(p85)．

③ 马克思，恩格斯．马克思恩格斯全集(第 3 卷)[C]．人民出版社，1956(p330)．

④ 同上(p243)．

⑤ 同上(p614)．

人的一切的能力,包括自然能力和社会能力、潜在能力和现实能力等等,在实践中得到锻炼和提升。

(2) 人的社会关系的全面丰富。人不仅是自然界长期发展的产物,而且是社会劳动的产物。人,是社会的人,总是受制于他所生活的社会关系。正是在这个意义上,马克思指出,"社会关系实际决定着一个人能够发展到什么程度"①。现实的社会关系既可以促进个人的发展,也可以阻碍个人的发展。处在一定社会关系中的人们必须逐渐摆脱个体的、地域的、民族的狭隘性,形成各个方面、各个领域、各个层次的联系,才能形成丰富而全面的社会关系,最终实现自身的价值。

(3) 人的个性的自由发展。个性是指个人的自我意识及由此形成的个人特有的素质、品格、情感等的综合。马克思在《德意志意识形态》中指出,共产主义社会就是要"确立有个性的人"。《共产党宣言》再次重申这个观点,认为代替资本主义旧社会的新社会将是一个联合体,在这个联合体中,"每个人的自由发展是一切人的自由发展的条件"。到了《资本论》,马克思再次重申:未来共产主义社会的根本原则就是实现人的自由个性。个性的自由发展是建立在人的全面发展的基础之上的,没有一定程度的全面发展,谈不上个性的自由发展;而反过来,个性自由发展也受到全面发展的制约。只有两者都得到和谐发展,才能最终形成一个真正的"人"。

总之,马克思关于人的全面发展主要是指人的能力和素质的提高,人的社会关系的丰富和人的个性的自由发展。只有全面理解,才能准确把握人的全面发展的内涵。

2. 马克思主义关于人的全面发展理论对思想政治工作的启示

马克思主义关于人的全面发展的理论是我们思想政治工作的理论基础。"人的全面发展的内涵,是确定思想政治教育的根本任务、发展方向以及选择思想政治教育方式的根据;人的全面发展的目标规定了思想政治教育的根本目标和思想政治教育的本质;实现人的全面发展的途径揭示了思想政治教育的内在价值及其有效渠道。"②我们的思想政治工作要以人的全面发展为目标,必须深刻领会马克思主义关于人的全面发展的理论,着力于提高人的素质和能力,丰富人的社会关系,促进人的个性的自由发展,这样才能增强思想政治工作的针对性和实效性。

(1) 从人的全面发展出发,提高学生的素质和能力。人的素质和能力的提高是人全面发展的关键。我们过去比较注重学生的政治思想和道德文化素质,对其心理素质等方面关注不多。现代思想政治工作为学生素质和能力的提高提供精神动力,在坚持培养社会主义的合格建设者和可靠接班人的同时,还通过各种途

① 马克思,恩格斯. 马克思恩格斯全集(第3卷)[C]. 人民出版社,1956(p295).

② 郑洁. 马克思主义关于人的全面发展理论及其对思想政治教育的启示[J]. 忻州师范学院学报,2004(3).

径和方式，促进人的心理、人格、个性的健康发展。

(2) 从人的全面发展出发，丰富学生的社会关系。良好的社会关系是人全面发展的重要前提。我们过去总是把学生的活动范围限制在校园，认为作为象牙塔的高校应该与社会保持距离。现代思想政治工作引导学生扩大活动范围和接触事物的广度，正确处理与他人、与集体、与社会的关系，在化解各种矛盾和利益冲突的基础上，创造更加和谐的社会发展空间。

(3) 从人的全面发展出发，促进学生个性的自由发展。个性的自由发展是人全面发展的核心。我们过去总是把个人置于某种整体来理解，过分强调人的社会角色、职责和义务。现代思想政治工作倡导更为多元和包容的价值理念，把关注点放在学生的主体意识上，尊重学生的特点、爱好、兴趣，尊重每一个人的独特性和差异性，并不断为他们的自我教育提供机会。

我们的思想政治工作要进一步转变观念，改进方式，把人的全面发展作为工作的出发点和落脚点，为学生的充分发展营造良好的环境氛围，为学生的和谐发展提供广阔的舞台。

二、贯彻党的教育方针，保证学生德、智、体、美全面发展

1. 关于党的教育方针三个基本问题的分析

教育方针是一个政党和国家为实现一定历史时期的总目标和总任务，对教育工作提出的方向和指导思想，是关于教育的性质、目的、任务、功能及其实现途径的总规定。回顾我党在不同时期的教育方针，尽管其内容和表述不同，但在本质上都揭示了社会主义教育的性质，反映了时代的要求，规定了我国的培养目标，明确了实现培养目标的措施。简要地说，教育方针所规定的是教育“为谁服务”、“培养什么样的人”、“如何培养人”等三个最基本的问题。

1999 年 6 月 15 日，江泽民同志在第三次全国教育工作会议上系统阐述了党的教育方针的科学内涵：“我们必须全面贯彻党的教育方针，坚持教育为社会主义、为人民服务，坚持教育与社会实践相结合，以提高国民素质为根本宗旨，以培养学生的创新精神和实践能力为重点，努力造就有理想、有道德、有文化、有纪律的，德育、智育、体育、美育等全面发展的社会主义事业建设者和接班人。”①十七大报告再次强调教育要坚持党的教育方针：“要全面贯彻党的教育方针，坚持育人为本、德育为先，实施素质教育，提高教育现代化水平，培养德智体美全面发展的社会主义建设者和接班人，办好人民满意的教育。”

首先，是教育为谁服务的问题。教育具有阶级性的特点，在阶级社会里总是

① 江泽民. 教育必须以提高国民素质为根本宗旨[A]. 江泽民文选(第二卷)[C]. 人民出版社，2006(p332).

为特定的阶级服务，在无产阶级夺取政权以后，教育就成为建设社会主义社会强有力的工具。所以，教育为社会主义服务主要体现在为社会主义建设服务。教育要为人民服务，这是社会主义教育与剥削阶级教育的根本不同点。剥削阶级教育是为少数人服务的，而社会主义教育是面向全体人民的，"办好人民满意的教育"是为了使广大人民群众充分享受受教育的权利，从而使全民的素质得到提高。

其次，是教育培养什么样的人的问题。我国的教育应当培养什么样的人，这是一个教育目标的问题。教育目标是社会对教育所要造就的社会个体的质量规格的总的设想或规定。我们教育的目标，应该遵循马克思主义关于人的全面发展的理论，着眼于提高人的基本素质，包括思想政治素质、科学文化素质、身体心理素质和审美修养素质，也就是德育、智育、体育、美育等全面发展。另一方面，教育的政治属性要求我们的教育要培养"社会主义事业建设者和接班人"，这两者是辩证统一的。前者从"合格建设者"必须具备的素质方面提出具体要求，后者从"可靠接班人"的高度提出政治思想、阶级立场等方面的要求，突出了教育的社会主义性质。

再次，是教育如何培养人的问题。江泽民同志提出的"教育与社会实践相结合"的思想，是对马克思主义教育实践观的继承、丰富和发展。教育与社会实践相结合，是培养社会需要的合格人才的重要手段，是教学内容和教学方法改革的重要措施。"教育与社会实践相结合，至少应包含两方面的含义：一是学生必须参加社会实践活动，在实践活动中巩固和运用所学的知识；在实践活动中增强同人民群众的感情，改造自己的世界观；二是教育事业要和国民经济、社会发展的要求相适应，使教育的发展和培养的人才满足社会的需要。"①

2. 加强改进高校思想政治工作是贯彻党的教育方针的重要保证

高校的思想政治工作承担着武装人、引导人、塑造人、鼓舞人的功能，是引领大学生构建精神世界的主要方式，其根本任务就是以理想信念为核心，以爱国主义教育为重点，以思想道德建设为基础，以大学生的全面发展为目标。这也就是党的教育方针的要求。

目前，高校的思想政治工作面临一系列的挑战。从国际上来看，世界多极化和经济全球化趋势不断加剧，科技进步突飞猛进，综合国力竞争、人才竞争日趋激烈。和平与发展仍是当今世界的主题，但国际关系中的霸权主义和强权政治依然存在，地区经济发展不平衡，意识形态领域的斗争还很激烈。从国内来看，随着改革开放的不断深入，我国的经济成分、就业方式、分配方式和利益关系进一步趋向多元。面对社会主义市场经济和对外开放，各种文化相互激荡、社会思想空前活跃，人们的精神文化需求迅速增长的现实，大学生思想活动的独立性、选择性、多

① 于文书．党的教育方针的新视角[N]．光明日报，1999－10－18.

变性、差异性普遍明显增强，受各种思想文化的影响明显增多。一部分大学生存在着：政治信仰迷茫，理想信念模糊；社会责任感和集体观念不强；团结友爱、协作互助意识差；刻苦钻研、艰苦奋斗精神淡化；心理素质脆弱，拜金主义、享乐主义、极端个人主义在少数大学生中有所表现，甚至在一定范围内蔓延。

高校思想政治工作是党建工作的重点，是全面提高大学生综合素质、实现人的全面发展的有效途径，也是贯彻党的教育方针的重要保证。思想政治工作通过对学生进行马克思主义、毛泽东思想、邓小平理论和"三个代表"重要思想的教育，帮助他们树立正确的世界观、人生观、价值观，使他们将个人的兴趣爱好和特长等同国家、社会、人民的需求有机地结合起来；帮助学生净化思想、美化心灵、陶冶情操，弘扬积极向上的精神风貌；帮助学生培养奉献精神、团队协作观念和责任意识，不断提高思想道德素质；帮助学生继承和发扬中华民族的文化传统，激发爱国主义和集体主义精神。高校思想政治工作立足于中国特色社会主义的伟大实践，按照德、智、体、美等全面发展的社会主义事业合格建设者和可靠接班人的人才培养要求，教育学生"坚持学习科学文化与加强思想修养的统一，坚持学习书本知识与投身社会实践的统一，坚持实现自身价值与服务祖国人民的统一，坚持树立远大理想与进行艰苦奋斗的统一"，从而保证党的教育方针的贯彻落实。

3. 思想政治工作促进学生德、智、体、美全面发展

大学生是党和国家宝贵的人才资源，他们的思想政治状况、道德品质、科学文化素质和身体素质等发展状况直接关系到中华民族的未来发展，直接关系到党和国家的前途命运，对于全面实施科教兴国和人才强国战略，确保我国在激烈的国际竞争中始终立于不败之地，确保实现全面建设小康社会、加快推进社会主义现代化的宏伟目标，确保中国特色社会主义事业兴旺发达、后继有人，具有重大而深远的战略意义。因此，推动党和国家的事业健康、可持续发展，迫切需要加强和改进高校思想政治工作，培养德、智、体、美全面发展的人才。

在全面发展的教育中，德育是全面发展教育的方向和保证，智育是全面发展教育的核心，体育是全面发展教育的基础，美育是全面发展教育的重要内容。四者缺一不可，统一为一个整体。

德育，主要指思想道德素质。坚持德育为首，是我们社会主义大学的本质要求，也是大学生健康成长的政治保证。我们的思想政治工作不仅要引导大学生学习马克思主义理论，学习中华民族的传统文化，学习党的基本理论，不断提高自己的思想政治素质，还要帮助大学生不断锤炼自己的道德品质，培养艰苦奋斗、无私奉献、开拓进取的作风。

智育，主要指智力和智能的发展和提高。不管是在大学校园内的学习，还是走出校园面向社会的学习，学生通过不断的学习掌握各种知识和技能，并在此过程中培养一种思维，"一种以自由、公平、冷静、克制和智慧为特征的终生思维习惯

得以形成”。① 我们的思想政治工作帮助学生树立正确的学习观，鼓励他们在扎实学好基础理论课和专业课、扩大知识面的同时，不断提高自己的思维能力、实践能力和创新能力。

体育，主要是指健康的身体素质，包括心理素质。正处于青春发育期的大学生，加强身体锻炼，提高健康水平，对于顺利完成繁重学业以及走上工作岗位报效祖国具有十分重要的意义。我们的思想政治工作着重在学生体育教学和运动训练的过程中加强引导，帮助他们形成勇敢顽强、坚韧不拔的意志，沉着机智、敏捷合作的品质。

美育，主要是指学生感受美、认识美、鉴赏美、创造美的能力。“美育也是按一定的目的要求，对受教育者施以积极影响的一种有计划的美感教育活动。它要通过对人们的不断启发和长期的训练、熏陶的教育过程使之逐渐获得美感能力。”② 我们的思想政治工作积极引导学生从各种现实生活中接受美的教育，更好地按照美的规律去改造客观世界和主观世界，创造具有高度物质文明和精神文明的美好生活。

三、落实对每一位学生的培养任务，促进个性的自由发展

1. 思想政治工作个性化教育的内涵界定

思想政治工作的个性化教育就是“注重思想政治教育过程中的人文关怀，面对不同个性的学生，采用不同的教育和管理手段，促使具有不同智能的学生之间以及学生个体智能强项的发展之间形成优势互补、互促，促进学生个性优化、和谐发展，就是让学生的生命自由成长，让学校成为学生的精神家园”③。

马克思在其大量的著述中提及“个性”的概念，如《雾月十八日》、《资本论》等，在他那里，“个性就是作为个人对外部世界独特的主体倾向性，主要包括个人心理倾向性、社会倾向性和个人对这种倾向性的追求，以及由此出发对个人行为和态度的评价”。④ 毛泽东也对个性的问题提出过他的理解，“讲到个性和党性，党性就是普遍性，个性就是特殊性。没有一种普遍性不是建筑在特殊性的基础上的。没有特殊性，哪里有普遍性？没有党员的个性，哪里有党性？至于每一个党员是不是相同？当然不同。个性不能相同……总之，是有各种不同的个性，谁要来抹煞各种不同的个性是不行的。抹煞各种差别，就会取消统一，抹煞特殊性也就没有统一性。”⑤

---

① 亨利·纽曼．大学的理想[M]．浙江教育出版社，2001(p22)．
② 王金华．论思想政治教育工作重在促进大学生全面发展[J]．武汉科技学院学报，2005(2)．
③ 王成文．高校思想政治教育个性化的理性思考[J]．思想政治教育研究，2006(3)．
④ 韩庆祥等．人学——人的问题的当代阐释[M]．云南人民出版社，2001(p303)．
⑤ 毛泽东．毛泽东文集(第3卷)[C]．人民出版社，1996(p340－341)．

传统的思想政治工作将关注重点放在了社会与道德的层面，过多强调以牺牲个体价值来迎合社会价值，忽视个体的利益；过多强调强制管理和知识灌输，忽视内心的认同；过多强调继承传统、服从权威，忽视独立思考和大胆创新。总之，过多强调共性的塑造，忽视个性的培养。

现今，全球的教育专家都在关心教育的个性化问题，如联合国教科文组织出版的《学会生存——世界教育的今天和明天》的报告就指出，“应当培养人的自我生存和发展的能力，促进人的个性全面和谐的发展”。可见，培养学生的个性正成为教育面向未来的重要内容。国外思想政治教育教学改革主要倾向于“以学生为中心”的富有个性的课堂教学模式，从总体上来看，传统的“理论教育”模式逐渐向现代的“自我教育模式”和革新的“新道德教育”模式转变；主张遵循学生心理发展规律，重在发展学生的个性和自我意识，提升思想认知能力，特别是培养学生的思想政治判断能力和选择能力。① 而我们的思想政治工作也开始注重人的自由个性的发展，进而帮助实现人的价值。

2. 思想政治工作对学生个性化教育的实现途径分析

“人既是一种生理意义上的存在，同时也是一种超越生命的存在，是一种具有无限丰富性和多样性的存在。人的存在既是一个被外力塑造的自然过程，也是一个自主自觉的能动性创造过程。”②我们的大学生，是具备鲜明个性的具有自我发展能力的个体，他们不可能完全地被外在力量必然地塑造成某种规定的东西，而是被内在能动性推动趋向于无限发展可能的生命体。因此，思想政治工作一定要重视人的主体性，要学会尊重、理解、关心、帮助学生形成完整和健全的个性。

那么，思想政治工作对学生个性的形成、发展是如何起作用的呢？从心理学的理论来看，人接受外界环境的刺激会产生一定的心理反应，从而导致一系列的行为。接下去，这种思想和行为是继续下去还是中止将受到外界各种因素的影响。这时候，如果对其思想和行为作出适当的反应，就可以影响到其下一阶段的思想和行为，并进而使一定的思想和行为成为稳定的心理特征，从而塑造人的个性。我们的思想政治工作就是通过对学生的思想和行为作出及时的评价和奖惩，以达到帮助学生不断优化个性结构、形成健全人格的目的。

现代教育学认为，个性的充分发展有利于人的自主性、灵活性和创造性的充分发挥。美国心理学家马斯洛运用整体分析法对一些众所周知的历史人物（如杰斐逊、歌德、爱因斯坦、罗斯福、卢梭等）进行了研究，发现他们的创造才能与他们的个性特征有着密切的关系。根据我国政治、经济、文化发展的历史与现状，依据

① 陈若松．论大学生思政教育的情理交融[J]．思想政治教育研究，2005(6)．

② 王秉琦等．思想政治个性化教育研究及其实施途径[J]．思想教育研究，2006(9)．

我国教育不同层次的目标(人本目标、国家目标、全球目标),结合当代大学生人格发展的现状,学者们认为当代大学生健康人格应具有如下特征:(1) 具有远大而稳定的奋斗目标;(2) 具有强烈的道德责任感;(3) 具有正确的自我意识;(4) 具有创造性,有求新变革的创造意识或精神,具备一定的创造能力,掌握一定的创造方法;(5) 具有良好的情绪调控能力;(6) 具有良好的社会适应能力;(7) 具有和谐的人际关系;(8) 具有乐观向上的生活态度,对前途和生活充满希望和信心,对学习和生活抱有浓厚的兴趣;(9) 具有健康、崇高的审美情趣。

3. 实施思想政治工作个性化教育的对策

在学生个性发展的问题上,许多发达国家都把促进学生个性的发展同培养爱国精神与社会责任感结合起来。美国的学校教育不仅崇尚个性,而且把培养具有爱国精神,能对国家尽到责任和义务的"责任公民"作为教育目标。日本政府则把"充分发展个性,培养热爱真理和正义、重视个人价值、尊重劳动、有强烈的责任感、充满独立精神的人才"作为21世纪教育的目标。因此,我们要针对当前存在的问题,积极探索加强思想政治个性化教育的途径。

(1) 要树立以生为本的教育理念。教育理念是建构思想政治教育模式的前提和基础。我们的思想政治教育工作者要牢固树立以学生为本、以学生全面发展为本的教育理念,不仅尊重每一位学生的道德、人格、需要,同时更是要尊重每一位学生的生命独特性。如我们要根据学生思想形成、发展、变化的因素所具有的多样性、复杂性特点,把学生看成活生生、有感情、有鲜明个性要求、且不断发展变化的人来看待,运用不同的方式方法来开展思想政治工作,鼓励他们按照自己的意愿和判断去选择发展方向和发展目标。

(2) 要充分重视教育环境的作用。环境因素制约着思想政治工作的效果,而思想政治工作也反作用于环境。只有通过思想政治工作去影响、改造和建设环境,才能促进有利于学生成长的氛围的形成。思想政治工作的环境不仅能拓展个性发展的视野,而且对他们的性格、品质的形成起到潜移默化的作用。如学生所在的班集体是学生接触最密切的教育人际环境,发挥集体的教育功能可以帮助学生养成良好的人格。

(3) 要建立科学的多维评价体系。根据加德纳(Howard Gardner)的多元智能理论,人的智能并非一元,而是多种智力的集合体。因此,要提高思想政治工作的针对性和有效性,我们必须建立一个科学合理的多维评价体系,以利于多角度、全方位地评价一个学生的发展状况。这个评价体系要更加突出时代性、开放性、整体性、层次性,不能仅将教育者、管理者是否满意作为评价的标准,要根据思想政治工作的各构成要素进行综合评价,提高测评的信度和效度。如采取多主体评价的方式,有自我评价、同伴评价、辅导员评价、家长评价等;评价方法也力求多元,可以有行为观察、情境测试、问卷调查等。

四、针对新时期的要求，着力提高学生的理论素养、实践能力、创新精神、心理素质

1. 通过思想政治教育，着力提高大学生的理论素养

高校的思想政治理论课教学，担负着培养大学生思想政治素质的重任。而思想政治素质又是综合素质，包括马克思主义理论素质、思想品德素质、政治鉴别力、政治敏锐性等多方面。其中马克思主义理论素质是基本的素质，它在整个思想政治素质中，起着基础和导向作用。恩格斯说："一个民族想要站在科学的最高峰，就一刻也不能没有理论思维。"①列宁也说过："没有革命的理论，就不会有革命的运动"。② 这就是说明了学好理论的重要性，对于正处于成长阶段的大学生来说，更具有长远性和根本性的意义。思想政治理论课具有很强的理论性和系统性，这对于加强大学生的理论修养是非常有用的。为了使学生真正领悟马列主义、毛泽东思想、邓小平理论、"三个代表"重要思想、科学发展观的精髓，改进思想政治理论课的教学方式、方法，使思想政治理论课的精髓进入学生的思想，就显得格外迫切。

2005 年 12 月，国务院学位委员会和教育部印发了《关于调整增设马克思主义理论一级学科及所属二级学科的通知》，正式宣告马克思主义理论一级学科的设立。由此，马克思主义理论素养教育在高校思想政治教育中的核心地位愈益凸显。③

作为高校学生思想政治工作的主力军——辅导员，应该利用自身的优势，及时了解大学生的思想政治状况，并认真把党和国家重要的思想政治教育精神传达贯彻到每个大学生的心里。针对不同的思想政治教育内容和教育对象，灵活运用多种教育方式，比如通过自身表率、个别辅导、群体教育等多种方式，来达到提高学生思想水平和思想政治理论修养的目的。

2. 通过思想政治教育，着力提高大学生的实践能力

加强对大学生的实践能力培养，是我国现阶段大学人才培养模式的改革和创新的核心目标之一。实践不仅是教育的手段和环节之一，更是一种教育理念，将实践的理念融入大学生思想政治教育的全过程，是由思想政治教育的性质和任务所决定的，是为思想政治教育的内容和目的所要求的，是优化大学生思想政治教育并提高其教育教学质量的重要保证。④ 对大学生进行思想政治教育除了利用课堂教学外，还可以通过社会实践，提高大学生的思想政治水平。

---

① 马克思，恩格斯．马克思恩格斯选集(第三卷)[M]. 人民出版社，1972(p467).
② 列宁．列宁选集(第一卷)[M]. 人民出版社，1972(p241).
③ 麦培年，宋善文．论马克思主义理论素养教育在高校思想政治教育中的地位[J]. 党史文苑，2007(6).
④ 谢其梅．增强实践意识，优化大学生思想政治教育[J]. 中国高等教育，2007(12).

社会实践是大学生思想政治教育的重要环节，对于促进大学生了解社会、了解国情，增长才干、奉献社会、锻炼毅力、培养品格、增强社会责任感具有不可替代的作用。要引导大学生走出校门，到基层去锻炼，要注意让大学生社会实践与专业学习相结合、与服务社会相结合、与勤工助学相结合、与择业就业相结合、与创业相结合，增强社会实践活动的效果，培养大学生的劳动观念和职业道德。

把握时代脉搏，紧跟时代步伐，是政治课教学的生命力所在。著名教育家陶行知先生曾指出："解放学生的头脑，使他们思想；解放学生的双手，使他们能干；解放学生的嘴巴，使他们能问；解放学生的空间，使他们能到大自然大社会里扩大知识和眼界，获得丰富的学问；解放学生的时间，使他们有时间学一点他们渴望要学的知识，干一点他们高兴干的事情。"陶行知先生关于"五大解放"的思想对当前学生的思想政治教育有很大的指导意义。学校、教师应该组织学生开展各种活动，培养学生的实践能力、合作精神和自主精神；指导学生阅读各类书刊，组织学生开展社会调查，撰写政治小论文。这样，使思想政治的小课堂与大社会有机地结合起来，不断提高学生思想政治理论水平和实践能力。

3．通过思想政治工作，着力提高大学生的创新精神

面对知识经济的挑战，教育应当培养什么样的人才，才能在未来的国际竞争中立于不败之地？才能为不断提高我国的经济实力、国防实力和民族凝聚力提供可靠的基础？培养大学生的创新精神和创新能力具有重要地位，刻不容缓。

胡锦涛总书记在十七大报告中明确指出："提高自主创新能力，建设创新型国家。这是国家发展战略的核心，是提高综合国力的关键。"他要求全党全国要坚持走中国特色自主创新道路，把增强自主创新能力贯彻到现代化建设各个方面，并提出了一系列具体的保障措施与政策。胡锦涛总书记在报告中还专门论述了创新环境与人才培养的密切关系。他说："进一步营造鼓励创新的环境，努力造就世界一流科学家和科技领军人才，注重培养一线的创新人才，使全社会创新智慧竞相迸发、各方面创新人才大量涌现。"

高校思想政治教育对培养大学生创新精神的重要作用，主要体现在思想政治教育的目标和内容等方面。要实现培养大学生创新精神这一目标，就必须从创新精神的内涵和思想政治教育的内容中寻找结合点。思想政治教育的内容，包括思想教育、政治教育、道德教育和法纪教育等方面，这些内容是相互联系、相互渗透和相辅相成的。这些内容是创新人才必不可少的精神食粮，对培养创新精神具有重要的作用。①

所谓创新人才，是指全面发展的，具有创新精神、创新思维、创新能力的，并且能够取得创新成果的人才。其中创新精神是创新的灵魂，是创新人才进行创新实

---

①　华启新．从创新精神的内涵看思想政治教育的作用[J]．淮南师范学院学报，2004(4)．

践活动的精神动力，是影响创新能力生成和发展的重要内在因素，它主要包括科学精神、奉献精神、团队精神、怀疑精神和批判精神等。在培养大学生创新精神的过程中，要大力提倡解放思想、实事求是、与时俱进，把坚持积极创新的探索精神同诚信、严谨的学风结合起来；把个人的志向与民族的振兴结合起来，把个人的理想与祖国的命运联系起来；把实现自身价值与服务祖国人民统一起来；把解放思想与实事求是结合起来，这些都离不开思想政治教育。

4. 通过思想政治工作，着力提高大学生的心理素质

思想政治教育通过一定的道德规范来引导人们产生符合社会的行为，心理健康教育则是通过调节人的心理活动来促进人们身心健康，达到与社会的和谐相处，两者虽然在方法、机制、内容上各有特色，但在促进学生健康成长的教育总目标上却是一致的。“健康的心理必须以良好的思想素质为前提，而思想政治教育的目的正在于塑造和提高人的思想素质。思想政治教育在培养人崇高的理想、坚定的信念、优秀的品德、健康的意志方面具有重要作用，这也为心理健康教育打下了坚实的基础。”①因此，培养当代大学生健康的心理素质关系重大。不光是心理学家的需要重视，思想政治教育工作者也要高度重视起来。当前，高校的思想政治工作必须借鉴心理学、教育学、社会学、医学等学科知识来加强对大学生心理活动的干预，形成正确的自我认识及良好的心态，维护和促进其心理健康，更好地实现自我价值、社会价值。②

因此，我们开展思想政治教育，要把马克思主义哲学传授给大学生，让大学生掌握马克思主义哲学的唯物史观，学会一定的辩证分析问题和解决问题的能力，并注重人的理性活动给予人的影响。通过思想政治教育，可以引导学生树立正确的世界观、人生观；建立健康良好的人际关系；疏导学生的不合理需求；形成正确的自我意识；养成科学的生活方式；增强明辨是非的能力等。思想政治教育对于提高大学生心理素质，帮助大学生全面发展，让大学生内心世界更丰富坚强，使大学生以一种更积极的态度面对学习和生活，起着重要的作用。

五、面向现实生活，增强学生应对复杂形势、多元文化、不良思潮、物欲诱惑的判断力、识别力、自制力、抵御力

1. 增强学生应对复杂形势的判断力

当今世界，政治多极化的趋势继续发展，经济全球化的进程日益加快，这给我们进行社会主义经济建设提供了良好的发展机遇，但同时也带来了一些负面影响。随着改革开放的逐步深入，部分青年学生对社会主义和共产主义信念产生了

① 张俊．研究生思想政治教育的探索与创新研究[J]．华中农业大学学报（社会科学版），2006(2).
② 刘钢锁．思想政治教育与当代大学生的心理健康[J]．科技信息，2006(5).

一些疑虑。此外，西方敌对势力长期打着“民主”、“自由”、“人权”等旗号，通过政治、经济、文化等多种手段，千方百计对我国实施“西化”、“分化”战略。青年大学生由于好奇心和求知欲强，接受新事物快，辨别能力较差等特点，容易受其影响。我国现在处于社会转型时期，社会经济成分、组织形式、就业方式、利益关系和分配方式的日益多样化，导致社会成员思想观念和价值取向日趋多元，这必然引发思想、道德、价值观念的融合、渗透与冲突，以及思想观念的强烈震荡，这给大学生思想教育构成了现实的冲击和潜在的挑战。

面对复杂的国际国内形势，对大学生加强思想政治教育，加强马克思主义理论的学习是极其必要和重要的。大学生要正确理解马克思主义，学会运用马克思主义的有关原理辨别是非，判断其他理论的真伪，分析论证某一观点的正确或错误，提高辨别、判断及分析问题的能力。要通过思想政治工作，增强大学生分析认识和评述社会复杂现象及当代世界的一些重要问题的能力，善于运用马克思主义基本原理去分析和解决实际问题，增强判断力，使我们的学生不会在复杂多变的形势下走错方向。

2. 增强学生应对多元文化的识别力

“多元文化”这一术语在西方20世纪20年代就已经出现。20世纪六七十年代后，在后现代理论的推动下，多元文化的含义开始扩大化。迄今为止，有关文化的定义已经超过百种。在多元文化中，文化的含义不仅仅是指狭义的文化概念，而且也涵盖了广义的人类文明现象，概括了人类的一般生活方式。它既包括了人类的文化知识内容和教育水准，同时也包括一定区域、社会、群体中的人的全部生活方式。①

随着世界各国政治、经济、文化交流的日益密切，西方国家利用东西方交往的各种途径进行价值观念的渗透，使个人主义、拜金主义、享乐主义的价值观，充斥我国的大学校园。互联网的出现，使文化交流的手段更加现代化，更加速了文化的传播。在资源丰富的网络环境中，先进的文化资源得到传播的同时，各种与色情、暴力、吸毒等有关的文字、图像和视频也在网络中迅速传播，甚至有不法分子利用互联网大量散播反社会主义、反政府、反人民的言论。然而大学生思想开放、活跃且不够成熟，自制力、识别力不强，容易受不良信息的诱导，容易被西方的价值观念所诱惑，这势必会影响大学生良好道德品质的养成，甚至会使他们丧失应有的政治观点和立场。

高校通过对大学生进行爱国主义、集体主义和社会主义的教育，促使学生中的多元化思想向社会主义核心价值体系这一主体导向靠拢。高校要把思想政治理论教育和校园文化教育有机地结合起来，大力加强大学生人文素质教育，开展

---

① 张鹏，黄敏．论多元文化背景下的大学德育走向[J]．广西师范大学学报，2007(5)．

丰富多彩、积极向上的学术、科技、体育、艺术和娱乐活动，坚决抵制各种有害文化和腐朽生活方式对大学生的侵蚀和影响。同时要加强校园网络思想政治教育阵地的建设，开展生动活泼的网络思想政治教育活动，还要加强校园网的管理，严防有害信息在网上传播，形成网上网下思想政治教育的合力。通过各种方式、方法对大学生进行思想政治教育，提高他们对“糟粕文化”的识别能力，批判地吸收古今中外各种文化中的优秀成分，在此基础上“推进文化创新，增强文化发展活力”，“弘扬中华文化，建设中华民族共有精神家园”。①

3. 增强学生应对不良思潮的自制力

“社会思潮是社会存在的产物，是一定时期内反映一定阶级、阶层的利益和要求，得到广泛传播并对社会生活产生一定影响和作用的思想倾向、思想潮流。”②就本质来说，社会思潮是一种意识形态，其核心体现着一定阶级、阶层的价值观念。当前我国社会思想文化领域总的形势和主流是健康向上的，马克思主义的指导地位不断巩固，邓小平理论和“三个代表”重要思想日益深入人心，坚持科学发展观和构建社会主义和谐社会已成为我国思想文化领域的主流，③但同时我国现实社会生活中也存在着一些不容忽视的社会思潮，比如民主社会主义思潮、新自由主义思潮、历史虚无主义思潮、拜金主义思潮等，这些思潮的传播和蔓延，冲击和侵蚀着人们的政治思想和价值观念，给社会主义核心价值体系建设和社会主义和谐文化建设带来了严峻挑战。

高校大学生思想政治工作对于提高大学生对不良思潮的抵抗力起着重要作用。在学习马克思主义理论的基础上，指导学生自觉运用马克思主义理论的锐利武器揭示各种思潮所包含的政治观和价值观的本质；积极学习、贯彻和落实科学发展观与社会主义核心价值体系，坚定地走中国特色的社会主义现代化道路；宣传倡导积极、健康、向上的思想观念和行为；批判腐朽堕落的世界观、人生观、价值观，净化校园环境，可以不断提高学生对不良思潮的抵制力，自觉抵制消除拜金主义、自由主义等社会思潮。

4. 增强学生应对物欲诱惑的抵御力

现代社会物质生活极大丰富，商品市场琳琅满目，大千世界灯红酒绿，对青年学生产生了很大的诱惑力。在社会转型过程中，出现的一些贪污腐败、不正之风、分配不公、贫富差距拉大等现象，对青年学生产生了消极的影响。从发达国家的经验看，为物质文明发展作出贡献、付出代价的老一代人，富有勤俭节约、艰苦奋

① 胡锦涛．高举中国特色社会主义伟大旗帜，为夺取全面建设小康社会新胜利而奋斗[N]．人民日报，2007-10-15.

② 湖南省邓小平理论和“三个代表”重要思想研究中心．加强对社会思潮的正确引导[N]．人民日报，2005-04-22.

③ 鄢本凤．建设社会主义核心价值体系，须警惕五大社会思潮[J]．中国青年研究，2008(2).

斗的精神；而享受前人创造的物质文明的一部分青年人被“物化”了。他们只关注个人的物质享受，对社会冷漠，对他人冷漠，所以有识之士疾呼“人不见了”。改革开放带来了物质文明的迅速发展，人民生活水平的提高，但这一切也对高校思想政治工作提出了挑战。

坚持用社会主义核心价值体系引导学生树立正确的人生观、价值观，使学生进一步明确了人生目标，使学生认识到丰富的物质生活是人们奋斗的目标，但不是人生的终极目的。人生的目的就是不断推动社会的发展，是全心全意为社会、为人民服务。① 以民族精神和时代精神作为大学生思想政治教育工作的主旋律，对大学生不断加强民族精神的教育，增强他们对国家的认同感、归属感，增强爱国意识、团结意识，发扬勤俭节约、艰苦奋斗等精神；以改革创新的时代精神培养大学生，使他们更具创新意识，促进社会经济、政治、文化的不断发展，不断增强大学生对物欲横流的、灯红酒绿的高度发达的物质诱惑的抵御能力。

---

① 杨德广．教育新视野新理念[M]．上海教育出版社，2008(p70)．

第六章　高等学校和谐校园的构建

中共中央提出构建和谐社会，是在改革开放深入发展的新形势下对党的执政规律科学认识的结果，也反映了中华民族世世代代孜孜以求的美好愿景。构建和谐社会落实到高校就是构建和谐校园，高等学校承担着为和谐社会培养人才、为经济社会发展服务的使命。校园的和谐程度是整个社会和谐程度的晴雨表和风向标，高等学校的安全稳定和校园和谐又直接影响着社会的稳定与和谐，高校校园和谐是社会和谐的重要组成部分。

第一节　构建和谐校园的意义

和谐作为一种思想，是中华民族传统文化精神的精髓。中华文化的和谐精神可以归纳为“和而不同、求同存异”。这就是说，和谐不是指完全同一，而是指事物协调、均衡、有序的发展状态。具体延伸到学校，延伸到和谐校园，主要是指学校协调、均衡、有序发展的态势。校园和谐主要是指校园内部各种要素处于一种相互依存、相互协调、相互促进的状态，主要表现为校园组织结构要素的和谐、教育环境的和谐、教师间人际关系和谐、学生间人际关系和谐、师生关系和谐等等。

一、和谐校园是学校物质、精神、制度文化的综合体现

物质文化是指校园的建筑、环境设施、设备等看得见、摸得着的物质的东西。这是其他文化形态存在和发展的基础，是构建和谐校园的基础元素。精神文化是指学校的文化传统、学风教风、人际关系、心理氛围以及校园群体的精神风貌、世界观、人生观、价值观等因素，它是构建和谐校园的灵魂和核心，属于深层次的文化，对人起着内在的激励作用。制度文化是指学校的各种规章制度、学习与生活模式，以及现实的行为规范等。这是师生活动的准则，起着管理育人的作用。无规矩不成方圆，学校的制度文化，是构成和谐校园的

载体之一，是构建和谐校园的重要保证。学校物质、精神、制度文化之间是相互交融、相互渗透的，是一个形象化、立体化、多样化的有机整体，具有磁场效应，起着凝聚与感染的作用，使学生实践其中、创造其中，受到良好的陶冶和激励，从而达到环境育人的目的。① 所以，和谐的校园是学校物质、精神、制度文化的综合体现。

二、和谐校园是学校的实力和竞争力赖以增强的基础

构建高等学校和谐校园可以对内凝聚力量，对外扩大影响，增强学校的综合实力和核心竞争力。学校核心竞争力主要涉及学者、学科、学术、学风、学生等要素，这些要素的优化与配置皆离不开和谐的校园。没有和谐的校园，有可能导致学者相互歧视、学科相互排斥、学术死水微澜、学风浮躁滑坡、学生失衡发展。②

21 世纪大学理念的价值取向是追求个人、知识、社会的和谐发展。一所大学的发展应该是软实力与硬实力的共同提升。软实力体现着学校的凝聚力、吸引力和向心力。构建大学和谐校园，营造高品位的文化氛围，让学生在这个氛围中去思考、理解、感悟，净化灵魂，升华人格，完善自己，这种和谐使学校在其内在凝聚力、对内外吸引力和向心力等各方面都能够得到发展，这也正是学校软实力的一种体现。

因此，一定要通过建设和谐的校园，实现办学要素的优化配置，增强学校的综合实力和核心竞争力。

三、和谐校园是社会和谐的典范和动力

构建和谐校园对社会和谐具有重要的影响和推动作用。“构建和谐校园”既是落实科学发展观、推进和谐社会建设的现实需要，也是高校加快改革发展、培养高素质人才的必然选择；既符合高校发展的实际，也顺应时代发展的要求，对实现全面建设小康社会的宏伟目标具有重要的现实意义。

高校作为传承知识、应用知识和创造知识的基地，其在促进文化发展中处于特殊地位，起着重要作用。一方面，构建和谐校园可以为和谐社会建设提供持续的动力，一个幸福、公正、和谐的校园，将为和谐社会的建设提供良好的示范作用；另一方面，实现和谐校园，将直接为和谐社会的发展提供人才智力支持和就业技术支持。高校充分履行好自身的职能，构建和谐社会就会有更浓厚的文化底蕴、更雄厚的人才根基，并成为社会和谐的典范和动力。

---

① 邓维贵．从“三个层面”构建和谐校园文化[J]．广东教育·教研，2007(21)．

② 骆郁廷．建设和谐的大学文化[N]．中国教育报，2007-04-10．

第二节　和谐校园建设与社会主义核心价值体系

《中共中央关于构建社会主义和谐社会若干重大问题的决定》指出："建设和谐文化，是构建社会主义和谐社会的重要任务。"而要完成这一历史重任，就需要在建设"社会主义核心价值体系"上用力气。这是因为："社会主义核心价值体系，是建设和谐文化的根本。"和谐校园的建设离不开和谐校园文化的建设，而建设和谐校园文化必须紧紧围绕社会主义核心价值体系。

一、和谐校园建设必须以社会主义核心价值观为主导

"社会主义核心价值体系的基本内容"，包括四大要素：一是"马克思主义指导思想"；二是"中国特色社会主义共同理想"；三是"以爱国主义为核心的民族精神和以改革创新为核心的时代精神"；四是"社会主义荣辱观"。这四大要素，既相对独立，各有其特定内涵；又相互联系，相辅相成。正如李长春同志所指出的："社会主义核心价值体系这四个方面的内容，相互联系、相互贯通、相互促进，是有机统一的整体。坚持马克思主义的指导地位，是社会主义核心价值体系的灵魂；树立共同理想，是社会主义核心价值体系的主题；培育和弘扬民族精神和时代精神，是社会主义核心价值体系的精髓；树立和践行社会主义荣辱观，是社会主义核心价值体系的道德基础。"

1. 马克思主义指导思想

马克思主义是指引我们的事业从胜利走向胜利的明灯，是我们做好一切工作的方向盘，毫无疑问它也是社会主义核心价值体系的灵魂。在当代中国，坚持马克思主义，尤其要坚持中国化的马克思主义，即坚持毛泽东思想、邓小平理论和"三个代表"重要思想的指导。因此，我们要建设社会主义核心价值体系，不能不以中国化的马克思主义这一"强大思想武器"作为思想灵魂和行动指南，使和谐文化建设永远沿着正确方向前进。

我们建设和谐校园的实质，就是要用马克思主义的世界观、人生观、价值观把全校师生的思想认识统一起来。必须清醒地看到，随着改革开放的深入和市场经济的发展以及经济全球化的到来，我们的社会主义价值体系面临严峻挑战。一是面临世界各种文化思潮的挑战。当今世界，各种文化思潮此起彼伏，相互激荡，相互碰撞，其中有积极的进步的内容，也有消极的、颓废的甚至反动的成分。它们都分别从不同视角反映了不同的世界观、人生观、价值观，不可避免地要对高校师生的精神风貌产生影响。这是我们在思想战线上面临的一大挑战。二是面临国内以社会经济成分多样化、组织形式多样化、就业方式多样化、利益关系多样化、分

配方式多样化等为特征的社会存在的挑战。这“五种多样化”，表明国内社会存在的复杂性。这种复杂性，决定了社会意识的复杂性，使人们的世界观、人生观、价值观呈现多元化状态。这是我们在思想战线上面临的又一重大挑战。我们要有效地应对以上意识形态方面的两大挑战，就必须拿起马克思主义这一锐利武器，坚持马克思主义在意识形态中的指导地位，用马克思主义的主流价值观来统一全校师生的思想。我们要建设和谐校园，尤其要坚持和宣传马克思主义基本原则，这就不能不用马克思主义作为思想灵魂，将社会上形形色色的价值取向引导到正确轨道上来。

2. 中国特色社会主义共同理想

80多年来，我们党领导中国人民进行艰苦卓绝的奋斗、探索，终于在党的十六届六中全会上对“什么是中国特色社会主义共同理想”这一重大问题，作出了创造性的理论概括，会议指出：“社会和谐是中国特色社会主义的本质属性。构建社会主义和谐社会，是我们党以马克思列宁主义、毛泽东思想、邓小平理论和‘三个代表’重要思想为指导，全面贯彻科学发展观、从中国特色社会主义事业总体布局和全面建设小康社会全局出发提出的重大战略任务，反映了建设富强民主文明和谐的社会主义现代化国家的内在要求，体现了全党全国各族人民的共同愿望。”

上述这段论述，实际上对“中国特色社会主义共同理想”作出了科学回答。这一回答，切切实实地抓住了社会主义核心价值体系的主题，它集中体现在以下几个方面。首先，它指明了构建社会主义和谐社会是中国特色社会主义的“本质属性”。它告诉我们，要实现中国特色社会主义的共同理想，必须在构建社会主义和谐社会上下功夫。其次，它指明了马克思列宁主义、毛泽东思想、邓小平理论和“三个代表”重要思想以及科学发展观是构建社会主义和谐社会的理论依据，它表明构建社会主义和谐社会战略任务的提出完全符合马克思主义基本原则。第三，它指明了构建社会主义和谐社会，是“从中国特色社会主义事业总体布局和全面建设小康社会全局出发提出的重大战略任务”。这说明我党提出的这一战略任务，除了在理论上立足于马克思主义和科学发展观之外，还在实践上同“中国特色社会主义事业总体布局和全面建设小康社会全局”相吻合，因而它是马克思主义中国化的产物。第四，它强调构建社会主义和谐社会，“反映了建设富强民主文明和谐的社会主义现代化国家的内在要求”。这一概括表明，我们所要构建的社会主义和谐社会，应当达到“富强、民主、文明、和谐”的总体要求，从而界定了社会主义和谐社会的高标准、新模式。第五，它指明了构建社会主义和谐社会“体现了全党全国各族人民的共同愿望”。这说明我党提出的构建社会主义和谐社会这一战略决策，是党心所向、人心所向，深得人民群众拥护。

今天，我们讲“中国特色社会主义共同理想”，就是要大讲构建社会主义和谐社会，这才是我们要为之奋斗的共同理想。因此，我们建设和谐校园，也必须围绕“中国特色社会主义共同理想”这一重大主题，阐明构建和谐校园的重要性和必要性，引导师生正确认识“中国特色社会主义共同理想”的科学内涵，正确认识和谐校园是建设社会主义和谐社会的动力，从而把全校师生建设中国和谐校园的积极性和创造性调动起来，发挥出来，自觉地为建设和谐校园和构建和谐社会贡献力量。

3. 以爱国主义为核心的民族精神和以改革创新为核心的时代精神

社会主义核心价值体系的精髓，除了以马克思列宁主义、毛泽东思想、邓小平理论和“三个代表”的重要思想以及“科学发展观”作为指导思想之外，还必须用“以爱国主义为核心的民族精神和以改革创新为核心的时代精神”作为精神支撑。我们民族所创造的“以爱国主义为核心的民族精神和以改革创新为核心的时代精神”，都是我们建设中国特色社会主义所不可缺少的重要精神资源。我们建设社会主义核心价值体系，抓住了这两大精神，也就抓住了力量源泉，抓住了精神资源的精髓。

首先，“以爱国主义为核心的民族精神”，是我们民族的先民们在长期劳动、生活的实践中创造出来的具有中华民族风格的、积极向上的思想精华的总概括，是中华民族集体智慧的结晶，是推动中华民族不断走向文明进步的力量源泉，是我们的祖先留给我们的最宝贵的精神财富。江泽民同志在中国共产党第十六次全国代表大会的报告中指出：“民族精神是一个民族赖以生存和发展的精神支撑。一个民族没有振奋的精神和高尚的品格，不可能自立于世界民族之林。在五千多年的发展中，中华民族形成了以爱国主义为核心的团结统一、爱好和平、勤劳勇敢、自强不息的伟大民族精神。”我们建设社会主义核心价值体系，应当珍惜这一宝贵财富，对之大力发掘，大力弘扬，使之在构建和谐社会中发挥精神支柱的作用。

其次，“以改革创新为核心的时代精神”，是我们党在领导全国人民进行改革开放、开拓创新的伟大实践中创造出来的具有与时俱进时代特色的伟大精神。以改革创新为核心的时代精神的具体内涵就是江泽民同志特别强调要大力宣传和弘扬的五种精神：一是“解放思想，实事求是”的精神。“这是马克思主义的精髓，也是我们进行不懈奋斗的核心精神”。二是“紧跟时代，勇于创新”的精神。“我们必须始终站在时代发展前列，不断把事业推向前进”。三是“知难而进，一往无前”的精神。“奋斗就会有艰辛，艰辛孕育新的发展。要把现代化事业干成功，必须有一种不畏艰难、顽强拼搏的钢铁意志，一种坚忍不拔、敢于胜利的英雄气概”。四是“艰苦奋斗，务求实效”的精神。“要发扬党的优良传统，使勤俭建国、勤俭办一切事业在全党全社会蔚然成风”。五是“淡泊名利，无私奉献”的精神。“先天下之忧而忧，后天下之乐而乐，心中装着人民，心中装着党的事业”。(《在全国宣传部

长会议上的讲话》,2001 年 1 月 10 日)①

综上所述,"以爱国主义为核心的中华民族精神"和"以改革创新为核心的时代精神",对于推进和谐校园构建,均有着不可估量的重大价值。和谐校园的构建是一项伟大的事业,伟大的事业需要崇高的精神作支撑,"以爱国主义为核心的中华民族精神"和"以改革创新为核心的时代精神",对于激励全体师生为构建和谐校园努力奋斗,将产生巨大的精神力量。

4. 社会主义荣辱观

"八荣八耻"荣辱观让人们明白了要赞成什么,反对什么,倡导什么,摒弃什么,体现了社会主义道德规范的本质要求和社会主义价值观的鲜明导向。它继承了中华民族的传统美德,同时注入了时代的特点和实践的要求,把"荣""辱"两个传统道德概念切实对应起来,形成鲜明对比。树立和践行"社会主义荣辱观",是社会主义核心价值体系的道德基础。建设和谐校园,重心在基层。高校的职责是为中国特色社会主义事业培养合格建设者和可靠接班人。而构建和谐校园,必须树立社会主义荣辱观,要让"八荣八耻"进校园、进教材、进课堂,把引导大学生树立社会主义荣辱观渗透到思想政治教育的各个环节。树立社会主义荣辱观,大学生不仅仅是倡导者,更是执行者。为此,首先,要用社会主义荣辱观引领大学生的价值取向,要坚定不移地用马克思主义价值观增强学生的社会意识、政治意识、大局意识、责任意识。其次,让社会主义荣辱观成为大学生自觉的行动,这不但关系到高校的荣辱,更关系到青年学生将来能否承担起建设国家、富强民族的重任。要求大学生在思想观念上牢固树立社会主义荣辱观,在行动上践行"八荣八耻"。要使大学生具有社会主义荣辱观和正确的价值取向,应该注意以下几个问题:(1) 社会主义荣辱观教育要充分挖掘民族传统和革命传统的丰富资源,结合高校实际,在高校育人的各个环节中给学生灌输这种理念。(2) 对高校已经开展的、分散在各个教学环节中的荣辱观教育进行梳理,提炼精华,形成贯穿高校教育各个环节的新体系。(3) 社会主义荣辱观教育,从内容到载体一定要与时俱进,要体现时代特色与学生的成长需求。(4) 社会主义荣辱观教育,最终要实实在在地落到提高学生的思想道德素质上。高校要在思想政治理论课程和文化素质教育课程中凸显社会主义荣辱观教育,要积极创造条件,开设中国历史、文化、道德等内容的选修课,开办以弘扬社会主义荣辱观为主要内容的专题讲座。把文明修身和社会实践活动作为重要阵地,让广大学生明确自己对历史、对民族肩负的责任和使命。要对学生开展诚信、文明、感恩等基础文明教育;营造健康向上的文明氛围。只有让高校成为构建社会主义荣辱观的阵地,才能使学生具有正确的道德规范。

① 黄钊. 社会主义核心价值体系基本内容及其要素关系[J]. 思想教育研究,2007(7).

二、社会主义大学的办学理念是社会主义核心价值体系在高等学校的具体体现

办学理念是办学者对学校办学思路与方略的高度概括，是对大学理想的目标追求和对办学行为的理性认识，是办学思想的精髓。从一定意义上说，办学理念决定着大学的办学思路、发展战略以及师生员工的思想和行为方向。社会主义大学，作为创新型高素质人才的摇篮，对促进整个社会的可持续发展和进步，负有重要的使命。经济全球化和社会主义市场经济体制的日益完善以及全面建设小康社会目标的提出，给 21 世纪的中国大学既提供了发展的机遇，又提出了挑战。大学要围绕社会主义核心价值体系确立质量至上、可持续发展、现代化国际化、个性化本土化四种理念。

1. 社会主义大学要确立质量至上的理念

按照长远发展的观点，办学质量是每所高校生存的生命线。随着人们对上大学心理预期的变化，随着国家和社会对大学需求的变化，质量无疑成为每所高校的“立身之本”。教育部在 2001 年 4 号文件中重申：要“牢固树立人才培养的质量是高等学校生命线的观念”。坚持质量至上的理念，就是要以质量为核心处理好规模、质量、结构、效益之间的关系，特别是当其他要素与质量发生尖锐矛盾的时候，必须毫不犹豫地作出决断，鼎立维护和确保质量。当前，由于高等教育规模扩张，招生人数的迅速扩大，势必带来“数量增加，质量下降”的疑虑。的确，在高等教育由精英教育走向大众化的今天，如果我们仍然沿用传统精英型高等教育的标准来衡量大众化的高等教育质量，必然产生高等教育“数量增加，质量下降”的结论。数量与质量是一个问题的两个方面，是辩证统一的，只要正确处理好两者的关系，把握好度，数量的增加将有利于质量的提高。规模上去了，更多的人上大学了，质量才变得更加有意义。为此，今日的社会主义大学必须走质量、数量兼顾，质量优先的路子。

2. 社会主义大学要确立可持续发展的理念

可持续发展作为一种适应生产力发展需要的新的社会发展观，就必须要求社会主义大学具有现代意识和超前意识，必须注重强烈的责任意识，注重对国家、民族命运的关注和思考，对市场经济和现代化进程的关心与参与，把社会发展和自身发展结合起来。当今知识经济和信息化的时代，已经把高等教育推到了社会经济发展的中心，大学已不可能是游离于社会发展之外或与社会保持一定距离的被人仰视的象牙塔，而应该完全融入社会发展之中。要确保大学发挥社会进步的中心和经济发展的基地的作用，既需要国家和各级政府坚定不移地落实“科教兴国”战略，加大科技和高教经费的投入，为大学提供强大的物质的、政策的、技术的保障和支持，也要求大学以现代化的要求主动适应知识经济时代的需要，积极进行

自身的调适与改革，以增强自身发展的能力。在发展中要坚决执行"巩固、深化、提高、发展"的方针，即巩固成果，深化改革，提高质量，持续发展。八字方针的主题还是发展。发展是硬道理，但发展要把握好节奏，要符合客观实际，不能急功近利、急于求成。

3. 社会主义大学要确立现代化国际化的理念

高等教育现代化是指高校在办学思想、管理理念、教学基础设施、教学方法、教学手段、考核方法和人才培养目标、师资结构调整等各个方面都要与时俱进，都要按现代化的先进的标准实施，而不是因循守旧，固步自封。所谓高等教育国际化就是把握世界高等教育发展的趋势和规律，加强国际高等教育机构的交流与合作，其核心是人才的培养质量、学术水平和管理水平的国际化，在教育内容、教育方法上要适应国际交往和发展的需要，培养有国际视野、国际交往能力、国际竞争能力的人才。经济全球化必然引发全球性人才的竞争，国际型人才培养需要国际化的高等教育。不论是哈佛、斯坦福、牛津、剑桥的校长，还是北大历史上最有作为的校长，如蔡元培、蒋梦麟、马寅初、周培源等等，都对高等教育有着深刻的国际理解和广阔的世界眼光。他们知道国际上高等教育发展的大趋势和大学的办学规律，他们了解世界的学术前沿，他们懂得应该领导一个既能够对自己国家的社会经济作出贡献，又具有世界影响的大学。世界一流大学和高水平大学是不能关起门来建成的，所以，我们的大学必须参与国际竞争，在竞争中为中华民族自立于世界先进民族之林作出贡献。

4. 社会主义大学要确立个性化本土化的理念

个性化是指不同层次、类别的大学本身所具有的独特性，具有区别于其他高等学校的优势和影响力。所以，任何一所大学都应树立"人无我有，人有我优"的原则，在激烈的竞争中找到自己的定位，而不是盲目追求高层次而失去自我。世界一流大学都是共性与个性的统一。从某种意义上说，一所大学如果没有个性与特色，是很难成为一流大学的。我国人口众多，社会发展有多种需要，各地区发展也不平衡，特别是在当前高等教育面临大众化的趋势下，要求我国既要有学科全、规模大的大学，也需要规模适度甚至规模较小但具有学科特色和优势的大学。作为社会主义的大学，在面向世界、学习发达国家先进经验的同时，必须与我们的国情相结合，必须坚持我们正确的东西，发扬我们的优势，必须坚持发展马克思主义教育思想，坚持贯彻党的教育方针不动摇，在服务经济建设的同时，弘扬和培育中华民族精神，进一步提升中华文化对人类文明的影响作用。①

社会主义大学的办学理念是社会主义核心价值观体系在高等学校的具体体现。我们必须用社会主义大学的办学理念统一全校师生的思想意志，使社会主义

---

① 陈瑶．现代大学要有现代办学理念[J]．现代情报，2004(7)．

大学的办学理念成为全校上下自觉遵循的最高行为准则。并且认真理解社会主义大学办学理念的内涵,切实把社会主义大学的办学理念作为主导理念贯穿于一切工作之中,防止理念与实际相脱离。在社会主义大学的办学理念指导下,努力创建和谐校园。

三、坚持以社会主义核心价值观引领校园文化和校园精神

党的十七大报告提出了坚持社会主义先进文化,建设社会主义核心价值体系,推动社会主义文化大发展大繁荣的战略任务。高校校园文化是社会主义先进文化的重要组成部分,是学校精神文明建设的重要内容,是发展中国特色社会主义先进文化的重要基地。在价值观多样化、文化多元化的新形势下,迫切需要用社会主义核心价值体系来引领校园文化建设。

社会主义核心价值体系是对中国特色社会主义理论的丰富和发展,把建设社会主义核心价值体系同高校校园文化建设有机结合起来,对于大力发展繁荣高校校园文化,积极建设和谐文化以及用中国特色社会主义理论体系武装师生意义深远。

1. 用马克思主义指导高校校园文化建设

当今,正处在价值观念深刻变革的时代,先进文化、健康文化和落后文化、腐朽文化并存,正确思想和错误思想、主流意识形态和非主流意识形态相互交织。在这样的条件下,校园文化建设,就必须坚持用发展着的马克思主义指导校园文化建设,用马克思主义中国化的最新成果武装师生、教育师生,用先进科学的文化思想和积极进取的文化精神引导广大师生。通过潜移默化的思想影响和文化陶冶,使马克思主义的理想、信念和价值观更加深入人心,真正成为广大师生的主导意识和精神支柱,成为凝聚人心的强大精神力量,并促使广大师生自觉调整自己的人生目标和人生态度,在尊重差异、包容多样的基础上,最大限度地形成思想共识和价值认同。①

2. 用中国特色社会主义共同理想把握校园文化的前进方向

中国特色社会主义共同理想,就是在中国共产党的领导下,走中国特色社会主义道路,实现中华民族的伟大复兴。它反映了我国最广大人民的共同愿望和要求,是保证全体人民团结奋斗、克服困难的强大精神动力。学校作为培育各级各类人才的基地,师生就是校园文化建设的骨干力量,校园文化应该是一种自觉而理性的文化,而且对未来社会文化的发展方向有着启示作用。因此,校园文化建设要牢固树立中国特色社会主义共同理想,用中国特色社会主义理想打牢师生的共同思想基础,激发师生为了共同的奋斗目标而奋发向上,感召他们将自己的理

---

① 朱伟.论核心价值体系与校园文化建设[J].教学与管理,2008(2).

想和追求融入建设中国特色社会主义的伟大实践之中。

3. 以民族精神和时代精神引领校园文化

学校是继承和弘扬民族精神的重要载体，是倡导和引领时代精神的前沿阵地。因此，要把以爱国主义为核心的民族精神作为校园文化建设的主旋律，使之深深植根于优秀民族文化的土壤之中。通过以爱国主义为核心的民族精神教育、引导广大师生树立坚定的民族自尊心和自信心，自觉坚持和弘扬中华民族爱国主义的优良传统和民族精神，形成维护国家利益、促进民族进步的强大精神动力和高尚情感，成为民族精神的传播者和实践者。学校要把以改革创新为核心的时代精神作为和谐校园文化建设的最强音，把树立科学创新精神、提高科学创新素质、培养科学创新人才作为建设和谐校园文化的主要内容，努力营造有利于创新人才脱颖而出和科技自主创新的文化氛围，使校园文化与当代社会发展要求相适应，始终保持时代性、先进性。

4. 以社会主义荣辱观规范校园文化

以“八荣八耻”为主要内容的社会主义荣辱观是中华民族的传统美德和时代精神的完美结合，是社会主义的世界观、人生观、价值观的生动反映，它鲜明地指出了在社会主义市场经济条件下，应当坚持和提倡什么、反对和抵制什么，为不同利益群体的人们判断行为得失、确定价值取向、作出道德选择提供了最基本的行为准则，为引领转型时期的社会风尚树立了道德标杆，为构建社会主义和谐社会、建设和谐文化提供了道德规范。①

校园文化是以精神追求和真理追求为目标的，师生群体作为校园文化的创建主体，无一例外是社会主义荣辱观的承载者和实践者。因此，要充分发挥校园文化创建活动参与广、影响大的优势，把社会主义荣辱观渗透到师生日常工作、学习和生活之中，引导广大师生牢固树立和认真实践社会主义荣辱观，强化道德责任意识，不断提升道德素质，构筑起抵御不良风气的牢固思想道德防线。

四、在社会主义核心价值观的主导下，坚定不移地贯彻“百花齐放，百家争鸣”、“尊重差异，包容多样”的方针

1957年，毛泽东在《关于正确处理人民内部矛盾的问题》、《在中国共产党宣传工作会议上的讲话》中，阐述“百花齐放，百家争鸣”方针提出的背景和意义时说：“它是根据中国的具体情况提出来的，是在承认社会主义社会仍然存在着各种矛盾的基础上提出来的，是在国家需要迅速发展经济和文化的迫切要求上提出来的。百花齐放、百家争鸣的方针，是促进艺术发展和科学进步的方针，是促进我国的社会主义文化繁荣的方针。”这一方针被简称为“双百”方针。《中共中央关于构

① 朱伟．论核心价值体系与校园文化建设[J]．教学与管理，2008(2)．

建社会主义和谐社会若干重大问题的决定》提到了“尊重差异，包容多样”的原则。“尊重差异”是实现和谐共处的前提，“包容多样”是实现互补创新的保证。在社会主义核心价值体系引领下，对文化差异的尊重、对社会生活多样的包容是培植创造性的温床。“历史表明，哪里百花齐放、百家争鸣，哪里文明就繁荣兴盛；而不能容忍与自己意见相左的人，并不能与之合作，文明便衰落。”①2001 年 11 月 2 日，联合国教科文组织第三十一届大会发表了《世界文化多样性宣言》，其中特别指出：“文化多样性是交流、革新和创作的源泉，对人类来讲就像生物多样性对维持生物平衡那样必不可少。”②

“百花齐放，百家争鸣”、“尊重差异，包容多样”方针的实质，就是承认社会主义文化的多层和多样格局，是团结知识分子和文化人的情感纽带，是允许和鼓励不同观点、不同流派的文化形态自由发展的政策依据。高校是科学和文化的传播地，必须在社会主义核心价值观的主导下，坚定不移地贯彻“百花齐放，百家争鸣”、“尊重差异，包容多样”的方针，为社会主义事业培养合格的接班人。这两个方针，是马克思主义的一个发展，对发展我国的科学文化事业有着重大的意义。“百花齐放，百家争鸣”、“尊重差异，包容多样”方针的提出、完善和贯彻，犹如一面镜子，折射出来的是一个政治稳定、经济发展、人民团结的国家形象，反映了繁荣文艺、发展科学的时代要求，为发展我国的科学文化事业、为调动一切积极因素更好地为建设社会主义服务找到了一条好路子。③

高校校园和谐文化建设必须“百花齐放，百家争鸣”、“尊重差异，包容多样”。高校校园和谐文化的形成是在主导文化的引领下各种文化相互交融、相互影响的结果。主导文化是校园和谐文化的主心骨，文化的多样性和差异性是和谐校园文化建设的基础。没有异彩纷呈的文化存在，就没有和谐文化建设提出的必要。形态各异的校园文化，不仅极大地丰富了广大师生的精神世界，而且也为社会主义和谐文化建设提供了充足的素材。高校校园是文化的集中地，高校师生是文化的创造者、传播者和接受者。高校校园和谐文化建设，仅仅依靠一种文化只会是孤掌难鸣。在高校和谐文化的建设中，一种文化只要不是反马克思主义和反科学社会主义的，只要是对国家、人民和学生发展有利的，都应允许其存在。社会主义和谐校园文化建设，如果靠压制其他文化的存在和发展，不但行不通，而且会适得其反。

只有在坚持马克思主义指导思想的前提下，用社会主义核心价值体系引导各种思潮，“百花齐放，百家争鸣”、“尊重差异，包容多样”，才能有力地反击国外各种政治势力对我国文化政策的无理攻击，才能使广大师生真心实意地理解我们党建

---

① ［意］L·L·卡瓦利-斯福扎等著，乐俊河译，杜若甫校．人类的大迁徙［M］．科学出版社，1998(p344)．

② 范俊军编译．联合国教科文组织关于保护语言与文化多样性文件汇编［M］．民族出版社，2006(p100)．

③ 林丹力．浅论“百花齐放，百家争鸣”方针［J］．重庆广播电视大学学报，2005(1)．

设和谐文化的深远蕴意，从而为建设和谐校园文化赢得最广大的人心支持。只要我们有足够的度量和勇气，在坚持社会主义先进文化引领各种文化发展的前提下，尊重文化的差异性，包容文化的多样性，在广大师生员工中最大限度地形成中国特色社会主义的共同理想和信念，和谐校园文化建设的目标就一定能够实现。

第三节 和谐校园建设中的难点

一、难点之一：主导性与多样性的统一

随着经济全球化和我国社会主义市场经济的发展，人们思想活动的独立性、选择性、多变性、差异性明显增强，社会思想空前活跃，价值趋向多元化，生活方式多样化，社会主义的主流意识形态与其他多样的思想冲突和矛盾不可避免。这些无不影响着大学生的成长与发展，充分认识和深刻分析思想领域多样化的倾向，坚持马克思主义在大学生思想政治教育中的主导地位，是摆在思想教育工作者面前的一个重大课题。

一个社会的意识形态分为主流意识形态和支流意识形态。任何国家、任何社会，其主流意识形态都是一元的。不管其经济结构多么复杂多样，其占统治地位的主流意识形态，必然都是一元的，因为主流意识形态是统治阶级意志在思想体系的集中反映。如果主流意识形态缺少正确的理论作支撑，不仅主流意识形态的大厦会倾覆，而且必将导致整个社会的思想混乱和政局动荡。这正是苏联解体和东欧剧变的重要原因之一。[①] 中国特色社会主义朝气蓬勃，依然显示出无比强大的生命力就是因为中国共产党始终坚持用发展着的马克思主义指导新的实践，始终如一、毫不动摇地把马克思主义作为立党立国的根本指导思想，作为开展一切工作的行动指南，作为我们认识世界、改造客观世界和主观世界的强大思想武器，作为激励全国各族人民为振兴中华而团结奋斗的思想基础和精神动力。

在构建和谐校园的过程中，要坚持马克思主义和社会主义的主导地位。马克思主义思想在和谐校园建设中起决定性的作用，同时也是构建和谐校园最有力的思想和道德上的根基与保障。由于社会经济、政治、文化等诸多因素的影响，多种文化、价值观念对大学生都产生影响。坚持马克思主义对主流文化、价值观的指导，保证学校发展的社会主义方向；同时，在大学这个自由的空间里，也要做到既坚持马克思主义的主导地位，又可以听到来自学术、思想、文化等不同方面的声音。在构建和谐校园的过程中，要以马克思主义为代表的主流文化引领多样化的非主流文化，在弘扬主流文化的前提下提倡多元文化的融合与统一，这是和谐校

---

① 南永晨．坚持马克思主义在大学生思想教育中的主导地位[J]．社科纵横，2007(10)．

园文化建设中的一个难点。

二、难点之二：浮躁现象与科学发展的矛盾

高校的浮躁现象表现在多个方面，最突出的是办学规模与思路上，比较明显的是近几年有些高校在没有深入调查研究的情况下，违反教育教学发展规律，盲目地大幅度扩大招生规模，造成教学资源短时间极度紧张，教室、教材、师资、设备、宿舍等都难以满足扩招需求，教学水平和质量相应受到影响；有的高校在竞争加剧的情况下，没有充分考虑师资、教材、设备等方面是否具备条件，急于上新专业、新学科，结果教学过程中疲于应付，教学质量得不到基本保证，在专业评估时一些指标达不到要求，个别学校的新办专业因此被停办，对学生利益、学校声誉造成损害。二是学术上，学术的浮躁乃至腐败早已引起舆论广泛关注，近几年来，高校发表、出版的论文论著数量大增，体现出教师高涨的科研热情，然而在数量剧增的背后是质量下降，内容雷同，缺乏创新，缺乏独到的见解和观点，实际获得成果数小于论文数量。① 追求数量的浮躁演绎到极致便是学术腐败——弄虚作假、剽窃，这种事例已经见诸各媒体，使象牙塔之高尚纯洁受到怀疑，高校和教师的形象受损，在社会上造成极为不良的影响。三是教师工作态度上，由于现行人才评价体系主要以科研成果为依据，导致高校里出现一些轻教学重科研的现象，影响了教学质量；第四是个别教师禁不住市场经济的诱惑，下海经商或炒股逐利，使教学工作由正业变为副业——显现出市场经济条件下师德水准的下降和个人功利心的上升。

高校中的浮躁现象是与科学发展相矛盾的，这对于构建和谐校园是极为不利的。因此，要保证新时期高校持续健康和谐发展，就必须树立和落实科学发展观。科学发展观是对我国长期发展的经验总结和理论升华，是全面建设小康社会和现代化建设始终要坚持的重要思想。它是全面和谐的、可持续发展的发展观，是科学发展理念的统一体。科学发展观中的以人为本、全面、协调、可持续发展理念为我国21世纪中国高等教育的健康发展指明了成功之路。② 高校应在科学发展观的指导下，克服浮躁现象：首先，要科学客观地分析国内外高教形势，分析高校内部实际情况，制订既富有开拓精神又切合社会经济发展要求、符合高教自身发展规律的规划和有关制度、条例，建立科学合理的人才评价体系与激励机制，从政策上堵住浮躁之源，营造开拓、严谨、务实和民主、开放的教学科研环境。其次，要注重开展联系实际的因材施教的政治思想教育，大力抓好学风、教风和师德建设，建立相关的考核体系和激励机制，使思想政治工作落到细处实处，增强可操作性。

---

① 刘家伟．学术浮躁与道德失衡[N]．工人日报，2001-09-15.

② 周元清．落实科学发展观，提升高等教育发展理念[J]．中国高等教育，2004(13,14).

同时还要加强师生、党群间的交流和沟通，及时对浮躁心态加以引导和教育。第三，我们要倡导真正的学术批评，营造求真务实的学术氛围，制订落实相关的监管制度，坚决抵制学术腐败和学术领域的一切不正之风。第四，在加入WTO、文化背景逐渐复杂的情况下，我们要大力弘扬中国优秀的传统文化，通过加强传统文化教育，提高民族自尊心、自信心，构筑传统道德基础，以“衣带渐宽终不悔”等传统学术精神来砥砺学术意志和毅力，提高道德的自律能力。第五，我们还必须大幅度地提高高校教师的工资待遇，切勿使教育工作者的待遇与市场经济差距太远，使教师真正成为令人羡慕的、有崇高感的职业，使教师不必过多地为稻粱谋，坐得住冷板凳。①

三、难点之三：集体思想共识与个人心情舒畅的双赢

在处理集体与个人的关系上，我们必须明白，处在现实社会中的集体与个人是一种相互蕴含的对立统一关系，它们如车之两轮、鸟之两翼，缺一不可。个人必然是处在集体关系中的个人，而集体也必然是由个人构成的集体。集体与个人的关系在很多情况下表现为对立的关系，但出现极端对立、非此即彼的情况少之又少。和谐校园构建中，应该尽量实现集体思想共识与个人心情舒畅的双赢。

在中国共产党十四届六中全会《决议》中明确指出，社会主义道德建设的原则是集体主义。这既是从我国国情出发的正确抉择，也是对改革开放以来有关道德原则争论的一个科学的回答，也是我们今天分析与处理集体与个人关系问题的基本原则。

科学的集体主义强调集体利益与个人利益息息相关、荣辱与共，同时，它也不排斥其个体成员张扬其个性、彰显其主体性，还要为其个体成员个性潜能的充分实现提供便利。辩证法告诉我们，作为一对矛盾体，既要强调当两者发生矛盾时，每个个人都必须从代表更多数个体利益的集体原则出发，自觉服从后者，更要强调两者在更多情况下的和谐的一面和相互服务的一面。

首先，社会整体利益高于自我利益。这是集体主义价值观的根本要求。社会整体利益，就其现实性而言，是社会主义全体成员的共同利益；就其历史性而言，是体现社会发展需要的利益，是惠泽后代人的利益。这一利益同时也等同于更多数个人的根本利益。马克思、恩格斯在《神圣家族》中首先提出：“既然正确理解的利益是整个道德的基础，那就必须使个别人的私人利益符合于全人类的利益。”列宁说：“根据马克思主义的基本思想、社会发展的利益高于无产阶级的利益；整个工人运动的利益高于工人个别阶层或运动个别阶段的利益。”因此，当集体利益与少数人的个人利益形成对立时，个人要做出必要的牺牲就是当然之选。

---

① 朱依群．简论高教浮躁现象的因果利弊[J]．山东省青年管理干部学院学报，2003(1).

其次，随着以人为本等现代思想的日益发展，客观上要求我们对集体主义的认识形成飞跃，传统上的那种过分强调集体决定个人的隐私、对个人的生活空间无事不管的观念已经不适应当代的现实。尤其是在处于社会转型期的当代中国，我们更应该把集体不应过多干涉、也管不好的东西还给个人，实现其从主管机关到服务部门的转变。对于个人，尤其需要改变历史上所形成的对集体的依赖心理，培养自强、自立的精神，这对于我们处理青少年教育问题是非常重要的。

总之，对个人与集体的关系的理解和实现个人与集体的统一，不仅是理论认识的问题，同时也是社会生活的具体实践中如何正确加以规定和处理的问题。所以，和谐校园构建应从制度规范的具体安排和实践操作的层面上理顺个人与集体的关系，通过全新的制度安排和实践操作，构筑一个使个人与集体关系合理化，实现不同的个人在学校这个集体中共存、共生、共立、共达与共荣的制度平台，促成个人与集体的实际统一与和谐，①使集体思想与个人心情舒畅形成双赢的局面。

四、难点之四：传统积淀、历史传承与推陈出新、开拓发展的交融

我国最早的大学出现在先秦时期，经典名著《大学》开宗明义的第一句话就说“大学之道，在明明德，在亲民，在止于至善”。这句话基本意思就是要求一个人首先要通过格物、致知、诚意、正心，尤其是通过修身使自己成为道德完善的人，然后要推己及人，帮助、教育他人，使之去其旧污，做一个新民，进而齐家、治国和平天下，服务和推动社会前进，并且努力达到尽善尽美的境界。如果从先秦算起，中国大学的历史，应该有两千五百多年，并在此过程中孕育、传承着独特的大学精神。所以，在构建和谐校园的过程中，我们不能抛弃优秀的文化传统，因为这是我们整个大学的根。

在世界多元文化激荡交融的情况下，西方发达国家的大学也很注重保护和弘扬本民族的文化特性。曾经任哈佛大学校长的查尔斯·艾略特(Charles W. Eliot)曾明确表示一所名副其实的大学必须从本国深厚的文化土壤中成长起来。耶鲁大学孙康宜教授认为“耶鲁的魅力所在，也许正是它的历史传统。作为拥有三百年历史的学校，它一方面在新文化中寻找自我调整的变化，同时也极力保存着长期岁月的漫长积累。不管它多么重视现代潮流的发展，但它绝不会忽视原有的古典传统”②。耶鲁大学一直在调整、寻找、保存的，就是我们现在构建和谐校园中的难点之一。在经济快速发展，文化知识快速更新，时代潮流不断变化的知识经济时代，创新、创造成为社会发展的不懈动力。知识经济要求高等教育培养创新人才，能够推陈出新，能够开拓发展，能够为其发展提供适应的人才。高校作

① 王霞．当前的集体与个人关系新辨[J]．社会科学论坛(学术研究卷)，2005(8)．
② 蔡文鹏．优秀传统文化，大学精神的根[J]．政工研究动态，2008(1)．

为培养人才的摇篮，如何构建一个既充满时代气息，又充满文化积淀韵味的校园环境，如何培养学生既能做到传承历史、积淀传统，又能推陈出新、开拓进取，是构建和谐校园过程中的一个难题。

德国学者赫尔穆特·施密特（Helmut Schmidt）指出："在全球泛滥的伪文化的压力面前……不能把本民族的伟大文化和价值继承抛进受忽略的角落。"正是凭借这种新旧结合的变革性、稳定性和连续性，哈佛、耶鲁等世界一流大学散发着独特的精神魅力。① 这也正是我国现代大学所要向世界一流大学学习和借鉴的，如何把我们的传统积淀、历史传承与推陈出新、开拓发展真正融合在一起。

五、难点之五：非传统破坏性因素的突现和爆发

非传统破坏性因素是相对于传统的破坏性因素而言的，随着近年来我国社会变革和高等教育的快速发展，传统的封闭式办学模式逐步被打破，增加了高校与社会接触的窗口，校园日益成为一个开放式的办学区域，致使非传统破坏性因素的突现和爆发，校园治安管理难度增大。学校安全管理方面出现的新情况、新问题给校园安全管理工作带来了前所未有的困难，如何提高校园安全管理水平，建立新型校园安全防控体系已成为当务之急。我们认为新型校园安全防控体系应包括以下几个方面。

（一）建立校园安全法，完善校园安全法律体系

目前，我国关于校园安全的法律体系尚不健全。许多规定散见于教育法、学生伤害事故处理办法等法律、法规和规章中，缺乏单行的校园安全法律规范。导致现有的关于校园安全的规定缺乏整体性、系统性和可操作性，无法从法律层面应对日益复杂的校园安全状况。这就致使一方面校园安全管理体制不稳定、模式不统一、措施不落实、工作不到位；另一方面对学校及师生在安全责任的认定上也存在诸多空白，在维权时存在司法救济途径不畅通、救济手段缺乏刚性等问题。因此，校园安全法的制定不仅显得非常必要，而且迫在眉睫。校园安全法的制定不仅是完善我国教育法律体系的重要举措，而且必将有力地推进校园安全的法制化，确保高校的稳定和安全。

（二）建立校园安全防控机制，实现整体覆盖

校园治安防范，是校园安全工作的重点。大学校园面积大、开放性强、人员交往及流动人口多，因此，必须牢固树立"抓住重点，全面防控"的工作思路，综合运用人防、物防和技防手段，实现对校区防控的整体覆盖。(1) 抓好政治稳定。对境内外敌对势力、法轮功等邪教组织在高校的西化、分化、渗透、颠覆等图谋要及时发现并有效控制，确保师生思想稳定。(2) 严格依法办校、诚信办学。树立以

---

① 蔡文鹏．优秀传统文化，大学精神的根[J]．政工研究动态，2008(1)．

人为本思想，强化服务意识。解决在经济困难、心理障碍、就业压力等方面产生的关系师生切身利益的实际问题，切实维护师生的正当权益。(3) 拓宽学生信息的收集、反馈、处理机制，畅通信息渠道，接受学生意见和建议。定期分析、主动掌握学生思想行为状况，做好思想教育和疏导工作，对可能引发学生集体情绪的矛盾要密切关注，高度重视，避免激化，维护校园的稳定。(4) 加大科技创安工程力度，建立完善集人防、物防、技防于一体的新型校园安全防控体系。

(三) 完善宣传教育体系，提高师生法制观念和自我防范能力

近年来，各地学校多次发生网络欺诈、校园暴力等恶性案件，一个重要原因就是学生的法律意识淡薄、自我防范意识不强。为增加学生的法律观念和自我防范能力，使学生知法、守法，必须对学生进行安全和法制教育，并将此列入学校工作的重要议事日程，使之经常化、制度化。同时，必须注重心理疏导，加强思想政治工作，教育学生保持健康的心理状态，帮助学生克服各种原因造成的心理障碍，把事故、案件消灭在萌芽状态。①

第四节　和谐校园的环境营造

一、营造思想活跃、气氛民主、心情舒畅、自由宽松的思想政治环境

思想政治教育环境，从广义上讲，指的是影响思想政治教育活动开展的各种外在条件和因素的总和，主要包括思想政治教育活动实施所处的社会大环境和教育对象所处的内部小环境。本书所指的是高校思想政治教育的内部小环境，是指高校依据一定的目标，有计划地选择、加工、创造和设置，并由教育者加以调控的对大学生产生感染、激励、鼓舞、促进等教育作用的内部环境。营造思想活跃、气氛民主、心情舒畅、自由宽松的思想政治环境，对构建和谐校园有十分重要的意义。

(一) 高校思想政治教育环境对大学生思想政治品德的形成、发展具有重要的约束和规范、感染熏陶和相互激励作用

环境之所以对大学生的思想和行为具有约束和规范作用，原因是，当学生的思想、行为在环境中表现后，就会受到周围环境和同学舆论的评价以及道德规范、学校规章制度的检验，凡符合规范和制度的思想和行为就会得到肯定和赞扬，从而给学生以动力，使这些良好的思想行为得到强化和巩固。凡不符合道德规范、学校规章制度的思想和行为就会受到抑制和批评，甚至受到谴责，使学生产生压力。这种压力就会将学生的思想和行为约束在一定的范围内，与学校环境保持一

① 曹军锋．构建新型防控体系，建设大学和谐校园[J]．中国高新技术企业，2007(4)．

致。如制度环境中的条例、准则、守则对学生的思想和行为起着直接规范和约束作用，当学生走进图书馆、阅览室时自然就会保持安静，因为图书馆的守则要求必须保持肃静的氛围。良好的思想政治教育环境除了对学生思想政治品德的形成有强制性约束、规范的作用外，还有感染熏陶和相互激励的影响。这种影响使学生在不知不觉中受到心灵的感染、情操的陶冶，使大学生不仅能逐步认识自己，同时也能看到别人的优点和长处，从而激励自己奋发向上，转变原有的思想并提高到新的思想水平。

（二）高校思想政治教育环境影响高校思想政治教育活动

高校思想政治教育环境对高校思想政治教育活动和目标有着直接的、根本的影响。从一定意义上说，思想政治教育环境不仅可作为思想政治教育载体，连接教育者和教育对象，同时思想政治教育环境的状态又会对整个思想政治教育过程产生反作用，影响思想政治教育的效果，两者是辩证统一的关系。首先，思想政治教育环境直接影响思想政治教育的方向、目标和内容。教育者经过精心创设的思想政治教育环境本身就蕴含着思想政治教育的目标指向。其次，思想政治教育环境影响着思想政治教育过程及效果。思想政治教育过程由内化阶段、外化阶段和反馈三个阶段构成，其教育方法是否得当、信息反馈渠道是否通畅等都与思想政治教育环境有直接关联。①

二、营造和睦友爱、相互帮助、开诚布公、提携共进的大学人际环境

人际关系的和谐是校园和谐的关键。实现人际关系和谐，组织对个人，要做到公正、公平，尊重和保护每个人的合法权益；个人对组织，要多讲一点服从，多看一点大局，多作一点贡献；个人与个人，要多一点尊重、多一点理解；个人对自己，要多一点自律，加强自我修养，学会“修己以敬”。

（1）创一流特色，用事业凝聚人心。每个高校都有自己办学的特色和理念，要使学校的办学特色和办学理念成为师生认同的旗帜，形成用学校发展事业凝聚人心为中心的人际环境；按照建设和谐校园的要求，大力倡导公平、正义、宽容的理念，紧密贴近实际、贴近生活、贴近师生，做到尊重人、关爱人、依靠人；用师生喜闻乐见的形式，深入进行以“八荣八耻”为核心内容的世界观、人生观、价值观教育，爱校爱岗教育和师德校风教育，形成党政一心、干群一心、师生一心，人人想干事、人人能干事、人人能干成事的和谐氛围，推动学校稳定持续的发展。

（2）提高修养，增强自省能力。人际关系的健康融洽，离不开个人良好的道德修养。要特别强调构建、提高教育主体的人文精神，培养宽容的精神和宽阔的胸襟，并依托教育者和受教育者特殊的相互作用来提升学生的人文素养，提高学

① 李海燕．论高校思想政治教育环境的构建[J]．黑龙江高教研究，2005(9)．

生的人文精神水平，实现学生的和谐发展。

(3) 创建平台，做好人际沟通。建立健康融洽的人际关系需要交流沟通。要充分发挥工会、共青团和学生会等群众团体、组织在人际沟通方面的作用，架设人与人之间交流互动的平台，如通过召开情况通报会、教代会、校(院)务公开会以及围绕相应专题开展课题研究等，增强师生员工团结和谐、共促发展的良好氛围；组织开展各类文娱、体育和社会实践活动，如节日庆祝、文艺演出、假日旅游等文化活动，以及“三支一扶”等社会实践活动，促进彼此的理解，增进合作与协调；组织开展创建和谐学院(学系)、部(处、室)、年级、班级活动，培养团队观念，增强参与意识和和谐共事意识，从而建立起校园健康融洽的师生关系、团结协作的师师关系、互助友爱的同学关系和理解配合的管理者与师生之间的关系。① 和睦友爱、相互帮助、开诚布公、提携共进的大学人际环境，是和谐校园的重要表现形式。

三、营造勤奋学习、精益求精、努力创新、追求卓越的专业发展环境

营造勤奋学习、精益求精、努力创新、追求卓越的专业发展环境，既体现了对学生发展的关爱，又体现了对教师发展的关注，理应成为构建和谐校园的重要方面。

(1) 锻造一支名师队伍。加强教师队伍建设是提高教育教学质量的关键。学校要支持教师学历进修，有计划、有重点、有选择地分批选送教师参加业务培训，给教师乐业的空间、发展的空间、创新的空间，为每个教师的智慧和才能的发挥创造机会和条件。要体现以激励为本的教育管理理念，变“压抑的环境”为“互相尊重的环境”，变“刚性的制度管理”为“以人为本的弹性管理”，变“结果管理”为“过程管理”。切实加强学校人力资源的开发与管理，尊重和承认教师的劳动价值，为教师发展营造一个宽松、包容的氛围，让一切有利于创新的源泉充分涌流，让教师的创造活力竞相迸发。同时，要重视教师的职业道德、职业纪律、职业责任、职业理想的教育和培养，大力提倡同心同德、互助团结的协作精神，促进教师队伍的全面和谐发展。

(2) 突出重点学科建设，实施合作发展战略。学科建设是高校发展的平台，是具有战略性地位的基础建设，更是学校核心竞争力的重要体现。加强学科建设，要贯彻“突出重点、整体推进、整合优势、打造品牌”的建设思路，围绕凝练学科方向、汇聚学科队伍、构筑学科基地苦下功夫；“突出重点，兼顾一般”，走局部突破、带动整体的发展战略，拿不了“全能冠军”，但要力争“单项冠军”；充分挖掘和利用自身的资源，重点建设特色学科，通过局部超越，促进整体上水平。要建立良性竞争机制，既鼓励竞争，也提倡合作，使各种资源得到有效的整合，各个群体利

① 赵荣钦．营造“四种氛围”建设和谐校园[J]．福建医科大学学报(社会科学版)，2007(3)．

益得到充分关切。

(3) 培养造就大批合格人才。培养人才是高校的根本任务,和谐校园的构建最终要落实在学生身上。要围绕促进学生在校发展最大化和终身发展潜力最大化的目标,教导学生学会做人,学会学习,把学生培养成为有良好品质和基本素养的人才,以实现生命价值的最大化。一方面,要坚持以德治校,狠抓学生良好行为习惯的培养。成人教育比成才教育更为重要。要加强对学生进行爱国主义、集体主义、社会主义思想教育和理想前途、法制纪律教育;并以"严谨、团结、务实、开拓"的优良校风,潜移默化地教育引导每个学生学会感动、学会珍惜、学会拼搏、学会奉献、学会负责,勇于为了理想而努力奋斗。另一方面,要坚持德智体美全面发展的教育方针,促进学生心力、智力、技能和体能的和谐发展。①

四、营造井然有序、文明安全、舒适典雅、生态良好的校园人居环境

学校作为培养人的场所,校园物质和精神环境在学校整体育人中占有极其重要的地位。学校环境如何,学风、校风、文风如何,不仅关系到学校的形象,而且直接关系到人才的培养质量。高校必须想尽办法营造一个有利于学生发展、有利于培养教师发展的环境及氛围。

校园环境主要是指校园建筑群、道路、假山、喷泉、教室、花卉、树木、校容、校貌等。一切井然有序、整洁优美、让人流连忘返的校园环境不仅能给人以美的享受,更能够陶冶人的情操,激励人们奋发向上。因此,学校加强校园人居环境建设是非常必要的。

首先是营造良好校园环境,进一步完善校园规划、设计,把优美的建筑形体与自然生态环境相结合,把塑造艺术景观与展现文化内涵相结合,把合理功能分区与人文环境营造相结合,努力营造绿树成荫、鸟语花香的校园环境,着力建设人文生态校园,实现校园的山、水、园、林、路等达到使用功能、审美功能和教育功能的和谐统一,实现人与校园环境的和谐相处。学生徜徉其中,可以得到美的享受、美的启迪,受到美的教育,从而起到"润物细无声"的效果。

其次,不断健全学校内部管理制度,使各项工作有法可依、有章可循,不断完善教学、科研、管理等制度,提高各项制度的协调性。切实加强财务管理和监督,提高资金使用效益,防范财务风险,加强招生、考试、基建、后勤等重点部位和重点环节的管理。规范办学资源有偿使用制度,厉行节约,杜绝浪费,努力建设节约型校园。同时,加强机关作风建设,强化服务意识,明确岗位责任,规范工作流程,简化办事程序,改进管理方式,提高工作效率和服务水平,努力为师生员工提供优质高效的服务,建立健全重要工作检查督办制度,确保政令畅通,为学生顺利进行学

---

① 赵荣钦. 营造"四种氛围"建设和谐校园[J]. 福建医科大学学报(社会科学版),2007(B3).

习提供一个制度保障。

还有，要建立一个安全文明的校园环境。校园是传播和继承人类文化知识的重要场所，保持良好的校园秩序和优美的校园环境，保护师生员工在学校工作、学习、生活的人身安全和财产安全是非常必要的。因此，应对师生进行安全、文明教育，提高师生员工的安全文化素养，加强安全管理，为学生提供一个安全文明的校园环境。

总之，营造良好的校园人居环境是需要各有关部门及广大师生员工的大力支持与共同参与的，①营造一个井然有序、文明安全、舒适典雅、生态良好的校园人居环境，是构建和谐校园的重要组成部分。

第五节 和谐校园的精神培育

一、传承历史的精神

中华文化是中华民族生生不息、团结奋进的不竭动力。要全面认识祖国传统文化，取其精华，去其糟粕，使之与当代社会相适应、与现代文明相协调，保持民族性，体现时代性。众所周知，大学的功能主要体现在两个方面。首先，大学承担着民族文化与人类文明的积淀和传承的任务。其次，大学既要对社会发展和既定形态，对已有的文化、知识体系，以至人类自身，做不断的反省、质疑与批判，并进行思想、文化学术的新的创造，更要回答未来中国以及人类发展的更根本的问题。因此，文化传承就成为大学的核心价值。② 高校可从以下两方面培育学生传承文化的精神。

首先，要加强历史教育，提高大学生的民族自信心、自尊心和自豪感。邓小平曾说过："要懂得些中国历史，这是中国发展的一个精神动力。"③历史是民族文化的载体，历史教育是一种润物细无声的民族文化教育，它为民族文化的弘扬提供了一个最基础的承接面。因此，要通过对中华民族历史知识的教育，引导大学生深刻认识和了解中华民族的昨天今天，深刻认识和了解灿烂辉煌的中华文明和博大精深的优良传统，深刻认识和了解中华民族为争取民族独立和解放，实现繁荣富强，前赴后继、英勇奋斗的崇高精神和光辉业绩，以及为世界文明作出的杰出贡献，增强大学生的爱国热情，提高大学生的民族自尊心、自信心和自豪感。同时，通过历史教育使大学生从民族英雄、仁人志士、革命先烈的高尚品格和感人事迹中汲取力量，陶冶情操，激励大学生自觉投身于民族复兴的伟大事业。

---

① 杨娟．对营造校园育人环境的几点思考[J]．思茅师范高等专科学校学报，2006(2)．

② 任辉．试论大学理念的构成及其关系[J]．西安邮电学院学报，2007(2)．

③ 邓小平．邓小平文选(第3卷)[C]．人民出版社，1993．

其次，大学生传承文化精神的培育，需要积极汲取世界先进文化成果，促进民族文化的创新发展。全球化时代，培育大学生的民族文化精神，必须着眼于世界文化的前沿，以开阔的视野和宽广的胸怀，学习和汲取世界其他民族之长，汲取人类社会的一切优秀文化成果，使一切能够为我所用的精神有机地融入中华民族文化的内涵中去，不断地丰富和发展我们的民族文化。“开放自己，积极地吸收外来优秀文化成果，不但不会腐蚀我们的民族文化，反而会促进民族精神的发展和创新。”①因此，我们应教育学生，一方面在坚持和弘扬中华民族精神的同时，要有海纳百川的磅礴气概，学习和汲取世界其他民族所创造的一切文化成果，不断丰富和发展我们的民族精神；另一方面应教育大学生正确区分优秀文化与颓废文化，自觉抵制西方腐朽文化的侵袭。②

二、开拓创新的精神

开拓创新精神就是开拓进取、勇于创新的精神。它既是一种品格，又是一种胆魄，还是一种才识，是三者的统一。首先，开拓创新精神是一种富有怀疑精神、求实精神、自信心、好奇心、勤奋刻苦和坚忍不拔的品格。其次，开拓创新精神又是邓小平同志所具有的那种“敢说前人没有说过的话，敢走前人没有走过的路，敢创前人没有开创的新事业”的大无畏的胆略和气魄。再次，开拓创新精神还是一种才识，即也是一种才能、见识。它要求必须具有创造性思维和较强的从经验、事实、材料中提炼出自己思想的能力。开拓创新精神、品格、胆魄与才识必须齐备，缺一不可。

高校培养学生的开拓创新精神，可从以下几点着手：首先，鼓励学生持有怀疑精神、批判精神。实践出真知，教育学生不能过分迷信传统、书本、权威。传统虽众皆行之，书本虽众皆学之，但并没有穷尽真理，也没有尽善尽美，仍有许多领域有待探索，仍需进一步深化完善，即使那些被证明是真理的知识也有相对性，不能将其绝对化。任何人都不是全知全能的，即便是权威也难以尽知。不能因为自己人微言轻就丧失信心，要塑造出一种富有怀疑精神、求实精神、自信心、好奇心、勤奋刻苦和坚忍不拔的品格，也会有新的发现，也会做出独特的成就。其次，激励学生壮大胆魄。开拓，需要胆识，人们需要它来对付遇到的坎坷。没有胆量，就不可能有开拓创新精神，要做到“敢想、敢说、敢做”。敢想就是要跳出常规的思维，创新地去思考问题；敢说就是要把自己所思索的东西告诉别人，让别人明白自己的所思所想；敢做就是把自己的想法付诸实践，不要怕失败。第三，教育学生加强学习。学习为开拓创新之基。只有通过学习增长才识，才不会盲目地去怀疑和批

---

① 蒋礼文．浅谈大学生民族精神的弘扬和培育[J]．广西右江民族师专学报，2005(5)．

② 沈宝莲．当代大学生民族精神培育的重点与有效途径探析[J]．西安文理学院学报(社会科学版)，2007(3)．

判，才不会盲目地去“想、说、做”。不学习而无才识，轻则不能成事，重则陷于蛮干而遭受重创。作为高校，应该大力培育学生的开拓创新的精神，让学校富有创造力、竞争力。

三、求真务实的精神

“求真”就是追求真理，就是透过现象把握本质的认识过程，就是以认真负责的精神、实事求是的态度、科学严谨的方法，查明事实真相、揭示客观本质、掌握变化规律。“务实”就是把“实”作为认识和实践的主要内容，就是踏踏实实学习、认认真真实践、老老实实做人、扎扎实实办事，就是付诸实践、见诸行动、取得实效。求真务实是辩证唯物主义和历史唯物主义一以贯之的科学精神，是我们党的思想路线的核心内容，也是高校师生应该具备的品格。

对高校管理者而言，做到求真务实就是要从坚持社会主义办学方向，提高党在高校的执政能力的高度，加强高校各级基层党组织和领导班子建设，使之成为统领全局、勇于开拓、率先垂范、清正廉洁、师生认同的好班子。尤其要依据《高等教育法》和中央《高校基层党组织工作条例》等法规性文件精神，创造性地抓好新时期高校党的建设，以党的组织建设带动两级领导班子的建设，以党的思想建设带动新形势下学校大学精神和师生社会主义核心价值体系的构建，以党的作风建设带动校风、教风、学风建设，以党的理论建设带动学校办学理念与管理理念的更新，以党的纪律建设带动学校办学行为的规范和师生良好行为习惯的养成。

对高校教师而言，衡量是否求真务实的最基本标准，就是要将自己的工作当作一项事业而不仅仅是谋生的手段，努力做到“学为人师，行为世范”。通过塑造高尚的师德师魂，锤炼人格魅力，建立职业自信，赢得学生和社会的尊重。近年来其事迹在全国广为传扬的孟二冬、方永刚等先进人物，就是高校教师的时代楷模。

对当代大学生而言，求真务实的最好体现就是要把树立远大理想和坚持艰苦奋斗紧密结合起来，高度统一起来。面对当前就业压力加剧的现实，不仅要学会学习、学会生存，更要学会关心、学会创新。只有这样，才能克服个人狭隘眼界的局限，成为一个和谐发展的人，成为和谐社会建设所需要的人。①

四、海纳百川的精神

海纳百川的精神就是宽容的精神。宽容就是要豁达大度、胸怀宽阔，遇事不斤斤计较，善于理解别人，多找找自己的缺点，善于发现别人的优点。在高校中，应对学生进行宽容意识教育，培养他们的宽容精神。

首先，学校要构建一个和谐、宽松的环境。宽容意识的培养需要一定的空间。

---

① 杨德安．高校和谐校园建设“三要素”探析[J]．三峡大学学报(人文社会科学版)，2007(6)．

校园是学生生活和学习的主要空间，校园环境是否和谐影响着学生的宽容意识，学校要高举和谐发展的大旗，“以人为本”、“以生为本”，引领和推动校园和谐建设。学校要避免责难、摒弃规训，给学生自由发展的机会。既要多举办一些文体活动让学生参与其中，使他们真正感受到集体的力量；又要利用广播、电影、多媒体，通过声像结合、图文并茂来激发学生的兴趣和道德情操，带领学生参观名胜古迹使其感受古老文化的魅力；还要制订“人情味”的规章制度，要着力建设更具人性空间的学校管理环境。

其次，教师要学会包容学生的“错误”。教师是太阳底下最特殊的职业，这个职业要求教师学会宽容。学生在受教育过程中时时有思想的火花产生，对一些离奇的思想观念老师要有一种宽容的心态。老师不要强迫同化学生的思想，而是要鼓励多元和发散，对学生的过错多持包容的态度，为学生改正错误构建一个温馨的心理家园。① 多元的社会有多元的个性，正如每个人都有优点一样，每个人也同时或多或少地带有一些人性的弱点。学会宽容人性的弱点，包容学生的一些“错误”则有利于建立较为轻松的、融洽的师生关系，同时更有利于学生养成创新精神。

再次，学生要调节自身心理状态。随着社会环境不断变化、生活节奏加快，就业压力增加，大学生出现了一系列的心理问题。如：自我意识发生扭曲，片面强调以自我为中心，过分坚持自我的正确性，在人际关系上不换位思考等。对于这些心理问题，学校、老师要及时引导，为学生创造一个和谐的外部环境。学生也要学会自我调节、加强自我控制能力，要学会“吾日三省吾身”，与同学多交流、探讨，有问题要找到自己的同学或老师来宣泄内心的苦闷，及时排除心理障碍，并积极参与集体组织的活动和社会服务活动，通过这种服务活动能够加深对责任关系或道德关系的理解和体验，能够丰富思想和情感，还能强化集体主义和奉献精神，锻炼自己认识社会的能力，扩大社会视野，起到培养宽容意识的正强化作用。②

五、公正仁爱的精神

公正即公平正义。公平正义是和谐社会的基本特征之一，也是和谐校园的内在要求。要让师生在和谐的校园环境中体会到公平正义的价值所在，规范自己的行为，内化自身道德修养，从而实现和谐自我，并为构建和谐社会作出更大贡献。③

和谐校园应营造公正的氛围，培育师生公平正义的精神。人们只有了解了事情真相和本来面目，才能知道是否公平，高校只有在广大师生的监督之下，才

① 王红涛，张好徽．试论高校大学生宽容意识的缺失与对策[J]．重庆工学院学报，2007(14)．

② 刘利．校园文化建设略论[J]．重庆工学院学报，2006(10)．

③ 张玉春．用制度建设营造公平正义的和谐校园[J]．发展，2007(7)．

能实现公平。首先,在建设和谐校园的过程中,必须丰富和扩大各种形式的民主,畅通利益表达的渠道,建立健全利益协调机制,通过不同层面、不同形式的沟通,努力寻求不同群体各种利益的结合点和平衡点。其次,要通过灵活多样的方式,利用校内各种沟通渠道、传媒、校园网络等,建立民意充分表达的渠道,鼓励师生员工畅所欲言、积极参与学校的决策。再次,要建立学校领导及各级干部与师生的平等协商和对话的"阳光制度",把师生的意见和建议作为制定决策和部署工作的重要依据,使学校的各项决策最大限度地符合广大师生的根本利益。①

仁爱精神是尊重人、关心人的崇高境界,是理解人、谅解人的博大胸怀,是团结人、凝聚人的高尚品德,构建和谐校园需要仁爱精神。仁爱精神是中华民族传统道德的精华,是中华民族的内在灵魂,也是中华民族团结和睦的精神支柱。今天构建和谐校园,必须将其发扬光大。

仁爱精神的培育,可通过以下途径:首先,高校要通过与学生之间的心灵交流,广泛开展献爱心活动,引导学生热心于关怀、爱护弱者,让学校充满爱,使弱者更深切地感受到学校与同学的关照和温情,同时,也使强者得到相互的感染并从中获得实现自身社会价值的途径,达到强化大学生的"仁爱"意识。② 其次,进行"仁爱教育",使大学生懂得如何爱世界,爱他人,树立一种责任感。鼓励学生要严于律己、宽以待人、与人为善,"己所不欲,勿施于人"③。再次,运用正面典型、同伴教育培养大学生的"仁爱"精神。中共中央、国务院发出的《关于进一步加强和改进大学生思想政治教育的意见》中指出:"要坚持团结稳定鼓劲、正面宣传为主,反映高等学校思想政治教育工作的先进典型和优秀大学生的先进事迹。"高校应该多多挖掘、树立这样的典型,言传身教,这样的教育、引导效果比单纯的说教要显著得多。④

第六节　和谐校园的制度构建

制度建设是和谐校园构建的重要组成部分。制度建设带有根本性、全局性、稳定性和长期性的规范作用,健全的、科学的、合理的体制、机制和制度,能合理划分学校各级组织的职能,明确工作程序和要求,明晰执政活动的责任归

① 孔君素．公开才能公平,公平才能和谐——浅谈建设和谐校园的路径[J]．河北经贸大学学报(综合版),2007(6).

② 李尚益．论当代大学生的品格培养[J]．文史博览(理论),2007(1).

③ 黄耀忠,黄舟倩．和谐社会呼唤仁爱精神——学习洪战辉有感[J]．中国教育导刊,2006(11).

④ 王勇,王良平．大学生善良品质的缺失与重构[J]．思想政治教育研究,2006(5).

属，实现执政兴校资源的各要素有效配置，从而提高领导水平和执政能力。搞好制度建设要加强制度设计与制度实践，制度设计与制度实践是构建和谐校园的根本保证。

一、党委领导

在"高等学校实行党委领导下的校长负责制"的制度框架中，党委是学校的领导核心、政治核心、团结核心，总揽全局，协调各方，统一学校领导工作。同时在和谐校园的构建中，党委决定和谐校园建设的取向，并对和谐校园的构建起关键作用。首先，构建和谐校园是落实科学发展观的本质要求。高校改革发展正处于关键时期，只有在党委领导下以科学发展观为指导，建设好和谐校园，才能为学校全面、协调、可持续发展提供保障和动力。其次，构建和谐校园是建设社会主义和谐社会的必然要求。坚持党委领导是引领高校和谐发展，不偏离社会主义办学方向的指示灯。

高校党委领导班子的团结协调，能促使整个领导班子成为坚强的领导核心，在构建和谐校园的过程中形成强大的凝聚力和示范作用。制度建设是构建和谐的党委领导班子的根本性、长期性的任务，从党的根本组织制度和领导制度出发，必须搞好以下重要制度的建设：

一是建立党委领导班子的科学民主决策制度。应坚持和落实"集体领导、民主集中、个别酝酿、会议决定"的原则，凡是涉及全局性、战略性、长期性的重大决策，必须由集体充分讨论决定。还要建立和完善党委议事规则和决策程序，确保重大决策的民主化、科学化，防止、避免因决策失误所导致的内部或外部因素对党委领导班子和谐局面的破坏。

二是坚持和完善党委民主生活会、党员组织生活会制度。要提高会议质量，加强党委领导班子内部的监督，增强党委解决自身问题的能力。要建立和完善谈心、诫勉谈话、情况通报和反映重大事项征求意见制度，加强沟通，密切与群众联系。这些制度在维护班子团结方面具有特殊的作用，因为个人的思想是制约行为的一种力量，但它只是个人的力量，制度却是组织和群众的力量，因此，制度在维系党委领导班子内部的和谐方面更具有约束力和稳定性。

三是建立和完善干部综合考核、述职述廉制度。要加强考核、巡视工作，支持纪检部门履行职责。当前，要在完善党委领导班子内部与外部沟通交流机制和强化监督制约机制上下功夫。通过沟通交流机制，能够增进党委领导班子成员之间对彼此工作的认识，增强党委领导班子的凝聚力、集体荣誉感，从而形成党委领导班子整体的工作优势和工作合力。通过党内权力制约机制和群众监督机制，能够合理配置领导班子成员之间的权力，达到相互制约、相互监督的目的，增强党委领导班子工作的开放度和透明度，消除班子内部成员之间可能产生的误解，促进班子的团结。还能够增进师生对党委领导班子的信任,从而既有利于和谐党委领导班子的构建,也有利于和谐校园的构建。①

构建和谐校园是一项艰巨复杂、长期的系统性工程,既是促进高校事业全面协调发展的现实需要,也是增强校园活力的本质要求,是高校党委领导党建工作的重要目标之一。高校党委领导应充分认识建设和谐校园在构建和谐社会中的地位和作用,把思想认识统一到中央对这项工作重要性的战略地位上来,加强整体规划,重点推进,切实把构建和谐校园的工作落到实处,用党的先进性不断推进高校和谐校园和社会主义和谐社会的建设。②

二、行政管理

高校行政管理,是指通过组织、计划、实施等行动,使学校所拥有的人力、物力和财力发挥出最大的效益,实现学校的培养目标,保障完成学校所担负的以教学和科研为中心的各项任务,它是一个特殊的专业管理领域。行政管理的质量如何,直接关系到高等学校的生存与发展。③ 学校的行政管理是通过校长负责的行政管理系统来实现的,值得一提的是,校长的全面负责,离不开其他校领导和部门的通力合作,建立在大家做好各自分管或职责范围工作的基础上。④ 行政管理应从以下几个方面进行制度建设,以促进和谐校园的构建。

一是完善以人为本的服务机制。高校行政管理工作者必须时刻牢记高校行政管理是为学生成才服务的,管理就是服务,学生是学校的主体,也是学校的服务对象,学校的一切工作都必须以学生为本,全方位关心学生,关心学生的一切,想学生之所想,急学生之所急。首先,要做到理解学生。要针对学生的思想特点和成长需要给予充分理解,因为每个人都有不同的需求。因此,在管理过程中,既要按照社会的需要,又要结合学生的特点来要求学生,要善于换位思考,从学生的角度来思考问题,制定政策和进行制度管理。其次,要做到尊重学生。要尊重学生的人格,与学生进行平等交流沟通;要尊重学生的权利,给予学生更多的发言权;要尊重学生的个体差异,以培育学生的兴趣特长;还要尊重学生某些具有个性的"异想天开"、"标新立异"和"别出心裁",采取宽容和理解的心态,给学生创造一个宽松和谐的环境和自由发展的空间。再次,要做到关心学生。关心他们的学习、生活和家庭,关心他们的心理、个性、兴趣爱好和思想道德,关心他们的交友、择业、人际交往和人生道路上的一系列问题。最后,要做到服务学生。

二是强化以人为本的"情感管理"机制。高校情感管理的意义特别重要,它是

① 李佃鑫. 论和谐党委领导班子的构建[J]. 中国石油大学学报(社会科学版),2007(5).
② 王威孚,汤萱. 试析党委领导在推进和谐校园建设中的作用[J]. 学校党建与思想教育,2007(6).
③ 李素英. 新形势下高校行政管理再认识[J]. 中国市场,2007(4).
④ 陈晏辉. 略论党委领导下校长负责制的时代内涵[J]. 泉州师范学院学报,2007(3).

形成学校凝聚力的源泉，是融洽人际关系的土壤。在高校教师中实行情感管理，体现在三个环节上：(1) 要求管理者要尊重教师，尊重他们的人格、心理、个性、自由、目标和价值取向，树立与教师平等的意识，与他们平等相处，做他们的知心朋友。要用管理者的真情去换取教师的真情，同教师交朋友，赢得教师的支持和拥戴。(2) 要求管理者理解教师，关心教师，倾听教师的心声，了解和解决教师在工作和生活方面存在的困难和问题，对生活上有困难的教师要给予帮助。(3) 要求管理者善于与教师沟通。沟通是情感交流的纽带，学校要建立有效的沟通机制，管理者要经常倾听来自基层和教师的心声，了解他们的需求。

三是加强高校行政管理干部队伍自身建设机制。高校行政管理干部队伍自身建设也是高校行政管理一个很重要的方面。高校行政管理工作要落实"以人为本"，必须牢固树立"服务为本"意识，用"服务为本"强化行政管理干部队伍的自身建设。(1) 强化行政管理队伍专业知识和科学文化知识水平的建设，提高科学管理水平和能力。这需要加强三方面的能力：一是转化能力，善于将创意转化具体的工作方案，探讨新的管理措施和最佳服务途径；二是应变能力，在动态的管理中审时度势，产生有效应对的创意和策略；三是协调能力，增强发现和解决问题的能力，积极寻求办法去解决困难和化解矛盾。(2) 强化责任感和使命感。无论职务高低都要时刻不忘责任，把管理岗位作为事业的立足点，真正"为官一任，造福一方"，树立爱岗敬业的精神，将本职工作与学校的发展融为一体。(3) 强化团队精神。大力倡导团队精神，促使行政管理者自觉树立共同管理服务的思想，同心同德同步，以保证体制的协调运行和最佳整体功能的实现。(4) 强化群体创新管理意识。强调运用集体的智慧，创造性地在机构和体制、经营思想、管理模式上进行创新，保证管理群体具备永不衰退的创新能力和积极向上的创新精神。(5) 强化制度建设，完善管理机制。健全管理工作的制度建设，明确各管理岗位职责，制定相应办法，严格考核纪律，完善监督管理。通过激励机制，把工作绩效与晋级分配挂钩，鼓励并满足管理人员的合理需求，增加其成就感和荣誉感；通过考核机制，激发管理人员进取和创新意识，逐步形成自我激励、自我约束、自我完善、自我发展的机制。①

三、教授治学

教授治校起源于欧洲中世纪大学，但从中世纪后期开始，教会和政府对大学的影响越来越大，大学虽然为维护自治权进行过斗争，但结果是大学的力量终于敌不住教会和国家的力量。文艺复兴和宗教改革时期，各国又都加强了对大学的控制，伴随着大学成为世俗政权的工具，教授治校也就如明日黄花了。直至 19 世纪，德国的大学因倡导"注重研究"、"教学自由"、"学习自由"等理念，

① 张霞．高校行政管理工作要坚持"三个为本"[J]．北京交通管理干部学院学报，2007(1)．

建立了讲座制度,教授治校又开始重回大学。其讲座教授拥有对人员聘用、课题选择、经费使用等各项学术事务的自主管理权。全体讲座教授组成教授会,负责学部管理;学部之上就是大学,其决策机构是由学部长和教授代表组成的评议会。在德国的引领下,欧洲一些国家的大学也效仿了这一管理模式,教授治校的传统方得以恢复。① "教授治校"适应大学内部学术活动的内在逻辑,有利于弘扬学术精神,调动广大教授追求真理、发展学术的积极性、主动性和创造性,保证学术决策的科学性。

随着国家和社会对大学地位和作用的日益重视和依赖,并且由于大学复杂的学科和科层组织交叉的内部结构,教授本身就隶属于两种完全不同形式的组织,但他们的精力和能力却难以同时兼顾两种不同组织的不同责任。再者,教授参与决策往往缺乏全局观和长远性,他们考虑问题的视野和角度容易受到自己学科专业的局限。此外,双重角色使他们在决策中容易处于两难的境地,在维护学术自由和忠诚学校的选择中,他们更有倾向前者的可能,这对强调管理效率的治校是不利的。正是由于上述原因的存在,包括欧陆大学在内,教授治校整体上呈式微的趋势,即教授权力不再像中世纪大学那样在大学管理中事事都起决定作用。譬如,在法国大学的理事会中,教授代表只占这个由校长主持的最高权力机构的40%—45%。② 因此"教授治学"可以更准确地反映教授在现代大学中的地位和职责,确保现代大学作为学术和教学自治中心的地位。

在和谐校园的制度构建中,教授从教学育人、科学研究、参与决策等三方面参与到和谐校园教授治学的制度建设中。

1. 教学育人

教学育人是大学的根本任务,也是教授的根本任务。教学是途径,育人是目标,应当积极发挥教授在教育、教学过程中的主导作用,在传授高深学问的同时以其人格魅力和治学态度给学生以深刻的影响,并帮助学生把外在知识、文化内化成为自己的全面的综合素质。

2. 科学研究

现代大学的本质是传承、研究、融合和创新高深学问的高等学府,还是国家发展科学事业的主力军。这就从根本上决定了大学教授必须把科学研究作为其工作活动的核心。大学教授进行科研的目的主要是为提高教育、教学质量,为学校发展作贡献,为发展国家科学事业作贡献。同时,大学教授通过研究学问进行科研,努力使自己始终站在本门学科发展的前沿,成为具有人格魅力和学术造诣的专家、学者,进而成为本门学科的学术权威、大师。

---

① 刘庆昌.大学精神呼唤教授治校[J].教育,2008(2).

② 顾人峰.现代大学制度的核心——教授治学与校长治校[J].理工高教研究,2004(6).

3. 参与决策

现代大学的本质要求必须坚持学术自由，实行学校自治，其实质是在现代大学内部坚持以学术权力为基础，实行学术自治。由此可见，学术权力在现代大学内部具有极其重要的地位。由于现代大学存在的组织基础是课程和学科（专业），而课程和学科是由掌握高深学问的教授组成的，所以，参与学校学术事务和进行学术决策是教授学术权力的重要体现。他们对重大学术问题进行决策的范畴主要包括：学术政策的确定、学术规划的制订、教授的晋升和聘用、学位的授予、课程的设置调整等等。

四、民主办校

除了党政一班人要民主集中、分工合理、精诚团结、共同奋斗之外，还必须紧紧依靠学校各级党组织和广大师生员工，共同把学校的事情办好。特别是在重大问题和重要事项决策上，要形成深入了解民情、充分反映民意、广泛集中民智的决策机制。① 高校实行民主办校是贯彻“三个代表”重要思想的必然要求，是树立和落实以人为本的科学发展观的必然要求，是构建和谐校园的必然要求。民主办校作为高校管理体制的重要部分，在高校重大问题的决策下发挥着积极的作用，是和谐校园构建的重要保证。

1. 完善充分发挥“四个系统”作用的机制，支撑和谐校园构建

管理有序，秩序良好，是构建和谐校园的重大课题。当代中国大学的理想管理框架模式应由“四个系统”组成，即党委、行政、学术委员会和教代会、工会。这四个系统分别行使政治、行政、学术和民主管理权力。要保证高校的和谐发展，离不开对这四种权力的合理配置和分工。要建立健全党委领导、行政负责、“两会”协同、师生参与的校园管理格局。党政系统要牢固树立“权为民所用，利为民所谋，情为民所系”的执政意识，并恪尽职守，率先垂范。对学术委员会、工会要实行“两抓一放”，即抓好班子建设，抓工作方向，放手让他们依法独立自主地开展工作。② 只要这四个系统能各有其权、各司其职、各尽所能、通力合作，就能最大限度地兼顾各个层面的师生员工利益。

2. 完善教代会评估制度，促进和谐校园构建

教代会是学校实行民主管理的基本形式，是教职员工行使民主管理和民主监督权利的重要途径，在构建和谐校园中，教代会作用重大。为更好地发挥教代会在校务公开中的主渠道作用，应采取以下措施：

（1）实行教代会报告制度，规定学校教代会召开前要书面报告上级工会，便

① 林樟杰．高等学校管理新认知[M]．上海教育出版社，2007．
② 逯扬．试论加强高校民主管理[J]．山东省工会管理干部学院学报，2006(3)．

于工会事先了解情况并加强对会议的指导。强化教代会职权落实，做到“三个必须”：即学校改革和发展的重大问题必须交由教代会审议，商议通过涉及教职工切身利益的重要改革方案必须经过教代会无记名投票通过，学校领导必须接受教代会民主评议。(2) 教代会闭会期间实行代表巡视制度，对学校的行政管理工作和民主管理工作“品头论足”。他们或检查督促教代会提案落实情况，或深入班组听取教职工对学校工作的意见，或以各种方式与校领导进行沟通。①

3. 完善充分发挥民主党派作用的机制，推动和谐校园构建

作为校园建设力量的重要组成部分，高校民主党派具有参政议政、人才荟萃、联系广泛的特点，因此需积极发挥其民主监督、教书育人和团结协助的作用，为建设和谐校园作出积极贡献。② 学校应积极通过制度保障监督，使民主党派的意见、建议能及时、快捷、顺畅地传递到高校决策层，为高校的建设和发展提供强大的智力支持。

(1) 健全向民主党派代表人士传达文件和邀请他们参加学校重要会议的制度。根据有关规定，及时向民主党派基层组织负责人和代表人士传达有关文件及会议精神。党代会、教代会、干部民主测评会、中层干部中心组学习会等都应邀请民主党派基层负责人或代表人士参加。

(2) 坚持和完善征求意见制度。党委委托统战部向民主党派人士定期发放《征求意见表》，请民主党派成员就学校教学、科研、管理和改革发展提出意见和建议。学校要高度重视这些意见和建议，把它们加以科学的总结和提升，作为制定决策和部署工作的重要依据，使学校的各项决策最大限度地符合师生员工的要求和根本利益。

(3) 建立和完善在民主党派中聘任特邀纪检监察员、教学督导员、教代会常设主席团成员制度，并明确他们的职责和权力，切实发挥他们的民主监督作用。

4. 完善校务公开运行机制，稳定和谐校园构建

构建和谐校园，就是要通过公开透明的制度和机制，倡导学术自由，激发教师、科研人员的潜力，充分调动他们的积极性、主动性与创造性，从而推动高校的科研创新和教学质量与效益的不断提高。③ 校务公开是一项关系重大、政策性很强的工作。只有加强校务公开的制度建设，用制度所具有的约束、强制、保障等刚性特点，健全和完善校务公开的运行机制，才能确保校务公开健康有序地进行。校务公开是一项系统工程，要使校务公开具有生命力和实效性，必须建章立制。

---

① 上海市闸北区教育工会. 注重校务公开的机制建设[J]. 工会理论研究(上海工会管理干部学院学报)，2002(5).

② 连漪. 发挥党派作用构建和谐校园[J]. 辽宁行政学院学报，2007(7).

③ 孔君素. 公开才能公平，公平才能和谐——浅谈建设和谐校园的路径[J]. 河北经贸大学学报(综合版)，2007(6).

当前，高校在推行校务公开进程中应着重建立健全以下制度：(1) 校务公开制度。主要包括校务公开实施细则、校务公开责任分解方案、校务公开内容审核制度、校务公开监督制度、校务公开档案管理制度、校务公开考核奖惩制度、校务公开责任追究制度、部门(院系)二级公开工作制度等。(2) 校务公开相关配套制度。校务公开涉及面广、政策性强，应建立和完善校务公开的配套制度，主要包括党风廉政建设制度、民主决策制度、规范管理制度、民主监督制度等。①

总之，推进和谐高校建设，是构建社会主义和谐社会过程中，摆到高校面前的一个重要课题。高校应坚持与时俱进，不断探索，努力创新，不仅为这一课题交上有价值的研究成果，更要为这一课题交上满意的实践成果，促进高校的和谐，为社会和谐作贡献。

① 董东明．高校构建校务公开长效机制探析[J]．闽西职业大学学报，2005(4)．

第七章　高等学校的知识分子工作

第一节　知识分子工作在高等学校的特殊地位

之所以在本章单独讨论高校的知识分子工作，是因为知识分子工作在高校的思想政治工作中有着特殊的地位。在高校中，无论是科研还是育人，这两项基本工作几乎全部由在高校中担任各种职务的知识分子来完成。科学研究的成果直接影响到国家综合国力的水平，育人的成果则受到担任各种课程的教师政治立场的影响，对今后国家的走向起到了举足轻重的作用。

一、高校的生存与发展离不开知识分子

知识分子是高校的主体，无论在哪个国家，知识分子的大部分都依托在高校的环境中从事着自己的工作；高校里的绝大多数工作人员都是知识分子，高校的基本功能也主要由知识分子来实现。

在人类社会的历史中，大学以其独特的作用在很长一段时间内，占据了相当重要的位置，在当代依然如此，在可以预见的将来，这种状况也不会有所改变。有人说，大学的社会作用仅次于政府，实际上，在广泛性和深远性上，大学的社会作用已经超过了政府。从社会学意义上来讲，可以认为大学具备这样三个功能：第一，它以学历为社会成员们完成了最初的社会定位，这是大学的一个巨大的潜功能；第二，大学集教学与科研于一体，它是多种学科的交汇之地，对人类社会在科学文化上的进步起到引领和推动的作用；第三，它对社会发展的一个越来越大的影响就是实用性学科的急剧进入，使得社会无可替代地依赖于它。我们可以将这三个功能看作是除教育之外大学的三个衍生功能，这三个衍生功能放大了大学在当代社会的影响。

大学对社会的影响如此之大，这全赖其所拥有的大量传播知识的教师资源以及其产物——在大学内接受教育进而到社会上产生巨大影响和作用的学生，而我们可以笼统地将这两者都称为知识分子。教师被称为知识分子是基于其所从事

的职业本身与知识紧密相关，而在大学中学习的学生因其受到的系统、完善的高等教育也可以被称为知识分子。

无论大学在社会上发挥了怎样的作用，产生了多么广泛与深远的影响，这些作用都是由其主体——知识分子通过教育发挥出来的。教育使高层次的知识以大学为圆心，在社会上得到扩散式的传播。而在大学里承担这一基本任务的主体就是被称为教师的知识分子。中国的高等教育可以追溯至汉代的太学，欧洲的大学发源于中世纪的Universitas。无论这两种原始意义上的大学产生的驱动因素是否相同，也无论古代的高等教育和现代大学的精神有多大的差别，他们都需要有承担教学的主体——教师。中国汉代太学里的“博士”和中世纪行会(Universitas)中的教职人员，他们承担着古代大学中的教学任务，也成为人类社会早期的专职知识分子。更进一步讲，有知识分子，方有教育，西方因有苏格拉底而有最早的教育，中国因有孔子而有至圣先师。而高等教育需要更加专业化、职业化的知识分子，离开了知识分子，则遑论高等教育；离开知识分子，大学也不可能存在。

除了大学的基本功能——教学，必须由知识分子承担，高等学校自身的发展也与它麾下的知识分子个体的发展紧密联系在一起。在欧洲，每一所著名的大学，都因它曾经拥有过著名的学者而彰显自身的社会价值。剑桥大学因为73位诺贝尔获奖者出自这里而闪烁着荣耀的光芒；牛津大学留下了雪莱、霍金等巨匠的足迹；北京大学里，蔡元培的教育理念开创了新时期中国教育之先河。这些知识的伟人创造着历史的同时，也创造了他们所在的大学的辉煌。在中国现代大学的历史中，每一所大学的发展，更是与知识分子的成就紧密相关。没有当年陈独秀、李大钊、鲁迅、胡适等一批杰出的知识分子，恐怕北京大学在那个年代里无法完成思想的解放和学术的繁荣。以清华国学研究院四大导师王国维、梁启超、陈寅恪、赵元任以及研究院讲师李济为代表的清华学者，主张“中西兼容、文理渗透、古今贯通”，形成了著名的“清华学风”，对清华的发展产生了深远的影响，培养出了一大批高水平的学术大师，在中国近现代学术史上占据着重要的地位，可谓光耀西山。在自然科学方面，清华如群星般璀璨的知识分子为中华人民共和国的发展作出了卓越的贡献，如竺可桢、高士其、周培源、钱三强、王淦昌、邓稼先、钱伟长、华罗庚、茅以升、吴有训、钱学森、张光斗以及杨振宁、李政道等等，他们在科学的各个领域为中国社会的进步和发展奠定了雄厚的基础。在1999年被授予“两弹一星勋章”的23位功勋中，有14位是清华校友。截至2001年12月底，1 537名中国科学院和中国工程院院士中，近25%为清华大学校友，而其他部分院士，也出自全国各地的不同高等院校。

在现当代社会，前面所提到的三个衍生功能愈发凸显出大学的重要作用。可以看出由于大学的发展成熟使其第一个衍生功能已经趋于完善，无论在中国还是西方，通过接受高等教育而取得学历，从而进一步完成个人的最初社会定位，已经成为一种定式，成为大学教育根深蒂固的传统，也成为人们接受高等教育的现实驱动力（尽管我们说教育的根本目的是传播知识，但我们完全无法否认高等教育在社会定位方面的功能，汉代的太学如此，当代的大学同样如此）。由于自产业革命以来所取得的知识、成就、进步，比人类有史以来取得的所有成果都要多得多，这导致了近现代社会的飞速发展。人类在从科学研究到社会进步之间进行的良性循环，使得近百年来知识增长和生产力提高不断产生新的加速度，社会对第一生产力——科技的需求比以往任何时刻都更加强烈，而大学正是承载着知识的生产和传播的重镇，因此，大学的后两个衍生功能——多个学科交汇之地和实用性学科的进入产生的社会对大学的依赖在当代社会中所占的比重越来越大。这样的功能给大学里的知识分子提出了新的要求，同时也使多个学科、怀着不同目的的知识分子源源不断地汇集到大学校园。

在对知识极度渴求的当代社会，大学开始不断重新对自己进行定位，由原来的知识传播——教育，开始转向知识的生产——科学研究和创新。而当代信息社会造成的知识的快速更新也对大学教师的知识结构提出了更高要求。为了充实和提高自己，不断充实和更新教学内容；为了使大学更好地满足社会的需要，使大学中的知识能够足以应对并引领快速进步的社会，大学中的主体部分——知识分子开始迎接新的挑战：必须由原来的单一的教学、授课等工作转向科研，高校对教师的考察指标也增加了科研方面的考察指标。一个拥有良好科研能力的知识分子团队，就会使它所在的大学在竞争中遥遥领先。最近几年，从中国高校的排名就可以看出，一所大学科研能力成为排名的重要依据，而知识可以迅速转化为生产力的高校获得了更好的发展，产学研的良好结合使高校获得了发展的动力与更充足的资金，科研能力强的高校，往往在招生、就业等其他方面也更胜一筹。也正因为如此，最近几年，高校之间的人才争夺战趋于白热化，这使我们看到，高校之间的竞争实际上就是高校中知识分子团队的竞争。有了优秀的教师——知识分子团队，才有高校的发展。

二、高校是知识分子发挥作用和创造价值的最佳空间

高校的发展离不开知识分子，同样，知识分子也离不开大学。大学是知识分子生活的象牙塔，为知识分子提供了最适宜他们生存的土壤，最宁静不受干扰的空间。知识分子在高校为他们提供的这个空间里得以尽情施展才华，发挥作用，这主要体现在以下三个方面：

首先，大学为知识分子提供了稳定的生活保障。

大学为知识分子提供稳定的生活保障，是在支付报酬方面和人事制度两个

方面进行的。在中国的高校中，为教师可以提供相比大部分国民收入较高的工资，按照所任的不同教职、资历、教学及科研方面所作的贡献为教师提供足以保障其小康水平的生活。在国外，一般具有正式职位的教师甚至可以凭借学校提供的薪水过上中产阶级的生活。无疑，随着知识在社会中发挥作用的比重越来越大，从事脑力劳动的知识分子获得更高的薪资保障已经成为一种趋势。另外，在人事制度方面，高校一般为任教的知识分子提供较长的任期，尤其在我国，高校教师几乎是终身制的。当然考核与竞争的制度会使不同的教师产生收入和职级方面的差异，但任教的岗位却是基本稳定的。这样的稳定的任教期限制度给知识分子提供了稳定感，使其避免了生计的不稳定，不必直接面对社会和市场，从而有更多的精力从容地从事教学和科研。从历史上看，这样的保障是相当必要的，在当代的文明社会，如果还要知识分子丢却人格尊严"为五斗米折腰"，那么不能不说是时代的倒退；"安得广厦千万间，大庇天下寒士俱欢颜"的感慨在当代社会已不复出现。

其次，高校为知识分子提供了独立思考与自主研究的空间与时间。

由于知识分子从事的是脑力劳动，具有很强的伸缩性、创造性和能动性，因此大部分工作时间往往与普通朝九晚五的作息时间表有所不同。加上知识分子的个体性、独立性很强，机械的办公制度往往会对他们的思维造成约束，目前高校中基本实行的是教师走班制度，即有课上课，课毕下班。规定每周教师上课课时的最低限度，教师在完成必要的课时数以后就可以自由支配时间。这个自由支配的时间除去备课之外，就给教师提供了充裕的科研时间。除去时间外，研究场地和设备也是高校给知识分子提供的良好条件之一。对于人文学科而言，高校自有的图书馆、资料室为知识分子提供了丰富的参考资料，校园网络也开阔了他们的眼界，是他们快速更新知识、紧跟时代步伐的重要途径。对于理工科而言，高校所兴建的各类实验室、实验设备和材料，更加不是知识分子通过个人能力所能得到的。他们必须依托高校这样的组织机构才能够把自己的科学研究进行下去，也必须通过高校跟社会的广泛接触才能更好地把研究成果转化为生产力。而社会上的科研院所，往往由于其专业性较强，通常只能完成与社会接轨最近的一些环节，对于一些交叉学科和基础科学的研究，高校所营造的良好的科研氛围与科研条件可以说是其他单位无法比拟的。

最后，正如科塞(L·Coser)所言：大学提供了这样一个环境，在这里，共同从事不受约束的智力追求的人们可以相互交流，并在不断的交流中磨砺自己的思想。

高等院校对于知识分子而言，最重要的是提供了这样一个可以讨论、可以交流的环境，营造了这种最适合知识分子生活的氛围。知识分子的研究、知识分子的思想、知识分子的生命，只有在这样的环境中才能更加鲜活起来。有了高校提供的这一方净土，当代的知识分子可以不必如陶渊明般退隐田园，可以不必如中国古人一样，将自身学识与仕途紧紧捆绑在一起。在高校提供的这个如社区、如沙龙一样的空间里，他们的思想可以自由地飞扬、碰撞出智慧的火花；可以将自己的观点拿出来请其他人帮助修正和评判。真正的创新、真正的科学成果就是在这样的空间里一次次被创造出来。

三、做好知识分子工作，是学校发展和人才培养的决定因素

毫无疑问，高等院校的主要构成人员是知识分子。鉴于高校内部机构的复杂，教育部对高校的教师与其他人员的比例有着明确规定。教师群体在高校的工作人员中占了很大的比例，又由于高校工作的特殊性——对象无论是教师还是学生，都具有较高的知识层次，为了不出现外行管理内行的现象，除后勤人员外，大部分从事行政管理工作的人员也都具有较高的学历层次，从某种角度而言，他们也是知识分子。还有些特殊的管理岗位，对学历层次和知识层次更有着极高的要求。如：主管教学、学科建设的校级领导，科研处、研究生院等部门的管理者，都要求比较高的知识层次，否则不能够提供合理的管理和服务，更不能设身处地为作为知识分子的教师群体着想。

邓小平曾经说过："高等院校，特别是重点高等院校，应当是科研的一个重要方面军，这一点要定下来。"改革开放以来，知识分子已经成为高校中科研工作的生力军。随着高等院校体制的逐步改革和理顺，教学科研条件的逐步改善，高校也增加了在科学技术方面更多更广泛地直接为社会服务的内容，高校知识分子的科研任务也逐步加重。如国家划定的211、985大学，基本上将自己定位在研究型大学发展。其他排名较后的研教型、教研型高校，近年来也把目标定为向研究型大学发展，大学的科研能力越来越成为高校实力排名的重要指标。这就要求大学在制定教师考核制度、职称评聘的时候，科研成果的等级、数量都成为教师个人考核的重要指标。高校的教师除了承担基本的教学任务以外，必须承担一定的科研任务。科研能力较强的教师则在职称的晋升中占有很大优势。这样的制度固然使作为教师的知识分子承担了更大的压力，但是总体来讲，这种压力对于高校发展、对于社会进步，是起了非常巨大的推动作用的。也正因为如此，高校的科研产出越来越多，可以直接转换为社会生产力的成果也越来越多，高校教师成为高校科研的绝对主体。

由于站在学术的最前沿，知识分子能够把握和领会科学技术及学术理论的最先进的部分，也有能力把最紧跟时代步伐、最新的信息知识及时灌输给学生，知识分子因此成为高校育人阵地的主力军。邓小平认为："一个学校能不能为社会主义建设培养合格的人才，培养德智体全面发展，有社会主义觉悟的有文化的劳动者，关键在教师。"高等院校除了拥有大量的专业师资力量以外，还有大量专门从事思想政治工作的学生辅导员。两方面的力量合在一起，形成了共同育人的合

力。专业教师为学生提供科学理论知识，为提高学生的业务能力提供了可靠的保障。学生通过专业知识的学习，获得了一技之长，获得了将来立足社会、为国家与社会作贡献的能力。思想政治辅导员，则对学生的政治思想道德进行引导与灌输，使学生具备良好的道德素养、正确的政治立场和观念、合乎社会要求的人生观和价值观，成为真正对社会有用的"社会主义事业的可靠接班人"。专业教师与思想政治辅导员，两个知识分子的群体，构成了高校育人最直接、最主要的力量。

四、做好知识分子工作对于社会进步和国家发展的战略意义

1. 我国知识分子工作的现状

在由林樟杰教授主编的《论新时期中国的知识分子问题》一书中，曾经就当时知识分子的思想、工作与生活状况做过调查分析。调查显示：在改革开放以后的市场经济条件下，知识分子的敬业精神、奉献精神有所淡化。调查情况如表 7－1 所示：

表 7－1　知识分子的主要思想倾向

排　位	百分比(100%)	所　选　内　容
第一位	49.09	在市场经济情况下，知识分子敬业奉献精神有所淡化
第二位	22.42	知识分子的思想是崇尚工作，有所作为
第三位	13.64	现在知识分子时兴经商"下海"，出国留洋

我国经济转型时期，不同行业、不同层次的人在价值目标、价值实现手段、价值评价标准方面都发生了某些实质性的变化。善于思考的知识分子对市场经济在理想信念、整个社会的价值观念、道德观念等方面产生的负面作用作出了敏锐的反应。一方面，知识分子对于新时期产生的新问题提出了质疑；另一方面，知识分子在这场社会变革中，原有的清高思想也受到了震动和冲击。相当一部分知识分子在改革的大潮中历经磨炼，真正实现了"达则兼济天下，穷则独善其身"的理想；也有很多知识分子面对经济大潮的冲击，在中国传统文人原有的士人文化和现实需求之间惶惑、徘徊。出于现实生活或者自身发展的需要，放弃了原本崇高的理想和信念，对真理不再坚持，信仰不再坚定，对自己从事的知识传播与钻研事业不再执著。

不考虑知识分子本身的因素，从国家为知识分子提供的大环境来讲，也不容乐观。一方面我国人才资源相对缺乏，另一方面现有知识分子的作用还没有很好地、充分地发挥出来，知识分子的潜力、能量、聪明才智有一大半的人还没有完全释放，调查情况如表 7－2 所示：

表 7－2 知识分子发挥作用的状态

排　　位	百分比(100%)	所 选 内 容
第一位	41.52	能发挥作用
第二位	30.3	一般
第三位	17.27	不能很好发挥作用
第四位	7.27	发挥作用困难
第五位	2.12	能得到全部发挥

表中第一位和第五位之和为 43.64%，是属于合理使用的，另外一大半的人力资源还没有合理配置，原因有体制的，也有是否合理使用方面的。合理的体制与对知识分子个性化的使用是使知识分子人力资源发挥作用的重要保障，给知识分子创造良好的环境是整个国家和社会良性发展的前提。通过调查，得出知识分子发挥作用的依靠因素如表 7－3 所示：

表 7－3 知识分子发挥作用的依靠因素

排　　位	百分比(100%)	所 选 内 容
第一位	42.12	公平竞争环境
第二位	21.82	组织关怀，领导信任
第三位	15.15	基本生活得到保障
第四位	13.33	学术氛围宽松

排在第一位的“公平竞争的环境”是知识分子认为发挥自身作用最必要的基本条件，公平的竞争环境事实上为知识分子进行自身实力的竞争提供了动力，组织关怀、领导信任与学术氛围的宽松为知识分子发挥作用提供了精神上的保障，而基本物质生活的保证在知识分子心目中只排列在第三位，这是符合传统中国知识分子重义轻利的道德心态的。

综合外部环境与知识分子本身心态转变两个因素，知识分子的现实状态就是社会地位高、经济地位低，在不同的地域、不同学科之间，知识分子的经济状况也非常不平衡。比如从事理工科教学研究的知识分子，尤其是从事转化成果较快的学科的知识分子的收入高于基础理论学科和文科的知识分子；学术名人的收入远远高于普通知识分子；北京、上海等大城市的知识分子的收入和工作环境好于中小城市的知识分子；东南地区的知识分子收入和工作环境好于其他地区的知识分子。受这一因素的影响，知识分子总体存在着：人才流动的方向主要是涌向大城市，尤其是流向经济或政治中心城市的知识分子增多；从政从商的知识分子增多；

跨出国门的知识分子增多;英年早逝的知识分子增多。

总而言之,知识分子的现实状况要比中国过去任何一个时代都得到改善和提高,但与此同时,知识分子的生存状态又不容乐观。现实生活的压力,与知识分子不能直接参加社会生产的特殊性质赋予了知识分子特殊的社会地位,既有"百无一用是书生"的古老观念的尴尬难堪,又有着"科技是第一生产力"的强有力的现实政策的支撑。因此,作为中国当代的知识分子,一方面要主动摆脱中国古代知识分子遗留下来的固有缺点,成为一个独立的、自强的社会群体,另一方面要充分利用现有政策,抓住大好机会,积极主动地争取客观条件的改善,为国家和社会作出更大的贡献。

2. 做好知识分子工作对于社会进步和国家发展的战略意义

而在现代化的浪潮下,在国家发展、社会进步的大环境中,中国知识分子有了新的选择和历史使命。现代的有担当的知识分子应以社会为中心,以知识和人格为基本点。作为一直站在人类社会思想的制高点,总是掌握着人类最先进科学技术的知识分子群体,与现代化的先进生产方式紧密地联系在一起,与最先进的思想文化意识紧密地联系在一起。我们党和国家在历史上曾经对知识分子采取了错误的态度,在知识分子问题上曾经走过弯路,也因此承担了巨大的损失,而在改革开放的今天,抛弃旧有偏见,正确看待和使用知识分子,是我们国家富强、民族兴旺的必要条件。

首先,知识分子作为第一生产力的载体,成为社会主义现代化建设的中流砥柱。知识分子的劳动所创造的价值是以往的马克思主义劳动价值论所无法考量的。知识分子劳动生产的价值,直接或者间接凝结在最终的产品中,比知识分子所付出的最初的劳动的价值要多得多。例如著名的杂交水稻之父袁隆平,他所创造的最终价值是体现在农耕生产中最终的粮食产量和质量当中的,而这样的产品价值远远高于他在从事水稻科学实验中所付出的人力和物力。事实上,在整个社会的生产过程中,"知识分子主要地运用自己的智力和知识,在物质产品的直接生产过程中作用于以体力劳动为主的劳动者(教育培训)、劳动工具(设计创造)、劳动对象(选择分析)和劳动产品(包装设计);在生产总过程中,通晓整个生产过程",而在发达国家的社会劳动力结构中,具有相当知识水平的中产阶级已经成为社会的真正主体。由此可见,知识分子已经成为对社会生活、生产力发展最具控制性的力量。

同样,在人类社会中的另一领域——思想意识领域中,知识分子几乎从始至终站在每一个时代的最前列,知识分子所创造和总结的思想囊括了人类社会一切精神文明的优秀成果。知识分子在上层建筑中,在人类的道德、政治、艺术等等领域中不断进行着生产和再生产。早在 20 世纪初,先进的马克思主义就是由中国追求进步的知识分子引入中国的;在建设和谐社会主义的当代中国,知识分子更是与共产主义的先进文化紧紧联系在一起,不断进行着创造、反思和总结。具有特殊性的中国知识分子,也在时代的前进中逐步从立足于政治转化为立足社会,从对统治阶级具有依赖性的群体成长为独立、自尊的社会主义和谐社会的建设者。缺少了先进思想文化的引导者和创造者,我们社会的精神文明建设、我们社会文明的发展将无从谈起。

总之,知识分子担当着物质文明和精神文明的生产者、引领者和变革者的角色。在新时期的中国,在面对复杂国际环境的中国,知识分子与党同心同德,共同努力,成为国家安定团结、繁荣发达的重要基石。

第二节 对知识分子问题的再认识

一、中国知识分子问题的重要性与敏感性

在中国的历史上,知识分子问题一直是极具争议性的敏感问题。无论是中国古代,还是近现代,在中国历史的进程中,知识分子始终起着不可或缺的作用。从屈原纵身投入汨罗江开始,如何对待知识分子,如何使用知识分子,始终是中国社会历史中一个被反复讨论的问题。林樟杰教授在《论新时期中国的知识分子问题》一书中曾经对这一问题进行较全面的论述,这里将就其论述作简要的概括,以保证本章对知识分子问题论述的完整性。

知识分子的曲折命运自两千多年以前秦始皇焚书坑儒之日就开始了,从那时起,“知识分子的这种一起一落、大起大落、一荣一辱、大荣大辱的境遇,从此连绵不断,在中国历史上延续了两千余年”①。即使在新中国建立以后,在中国共产党的领导下,也依然发生了“左”的严重偏差。直到“文革”结束 8 年以后,基本完成了拨乱反正,改革开放已经大步迈进的 1984 年,邓小平同志在会见华人科学家时,才讲了这样一段直接影响后来中国知识分子政策走向的话:“中国的知识分子问题是一个特殊的问题,我们至今还没有解决好。解决这个问题非常迫切和重要。”

知识分子问题之所以特殊,其原因是多方面的,不仅仅由于知识分子自身的特性,还在于知识分子在中国历史上长期以来的社会地位、与各个历史时期的统治阶级的关系密切而又复杂等因素。

首先从知识分子的特点来看,知识分子从事的是脑力劳动,其特点也主要源于脑力劳动的特点,林樟杰教授归纳了脑力劳动的三个基本特点:

(1) 它以个体性为基础,因为一个人的思维决计代替不了另一个人的思维,包括其内容、方式、路径。

---

① 林樟杰. 论新时期中国的知识分子问题[M]. 上海交通大学出版社,1999(p1).

(2) 它具有很强的能动性,可以创造出巨大的超常的价值,也可以产生巨大的超常的反价值;可以非凡地活跃,也可以空前地愚昧、麻木。

(3) 它更多的是创造性的劳动,而不是机械的简单的重复。

由脑力劳动这些基本特征决定,知识分子有很多独特的个性、特点、习惯,如:崇尚独立思考,不愿轻易服从,有强烈的自我意识、民主意识,对强加的压力有着本能的憎恶等等。从这些特点出发,知识分子具有强大的能动作用,这种能动作用既可以创造出人间奇迹,使社会向前迈出巨大的步伐,也可以产生惊人的反面影响,爆发出强大的对抗能量,对社会造成巨大的破坏。

其次,从社会历史环境来看,中国知识分子有两千多年的文化积淀,也有沉重可叹的历史包袱。一方面,知识分子具有高风亮节的优良传统,他们高扬"以天下为己任"的情怀,具有强烈的时代使命感、真诚的历史责任心、满腔的爱国热情和深深的民族忧患意识;同时在操守人格方面,知识分子具有坚定的信念和高尚的品格。另一方面,由于中国封建社会长时间的科举制度造成了中国知识分子与政治结合得过于紧密,将知识分子的"从学"与"从政"捆绑在一起,知识分子的前途也就是仕途。这种对政治的依附本身就与知识分子崇尚独立、维护自我意识的精神相矛盾,造成了千百年来知识分子背负着沉重的历史包袱,一幕幕知识分子的历史悲剧由此而生。

新中国建立以后,在如何认识知识分子的问题上颇费周折,这也使知识分子群体在后来形成一些与国外知识分子所不同的特点。

从建国初期到十一届三中全会召开,党的知识分子政策大致可以分为两大阶段。第一阶段是从建国初期到 1957 年 2 月 27 日《关于正确处理人民内部矛盾的问题》为止。这一阶段的政策,从总体上看,对知识分子的状况作出了正确的评价,基本调动了知识分子的积极性。在开展对知识分子思想教育运动的时候,在反帝反封建反官僚资本主义的基础上将他们团结起来,确立了为劳动人民服务的观点,但也使一部分知识分子的感情受到了伤害。在两次影响较大的批判资产阶级唯心主义运动中,伤害了一批愿意从事有益于人民工作的知识分子。第二个阶段是在 1957 年到 1976 年长达 20 年的时间里,由于毛泽东和党的指导思想发生了"左"的偏差,知识分子政策也开始偏离了正确方向,从轻视知识、歧视知识分子直至将知识分子重新划归资产阶级之列并作为专政对象。这段经历严重地贬低了知识分子的社会地位与作用,歪曲了知识分子的整体形象。知识分子本身在这种长时期的不利的社会环境下,不再有能力,也不再奢望自己保持作为全社会共有的良知与引路人的形象,形成了心态与自我意识的偏差,对自身的定位和社会价值处于彷徨、迷惑之中。这不仅仅使我国的科学、文化、教育事业受到严重的破坏,更导致了整个社会对传统与现代、愚昧与文明、专制与民主等价值观的模糊,造成整个国家发展的停滞不前甚至倒退。

改革开放以后,党在知识分子问题上回到了马克思主义观点,重新认定知识分子是工人阶级的一部分,强调尊重知识、尊重人才。但是,由于市场经济的冲击以及长期以来形成的对知识分子的偏见,曾经一段时间内存在着严重的"脑体倒挂"现象,知识分子的实际收入大幅下降。与已经被认可的地位相比,实际生活的窘迫造成了大部分知识分子的失落感,知识分子的心态严重失衡,新一轮"读书无用论"再次蔓延整个社会,大量的知识分子离开科研、教育等岗位,或退学经商、或出国镀金,以至于当时的社会上流传着这样的话:傻得像博士,穷得像教授。寒酸、无能成为当时知识分子的整体形象。但是,在窘迫、彷徨背后,依然有很多胸怀报国之志的人才,坚守住自己的信念,坚守住自己的岗位。

自 1989 年 10 月,国务院决定提高知识分子工资,到 90 年代末,由于党的知识分子政策连续出台,"脑体倒挂"的现象得到彻底的逆转,知识分子的待遇得到了大幅提高,住房条件也逐步改善,知识分子真正获得了全社会的认可与尊重。而反过来他们给予社会的回报是大量的科学知识转化为生产力,整个社会的物质文明飞速进步,人文科学的发展使整个社会的精神文明得到新的发展,社会主义的价值观得以重新确立。

二、中国知识分子的缺点——"怀才不遇"与"文人相轻"

知识分子的产生从一开始就具有其独特的社会历史背景。春秋时期是一个"礼坏乐崩"、"道术将为天下裂"的时代。当时的统治阶级急于寻求理想和有效的治国方略,专门致力于辅佐统治阶级、为其出谋划策的知识阶层因此应运而生。这样的原始驱动力使得中国知识分子阶层一经产生就带有先天的依附性,他们为当权者提供治国良策,为当权者的施政方针作出合理性论证与解释,以此保证其存在的必要性。而对统治者的完全依附,又不能见容于当权者,是导致了众多知识分子的"怀才不遇"的根本原因。由于这种依附,使知识分子务必寻求所谓的"用武之地",无数"良马"期待着独具慧眼的"伯乐"。孔子周游列国而不被所用,屈原因谗妒而被流放,最终郁愤投江,其《离骚》成为知识分子表达"怀才不遇"的经典代表诗作。

除却造成依附性的社会历史原因以外,造成"怀才不遇"也有知识分子自身性格上的原因。"知识分子往往对事物有自己高新的见解,独到的视角,深邃的认识,但有时难于为外界环境所接受……因为知识分子作为社会中智商最高的一部分人,对事物的认识处于超前状态是十分自然的事情……有时新认识不被理解,所以会受到种种误解,甚至受到抵制和打击,于是有了怀才不遇的甚至难容于世的境况。"①有部分知识分子因为具有高洁的志向和品格,不肯流俗于世、随波逐

① 林樟杰. 论新时期中国的知识分子问题[M]. 上海交通大学出版社,1999(p11).

流，更由于旧时代的当权者中，弄权舞弊，结党营私、趋炎附势等官场丑相与知识分子忧国忧民、慎独修己等品格相悖逆，这就使怀才不遇成为大部分学而不能致仕的知识分子的群体感受。

怀才不遇的第三个原因是知识分子自身容易陷入孤芳自赏、自命清高的误区之中。自古以来，知识分子都是少数得以受教育的人群之一，其目标和志向又是"学而优则仕"，"万般皆下品，唯有读书高"成为知识分子自视过高的真实写照。因此就有很多读书人，把自己同凡人世界隔离开来，认为自己不同凡响，不屑于和低于自己社会阶层的人打交道，这也是孔乙己为什么偷书、欠账依然还有穿着长衫的思想基础。

怀才不遇虽然有其社会历史原因，但是在新的知识经济的时代，我国的少数知识分子依然怀有这种情绪。在新的时代，知识分子就不应再片面强调外部环境的因素，而是应当通过自身的努力去改变环境，学会"自用其才"，让自己的才能、见识在有限的条件下得到充分的发挥，在逆境中逐渐赢得环境的认可，最终战胜世俗，摆脱怀才不遇的困境。

知识分子的另外一个缺点就是"文人相轻"。这个缺点究其根本原因也是由最初的依附性造成的。中国封建社会的统治者深知"外行治内行外行，内行治内行内行"的道理，因此利用取仕的竞争，使求官的知识阶层形成派系之争，党派之间互相倾轧，彼此制衡，以此来巩固自己的政权。而知识阶层因为关涉自身的利益，也明知其不可为而为之。中国知识分子两千余年的历史，与党派的政治斗争紧紧缠绕在一起，时至今日，这种余毒依然在知识分子聚集的地方时时发作。

"文人相轻"反映在知识分子聚集的集体中常常呈现为"窝里斗"，这种"窝里斗"经常体现在资历、成就不相上下，而又共在一个组织机构内部的知识分子之间，为了争取有限的资源，他们往往把大量精力花费在这种互相拆台的内耗之中，非但无法形成合力，反而造成很多不必要的损失。如果知识分子能够摆脱"文人相轻"这种封建余毒的束缚，将自己的精力更多地用到自己的研究、学术当中去，进行正当、公平的竞争，将集体中的每一份成就形成合力，那么，中国的知识分子就能真正成熟起来。作为知识分子生活与工作的重要环境之一的高等院校，建立完善的学术竞争机制、为知识分子提供良好的研究和教学环境、充足的学术资源也会使文人相轻的现象逐渐减少乃至于消失。如果能够真正建立促进知识分子多出成果与公平竞争的良性循环的环境和机制，那么中国几千年来知识分子的理想和抱负也就能够实现了。

三、新时期中国知识分子的历史使命与素质要求

1. 新时期中国知识分子的历史使命

前面谈到，新时期的中国知识分子应当是先进生产力和先进文化的主要创造

者。那么，如何担当起这样重要的任务，就成为新时期中国知识分子重要的历史使命。

首先，在整个社会的思想意识形态领域，知识分子应以马克思主义为指导思想，在现实的社会生活中继承和发扬这一理论，为中国的发展提供科学的指导思想。中国的知识分子是中国最早接受和传播马克思主义的一部分人。他们把以《共产党宣言》为代表的马克思主义经典文献介绍给中国人民，马克思主义的科学理论成为中国共产党的指导思想和理论基础。一个世纪的实践已经证明，马克思主义的科学理论在中国已经转变为巨大的物质力量，深刻地改变了中国的面貌。原来半殖民地半封建的旧中国变成了今天快速发展、充满活力、举世瞩目的社会主义国家。这一事实告诉我们，知识分子有能力、也有责任坚持正确、科学的指导思想，与我们党同心同德，共同建设中国特色的社会主义。

马克思主义科学理论同中国革命和建设的实践相结合，产生了毛泽东思想、邓小平理论、三个代表的重要思想。这些一脉相承的马克思主义理论，给我们国家和民族带来了兴旺发达，带来了生机和活力。中国的知识分子是社会主义中国新的思想文化与科学知识的传播者，在中国革命和建设中发挥了重要的作用。在中国面临着机遇和挑战的关键时刻，知识分子更应该自觉地、努力地学习和掌握科学的政治思想理论，用科学的理论武装自己，给党和人民做好参谋，在确立正确思想路线的工作中发挥自己的优势和重要作用。

在现代化的浪潮下，中国知识分子除了理解和掌握科学的马克思主义理论，还应有新的选择。现代的、有担当的知识分子应以社会为中心，以知识和人格为基本点。摒弃中国古代知识分子在封建社会中遗留下来的依附于政治的缺陷，从立足于政治转化为立足社会。

在当代中国，现代社会的政治体制与中国传统社会迥然不同。政治的现代化意味着政治成为专业程度极高的行当，政治家成为政治活动中的主角；而现代的知识分子覆盖着各个学科，研究的学问早已远远超出中国古代意义上的学问——做官的学问、处世的学问、治国平天下的学问。科学的发展使每一个学科分化得愈来愈精细，越是尖端的科学，覆盖面越小，现代知识分子往往是掌握了一技之长，精于某一学科甚至某一问题的深入研究就已经需要花费巨大的精力，就足以成为某一领域的专家。再沿着“做官”一条路走，都想去治国平天下，在现代社会已经完全没有可能。因此，每一位知识分子精通自己的学科，深入研究自己的专业，只要为当代的科学文化发展作出一点贡献，从宏观上来看，整个知识分子群体就不会辜负党和人民赋予的先进生产力的创造者的光荣使命。另一方面，知识分子也不能再像古人一样，仅仅通过政治来实现自己的个人价值。对社会责任的强烈认同应该成为现代知识分子的精神世界的立足点，尤其是人文知识分子，关心公民社会和公众利益、权力和社会理想等等，正是他们建立全部价值体系的前提，否则所谓人类的"终极关怀"无从谈起，创造真正的能够为人民造福的先进文化也无从谈起。无论政治理论如何发展，只要符合人民的利益，只要知识分子将自己的理论研究和为人类造福联系在一起，那么他们就真正创造了先进的文化，真正在社会的前进中实现了自身的价值。

新的时代赋予知识分子以新的使命，新的社会赋予知识分子以新的担当。当代中国的知识分子必须，也必然为中国的文化、科学撑起一片新的天地。

2. 新时期中国知识分子的素质要求

首先，知识分子要有坚持真理的高贵品格。

中国历史上曾经在很多阶段出现过各种文化专制主义，这使善于总结和吸取经验教训的中国知识分子形成了趋利避害、自我保护的传统特点。无论在现实的社会生活中，还是在学术观点的讨论和争议中都形成了"三缄其口、人云亦云"的表达方式。中国有"屈原投江"、外国有"火烧布鲁诺"，血淋淋的历史事实给知识分子们以沉痛的教训，或者不表态，或者随声附和，或者有所保留，中国的知识分子习惯于小心翼翼地做人、做事、做学问，因此，"顺势而为、识时务者为俊杰"成为很多知识分子谨遵不怠的法则，不敢发出内心深处真实的声音成为中国知识分子多少年来不可碰触的伤痛。

另一方面，由于当代中国社会在几十年内快速完成了资本主义国家经历上百年的发展过程，必然在社会发展的很多方面要经历一个从无序到有序的过程，社会很多方面发生了制假、造假的现象：医疗界有假医假药；体育界有假球黑哨；有些意志不够坚定的知识分子不能免俗，为了应对评职称、涨工资等等现实生活的压力，剽窃、抄袭他人的文章、成果，雇佣"枪手"请人捉刀代笔，炮制假文章。种种行为，破坏了本应是品格高洁的知识分子的群体形象。杨继绳在《中国知识分子的现状和未来》一文中说得好："孔子曰：'士志于道。'从这一点来说，'士'和'知识分子'是相通的。'道'就是一种他们自认为正确的价值准则。士'重道义，轻王侯'、'贫贱不能移，富贵不能淫，威武不能屈'，'疾首针砭时弊，挥泪书民情'。现代知识分子是时代的代言人，是公众的眼睛，社会的头脑。批判精神是知识分子的特点。不畏权威，不迎世阿俗是知识分子的品格。朝闻道，夕死可矣，就是知识分子对真理的态度。"

其次，知识分子要有良好的学习能力，能够不断累积知识，及时更新知识。

知识分子是社会的头脑，是科学文化的载体，知识分子承担着创造知识和传播知识的重任。这使知识分子本身必须具备一定的能力和特质，才有资格被赋予这一称号。知识分子要能够在累积知识的同时进行不断的创新，要具备"敏于查，勤于思，勇于疑，敢于异，坦于言"的素养，在知识分子身上，最应突出人类的发展性、创造性和突破性的思维。有了这样的素质，人类社会才有今天的文明。中国知识分子必须具备这样的素质，才能够突破中国目前发展的瓶颈，使中国的发展模式从根本上得到转变。

再次，知识分子要有超越个人私利的社会责任感。

杨继绳在《中国知识分子的现状和未来》一文中谈道："'有知识'只是作为'知识分子'的一个必要条件，但不是充分条件。今日西方人常常称知识分子为'社会的良心'，认为他们是人类的基本价值（如理性、自由、公平）的维护者，知识分子一方面根据这些基本价值来批判社会上的一切不合理现象，另一方面则努力推动这些价值的实现……知识分子除了献身专业以外，还必须具备一种关怀精神，关怀国家、社会以及世界上一切有关公共厉害之事，而且这种关怀又必须超越个人私利之上。"西方对知识分子社会责任感的认识与中国古代知识分子发自内心的呼声"先天下之忧而忧，后天下之乐而乐"有异曲同工之妙。无论是哪一领域的知识分子，在其研究的范围之外，在其自身现实生活之外，天然地关心着整个社会的价值取向，关心着整个国家民族乃至于全社会的发展和进步。如果缺失了这种社会责任感，仅仅从事着专业知识的研究，则不能成为真正意义上的知识分子。

四、关于"公共知识分子"问题

1. 我国公共知识分子及其特点

关于公共知识分子的界定，有很多不同的看法，中国的和外国的、早期的和近年的，很多人都试图解释公共知识分子的含义。鉴于公共知识分子产生和存在的背景的复杂性，以及公共知识分子本身的复杂性，我们在这里不再试图去定义公共知识分子，仅对几种较为典型的定义进行介绍。

一般认为，出版于 1987 年的《最后的知识分子》（美·雅各比著）一书中最早提出了公共知识分子的问题。社会学家曼海姆（Karl Mannheim）在《意识形态与乌托邦》一书中对公共知识分子做过一个经典的界定：公共知识分子是一个自由漂流的群体，而非一个有自己特殊利益诉求的阶级或阶层。从这一界定可以发现公共知识分子的关键特征是"自由飘浮"与"非依附性"。著名学者萨义德对公共知识分子的定义是："根据我的定义，知识分子既不是调解者，也不是建立共识的人，而是全身投注于批评意识，不愿接受简单的处方、现成的陈词滥调，或平和、宽容的肯定权势者或传统的说法或做法；不只是被动地不愿意，而是主动地愿意在公共场合这么说。"①在我国，北京大学的学者苏力将公共知识分子定义为"越出其专业领域、经常在公共媒体或论坛上就社会公众关心的热点问题发表自己的分析和评论的知识分子，或是由于在特定时期自己专业是社会的热点问题而把自己专业的知识予以大众化并且获得了一定的社会关注的知识分子。"②苏力的定义

① 萨义德. 知识分子论[M]. 上海三联出版社，2002(p25).
② 苏力. 中国当代公共知识分子的社会建构[J]. 社会科学研究，2003(3).

基本上描述出我国被称为公共知识分子这一群体的轮廓，根据以上的定义，结合我国现实的社会状况，我们可以为我国公共知识分子概括出下面的几个特征。

特征一，公共知识分子从事的公共活动是在自己的专业活动之外，同时把专业知识运用于公众活动之中，或者以其专业知识为背景参与公共活动，这些公众活动包括政治、社会、文化等各个方面。而这种运用和参与是以利用现代大众媒介等公共途径发表文字和言论为主要方式的。无论他们从事的是哪一领域的活动，这些活动都无一例外地与社会热点问题有密切的关系。从某种程度来讲，可以说，社会背景的复杂，尤其是改革开放以后整个社会在政治、经济、文化等方面越来越多的有争议的问题催生了这一代公共知识分子。

特征二，公共知识分子必须利用媒介手段方能实现其公共活动。通常公共知识分子的作用主要体现在为公众利益面向公众，讨论关于公共利益的问题，对国家中各方面的状况进行社会舆论的监督。但是，公共知识分子在获得面向公众讨论公共利益、实行舆论监督的权利之前，必须在其专业知识方面取得一定的成就，进行一定的积累，并因此得到社会的公认，才能够获得话语权。而我们知道，在当代的信息社会中，各种传媒几乎掌握了全部的话语权，甚至包括国家大事，都需要通过传媒来取得公众的关注。因此，所有的公共知识分子，都可以算作是媒介知识分子，他们的观点、他们的评论必须首先受到大众传媒的认可与青睐，通过传媒的手段将公共知识分子的意见与建议公之于众。

特征三，无论其出发点如何，无论公共知识分子在其从事的非专业活动中收获了怎样的名和利，公共知识分子依然体现了深厚的社会关怀精神。他们自始至终怀着对社会的责任感，这种责任感表现在中国这一代公共知识分子身上，依然带着相当深的中国传统中理想知识分子的印记。“无论他们如何的激进、反讽或后现代，他们实际上在更大程度上认同的是中国传统的知识分子。这种认同至少在两个方面影响了他们的公共知识分子人格的形成和定位。也正是这种实际上对中国传统知识分子理想的认同和坚持，这一代知识分子才跨入了公共知识分子的论坛，无论他们是同时坚守自己的专业领域还是基本跃出了自己的专业领域。被许多其他专业公共知识分子甚至某些经济学公共知识分子认为不讲道德的甚至为了反击也自称‘不讲道德’的经济学家们其实几乎每个人都在讲道德，并且不仅在讲市场经济的道德，也在讲一般的道德。”①

2. 如何看待公共知识分子

从公众监督和话语权的角度看起来，似乎公共知识分子的出现使知识分子在新的时期发挥了前所未有的作用，个性也得到了前所未有的张扬，中国知识分子自古以来“达则兼济天下”的梦想似乎终于在指点江山、激扬文字中得到了实现。

---

① 苏力. 中国当代公共知识分子的社会建构[J]. 社会科学研究，2003(3).

但到底公共知识分子的出现对社会发展的作用如何,怎样评价公共知识分子却是众说纷纭的。

在中国,当代公共知识分子的形成与中国经济体制改革和社会转型带来的一系列问题(因此就不仅仅是社会转型问题)有很密切的关系。这一点最典型地反映在经济学界。许多经济学家都自觉不自觉地加入了有关中国经济问题的一系列辩论。经济的各种热点问题在中国过去 20 年里实际上成了中国社会最关心的"政治"话题和公共话题。"因此,许多本来旨在参加学术专业争论的经济学学者自然而然地甚至是不经意地就从专业知识分子转化为公共知识分子了。当然,在这个过程中,也确实有一些经济学家利用社会舆论(例如关于股市的争论)来强化和推进自己的'学术'主张,或是社会上的一些利益群体会利用大大简化了的某个或某些经济学家的观点来支持自己的各种利益诉求。在这种情势下,许多经济学问题都变成了政策问题,许多经济学分析被简化为一个词。所谓'厉(以宁)股份'、'吴(敬琏)市场'的说法就是明证。"从苏力的这段话,我们可以看出,成为公共知识分子的一部分原因在于你研究和关心的问题是否变成了社会的热点问题。所以,也可以说,公共知识分子是应运而生的,是基于社会本身的需要,基于普通民众对于平民化了的知识的需要。从这个意义上来讲,公共知识分子对于社会的发展是起到了正面的带动和监督的作用。

但是,从另一方面来讲,成为公共知识分子,意味着在社会中更为显赫,更受人关注,却并不意味着公共知识分子的学术成就一定更高。相反,就这一代学者整体而言,他们的擅长可能更多的是以牺牲专业化为代价的。因此,就对社会转型和改革的贡献而言,也许他们的这种牺牲是值得的,是必要的,甚至是更有效率的;但是就知识的贡献而言,则可能构成了一个缺憾。"如果韦伯关于现代社会的知识分工与知识增长的判断是对的,那么就总体来说,我的预测是,这一代学人中出现有重大学术贡献的学者的几率可能要低于下一代学人,如果下一代学人的训练更为专业化的话。"并且,由于公共知识分子名望显赫的身份,也势必会引起一种导向,很多专业化的知识分子,会热衷于追求成为公共知识分子,如果这种趋势成为一种潮流的话,我们的社会在专业学术的发展上将会损失更多。由于一些学者很早就走上了公共知识分子的道路,而只走了很短的一段专业学者的道路,甚至可能从来就没有作为专业知识分子出现在其领域。尽管其社会知名度较高,但是在其专业领域中,并不能得到很多的学术认同。"还有一些人,尽管从事了一阵子专业研究,但随着年龄增长,专业的巅峰时期已经过去,也不得不放弃原来的专业,从而转向与其专业相近或相对容易进入的公共热点问题讨论或专业知识的大众化工作。"这些现象都容易在专业学术领域造成一个错误的导向,使很多人认为走公共知识分子的道路更容易获得事实上的利益和名望,这在我国当前本来就有急功近利倾向的社会中,更容易形成一种阻碍真正的学术发展的潮流。

在可以预见的未来,中国公共知识分子的数量应该随着社会的知识分工、专业化以及文化普及化而减少。但是,公共知识分子的存在将依然是一个长期的现象。在整个社会,人们的知识素养和水平有了大幅度提高的情况下,不再需要公共知识分子在专业知识和平民化的表达之间加以转达和诠释的情况下,真正的在专业知识上有高深造诣的学者将会得到社会更多的承认。

第三节 用心做好高等学校的知识分子工作

知识分子对我们的国家、我们的社会是如此的重要,我们国家综合国力的强弱、经济发展的后劲的大小,越来越取决于劳动者的素质,取决于知识分子的数量和质量。而拥有着全社会大部分知识分子的高等学校,如何做好知识分子工作,如何为知识分子建立一个良好的环境,使知识分子以高产出来回报社会,是我国知识分子工作的关键。

一、出发点:尊重知识、尊重人才

尊师重教,可以说是我国一直以来的传统。可事实上,无论是在知识分子必须依附政治生存的古代中国,还是在建国以后相当长的一段时间内,这个传统都没有得到真正的实现。每当上升到政策层面,触及其他社会阶层利益的时候,知识分子的利益往往是最没有保障的,尤其在对待使用知识分子的问题上,知识分子提出的治国方针、建设性意见,很难发挥作用。所以,尊重知识、尊重人才,几乎变成了一个只保留在口头层面的标语,大部分时候,都只是说说而已,只有在面对特别重要的知识分子的时候,这句口号才能变为现实。因此,在改革开放的浪潮下,在"科技是第一生产力"的大好形势下,如何真正以尊重知识、尊重人才为出发点,营造尊师重教的良好氛围,搞好教育工作,提高我国 13 亿人口的素质,是我们做好知识分子工作的一个关键。只有知识分子的地位提高了,知识分子的潜力和才能真正得到发挥了,使我们的国家,无论在人文精神、价值观方面,还是在科学技术、生产力方面都有巨大的进步,那时,我国才能够真正屹立于世界民族之林。

二、基本要义:千方百计调动每一位知识分子的积极性和创造性

根据美国心理学家马斯洛的需要层次论,自我实现需要是人生追求的最高境界。人类高层次需要的满足,能引起更合意的主观效应,会带来幸福感、安全感和内心生活的丰富感,能极大地调动人的积极性,具有长远的价值和意义,会成为更稳定、更持久的工作动力。而知识分子由于其更为追求精神上的完整的人格力

量，他们的工作动力主要来源于事业心和对实现自我价值的关注。能否学以致用，能否以自己的知识对社会产生影响，能否真正得到整个社会的认可，是调动知识分子工作积极性的主导因素。

尊重知识分子的基调是确定无疑的，但是如何尊重、怎样尊重，却总是不能采用合适的、令知识分子能够接受的方式。在我们国家的很多行政管理部门，常常会出现这样的现象：把知识分子作为管理的对象，即使高唱尊重人才的口号，但实际上也依然把知识分子作为可以使用或者利用的对象。例如，曾有这样的论述："知识分子具有独立思考能力强、思想丰富的特点，特别在市场经济条件下一些党外知识分子容易产生功利主义等倾向，因此学校党组织要在思想上加强对知识分子的正面教育与引导，不断提高思想政治素质，帮助和引导广大党外知识分子认清形势，自觉坚持党的基本路线……"这样的话语很容易引起知识分子的反感，让知识分子有一种"我们的国家和社会不把知识分子当成自己人"的感觉。我们既然已经承认知识分子是我们社会主义社会不可缺少的一个群体、一个阶层，就应当信任知识分子。如果我们潜意识中把知识分子看作是可利用的、需要帮助的对象，又怎么能责怪知识分子有功利主义的倾向呢？因此，充分的信任，是调动知识分子积极性和创造性的关键。

从中国知识分子的传统来看，绝大多数的知识分子是爱国的，是满怀着社会的良心，心甘情愿地去担负社会的责任的。在当代社会，我们已经看到由知识分子在改革开放过程中作出的巨大贡献。如果给予充分的信任和尊重，相信知识分子会为我们的国家和民族的发展进步作出更多的贡献。

三、改善知识分子的外部政策环境

做好知识分子工作，不是一项简单的工作。观念改变了，仅仅有精神上的支撑是远远不够的。知识分子的工作和生活同样需要物质的支持，尤其是很多工作需要大量的研究经费、研究设备，一味地要求知识分子在艰苦的条件下做出世界领先的成果也是不现实的。因此，做好知识分子工作，需要方方面面的改进，需要各种条件的支撑。而如果建立了良好的外部政策环境，那么建立完善的知识分子待遇的评定机制，建立民主自由的宽松学术氛围等工作，都将能够更为顺利地跟进。

毋庸置疑，改善知识分子外部的政策环境必须从国家的大政方针做起。十一届三中全会以来，随着我国改革开放的不断深入，知识的价值，知识分子对社会主义现代化事业所起的作用日益得到显现。邓小平的"科学技术是第一生产力"思想，更是从哲学高度概括了当代科技进步与经济发展的辩证关系。1995 年 5 月 6 日颁布的《中共中央国务院关于加速科学技术进步的决定》，首次提出在全国实施科教兴国的战略。江泽民同志在会上指出："科教兴国，是指全面落实科学技术是第一生产力的思想，坚持教育为本，把科技和教育摆在经济、社会发展的重要位置，增强国家的科技实力及实现生产力转化的能力，提高全民族的科技文化素质。”同年，中国共产党第十四届五中全会在关于国民经济和社会发展“九五”计划和 2010 年远景目标的建设中把实施科教兴国战略列为今后 15 年直至 21 世纪加速我国社会主义现代化建设的重要方针之一。1996 年，八届全国人大四次会议正式提出了国民经济和社会发展“九五”计划和 2010 年远景目标，“科教兴国”成为我们的基本国策。这为我国的知识分子工作从党和国家的大政方针的高度奠定了良好的基调。

1998 年 4 月，在中国科协主办的“科技进步与产业发展专家论坛”第三次大会上，我国学者宣布，从 1981 年到 1997 年的 10 多年里，我国科技进步贡献率达到 31.65%。同年 5 月，为了严格执行《教育法》、《科技进步法》，落实《中国教育改革和发展纲要》、《中共中央、国务院关于加速科学技术进步的决定》中有关教育、科技投入的规定，国务院办公厅转发了财政部《关于进一步做好教育科技经费预算安排和确保教师工资按时发放的通知》。《通知》要求各级政府财政部门保证预算内教育和科技经费拨款的增长幅度高于财政经常性收入增长。《通知》第一次明确了对财政预算执行中的超收部分，也要相应增加教育和科技的拨款，确保全年预算执行结果实现法律规定的增长幅度。

1998 年国家科技教育领导小组成立，并于 6 月 9 日举行第一次会议。朱镕基总理主持，指出要深入贯彻江泽民同志关于知识经济和建立创新体系的重要批示精神，国家要在财力上支持知识创新工程的试点，要加大对科技和教育的投入。

虽然我国目前对高等教育的投入经费还远远不能与国外的大学相比，严重制约了高等教育事业的发展，但是在政策的铺垫上和将来的走向上，加大对科教文卫事业的经费投入，加强对高教事业扶持的力度，都将成为历史的必然。

除了在党的方针政策方面作出明确的指引，高校自身与知识分子自身也可以通过努力来改善知识分子的工作氛围和环境。比如增强知识分子从依附政治转变到独立运用学术观点参政议政的能力。前面提到过，传统的中国知识分子在长期的封建社会环境中成为封建政治的依附者，读书的目的本身就是为了求官，从而饱受封建统治者的压迫，在不得不充当封建统治者的喉舌之余，也饱含郁郁不得志的忧伤。在建国以后，50 年代后期的种种政治风云与文化大革命又进一步使知识分子对政治望而却步。进入改革开放以后的新时期，我们充分认识到知识分子的重要性，给予知识分子充分的自由和民主的学术空间，使知识分子扬眉吐气，呈现出社会、民族和国家大事的参与者、管理者的姿态，知识分子的价值也在这样的氛围中得到更大程度的实现。今后的目标是，我们要进一步营造让知识分子在各个学术领域畅所欲言的空间，保持他们参政议政的热情，为知识分子提供一个既有自由、又有纪律，既有民主、又有集中的良好政治环境。

最后，高等院校可以从微观层面进一步完善知识人才的流动政策、职称待遇的评定政策，为知识分子提供良好的后勤保障和公平公正的竞争环境。一个开放的知识人才市场可以使人才得到合理的流动；让知识人才找到最适合自己的位置，才尽其用；同时也使用人单位找到自己需要的人才，促进单位人才结构的合理化。更重要的是，可以推动和激发知识分子人才之间的合理竞争，避免人才浪费，消除以往知识分子"怀才不遇"的现象。合理的职称待遇评定的政策，可以使有限的国家教育经费投入得到最为有效的使用，也使优秀的知识分子人才在职称方面得到认可感和满足感。高校要通过多种渠道筹集资金，确保知识分子收入有较大幅度的提高，完善职称评定制度，确保知识分子之间的竞争公正公平，避免内耗。真正将尊重知识、尊重人才落到实处。

四、正确处理知识分子的内部矛盾

无论是正处于发展之中的外部环境，还是中国知识分子本身所固有的一些缺点，都在知识分子内部造成了各种矛盾，有人与人之间的矛盾，也有人与体制之间的矛盾。这些矛盾在影响知识分子自身发展的同时，也影响了我们国家整体科学文化教育事业的发展。

在改革开放之初，经费的短缺曾经给知识分子的发展形成很多限制与困惑，随着国家整体经济的发展和对知识分子重视程度的提高，经费短缺已经不再是影响知识分子工作的主要问题。但是，近年来出现了另外一个极端现象，也对高校和知识分子群体本身造成不良影响，这一现象就是学术人才在高校之间的过度流动。虽然近年来高等教育在不断地进行改革，但是高校的制度依然不够完善，再加上各个高校由于地域、经费、规模等各种因素的影响，形成了高校教师的待遇、学术环境等方面的差异；同时，由于人才对高校之间的竞争起了决定性的作用，高校为了求发展而大量引进人才，高校之间的竞争、高校内外人才的竞争等等因素使较为高端的学术人才在不同地域、不同高校之间流动。人才流动本来对于人才自身的发展、高校的发展是有益的，可以促进不同高校、不同地区的高校之间在学术方面的交流，也可以避免因为高校内部的近亲繁殖而造成学术空间的封闭，但是由于这些流动的知识人才本身就来自高等教育系统内部，因而在事实上造成了高校之间"互挖墙脚"的现象。这样，有着学术权威的知识分子在高校之间跳来跳去，实际上形成了恶性循环。不但高校为此浪费了大量的资金和精力，跳槽的知识分子本人也因此不能够将注意力集中在学术与教学上，而是花费大量的精力在与所在单位或者去向单位的谈判上。这样，本意是为了高校找到更能促进自身学术发展、引领教学科研团队的学术带头人，或者是能力较强的知识分子可以找到更有利于自身做学问、谋发展的环境，结果却背离初衷。这种情况表面上看是人与用人单位之间的矛盾，实际上是由于体制的不合理引起的，最终演化为人与人之间只有竞争,没有协作。如果形成健全的制度,对于高校间知识分子的流动做适度的限制和支持,将会减少很多不必要的内耗,在提升知识分子价值的同时也避免恶性消耗。

与此同时,由于当代中国大学致力于向研究型大学发展,高校的制度导向也向科研型知识分子倾斜,教师上课仅有少量的课时费,而考核与晋升的指标却以科研成果为主,这就不可避免地产生了"重研轻教"的倾向,这种倾向对大学的育人功能产生了很大的负面影响。2005 年 3 月,上海交通大学的一名物理教师晏才宏以 57 岁的年纪,在讲台上永远地倒下,这件事在互联网上引起了一番规模不小的争论。原因是,在学校 BBS 上,学生对这位教师评价极高,认为其授课认真而且水平很高,但却一直没有晋升职称,直到倒在讲台上的时候,还仅仅是一名讲师。有学生发问:"难道仅仅因为他没写科研文章,就不能成为教授吗?难道上课不再是教师的主要工作吗?"人民网上登出教育观察——《千篇晏才宏悼文拷问:科研教学谁重要?》,文中质问:"我们的教育评价体系出了什么问题?"这次事件对中国高等院校现行的教师考核制度形成了不小的震动,如何平衡高校知识分子在科研和育人两方面工作所耗费的精力和作出的贡献成为摆在高等院校面前的难题。如果不加以重视的话,中国高等院校的育人功能将会越来越弱化,培养出合格的社会主义建设者和可靠接班人也将成为一纸空谈,中国两千年的尊师重教传统在高等教育中也将不复留存。但是从另一方面来讲,良好的教学质量又与教师本身的学术水平密切相关。在科学飞速发展的当代社会,知识更新的速度也是日新月异,大学里教授的专业知识如果不能够及时更新,跟上时代的发展,那么最终将导致学生学到的知识不能符合社会发展的需要,培养出来的人才也面临着不被社会接受的危机。因此既要站到学术的最前沿,能够把最新的知识和技术传授给学生;又要有善于传授、善于表达、与学生能够良好沟通和交流的能力,这实际上是高校教师、高校知识分子必备的综合能力。为高校教师制定更合适、更完善的考核系统也是高校面临的新课题。既让陈景润式的研究型人才有安静、优越的学术环境,又要给善于言传身教的教师合理的评价与待遇,这是解决高校知识分子待遇和环境问题的关键。

鉴于高校中知识分子是其人员构成的主体,知识分子在高校各方面工作中都发挥着极其重要的作用,高校必须认真对待和解决知识分子所面临的各方面矛盾,才能更好地使自身得到发展,更好地为社会和国家服务。

要能够充分调动知识分子的积极性,合理地使用经费,就应当建立和健全规范的制度。由于我们国家建立现代意义上的大学历史还比较短,建国以后,在知识分子问题和高校建设方面又经历了很多挫折,因此,高校的制度还需要花费大量的时间和精力继续建设与完善。如经费的使用上必须要将短期利益和长远利益结合起来考虑,在基础理论学科、产出较少的学科和实用性学科、产出较多较快的学科之间合理分配和使用。要在人才引进制度方面进行完善，以保证兼顾当前的需要，同时更要考虑长远的发展，更多地培养现有人才和进行梯队建设，减少不必要的消耗，合理控制人员流动。在人事考核制度方面，要兼顾教学与科研，要根据教师的特点合理使用，使不同类型的知识分子在高校中都有发挥自己特长的空间，做到人尽其才。让大学的讲台上不再重演“讲师之死的悲剧”，也让每一位研究型学者都能在最前沿的学术空间里安心地翱翔。

当代知识分子正以崭新的姿态加入到我国和谐社会建设的洪流之中。我们已经意识到了知识分子对我们的重要作用，意识到了知识分子是我们所有国家主人中的一分子，去除以往对知识分子的误解，制定有利于现代化建设的各项知识分子的政治制度和政策，将使知识分子从内心深处感受到党和人民的信任，将使全体社会主义建设者的心贴得更紧，共同在振兴中华民族的事业中大步前行！

第八章　高等学校的学生思想政治工作

新时期大学生面对的是更加复杂的社会现实和多重价值观念的碰撞，但他们思想政治状况的主流继续呈现出积极、健康、向上的良好发展态势，他们支持党的领导，支持认同党的大政方针，有积极向上的精神风貌，有积极健康的生活方式，有正确的世界观、人生观、价值观。国际、国内形势的不断变化发展，市场经济的逐步完善，改革开放力度的逐渐加大等因素对我国高校大学生的思想产生了负面影响，同时当今世界和国内经济、政治、文化发展的新趋势和新特点，在为我国高校发展带来机遇的同时，也给高校思想政治工作带来了新课题和新挑战。这些新挑战又给我们新的启示，让我们发现新的问题，使我们对高校的学生思想政治工作有新的展望。

第一节　新时期大学生思想政治状况的主流

如今的大学生群体处在多元的文化背景下，面对更加复杂的社会现实和多重价值观念的碰撞，作出判断和选择的过程尤为艰难。面对这样的现实，国家致力于改进大学生思想政治教育和加强社会主义核心价值体系教育，同时大力开展理想信念教育，成果显著。2007 年高校学生思想政治状况滚动调查显示，当前大学生思想政治状况的主流继续呈现出积极、健康、向上的良好发展态势。大学生的思想道德素质进一步提高，精神风貌积极向上，对主流价值观表现出较高的认同，生活方式积极健康，有强烈的成才愿望。当今的大学生，依然是奋发向上的一代。

一、主流之一：对中国共产党大政方针的认同感明显上升

2007 年高校学生思想政治状况滚动调查（以下简称调查）工作在京、津、沪、浙、赣、鄂、粤、滇、陕、宁、新 11 省（区、市）和新疆生产建设兵团进行。调查显示：

首先，大学生对坚持在中国共产党的领导下坚定不移地走中国特色社会主义道路，坚持马克思主义等基本政治态度、政治观点，保持着比较清醒的认识。广大

学生坚信“中国共产党是中国特色社会主义事业的领导核心”，普遍认为“中国共产党有能力把自身建设搞好”；大学生高度信任以胡锦涛同志为总书记的党中央，对党和政府一年来的各项工作予以充分肯定，对国家的未来发展充满信心，95.2%的学生对未来“中国特色社会主义事业进一步发展，综合国力增强，国际地位提高”表示乐观。这都充分说明他们具有正确的政治方向和坚定的政治立场。他们热爱党，热爱祖国，热爱社会主义，坚决拥护党的路线方针政策，高度认同马克思主义及其中国化的理论成果，对走中国特色社会主义道路、实现中华民族的伟大复兴充满信心。

其次，广大学生高度关注一年来国内外发生的重大事件，特别是关系经济社会发展、国家安全等重大问题、重大活动以及党和政府的重大政策，表现出当代大学生对国家发展、社会进步具有较强的认同感和社会责任感。他们积极通过各种途径，如社团活动、校园 BBS 等表达自己的政治态度和观点。

第三，绝大多数学生认为“三个代表”重要思想的本质是立党为公、执政为民。96%的学生认可“坚持以人为本，树立全面、协调、可持续的发展观”，绝大多数学生同意“我们要借鉴人类政治文明的有益成果，但绝不能照搬西方政治制度的模式”。

二、主流之二：健康求进、积极向上的精神状态

大学生的思想道德素质进一步提高，精神风貌积极向上，对主流价值观表现出较高程度的认同。

1. 诚信等文明行为将成为校园的主导

诚信作为个人对公共行为的基本规范，是衡量现代公民人格是否健康的基本指标，是公民人格教育不可或缺的组成部分。滚动调查结果显示，92.8%的学生赞同“诚信受益”，91.1%的学生认为“做人比做事、做学问更重要”，86.7%的学生认为“贫困的经历也是一种人生财富”。这些数据都突出地说明了大学生对主流价值观的较高认同，表现出积极、健康、向上的精神风貌和较高的思想道德素质；90%以上的学生赞同诚信意识、赞同做人最重要，而赞同“金钱是人生幸福的决定因素”的比例比去年有明显下降。在对“在无人监管时随意违反学校规章制度”、“利用网络和手机发布不负责任的信息”、“沉溺于网络”等 13 种校园不文明现象的调查中，绝大多数学生对不文明行为持反对态度。①

在以“八荣八耻”为主题的校园文明教育活动之后，大学校园正在发生变化。有的学校在青青的草坪边树起了一些亲切的标语牌，提醒大家不要践踏草坪。宿

① 诚信为本　奋发向上——二〇〇七年高校学生思想政治状况滚动调查述评（上）[N]. 中国教育报，2007-7-27.

舍的楼道里也挂上了清新可爱的提示，告诉大家要保持卫生，保证良好秩序。还有的学校在水龙头边挂上牌子，告诉学生现在全球的水资源状况，在食堂贴上一些小漫画和标语，提醒大家自觉排队。

"大学生良好的文明素养和精神面貌的不断提升，与近年来国家在高校开展社会主义核心价值观教育和'八荣八耻'教育是分不开的。"北京大学学工部副部长马化祥表示："文明不只是一种习惯、一种理念，而且是一种素质、一种光荣。开展这两项教育活动，能够在为大学生营造健康、向上的校园文化氛围的同时，启发大学生对其行为举止进行自我规范，有助于帮助大学生树立正确的价值观和荣辱观。"①

2. 大学教会了我独立和坚强

如今的大学生面对着更加激烈的竞争，调查表明，多数学生表现出强烈的成才愿望，相信通过自身的努力能够在社会中获得良好的生存和发展。在回答"您认为一个人在社会中生存和发展主要依靠的是什么"时，"诚信等良好的品质"(36.4%)、"个人能力"(24.8%)、"自强不息努力奋斗"(22.7%)排在前三位。北京师范大学学工部部长梁家峰欣喜地说，学习与践行社会主义荣辱观，使得当代大学生的思想得到升华、心灵得到净化、行为得到规范，不少大学生在校期间就有着明确的自我规划和人生设计，他们在充实专业知识的同时，还积极投身于各种社会实践和各种专业实习，积极进取、独立自强。更重要的是，他们在健康成长的道路上，向着成长为理想远大、信念坚定的新一代，迈出了坚实的一步。②

大学生的学习生活方式积极健康，娱乐休闲方式较为丰富，能够正确对待网络与学习的关系，对网络资源的使用更加理性。多数大学生表现出强烈的成才愿望，相信通过自身努力能够在社会中获得良好的生存和发展。

三、主流之三：党组织对青年学生的吸引力不断增强

大学生是一个高素质的群体，是社会力量中最积极、最有生气的一支力量，是我党应重点培养、发展的对象。因此，积极慎重地吸收优秀大学生入党，是高校党建工作中的重中之重。做好这项工作，就能源源不断地把符合党员条件的先进分子吸收到党内来，壮大党的队伍，增强党组织的生机、活力和战斗力。同时，发展壮大学生党员队伍是为基层党组织培养后备力量的重大举措。如果我们不注重对大学生进行培养，不扩大学生党员队伍，不为基层组织培养后备力量，基层干部就会后继乏人。因此，我们要通过强有力的思想政治工作，建立宏大的入党积极分子队伍，做好对重点发展对象的培养教育工作，及时把符合党员条件的优秀分

① 诚信为本　奋发向上——二〇〇七年高校学生思想政治状况滚动调查述评(上)[N]. 中国教育报，2007-7-27.

② 同上.

子吸收到党内，为基层组织培养后备力量。

党的十六大以来，中央各级党组织努力加强党的执政能力建设和先进性建设，继续推进党的建设新的伟大工程，以改革的精神加强和改进党员队伍建设和党的基层组织建设，党员队伍结构不断得到改善，分布更趋合理。截至2007年6月，全国党员中，工人796万名，占10.8%；农牧渔民2 310.2万名，占31.5%；机关干部及企事业单位管理人员、专业技术人员2 134.6万名，占29.1%；军人、武警159.7万名，占2.2%；学生194.7万名，占2.6%；离退休人员1 377.6万名，占18.8%；其他363.5万名，占5%。非公有制单位职工党员318万名，占党员总数比例的4.3%。统计数据表明，来自工人、农民、干部中的党员是党的队伍最基本的组成部分和骨干力量。与2002年相比，学生党员增加139.8万名，增长254.6%，这个增长是飞速的。随着学生党员数量的大幅度增长，党组织必须加强学生党员的先进性教育，引导学生党员坚定理想信念，使学生党员始终保持高昂的锐气和进取精神。

目前，大学生有较好的政治信仰，在对重庆、成都、上海、北京、武汉部分高校当代大学生的政治观进行的抽样问卷调查中发现，大学生具有正确的政治方向和坚定的政治立场，他们热爱党，热爱祖国，坚决拥护党的路线方针政策，高度认同马克思主义及其中国化的理论成果。在入党的态度上，有71.6%的被调查的大学生正努力准备加入中国共产党；在谈到入党动机时，56.7%的同学表示是为了能更好地发挥自己的社会作用并早日成才，37.2%的同学是为了能对他人和社会多作贡献。这也充分说明当代大学生能够担负起与自身身份相符的政治责任，能够对社会上的先进事物和精神予以肯定，对落后的、反动的事物予以抵制和抨击。有着强烈的历史使命感、民主意识和主人翁意识。并且他们中的多数都希望通过加入中国共产党这一先进组织得到锻炼和提高，从而更好地服务于社会主义现代化建设。①

四、主流之四：知识优势与人生境界同步提升

随着现代科学技术的发展，知识爆炸式膨胀，学科相互渗透、交叉，边缘学科不断涌现，传统单一的学科知识难以满足未来科技进步和社会发展的需要。现代大学生要适应未来的工作需要，必须改善自己的知识结构，拓宽知识面，成为既具有坚实的专业基础，又有广博的知识修养的复合型人才。知识经济时代，信息技术和各种其他科学技术的迅猛发展，使得现在的大学生拥有以往大学生难以企及的信息、知识优势。虽然有一小部分大学生受西方价值观和生活方式的影响，对人生的意义不明确，对知识的作用和价值认识不清，尽管社会对大学生群体有着

---

① 黄科.当代大学生政治观现状及教育对策思考[J].宜宾学院学报，2006(5).

各种不同的看法，但是我们大学生的主流是好的。从 2005 年开始的中国大学生十大年度人物评选活动，我们可以看到大学生拥戴的美德与社会发展要求是一致的，也展现出以他们为代表的现代大学生的立志、责任、创新与奉献精神，他们代表了当代大学生积极、健康、向上的精神风貌，代表了中国青年的主流价值观。2007 年的评选，自活动启动一个月以来，报名的人数就超过了去年总数，并且报名参选的都是各个高校的优秀人物，他们各有特长、事迹突出：有的参选人在前不久刚刚结束的“全国道德模范”评比中获奖；有的是“挑战杯”大赛、大专辩论赛等国家级比赛的获奖者；另外，还有身负 9 项专利的小发明家、献肝救父的孝顺女、勇于与恶势力作斗争的正义男儿等等。

新时代的大学生知道自己所处的时代是瞬息万变、日新月异的，如果不想淹没在纷繁芜杂的信息天地，就需要不断提高钻研能力，不断创新和提高知识储备。2006 年的中国十大年度人物，北京大学施永辉 7 年埋头于棉纤维细胞功能基因组研究；清华大学谷振丰毅然选择到地处西部戈壁荒漠中的卫星发射基地工作；电子科技大学的李婕达具备辩论、主持等“十八般武艺”；南京航空航天大学胡铃心的设计作品，被中国探月工程首席科学家欧阳志远院士称为“对于未来航天器的发展有着独特的意义”，他们用自身所学为国家、为社会作出自己的贡献。他们是大学生中的佼佼者，以自己的知识优势，发挥着巨大的能量，实现着人生的价值。大学生们不断充实自己，严格要求自己，积极进行专业实习、勤工俭学等有益的社会实践，锻炼意志和耐受力，超越自己，提升自己，发展自己。

此外，还有许多大学生用自己高尚的品德和精神影响着我们。天津工业大学徐伟在冰窟中勇救三名落水少年；福建师范大学叶超群是国家乒乓球队轻微残疾级别的主力队员；受益于国家助学贷款的河南中医学院王一硕以到西部做志愿者的方式来报效国家；南方医科大学陈强连续两年深入贫困地区参加义诊；重庆师范大学刘刚三年拾荒，赚足大学所有费用……他们以自己的实际行动，展示了现代大学生的风采和精神风貌。这些都说明在知识经济时代，我们大学生知道利用时代优势，不断增加自身知识的砝码，不断提高人生境界，用自己所学，用实际行动，贡献着自己的力量。

第二节　新时期大学生思想政治状况中存在的问题

通过调查显示，当前大学生思想政治状况的主流继续呈现出积极、健康、向上的良好发展态势。大学生的思想道德素质进一步提高，精神风貌积极向上，对主流价值观表现出较高的认同，生活方式积极健康。但是在知识经济、改革开放、市场经济大发展和信息技术高速发展的条件下，西方的许多文化、价值观念逐渐被大学生所接受，西方反华势力不断对我国进行思想渗透，这些都对大学生的学习、生活乃至思想观念产生巨大的冲击，对大学生的世界观、人生观、价值观、政治观、道德观和思维心理及行为方式都带来广泛而深刻的影响。

一、求利原则带来的大学生价值观的扭曲

价值观是人们对各种价值现象比较系统的、稳定的、深层次的观点或看法。通俗地讲，价值观是个体或群体对什么是“值得的”问题的比较系统的看法。它本质上反映的是各种事物之间尤其是行为主体与客体间的关系及取舍。价值观时时处处影响着个人的评价、选择和行动。价值观不同，人们对于同一事物的看法也就不同，甚至还会截然相反。

在市场经济和经济全球化条件下，我国社会整体价值观念发生了显著的变化，而不同的社会群体之间在价值观念上也存在相当大的差异，大学生作为优秀的青年群体，作为社会的人才资源，作为民族的希望、家庭的期待，他们的价值取向对整个社会的主流文化具有十分重大的影响。虽然目前大学生的主流价值状况是积极、健康、向上的，但是由于我国社会主义市场经济体制的不够完善，经济利益关系的转变，加上社会转型，高校逐年扩招以及社会价值标准的多元化尤其是物质利益至上原则的影响，使得一部分大学生的价值观在求利原则的影响下，被扭曲了。

1. 价值观的自我化倾向

当代大学生价值观总体上呈现出趋于个体的基本特点，他们更加关注自己的发展和价值体现，并在追求自身发展的过程中，越来越以“自我”为中心，主体意识膨胀，缺乏集体主义精神，在生活、学习、工作中注重个人奋斗、个人发展，缺乏奉献精神。在对北京 14 所高校 2 500 名在校大学生进行的问卷调查显示：有 56.73％的同学赞成“多数人一心一意为自己”，20.65％的同学则表示说不好；11.61％的同学反对“人生的价值在于奉献”，20.65％的同学表示说不好；38.82％的同学赞成“主观为自己，客观为他人”。对于学校或校内外的团体活动，6.14％的学生从不参加，63.58％的学生偶尔参加。而 17.74％的同学赞成“雷锋精神在今天已经过时”。[①] 由此看出，不少大学生过分看重个人利益、个人价值，在处理个人与他人、个人与社会的关系上片面偏重个人一边，片面强调个人利益的实现，而在很多时候忽视了对社会、对集体的义务和责任。讲奉献的少，希望得到的回报多，淡化了不可或缺的集体观念、协同意识、无私精神和艰苦奋斗作风，部分学生甚至不愿参加集体活动和公益活动，对待别人的困难熟视无睹，整日为自己的利益患得患失。

---

① 刘小新. 当代大学生主导价值观研究[M]. 北京：首都师范大学出版社，2005(p122).

2. 价值观的功利化倾向

市场经济条件下，重功利、讲实惠在一部分大学生中成为时尚，许多大学生行为的出发点更多看重实际功效和利益，就连要求入党的同学中，也有不少人把入党的动机归结为非常功利的“为毕业后好找工作”和“追求执政党的好处”。“理想理想，有利就想，前途前途，有钱就图”，“为革命太空，为理想太远，为别人太傻，为自己最实惠”成为不少大学生的灰色流行语。① 在对北京14所高校2 500名在校大学生进行的问卷调查显示：11.41%的学生认为“干什么都无所谓，只要能赚大钱”；27.39%的学生赞成“人生苦短，及时行乐”；22.3%的学生赞成“花掉的钱才是自己的钱”的消费主义观点。② 对金钱的合理追求是人生存、发展的基本要求，但是不能把奢侈、享乐作为人生追求的最大目标。

二、多元化思潮带来的大学生政治观的模糊

社会思潮是一种复杂的社会意识现象，是在特定的社会历史背景下，建立在一定的社会心理基础之上、具备某种相应的理论形态并在一定范围内具有某种倾向性的思想趋势。作为一种精神力量，对现实具有强大的导向作用。社会思潮通过书籍、文章、作品或其他传播媒介向全社会铺开，具有相当的覆盖力和穿透力，对人们的精神层面、生活层面起着不同程度的影响。③ 社会思潮是一种重要的社会意识现象，随着改革开放的深入，我国社会的思想、文化、精神领域发生了巨大的变化，西方各种社会思潮纷纷涌入我国，如实用主义思潮、拜金主义思潮、个人主义思潮、自由主义思潮等许多不良社会思潮对当今大学生产生了极大的负面影响。全球化的思潮在中国蔓延，衍生出各种各样的思潮，其中，以西方自由主义思潮为代表，这种思潮主张以西方意识形态为社会主流文化，力图否定和取消社会主义意识形态。当前西方敌对势力加紧对我国进行“西化”、“分化”，他们通过影视、书籍、文章、演讲等形式，大力鼓吹和宣扬西方自由主义思想，加紧对我国各阶层，尤其是对高校大学生进行思想渗透，这对高校大学生的政治素质构成了很大的威胁，也对高校的思想政治工作带来了巨大的挑战。

多元化的思潮使部分大学生政治观念模糊，使得一部分学生思想变得混乱，对于要坚持社会主义的发展道路、坚持马克思主义在我国意识形态领域的指导地位等大是大非问题认识模糊，迷失了方向。调查显示：对于“社会主义制度”一栏选择，27%同学选择“社会主义和资本主义制度各有优劣”；14.2%的学生不同意

① 龚翠芬.当代大学生价值观存在的偏差及其教育对策[J].内蒙古农业大学学报，2006(3).
② 刘小新.当代大学生主导价值观研究[M].北京：首都师范大学出版社，2005(p123).
③ 王凯文.当代不良社会思潮对大学生的影响与高校德育工作对策浅析[J].湖北函授大学学报，2007(6).

“社会主义终究可以战胜资本主义”；37.7%的学生对此“说不清”。对入党动机问题的回答，30.7%的大学生认为积极要求入党是为了“谋求仕途发展”，还有16.6%的学生认为“直接有利于就业”，“容易得到他人的信任”。①

同时，多元化思潮的影响还使得部分大学生患了“政治冷漠症”，对最近一段时期国家发生的重大政治事件漠不关心，不去关注新闻，反而成了“哈韩”、“哈日”、“哈美”一族，成了韩剧、美剧的超级“粉丝”。

还有部分学生不能理性地看待和分析一些政治现象，比如在“反日”问题上，部分同学就表现得不够理智，出现盲目地抵制日货，辱骂甚至攻击日本人的行为，这反映出他们政治上的极不成熟。

三、物欲横流的社会生活带来的大学生人生观的低俗化倾向

随着经济全球化的发展，各国文明、生活方式和价值观念的渗透加剧，青年一代在价值观、人生观方面受到不同程度的影响，形成了与前数代人极具区别的特征：从注重理想向强调实际发展，从注重义务向强调权利演变，从注重集体向强调个体转化。开放的社会给了青年开放的选择空间，如何引导青年在纷繁复杂的社会信息中作出正确的取舍，关心他们的精神生活，引导青年的人格完善和个性发展，是教育面临的新问题。

中国历史源远流长，中国文化博大精深，这是我们中华民族的瑰宝，也是我们民族的优势。但是，国内很多年轻人却对传统文化缺乏认同，在五四运动85周年之际，《新闻周刊》作了一项主题为“传统文化与当代青年”的以大学生为对象的调查，调查结果表明，关于传统文化的现状，20%的人认为势力仍很强大，认为还有影响的占40%，认为很难判断的占16%，认为正在消逝的占24%。对于传统文化的未来，表示很乐观和比较乐观的不到25%，绝大多数人对传统文化的未来发展并不十分乐观。② 目前，中国的本土文化已被深深地打上了西方文明的印记。芬兰学者Nordenstreng与Varis受联合国委托所做的一项研究指出，美国所输出的电视节目总数，已经远远超过世界其他各国总和的两倍以上。正如美国前助理国防部长约瑟夫·奈所说：“仅仅依靠美国文化的普及，就足以奠定美国的领导地位。”这是美国的文化霸权，是文化价值观的强加行为。西方文明中的个人主义、自由主义和西方社会奢侈生活方式和社会发展状态等随文化传播自然而然地为青年所感知和体验，阻碍了青年接受与认同社会主义所倡导的主导文化，使之对自己民族的文化价值不予珍惜，对自己的历史轻易否定。正如汉斯·摩根索(Hans J. Morgetlthau)的著作中所说：“它的目的不在于攻占

① 毛国涛.大学生思想政治状况调查报告[J].中国成人教育，2007(1).
② 卢屏，刘海春.西方文化影响下青年思想政治教育问题探讨[J].广东广播电视大学学报，2007(1).

他国的领土，或控制其经济生活，而在于制服和控制人的头脑，作为改变两国权力关系的工具。"①

随着社会走向开放，一些传统观念也在悄然发生变化。传统文化背景下，"性"问题是被禁锢的对象，性开放是不道德的现象，要受到舆论的批评与指责。在西方文化的影响下，青年性观念呈现多元化发展趋势。大多数大学生认可婚前性行为，认为它与道德水平无关。对高校学生恋爱和结婚关系的调查表明，只有24.51%的学生认为两者应该统一。② 青年在现实婚姻中日趋功利与世俗，更注重具体的社会经济因素。学历、职业、住房、个人收入等条件在青年择偶中占有重要地位；现实生活中认为"干得好不如嫁得好"的也大有人在。这种试图通过婚姻来获得富裕的物质享受，避免在激烈的社会竞争中苦苦挣扎的现象，是当代青年功利价值取向在婚恋观上的反映。

四、动荡多变的国际国内社会矛盾带来的大学生世界观的消极化表现

世界观是人们对于整个世界的根本看法，加强对大学生的教育和引导，帮助其树立正确的世界观是青年大学生健康成长的关键。在当代中国，能够成为社会核心理念信仰的，只能是马克思主义世界观。

奥古斯特·孔德(Auguste Comte)认为，社会有机体和生物有机体一样，其系统的每个部分各司其职，社会的常态应当是均衡和稳定，也就是所谓的和谐。③法国社会学家埃米尔·杜尔克姆(Emile Durkheim)则强调，社会内部是不一致、不协调的，因为社会资源是有限的，对资源的争夺始终是社会的主旋律。因此，构成社会的各个部分绝非是一个整体，社会的基本状态表现为冲突，也就是所谓的矛盾④。和谐当然是人类所向往和追求的主旋律，但在不断走向和谐的进程中，矛盾始终伴随其左右，形成社会矛盾的原因在于社会资源的有限性、制度安排的强制性和权力分配的不均衡性。

对当前国际形势所作的精辟概括是十七大报告中指出的，即"和平与发展仍然是时代主题，求和平、谋发展、促合作已经成为不可阻挡的时代潮流……国际力量对比朝着有利于维护世界和平方向发展，国际形势总体稳定"。"同时，世界仍然很不安宁。霸权主义和强权政治依然存在，局部冲突和热点问题此起彼伏，全球经济失衡加剧，南北差距拉大，传统安全威胁和非传统安全威胁相互交织，世界和平与发展面临诸多难题和挑战。"尤其是在地区安全上，虽然重点地区的热点矛盾，比如朝核问题、巴以问题、伊朗核问题等已经有所缓解，但是我们可以看出矛

① 汉斯·摩根索. 国际纵横策论[M]. 上海译文出版社，1995.
② 卢屏，刘海春. 西方文化影响下青年思想政治教育问题探讨[J]. 广东广播电视大学学报，2007(1).
③ 宋林飞. 西方社会学理论[M]. 南京大学出版社，1997(p9).
④ 同上(p32).

盾仍在，隐患犹存。各国对能源资源的争夺，是产生矛盾的原因之一。

我国正处在社会体制的大变革时期，社会问题和矛盾日益突出和复杂化，如贫富差距的悬殊，工农差距、城乡差距、地区差距的扩大，劳资矛盾中劳动者权益得不到保护，社会保障体系不完善，干部腐败，思想文化领域中主流意识与非主流意识存在矛盾等。

大学生作为社会敏感的群体，在各种社会矛盾的影响下，他们的各种观念发生了变化，尤其是世界观出现了一些消极化的倾向。经济全球化使得社会主义与资本主义之间的交流、合作与融合加强，这容易动摇大学生的社会主义信念。他们在现实中往往是感性重于理性，在理性上接受了马克思主义，并对实现社会主义抱有过于理想化的希望。然而当他们一接触现实社会，尤其是接触到现实社会中的各种矛盾时，往往对他们理想中的关于马克思主义、社会主义的认识产生强烈的冲击，对他们本来坚定的世界观、人生观、价值观产生冲击。另外，他们对自我价值的实现有着较高追求，但现在大学生就业难的问题，又影响着大学生的心理状态，使他们认为，读这么多书，结果最后还是找不到工作；他们有强烈的成才意识，但各种社会腐败问题又严重影响着他们的认知，使他们缺乏脚踏实地的奋斗精神。另外，拜金主义、享乐主义和极端个人主义等腐朽思想和生活方式，又影响着大学生的理想、信念和世界观。

第三节　大学生思想政治工作面临的新课题

国际、国内形势的发展变化，使世界一体化进程已经成为一个不可逆转的趋势；科学技术的突飞猛进，使我们的生活方式发生了深刻的变化；经济形式和就业方式的多样化带来了大学生思想观念、道德判断和心理健康的多样化，使高校的学生思想政治工作出现许多新问题。高校的思想政治工作不能脱离时代的发展和变化。

一、用社会主义核心价值体系引导学生的思想追求

在社会主义市场经济进程中成长起来的大学生，具有鲜明的时代特点。在价值观念和价值追求上日益呈现出多样化的趋势。社会发展的现实需要加强用马克思主义理论对大学生的指导，加强社会主义核心价值体系的影响力，以巩固思想道德基础。同时，时代在发展，人也在不断进步，当代大学生迫切希望能全面发展自己，不断汲取中华民族优秀传统文化精髓，不断汲取世界优秀文明成果，不断培养自己敏锐的创新精神、有批判的继承开拓精神等，从而实现人生价值，努力做中华民族传统美德和文明社会风尚的传承者、倡导者和实践者。不论是时代需求还是学生个人发展，都需要社会主义核心价值体系的指导。

高校作为大学生思想政治教育的重要基地，应该确立社会主义核心价值体系在高校思想政治教育中的主导地位，全面把握社会主义核心价值体系的科学内涵，用核心价值体系指导高校的学生思想政治教育工作，从而进一步改进和加强新阶段大学生思想政治教育工作。首先，以马克思主义作为大学生思想政治教育的指导思想，让大学生坚持学习马克思主义理论，在学懂、学通的基础上，再用于指导实践，并与实践相结合。其次，把以中国特色社会主义共同理想作为大学生思想政治教育的核心内容。当代大学生肩负着历史的重任，是社会主义的接班人，其理想信念问题是关系到社会主义兴衰的大事。对他们深入理想信念教育，使他们形成正确的世界观、人生观，树立正确的理想信念；同时用理想信念凝聚人心，激发他们的爱国之情和民族精神，从而增强社会责任感和历史使命感，自觉地把个人的理想融入报效祖国和服务人民中去。再次，以民族精神和时代精神作为大学生思想政治教育工作的主旋律。使大学生不断加强对民族精神的理解和把握，增强他们对国家的认同感、归属感、爱国意识和团结意识；以改革创新的时代精神培养大学生，使他们更具创新意识，促进社会经济、政治、文化的不断发展。最后，以社会主义荣辱观作为高校思想政治教育的道德准则。使大学生真正了解社会主义荣辱观的意义和内涵，把它作为社会主义价值观的鲜明导向，奋发努力，从而成为品质高尚的优秀人才。

但是，大学是一个思想开放的场所。按照赫钦斯(Robert Maynard Hutchins)的话来说，如果在一所大学里听不到与众不同的意见，或者它默默无闻地隐没于社会大环境中，我们就可以认为这所大学没有尽到它的职责。① 大学是一个自由追求真理的场所，失去了自由，大学就失去了它存在的真正意义。在坚持社会主义核心价值体系主导地位的同时，如何保持大学思想、学术自由的传统，这是在新阶段我们面临的一个新课题。高校的思想政治教育工作者如何做到既坚持社会主义核心价值体系的主导地位，引领高校思想政治教育的方向，又鼓励支持校园思想、文化的自由创新与竞争，做到“百花齐放、百家争鸣”，这也给高校思想政治教育工作提出了新的挑战。

二、在以人为本、以学生为本的理念下，正确处理思想政治教育与严格管理的关系

(一) 思想政治教育与严格管理的关系

坚持思想政治教育与学校管理相结合的原则，是中共中央、国务院《关于进一步加强和改进大学生思想政治教育的意见》中明确指出的基本原则之一。它要求“把思想政治教育融于学校管理之中，建立长效工作机制，使自律和他律、激励和

① 布鲁贝克著，王承绪等译. 高等教育哲学[M]. 浙江教育出版社，2002(p53).

约束有机结合起来,有效地引导大学生思想和行为”。① 由此可见,两者是相辅相成、相互促进的有机整体。思想政治教育是学校行政管理的思想基础,它为行政管理指明了方向;而学校行政管理为思想政治教育工作的开展提供了强有力的实施途径。

一方面,思想政治教育离不开学校的行政管理。思想政治教育的各项措施都需要通过行政管理来贯彻实施,通过一系列的行政指令的执行,从而巩固思想政治教育的成果。另一方面,行政管理作用的发挥要通过建立健全行政管理体制、机制以及贯彻各项规章制度来实现。这就要求思想政治教育的渗透要贯穿于行政管理的全过程。从这个意义上说,思想政治教育强化了行政管理的力度和作用,确保了它的执行力。高校的学生思想政治工作是帮助学生树立正确的世界观、人生观、价值观,对学生起到政治导向、思想提高的作用。行政管理工作则是为整个学校的教学和管理工作的正常开展服务,为广大师生的教学、学习和生活服务。两者的有力配合和相互协调共同推动了教育事业的蓬勃发展。

(二)在以学生为本的理念下,如何做到思想政治教育和严格管理的有机结合,是高校思想政治教育工作面临的新课题

“以学生为本”是人本主义在学生工作上的反映,就是把满足学生的需求作为学生工作的目标和核心。最基本的思想是:第一,尊重学生的权利。一方面,学生作为人,享有基本的人权,如尊严、人格、名誉等权利;另一方面,学生也在学习、生活中享有一些相对特殊的权利,如受教育权、学校事务知情权、参与权等。第二,承认学生的自我价值。学生除了要满足社会需要,实现其社会价值外,还要满足自我需要,实现自我价值。第三,承认并尊重学生的个性差异。由于遗传、生活经历、社会环境等的不同,学生之间会有差异存在,“以学生为本”就是要承认并尊重学识的个体差异性,顺应学生身心发展规律,因人而异,因材施教。②

在传统的大学生思想政治教育过程中,往往把大学生仅仅作为施加影响的对象,而忽略了他们的主体地位和主体需求,把学生当作填充美好理想和道德规范的袋子;往往站在教育者的角度对学生强行要求,指责学生存在的各种问题,把很多实际问题都归结为思想问题,用说教的方法来教育学生,引起学生的反感和不满,收效甚微。这种忽略学生认知水平、情感需要、意志锻炼和主体性的思想政治教育,很难使学生做到知、信、行的统一,当然,效果肯定不理想。因此,新时期高校的思想政治教育应坚持以人为本,从学生的思想实际出发,关心学生、尊重学生、理解学生、帮助学生,从而改进大学生思想政治教育。首先,以学生为本,就要尊重学生,尊重学生的主体地位,尊重学生的人格、尊严,平等对待学生,还要尊重

---

① 中共中央国务院关于进一步加强和改进大学生思想政治教育的意见. 2004. 8. 26.

② 王希永. 如何搞好以人为本的思政教育[J]. 思想教育研究,2004(10).

学生的个体差异,尊重学生的情感和权利,用心去与学生交流,创造一个温馨、平等、自由的氛围,促进学生尽快成才。其次,以学生为本,就要倾听学生的呼声,关心学生的困难,帮助学生解决实际问题,在解决实际问题中增强思想政治工作的说服力和感染力,激发学生学习和接受思想政治教育的主动性和自觉性。再次,以学生为本,就要激励学生立志成才,开发学生的价值和潜能,辅导员、教师要做学生头脑里火种的点火者而不是灭火者。高校是培养人才的地方,在思想政治教育中,要注重赏识学生、激励学生、激发学生的创造性,引导学生成才。

思想政治教育和学校管理相结合是中共中央、国务院《关于进一步加强和改进大学生思想政治教育的意见》中明确指出的基本原则之一。前面我们已经分析了思想政治教育和严格管理的关系,在此不再赘述。现在我们的思想政治教育主要提倡以人为本,以学生为本,要尊重学生、了解学生、倾听学生、帮助学生、激励学生、教育学生,然而当出现问题时,除了了解、帮助、教育学生,晓之以情,动之以礼之外,必要时还需要采用恰当、严格的管理手段,加以协助。在以学生为本的理念下,如何处理好高校思想政治教育和严格管理的关系,就成了大学生思想政治工作面临的又一新课题。

三、思想政治工作与心理健康做到相辅相成

随着社会生活、工作节奏的日益加快,竞争越来越激烈,人际关系也变得越来越复杂;科学技术的迅猛发展,迫使人们不断地进行知识更新;同时人们的意识观念、情感态度也越来越多变。大学生作为一个特殊的社会群体,他们对时代的变化非常敏感,存在许多特殊问题,比如对新环境的适应问题,对专业与学习的适应问题,对理想和现实的适应问题,对恋爱和人际关系中矛盾的处理问题,对未来职业的选择问题等等。高校思想政治工作者如何使他们避免由于上述种种情况引起的心理压力而造成的心理障碍或心理危机,增进心理健康,就成为共同关注、面临的问题。

(一)大学生心理健康的总体状况

从总体上来说,当代大学生有朝气和活力、有强烈的求知欲、有比较稳定的情绪、有较健全的意志,并且他们敢于竞争、努力向上、积极进取、有较完善的自我意识,也拥有比较良好的人际关系,对社会有较客观的认识和评价。但是,也有一部分大学生的心理状况不容乐观,据北京高校大学生心理素质研究课题组的报告显示,有16.51%的大学生存在中度以上的心理问题,并且这一数据还在继续上升。[①] 对300份大学生休学样本进行调查发现,其中因心理问题和精神疾病而休

① 李定庆.引入心理健康教育机制,构建大学生思想政治教育新模式[J].福建教育学院学报,2007(1).

学的占 50%。① 同时心理问题日益复杂化，如以往的恋爱问题以失恋或单相思居多，而今出现了网恋、同居及性行为引发的其他心理问题；以往学习问题主要表现为学习方法不当，而今主要是不知该学什么和缺乏学习动力；还有人际关系紧张、自我意识模糊、价值取向迷茫等等。不同领域的不同问题交织在一起，形成了大学生心理问题上的新特点。大学生心理问题主要有以下情况：

第一，恐学厌学。部分学生仅仅为了上大学而考试，对专业缺乏了解，从而产生心理压力；有的学生对所学专业有明显的厌恶情绪，长期处于心理的冲突和痛苦之中，以致影响学习；父母的高期望给予学生的压力等，容易导致学生恐学和厌学。某高校的女生杨某，总觉得学习、生活均无意义，提不起学习的精神，有时候甚至想到死。她看上去开朗、乐观，但她却觉得自己性格内向、孤僻，极度焦虑不能自我控制。②

第二，心理自闭。部分同学由于生活上存在的差异、人际交往能力的不足、过于敏感和强烈的自尊心而产生自卑的情绪；学校的管理错位也会给学生带来自卑心理，如大连理工大学出现了“高标房”和“贫困房”之分，这在无形中给学生划了一条界线。

第三，情感问题。大学生年龄基本在 18—24 岁之间，正处于青春中后期，生理发育成熟，对异性渴求强烈，校园内的“联谊寝室”就印证了这一点。部分学生对于婚姻与恋爱没有正确的认识，盲目追求情感寄托，或者认为大学没谈过恋爱很丢人，致使部分学生交友不慎，或者陷入“网恋”无法自拔；或者在处理感情问题上缺乏经验，过于执著，陷入感情的漩涡，不能自拔，出现心理问题，影响到学习和生活。某高校男生李某，对同班一女生产生好感，向其表达爱意，被拒绝；一年后，李某家乡遭受水灾，学院一女书记发起倡议为他募捐，李某认为书记对自己情有独钟，便郑重其事表达爱意，又被拒；在他情绪低落时，考试出现一门不及格，同班的女生小刘辅导他功课，李某认为小刘是找借口接近他，遂又鼓起勇气向她表达了感情，再一次被拒。李某从此对自己产生怀疑，不敢再与女生接近，产生了心理问题。

第四，就业问题。近几年来，由于社会竞争的日趋激励，大学生面临着“毕业即失业”的困境，理想的就业越来越困难，这成了众多大学生的心病。在就业、找工作的过程中，遇到种种困难和阻力，心理压力越来越大。有的学习、能力较差的同学由于托关系走后门找到了很好的工作，而有的优秀学生却因为种种原因找不到合适的、满意的工作，对自己的前途充满焦虑，出现沮丧、抑郁等情绪，许多心理问题也随之产生。

---

① 蒋明军．高校学生工作研究与探索[R]．上海中医药大学出版社，2005(p521)．

② 同上(p519)．

由上可以看出，近年来相当一部分大学生出现心理问题和心理障碍，同时这个比例在不断上升，并且由它引发的一些恶性事件也在不断发生，心理问题已经严重影响了一部分学生的健康成长。这迫切要求高校思想政治工作与心理健康相结合，进一步重视加强大学生心理健康教育。

（二）高校思想政治教育和心理健康

2004 年 10 月中共中央、国务院颁布的《关于进一步加强和改进大学生思想政治教育的意见》中明确指出，要努力拓展新形式下大学生思想政治教育的有效途径，开展心理健康教育。2005 年 3 月教育部、卫生部、共青团中央在《进一步加强和改进大学生心理健康教育》中提出，大学生心理健康教育的总体要求是：遵循思想政治教育和大学生心理发展规律，开展心理健康教育，做好心理咨询工作，提高心理调节能力，培养良好的心理品质，促进大学生思想道德素质、科学文化素质和身心健康素质协调发展。

1. 大学生思想政治教育和心理健康的联系

首先，思想政治教育与心理健康教育都服从于学校培养人才的总体目标，为学生的全面发展和健康发展服务；其次，思想政治教育与心理健康互相衔接，心理活动是思想活动的心理基础，思想活动是心理活动的发展，心理健康教育通过改善学生的心理状态来为他们接受思想政治教育创造条件，思想政治教育则通过对学生思想品德的熏陶，反过来对学生心理状况的稳定和改善发挥其积极影响。再次，在教育过程中，思想政治教育与心理健康教育是相互融合的。一方面，学生的思想政治问题与心理问题往往融合在一起，因此，必须通过思想政治教育与心理健康教育的协同作用解决学生的心理与思想问题；另一方面，心理学的某些原理和方法，以思想活动为中介，可以成为思想政治工作的有效方法。①

2. 高校心理健康教育工作的局限

第一，高校的心理教育流于形式。在西方国家，心理教育课是学校教育的重要一环。在我国，则刚刚处于起步阶段。一些学校虽然有心理教育方面的课程，但实际效果不佳，在教学形式上也只是停留在单方面的说教，没能充分发挥心理教育本身应有的作用。正如一位同学所言，现今大学心理教育课的上课形式与一般的专业知识教育没有什么区别，甚至只是简单地照本宣科，很难触及大学生心灵的深处，解决实际问题。此外，由于专业课程设置的限制，一些非师范类院校或相关专业的学生对心理学方面的知识了解很少，以致他们严重缺乏心理健康意识和心理卫生常识，心理状态容易失衡而又不善于采取一定的调节措施，从而产生心理问题，影响了正常的学习和生活。②

① 李晓莉. 论高校思想政治教育与心理健康教育的整合[J]. 教育与职业，2007(2).

② 刘韵. 论大学生思想政治教育与心理健康教育的结合[J]. 郧阳师范高等专科学校学报，2006(6).

第二,心理咨询的需求量大,满足量小。近几年心理咨询在高校的重视和支持下,发展很快,几乎每所高校都有自己的心理咨询室。实践证明,心理咨询在解决学生心理问题和预防心理危机方面发挥了重要的作用。但是随着高校的逐年扩招,高校进行心理咨询工作的人数远远跟不上在校大学生增长的人数,这一矛盾也在一定程度上导致了大量学生心理问题得不到及时解决。

第三,在高校思想政治教育工作队伍中,从事心理健康的人员力量相对薄弱。由于我国高校心理健康教育队伍还远远不能满足高校快速发展的需要,高校心理健康教育的工作任务很多就落在了高校政工队伍身上,主要是高校辅导员身上。然而高校的辅导员大多是专业对口的新毕业的研究生和本科生,他们缺少社会阅历、社会经验,很少系统学习过心理学基本知识,也很少参加过心理健康教育培训,不能真正了解学生的心理动态和思想问题。虽然近几年对辅导员的心理学素养提出了要求,对从事思想政治教育工作的人员进行心理健康培训等,但是在高校思想政治教育工作队伍中,从事心理健康教育的专业人员力量还是比较薄弱。

综上所述,思想政治教育与心理健康相结合有一定的优势,心理健康为高校思想政治教育工作提供了更有效的工作方法,两者的结合可以更好地发挥思想政治教育的作用。但是目前大学生心理健康状况和高校在心理健康教育中存在的局限和问题,对两者如何有机结合、如何做到两者相辅相成,提出了新的挑战。

四、积极应对信息传媒多样化、多变性对大学生思想政治工作带来的冲击

进入 21 世纪以来,以报纸、广播、电视、互联网为代表的现代传媒在日趋开放的信息环境条件下,其重要性和影响力正日益加强。正如某些专家所言,传媒影响的本质就在于其作为资讯传播渠道而对其受众的社会认知、社会判断、社会决策及相关的社会行为打上属于自己的那种“渠道烙印”。① 现代传媒的迅猛发展,也使其日益成为高校学生思想政治教育的一个重要传播载体,它在带给高校学生思想政治教育更趋丰富的教育内容以及全新的教育方式的同时,为高校思想政治教育工作也带来了巨大的冲击,对大学生思想政治教育的负面影响也是显而易见的。

第一,现代传媒中的消极内容容易引发部分大学生道德素质滑坡。

现代传媒的高度开放、自由和普及,为大学生提供了一个便利的交流平台。在这个世界里,大学生可以尽情地展示自我、体验自我。但是,尤其是某些传媒所宣扬的错误思潮,直接导致一些大学生道德意识差,做事情不考虑社会规范和道德,产生不负责任的言行,诚信原则缺失。据南京师范大学的一次诚信问卷调查,有 33.8%的研究生承认多次抄袭别人的文章或从网络直接摘取文章。另据媒体

① 喻国明. 传媒影响力[M]. 南方日报出版社,2003(p4).

报道,某电信公司向高校学生推出一款非常优惠的高校网套餐,因各种原因造成欠费的学生人数竟达几百人,其中不乏硕士研究生以上的高学历者。这些事例都清楚地反映出当代大学生在道德素质方面的下滑趋势,有关专家呼吁,大学生已经面临比较严重的诚信危机,这些现象的发生又与现代传媒的消极内容影响息息相关。①

第二,现代传媒带来的"传媒垃圾"和宣扬的不良倾向,损害了大学生的身心健康。

在我国打开国门学习国外的先进科学技术、先进文化的同时,一些"传媒垃圾"也不可避免地混杂其中。打开电视,你会看到引进的国外影视大片;翻开报纸,你会看到来自世界各地的消息;走进书店,你会发现形形色色的外文原版书籍;更不用说网络世界了。有的学者曾经尖锐地指出,进入了互联网,从某种意义上说就是进入了美国文化的万花筒。② 在一些影视、文学作品中渲染的"暴力"、"色情"情节和腐化的生活方式,已经严重影响了当今大学生的价值观。2006 年 1 月,重庆警方破获的一起人数众多的涉黄案件,在现场抓获的多名"伴游公司"陪伴女郎中,竟有好几家高校的女大学生。事件已经引起高校思想政治教育工作者的深刻反思。云南大学学生马加爵因为与同学的一点小矛盾竟杀害了同寝室的室友,其手段之残忍,影响之恶劣,更是值得人们再三思索。③

第三,现代传媒中的网络虚拟世界,影响了学生的正常生活。

网络世界的虚拟性,使人们在其中肆意发泄,可以不负责任地、不受约束地作为,正是网络的隐蔽性和虚拟性,使得大学生沉溺其中,上网成瘾,严重影响了学生的生理、心理素质。对网络游戏的痴迷使部分大学生丧失了进取的目标和奋发图强的斗志,更失去了做别的事情的兴趣。沉迷于网络的大学生在由声音、图像、文字提供的虚幻境界之中难以自拔,人际交往、接触社会的机会减少,直接导致心理狭隘、偏执、封闭等不良情绪的产生。与社会、人群的脱离,使得这些大学生只能在想入非非中寻求精神寄托,丧失了对理想的追求和对社会的责任感。

第四,现代传媒对学校周边环境的影响。

现实的社会环境、社会关系时时刻刻都影响和制约着教育对象思想政治品德的形成和发展。现代传媒的日益兴盛,使得校园周边各种文化娱乐设施层出不穷,电影院、录像厅、网吧等林林总总,令人目不暇接,这些传播大众文化的设施往往以谋取经济利益为最高目的,忽视学生健康的精神文化需求,许多经营混乱,色

---

① 谌蓉.现代传媒对高校学生思想政治教育的负面影响及原因分析[J].重庆工学院学报,2007(4).

② 惠曙光.大众传媒对高校思想政治教育的消极影响及对策研究[J].河南财政税务高等专科学校学报,2001(6).

③ 同上.

情、暴力内容充斥其间。它们降低了学校各种正常社会文化活动的吸引力，使学校正常的教学生活秩序受到极大的冲击。

现代传媒的一个重要特征就是信息量巨大，每天都有大量新信息涌入我们所生活的社会，某些消极、负面的信息也乘虚而入，而且其传播的范围、影响的广度不断扩大。这样，许多消极信息的传播还难以控制，而新的信息又在源源不断地增加，必然造成传媒的消极影响增大。

信息技术的迅猛发展、社会信息化程度的不断提高、世界范围内不同思想文化的相互激荡，进步的和落后的、积极的和颓废的、历史的和现实的，他们有融合又有斗争，但总体上广大发展中国家，不仅在经济上面临着严峻的挑战，在文化发展上也同样面临着严峻的挑战。① 如何引导学生在积极吸纳世界其他民族优秀文化成果的同时，自觉抵制不良思想文化的侵蚀，努力成为社会主义先进文化的继承者、实践者、创造者、弘扬者；高校思想政治教育工作者如何利用现代传媒的各种有利功能为高校思想政治教育服务；如何进行正确的舆论导向；如何提供高尚的社会文化娱乐等，这些都是高校的思想政治工作要面临的新问题。

五、积极应对国内外、校内外突发事件和非传统社会安全事件为大学生思想政治工作带来的新挑战

伴随着改革开放的不断深入，我们在为我国取得的经济成果感到欣喜的同时，也应看到公共安全形势的严峻性。据资料显示，我国平均每年由于突发公共事件所造成的非正常死亡人数已经超过 20 万人，伤残超过 200 万人，经济损失超过 6 000 个亿。② 然而，在社会急剧变迁、我国社会转型期和高等教育体制改革的交互作用下，高校发展中的不确定因素不断增加，各种突发事件和安全事件频发，给学校的领导部门和思想政治工作提出了新的挑战。

（一）突发事件的含义及分类

突发事件是从公共行政管理角度研究危机的专用术语，特指政府公共管理领域所遭遇的紧急情况，主要是指突然发生、造成或者可能造成重大伤亡、重大财产损失和重大社会影响，对公共应急、社会稳定、国家政权有较大影响的一系列公共事件。它具有意外性、紧急性、危害性等特点，意外性是突发事件发生之初所表现出来的特征；紧急性是发生过程中所表现出来的现象性特性；危害性是结果性的特征。③ 突发事件往往会对社会经济发展和人民生活造成意想不到的灾难，甚至可能引发区域乃至全国、全球危机。为了预防和妥善处理突发事件，确保学校的稳定发展，高校思想政治教育如何开展，已成为当前思想政治工作者值得思考的

① 顾海良. 高校思想政治教育导论[M]. 武汉大学出版社，2006.

② 闪淳昌. 加强应急预案体系建设，提高应对突发事件和风险的能力[J]. 现代职业安全，2007(4).

③ 林樟杰. 高等学校管理新认知[M]. 上海教育出版社，2007.

一个较为现实的问题。

高校是人群密集的地方，大量年轻学生聚集，他们具有思想活跃、爱国、民主意识强、易冲动等特点，因此高校出现的突发事件类型和表现形式多样。按性质，高校突发事件可分为以下几类：①

（1）公共卫生类。如2003年爆发的非典、2003年4月西安科技大学临潼校区发生的167名同学细菌性食物中毒事件、2005年发生的禽流感等。

（2）政治类。如学生非法的集会、游行，参加邪教组织，罢课、绝食，聚众冲击学校机关及政府机关等。

（3）治安安全类。如学生宿舍发生火灾、盗窃、被抢等事件。

（4）自然灾害类。如地震、洪水等造成的人身伤亡和停课等突发事件。

（5）学校管理类。由学校内部管理存在的各方面问题得不到及时、有效解决而引发的突发事件；如因后勤管理问题引发的罢餐，具有对抗性过激行为的舍区闹事、破坏公物等事件；因教学管理问题而引发的罢课、联名抗议。

（二）突发事件给高校思想政治工作带来的挑战

1. 突发事件直接影响学生的思想稳定

突发事件使得社会和人们处于一种危机状态，在此状态下，人们无法面对突如其来的打击，会出现盲然无措、缺少安全感、缺乏人际信任的现象。高校作为社会环境的一个子系统，不可避免受到影响，学生在突发事件中表现出心理的不稳定和行为失常，学校正常的教育生活秩序被打破。如"非典"在北京等地急速蔓延期间，许多学生茫然不知所措，造成心理极度的焦虑和恐慌，部分学生未经学校同意就擅自匆忙离校、返校等等，这些行为又造成了新的不稳定。②

2. 网络等传播媒介给突发事件提供了有利条件，给高校思想政治工作带来了更大的挑战

信息科技的飞速发展，使得网络等媒介已经遍布社会的每一个角落，给我们提供了快捷便利的生活方式的同时，也成为一些别有用心的人利用的工具，往往通过网络传播各种谣言，制造紧张恐惧的气氛。如"法轮功"邪教组织在互联网上有意散布谣言，并积极配合西方反华势力攻击我国，攻击我们的政府，扰乱了人们的思想，为国家的政治稳定和人民的社会生活带来了一定的负面影响。还有"非典"突然降临的时候，由于缺乏准确的信息，各种各样的消息借助互联网、电台、短信息等各种媒介蜂拥而至，顿时给社会造成了紧张气氛，使不良情绪迅速蔓延。

3. 可能会激化高校潜在的矛盾

随着我国高教改革的逐步深入，各方面的利益关系变动比较大，高校出现了

① 王诗堂，冷树青. 高校突发事件的类型、特征及成因探析[J]. 湖北教育学院学报，2006(12).

② 于钦华. 突发事件对高校思想政治教育的启示[J]. 华南热带农业大学学报，2004(3).

新情况、新问题，各种矛盾也比较突出。就像“贫困生”问题，虽然国家、学校为解决贫困生问题，采取了许多有力措施，也取得了不小的成绩，但是情况依然比较严重，依然会成为影响学校发展和稳定的一个潜在重要因素。毕业生越来越多，就业压力逐年加大，现在就业问题，已经成为家庭、学校、社会共同关注的热点问题。而在突发事件过程中，社会不稳定，使毕业生就业更加困难，如果解决不好，极易成为影响社会稳定的因素。

4. 思政工作者的素质和能力也面临考验

在应对突发事件中，要求思政工作者要具有敏锐的预测能力、快速的反应能力、有效的处理能力。如果思政工作者能够及时把握社会思想的动向，及时把握带有倾向性、苗头性的问题，可以超前预测，把问题解决在萌芽状态，从而使思想政治教育收到良好的效果。还有如果思政工作者只是被动地等待上级命令，不发挥主观能动性，就极易导致突发事件的影响力扩大。一旦涉及国家和党的利益，则将影响国家的稳定，引起社会的动荡。

第四节　学生思想政治工作展望

新世纪新阶段，大学生思想政治教育面对更高的要求，肩负着更加神圣的使命，同时也面临着更加复杂的环境、更加严峻的挑战。在这样的形势下，大学生思想政治教育工作还存在着许多不适应的地方，还存在着不少比较薄弱的环节。在实践推进方面，大学生思想政治教育的主渠道建设还是比较薄弱，思想政治理论课的实效性和吸引力有待进一步加强；同时在贴近生活、贴近实际、贴近学生方面还有许多工作要做，大学生思想政治教育的阵地建设还有待加大力度，根据大学生的思想实际和思想政治素质发展规律，不断推进大学生思想政治教育方式、方法创新的任务还非常艰巨。① 在全面育人方面，大学生思想政治教育工作队伍孤军奋战的状况还没有彻底改变，所有教师、所有教育环节、所有管理人员、所有的服务等都承担着育人的重要责任，思想政治教育和专业教育、管理、服务育人的合力还没有真正形成。这些情况的存在，更进一步凸显了加强和改进大学生思想政治教育的重要意义。中共中央、国务院颁发的《关于进一步加强和改进大学生思想政治教育的意见》，根据科学发展观的要求和当前中国全面建设小康社会的实际、大学生思想政治状况的实际及其发展变化的规律，进一步明确了加强和改进大学生思想政治教育的指导思想，从教书与育人、教育与自我教育、政治理论教育与社会实践、教育与管理等不同的角度，深刻阐明了要加强和改进大学生思想政治教育。

① 顾海良．高校思想政治教育导论[M]．武汉大学出版社，2006.

一、理论与实践、知与行的一致性——社会实践活动的进一步加强

改革开放 20 多年来教育发展的历史表明，大学生社会实践是高校思想政治教育的重要环节，是提高人才培养质量的重要途径和手段。在社会主义现代化建设的新时期，随着改革开放的深入和社会主义市场经济的发展，教育环境的深刻变化使大学生社会实践在高校思想政治教育中的作用越来越突出。《中共中央国务院关于加强大学生思想政治教育的意见》中明确指出："社会实践是大学生思想政治教育的重要环节，对于促进大学生了解社会、了解国情、增长才干、奉献社会、锻炼毅力、培养品格、增强社会责任感具有不可替代的作用。"

实践性是马克思主义哲学的最本质、最重要的特征之一，也是马克思主义哲学保持自己的科学性、革命性和批判性，能够不断自我更新、自我发展的根本动力。马克思主义认为，人的社会生活在本质上是实践的。人正是通过自己批判和创造性的实践活动，逐步实现人的全面发展。同样社会实践是高等教育中不可缺少的有机组成部分，对大学生思想政治教育更具有十分重要的意义和作用。

社会实践是进行大学生思想政治工作的有效途径。大学生思想政治理论课依托于课堂，显得有些乏力，学生很难深刻地理解和接受，而社会实践正是它的有益补充。大学生通过参加社会实践，可以了解世情、国情，知晓市情，体察民情，这提高了大学生对我国现在处于并将长期处于社会主义初级阶段这个最大实际的认识，更加坚定了他们走中国特色社会主义道路的信念。形式多样的社会实践活动，使大学生走出校园，使他们更加深入地了解了我国社会主义现代化建设所取得的成就，亲身体验了现代化建设的困难，这有助于帮助他们端正思想认识，树立强烈的忧患意识，增强为国家发展贡献力量的责任感，为将来走向社会作好准备。大学生在社会实践中，接触社会、认识社会、打开眼界，同时也真正地认识自己，发现自身的不足，从而更端正自己的价值取向和奋斗目标，明确自己的责任。

社会实践有助于大学生提高道德水平，培养优秀品格。人的思想品德的形成不是生来就有的，而是在后天的外部社会环境影响下形成的，客体的因素对人的思想品德的形成与发展具有重要的影响。大学生大多从学校到学校，接触社会的面相对狭小，在社会实践中，大学生通过亲眼目睹、亲身感受、亲身经历受到潜移默化式的教育，自觉树立起符合社会需要的良好的道德品质。① 社会实践能使大学生了解社会需求，认清当今的形势和历史使命，有助于增强社会责任感；社会实践有利于学生了解生活的真实情况，树立正确的善恶观，自觉遵守集体主义精神、社会公德；有利于学生树立艰苦奋斗的思想，克服轻视劳动的偏见。

中共中央、国务院在《关于加强大学生思想政治教育的意见》中指出："要积极

---

① 赵亚芝．论社会实践与大学生思想政治教育[J]．湖南人文科技学院学报，2006(4)．

探索和建立社会实践与专业学习相结合、与服务社会相结合、与勤工助学相结合、与择业就业相结合、与创新创业相结合的管理体制。"目前学校认真组织大学生参加军政训练、社会调查、生产劳动、志愿服务、公益活动、科技发明和勤工助学等实践活动,使大学生在社会实践中受教育、长才干、作贡献,增强社会责任感。社会实践这种直接、生动的教育形式,在我国社会主义市场经济不断向纵深方向发展的今天,更具有其广阔的空间和深刻的内涵,具有强大的生命力。它会给校园、给学生带来更多的正面效应,所以在高校思想政治工作中必须进一步加强社会实践活动。首先,要使社会实践日常化。不应该只是在寒暑假集中、突击性地进行实践活动,应该与大学生志愿者服务、勤工俭学、教学实习、挂职锻炼、社区服务等各种社会活动结合起来,使思想政治教育经常化。① 其次,加强队伍建设,使社会实践专业化。要想社会实践做得更扎实,就必须建立一支业务精、能力强、勤思考的校内外的专兼职相结合的指导队伍。各位指导老师,要不断研究新情况、解决新问题,随时调整工作思路,创新工作方法,适应时代要求,使社会实践活动常做常新。再次,丰富思想内涵,使社会实践功能化。把丰富的思想教育内涵寓于社会实践活动中,把社会实践活动和人生观教育相结合、把社会实践和日常行为规范相结合、把社会实践和专业教育相结合等等,使大学生随时都可以在实践活动中领悟思想、接受教育、规范自我。最后,完善活动机制,使社会实践持续化。社会实践要达到对大学生的长期教育和提高的目的,就必须遵循与社会长期合作、互惠互利的原则,建立和完善工作机制,特别是以科技服务和扶贫为主要内容的实践活动,既可以帮助他人,又可以发现问题、得出成果,在实践中培养学生的诚信和合作能力。

二、思想政治教育与专业知识教育一体化——让教书育人成为全体教师的行为

当代大学生是社会主义事业的建设者和接班人,他们的思想道德素质和科学文化素质如何,直接关系到 21 世纪中国的面貌,关系到我国社会主义现代化建设战略目标的实现。《中国教育改革和发展纲要》、《中华人民共和国教育法》、《中华人民共和国教师法》等都对教书育人提出了明确要求。教书育人,培养社会主义"四有"新人,是社会主义高校教师的基本实践活动,是法律规定人民教师必须履行的基本职责。高校承担着培养高级人才的最主要、最基本的重要职能,而教师是高校完成使命的核心力量。高校教师教书育人工作的状况直接决定着人才培养的质量。中共中央、国务院在《关于进一步加强和改进大学生思想政治教育的意见》中明确指出"高等学校各门课程都具有育人功能,所有教师都负有育人职

① 程浩,于建春．论社会实践活动与大学生思想政治教育的关系[J]．求实,2005(2)．

责”，这对高校教师育人工作提出了明确的要求。

教书育人，是指教师要根据社会发展的需要和学生身心发展的规律，在教育教学过程中，自觉地把教学和育人结合起来，尽职尽责，既传授科学文化知识，进行专业课的教学，又进行思想品德教育，把学生培养成德、智、体、美全面发展的“四有”人才。[①] 教书和育人是紧密联系在一起的，这是人类社会教育过程中所共有的特征，也是教育规律的客观要求。马克思主义认为，一定社会的教育总是为一定社会的经济基础服务的。教育作为人的社会化的主要工具，其特点是通过培养有一定社会意识的人，传授一定的社会思想和道德规范来为一定的社会政治经济服务。教学活动不是随意性的，而是根据一定社会所确定的教育目的和任务的要求，教师按规定的教学内容，有目的、有计划地传授给学生，使学生掌握一定知识，形成一定的世界观和思想品德，成为社会所需要的人。所以，教书只是手段，育人才是目的。所谓“师者，传道、授业、解惑也”。“传道”是首位的，这是古人对教师职责的精辟概括。

教书育人不是一种人为的要求，而是学校教育的规律。教学，对于所有高校来说，都是中心工作，但它不是目的而是手段，学校的根本目的在于育人。具体地实施起来，就是通过教师的教学活动，通过教师专业文化知识的传授，来培养人、改造人、促进人的全面发展。然而，有的高校教师认为：专业课教师的职责就是教书，负责向学生传授文化科学知识和技能，育人是政治理论课教师和政工干部的事。这是一种将教书和育人完全割裂的典型的模糊认识，是教书和育人的“两张皮”状态。虽然高校有专职的学生工作干部、辅导员、思政课教师来负责学生的思想政治教育，但只靠他们是远远不够的。再者说，高校的教师是学校教育的主导力量，是直接面向学生开展教学工作的第一线人员，与学生接触面广，接触时间长，交往的机会多。教师了解学生，学生信任老师，因此高校的专业课老师在开展思想政治教育工作上占有很大的优势，做学生工作，在不少情况下往往可以收到良好的效果。许多高校一直实行班主任制，由专业教师担当班主任，组织班级活动，对学生进行思想教育，实践证明，这是一种行之有效的育人制度。[②] 因此充分发挥专业课教师的作用，使教书育人成为全体教师的行为。

教学活动绝不是一个自发的过程，而是一个有目的、有计划、有组织的过程。我们可以说任何学科都蕴藏着思想教育和审美教育的因素，但这些要素是需要教师有意识地发掘，在传授科学文化知识的同时使学生的思想受到积极的影响，心灵受到美的熏陶。在组织教学活动的过程中，教师也可以适当地进行“育人”的教育，比如，在学生完成学业任务的过程中，教师可以有意识地培养学生勤奋刻苦的

① 杨克平，傅晓燕．教书育人：高校教师职业道德的真谛[J]．中国高等教育，2007(1).
② 王旭东．简论教书育人[J]．北京教育(高教版)，2007(2).

意志品质、谦虚踏实的科学作风以及团结互助的合作精神;通过教学活动的组织,可以引导学生感受和欣赏自然美、社会美、艺术美,培养积极的人生态度,帮助学生树立正确的世界观、人生观、价值观。① 高校教师的教书育人不能只局限在课堂之内、教学过程之中,在教学工作之外,教师也应该承担一些学生的思想政治教育工作。比如高校的专业课教师要积极参加、指导大学生的各项课外活动和社会实践活动,帮助他们在活动中提高能力和素质,全面发展。所谓"师者,范也"。学高为师,身正为范。教师以身作则、为人师表的示范作用,教师的政治态度、治学风范、敬业精神,乃至言谈举止都潜移默化地影响着年轻的学生,因此为人师表也成为一种重要的教育手段和途径。所以每一位教师都必须充分认识自身角色的社会责任和社会意义,严格要求自己,注重自己的一言一行,发挥积极的为人师表的作用。

育人是教育的根本目的,在培养跨世纪人才的今天,高校专业课教师不仅要发挥其科学文化传播者和科学研究者的作用,而且还要充分发挥其教书育人的主导作用,使每位教师都树立自觉育人的意识,把思想教育、知识教育、启发学生的智慧这三者高度统一起来。希望每一位教师都可以用爱心去关注每一个学生;用行动去影响每一个学生;用人格去感染每一个学生。

三、教育、管理、服务"三联动"——以学生为本的综合体现

高校学生思想政治工作的内涵在不断发展,在 20 世纪 50 年代至 70 年代末主要是学生思想政治教育工作;在 80 年代至 90 年代末,增加了管理学生的功能,即在对学生进行思想政治教育的同时,还要对学生的学习、生活、行为等实施规范和控制;90 年代后期开始强调服务学生的功能。高校学生思想政治工作内涵的发展,是与当前高等教育大众化、多样化、国际化的发展趋势一致的。②随着高等教育发展趋势的变化,尤其是创新人才培养目标的提出,学生群体需求和个人思想行为日益多样化,过去忽略学生主体意识,忽视学生自我教育、自我管理、自我服务能力的思想政治工作,已经显出了它的不足。

当前需构建起以学生为主体的教育、管理、服务"三联动"的思想政治工作模式,以学生为本,从学生的实际需要出发,使教育、管理、服务三方面融为一体,有机结合,为学生提供优质的服务、设施和环境,促进他们潜能的发挥,促进学生全面、和谐与健康的发展。

高校所实施的学生管理、教育和服务等,是促进学生全面成长、成才的客观要求,也是一个有机的整体。只有把管理、教育和服务相衔接,全面实施,才能实现

① 王旭东. 简论教书育人[J]. 北京教育(高教版),2007(2).
② 潘世墨. 高校学生工作:"教育、管理、服务"的辩证关系[J]. 中国高等教育,2007(10).

育人为本的目的。在思想政治教育中，以学生为本就是要理解学生的合理需求和个体差异，要认可和帮助学生实现各种合理需求；要从学生的特殊个性心理和思想政治品德形成的规律出发，有的放矢、因材施教，使学生在各自原有的水平上都有所发展和提高，从而增强学生的信心，激发他们接受思想政治教育的热情。在管理工作中，要特别注重拓展学生的个性，不要把管理变成束缚学生个性发展的桎梏。高校思想政治工作者在实际的管理工作中要坚持贴近实际、贴近生活、贴近学生的“三贴近”原则，紧密围绕学生在成长、成才、健康、交友、恋爱、求职、就业等方面遇到的实际问题，有针对性地进行管理，让管理离学生更近、更实，就能大大地增强亲和力。把学生的所思所想、所需所盼，作为管理的切入点和现实起点，关注学生切身利益，维护学生合法权益，为学生真心实意办实事、解难事、做好事，就会使管理更易被学生所接受。① 学生的需求是多方面、多层次的。既有学习上的根本性需求，也有日常生活中的具体需求；既有物质方面的需求，也有思想精神方面的需求；既有学习方面的需求，也有社会实践的需求等，我们的思想政治工作者，应适应这种多样化需求的发展趋势，推出一系列的服务项目，比如咨询指导、就业指导、学生资助、社团管理等等，引导、满足学生个性化发展的需求，为学生提供实实在在的服务，同时以优质的服务培养人，以贴心的服务感召人，以温馨的服务教育人，从而营造一个全方位的高校育人环境。

教育育人、管理育人、服务育人三方面的有机结合，是高校思想政治教育工作的发展趋势，但是作为高校思想政治工作者，如何把握好一个“度”，不要管得过多，也不要管得太少。不要服务得太多，这样学生的自立、独立性就会慢慢削弱；也不要服务得太少，不符合发展规律，不能起到服务育人的作用。这个“度”又是高校思想政治工作者面临的一个课题。

四、学校教育与自我教育“两结合”——充分发挥学生自我和学生组织的作用

中共中央、国务院在《关于进一步加强和改进大学生思想政治教育的意见》中指出，加强和改进大学生思想政治教育应“坚持教育与自我教育相结合。既要充分发挥学校教师、党团组织的教育引导作用，又要充分调动大学生的积极性和主动性，引导他们自我教育、自我管理、自我服务”。

自我教育，是指受教育者根据思想政治教育的目标和要求，自觉地进行自我认识、自我管理、自我控制和自我调适，提高思想水平和认识能力，主动接受先进思想，形成良好的思想品德和行为方式。② 外部教育是提高人的思想政治素质的外因，个体自我教育才是提高思想政治素质的内因，思想政治教育最终还是要通

---

① 卢来英．树立“以学生为本”的管理新理念[J]．淮北煤炭师范学院学报，2006(10).

② 卢斌，李玉华．大学生自我教育的作用及其能力培养途径[J]．学校党建与思想教育，2005(11).

过受教育者自身的思想矛盾运动来实现。因此,将自我教育贯穿于学生思想道德教育的全过程中,是大学生思想政治教育规律性的内在要求。

当代的大学生已经具备了进行自我教育的条件。首先,他们的自我意识在不断增强。当代学生普遍关心自己的成长,自我评价能力逐步提高,具有成才的强烈愿望。他们的自尊心和自信心不断增强,要求得到别人的尊重,能与他人平等地探讨问题,发表自己的见解,难以忍受他人对自己的无理责怪和不公正的待遇。其次,他们掌握了一定的科学文化知识,具有一定的逻辑思维能力。他们不满足于现成的结论,而喜欢独立思考,更多地运用理论思维和逻辑思维,去透过现象解释本质,对事物的因果关联的探索和理解越来越感兴趣。而一整套的团支部、党支部、社团等组织系统以及当前蓬勃向上的社会环境,为大学生提供了一个接受熏陶的良好环境。大学生的自我教育是适合当代大学生特点、有效进行思想政治工作、促进学生思想转化的一种手段,在促进大学生道德品质的修养、知识能力的形成等方面,是其他教育形式不能替代的。

自我教育、自我完善,这是大学生提高思想政治素质的必然要求。创造良好的成长氛围,指引良好的锻炼途径,对大学生自我教育能力的培养有着十分重要的作用,这还需要学校思想政治工作的大力支持,需要学校经常树立学习的典型。榜样的力量是无穷的,可以利用正反两方面的事例,教育广大学生正确地区分真善美与假丑恶,在道德评价中逐步提高自我的道德水准,向陋习告别,与文明握手,完善自己的人格。① 发挥学生会、研究会、学生社团等学生组织在党团组织领导下进行自我教育的传统,充分发挥它们自我组织、密切联系学生、贴近学生的组织优势,积极鼓励它们开展形式健康活泼的组织活动,推进批评与自我批评的互动教育机制建设,不断完善集体教育与自我教育。良好的校园文化对大学生群体产生潜移默化的引导和规范作用,具有思想引导、素质培养、感知协调、人心凝聚等重要的育人功能。校园文化是大学生自我教育必不可少的环境,健康的积极向上的校园文化,不但能促进学生有效学习、积极生活,还能引导大学生自觉地树立正确的观念。

学校教育与自我教育相结合,更有利于思想政治教育的深入和强化。学校的思想政治教育起到引导、教育的作用,而学生的自我教育才能使学校的思想政治教育更深入内心,使大学生自觉地按照社会规范、正确的思想意识要求自己。

---

① 阎宏 . 浅谈大学生思想政治教育中的自我教育[J]. 潍坊学院学报,2007(1).

第九章　高校思想政治理论课程改革与创新

高校思想政治理论课是社会主义大学的特征，是对大学生进行思想政治教育的主渠道和主阵地，是我国当代大学生的必修课，对培养我国社会主义现代化建设事业的建设者和可靠接班人起着不可替代的作用。思想政治理论课的改革是中央加强和改进大学生思想政治教育的重要内容，把握机遇、应对挑战、努力提高教学的实效性，不断拓展高校思想政治理论课研究的深度，进一步加强和改进高校思想政治理论课建设，充分发挥其在我国大学生思想政治教育中的主渠道作用，是新世纪新阶段我国高校思想政治理论课建设面临的重大课题。

第一节　高校思想政治理论课新方案改革的必要性

党的十六大以来，以胡锦涛同志为总书记的党中央，高度重视大学生思想政治教育和青年一代的健康成长。2004 年 3 月，中央领导同志作出重要指示，要求我们从培养师资队伍、加强教材建设、改革教学方法、改进宏观指导等方面下工夫，力争在几年内，使思想政治理论课教学状况明显改善。2004 年 8 月，中共中央、国务院印发了《关于进一步加强和改进大学生思想政治教育的意见》。2005 年 1 月，全国加强和改进大学生思想政治教育工作会议召开，胡锦涛总书记作了重要讲话，对加强和改进大学生思想政治教育作了全面部署。2005 年初，中宣部、教育部发出《关于进一步加强和改进高等学校思想政治理论课的意见》。中央的一系列重大部署对思想政治理论课的学科建设、课程体系、教材编写、教学方法的创新、教师队伍建设等都提出了新思路、新举措。新课程方案是其中的一项重要内容。

新课程方案明确规定，把“98 方案”的 7 门必修课调整为 4 门必修课，即开设“马克思主义基本原理概论”、“毛泽东思想、邓小平理论和‘三个代表’重要思想概论”、“中国近现代史纲要”、“思想道德修养与法律基础”。这一调整体现了新世纪新阶段大学生理论武装工作的综合性、整体性要求。新课程方案有史、有论、有应用，有利于大学生在对马克思主义理论学习的基础上，从历史与现实应用的有机结合中，全面地掌握科学的世界观和方法论。新课程方案的提出为进一步加强和改进高校思想政治理论课奠定了基础。

一、高校思想政治理论课的基本功能

思想政治理论课和其他课程设置一样，有其预设功能，并且这些预设功能比一般人文社会科学课程的功能更复杂、更丰富。

1. 思想政治理论课的意识形态整合功能

任何政治上占统治地位的阶级，都会极力使自己阶级的思想成为占统治地位的思想。正如马克思恩格斯所指出的那样："统治阶级的思想在每一时代都是占统治地位的思想。这就是说，一个阶级是社会上占统治地位的物质力量，同时也是社会上占统治地位的精神力量。"(《马克思恩格斯选集》第一卷，第 52 页)因此，在我国高校中设置思想政治理论课，是社会主义大学的特点之一。思想政治理论课的意识形态的整合功能具体表现在两方面：

(1) 政治导向功能。

思想政治理论课的政治导向功能主要表现为促进大学生的政治认知深化和政治认同，逐步培养大学生具有明确的政治意识(即有善于从政治角度认识审视问题的思路和习惯)和政治原则性及政治敏感性等，亦即现代社会公民所必须具备的政治素养。其实，人的绝大多数能力，包括政治生活能力不可能是与生俱来的，而是后天形成的，是在社会实践中逐步习得的。而后天习得有一个过程，其中一个重要环节是发展政治认知。大学生是即将踏上社会工作岗位的未来从业人员，他们的思想和行为的性质将直接影响到其社会效果的好坏。因此，大学生必须具备一定的政治素养，而发展大学生政治素养的重要途径之一就是通过思想政治理论课教学。

大学生的政治认知深化与政治认同两者有紧密联系，但又不是一回事。因为认同不仅仅是指认识上的赞同、情感上的相容，更重要的是指一种信念确立及信念与行为的一致性，它是一种体认。思想政治理论课如何促进大学生对一定政治原则和政治理论的体认，是一个值得研究的大问题。人们了解政治知识通常有两个基本途径，一是教育途径，一是社会经验途径。在学校教育中，学生通常先行接受一些政治术语或符号，但未必了解这一术语所表达的政治事实。因此，思想政治理论课不仅仅要求学生掌握政治术语，更要求学生把握一定政治术语和相应政治事实之间的关联性，以及在此基础上发展政治分类以及系统把握政治理论的能力。学生了解政治知识的另一个途径即社会经验途径。学生通过各种方式了解前人或他人的政治经验，或自己通过感受社会心理气氛、了解社会风气等方式，了解一定的政治术语,同时也了解一定政治术语与政治事实之间的关系。但是,他们所了解的这些状况可能与我们的思想政治理论课所说明的状况并不一致。这就形成了非一致政治社会化现象。这一问题是对思想政治理论课的一种挑战。

思想政治理论课不仅要教育学生免受社会不良因素的影响,还要教会学生自觉抵御社会消极因素的影响,更应注重培养学生"化腐朽为神奇"的能力,正如马卡连柯所主张的那样,教育是使每一个人都学会抵抗有害的影响而进入生活。教育不是保护一个人使他免受有害的影响,而是要教他抵抗。我们必须深入研究学生接受社会影响的机制,并以此反观我们的思想政治理论课教学是否缺少了这些机制,从而影响了课程的感染力。

(2)政治警戒功能。

思想政治理论课的导向功能与警戒功能是一个功能的两个方面,导向功能主要指示人们前进的方向,使人们明确社会提倡和鼓励之所在;而警戒功能主要警示人们不能触犯某些方面。两者的关系就是疏通与堵塞的关系,没有一定的堵塞就谈不上导向,而为了更好地导向就必须借助一定的堵塞。在人生道路上,每个人需要有许多参照系,它们构成了人生选择的"方位标志"。思想政治理论课的有些内容实际上就起到了这种行为参照的作用。从这一观点来看,尽管我们承认思想政治理论课教学中面临的一个重大问题,即社会意识形态的一元导向与大学生个体价值选择的多元特征之间的矛盾,但不必过于消极地看待这种矛盾。可能在教学中的一些内容并不为大学生立刻接受,他们对一些政治观点有自己的看法,这是很正常的。我们不能因为学生没有立刻接受教材或教师期望导向的观点,就认为思想政治理论课的教学效果不佳。我们需要认识到,有些教学的内容就是发挥着警戒功能。这种功能在课堂教学或讨论的时候是无法体现的,只有当学生在遭遇重大的人生抉择时,这种警戒作用才可能显示出来。

思想政治理论课的导向功能和警戒功能主要通过一定的社会评价(或批判、或评析)而体现出来。这种社会评价的运作有一个过程。首先是外在的社会评价,即通过课堂中的正式舆论、教育反馈等方式,对警戒对象物或受教育者的言行进行评价,对个人来说是他律阶段。其次,促进个人自我认识。由于外部评价的压力,促使个体在情境压力下产生自我知觉。这种自我知觉的源泉在于周围人员对自己行为的反应,个人按照周围人员对他的评价,来判断自己是一个怎样的人,这就获得了自我知觉。而这种自我知觉又通常决定个体的新的行为。再次,促进个人范畴化。一个人的行为方式,多半取决于他对相应的社会角色的理解,若理解其所认同的某个社会角色,逐步明确其社会责任、政治义务和道德要求,就仿效这些要求去行为。这一过程就是个人范畴化,即个人将自己看作是一个具有某种共性的人,如"有政治原则性的人"、"诚实率直的人"、"舍己为人的人",等等。很显然,个人所不理解的社会角色,就不会成为他仿效的对象,也不可能成为他范畴化的内容。一旦实现了个人范畴化，就意味着在社会活动中，个人已从外在社会评价的行为他律逐步走向主体的行为自律。

所以，我们必须从多样化的角度来审视思想政治理论课的政治警戒功能，不仅要看到它的即时性明示作用，更要看到它的潜在的内制作用。

2. 思想政治理论课的知识涵养功能

思想政治理论课教育必须要以理论和知识为载体，并辅以大量的相关信息，否则很难有教育质量。然而，我们的思想政治理论课这些年总是在两极跳跃，要么是抽象的政治导向，教学过程中老是讲一些抽象的原则，照本宣科，不能理论联系实际；要么将思想政治理论课讲成一般社会科学基础知识的传授课，完全忽视了思想政治理论课的意识形态功能。后一种倾向目前似乎暂时赢得了学生的认可，但由于这些传授的知识大部分属于知性知识，较少精神性知识，因此并不有助于发展学生的理论感和思想性。思想政治理论课对自己独特的功能定位不能迷茫，如果盲目追逐与其他专业课相似的功能定位，长此以往很可能就被其他课程所替代。思想政治理论课一定要注意遴选出适合自己特点和功能定位的知识，特别是那些精神性知识，使得学生通过学习政治理论课，能够发展出其他课程所无法具有的政治是非感、敏感性、鉴别力、思想的深刻性等，从而在今后复杂的社会事务和社会思潮激荡中保持正确而又清醒的头脑。

思想政治理论课的知识涵养功能具体表现在两方面：

(1) 传授政治知识、道德知识和法制知识。

高校思想政治理论课是向大学生传授政治知识、道德和法律知识的重要途径。它们又可具体化为如下内容，首先是传授政治理论、道德和法律知识。其次是说明政治经验。政治经验可以理解为人们的政治生活经历及其对经历的回悟，包括个人经验与他人经验。个人经验是指本人经历政治生活后所形成的认知和体验状况，而他人经验是他人（包括前人）经历政治生活后产生的认识与体验状况，它们大量通过他人（包括前人）的著述、人物传记、篇言、故事等方式表现。政治经验又可分为感性经验和经过人们概括、归纳和提炼后形成的理性经验。政治经验有正确与错误之分。思想政治理论的一种重要功能是解析正确的政治经验，同时也应注意分析错误政治经验发生误差的原因。再次是传递和分析政治信息。它们可以包括丰富的内容，诸如关于政治系统运作的信息，关于国家大政方针的信息，关于政治权威的信息，关于公民权利与义务的信息，关于社会政治生活的一般信息等等。

(2) 培养大学生的政治学习能力。

思想政治理论课的知识涵养功能不仅仅表现为解决大学生的政治认知问题，更重要在于培养大学生形成正确的政治行为方式，即政治学习能力。这里说的政治学习，是指学习者在一定的政治刺激情景作用下，充分运用个体的判断、选择、加工和定型等，使自己的行为方式在进入情景前到进入情景后发生变化的过程和状况，使个体的变化具有更大的社会适应性和政治适应性。在同一种社会情景下，不同的个体会有不同的个体适应性，这种适应性受到主体先前的知觉、经验、价值观以及现今需求等主体内在因素的影响，从而使同一种政治刺激情景发生不同的效果。于是，通过思想政治理论课，使学生形成较为合理的社会知觉、个人经验及需求或合理的预期，就成为正确对待社会情景刺激的重要因素。

3. 思想政治理论课的综合方法论熏陶功能

高校思想政治理论教育课程可分为理论教育类与思想品德教育类两部分。马克思主义理论教育课程的有效性，在于理论的说服力，以马克思主义的基本理论启迪、引导学生理解辩证唯物主义和唯物主义的基本立场、观点、方法，树立科学的世界观，并能联系实际科学论证。思想教育课程是以马克思主义思想为指导，运用相关学科理论和方法，紧密联系学生的思想实际和社会实际，启迪学生思考和探讨有关人生、理想、道德、心理等方面的问题以及带有共性的思想疑虑和困惑，引导学生作出正确的选择和回答。

高校思想政治理论课程体系所包含的诸多课程中，都渗透着科学的世界观和方法论，因此，不能割裂它们的关系。在具体的教学要求中，一定要充分发挥各门课程既有侧重教学要求，又有统一方法论要求的功能优势，使得大学生通过思想政治理论课程学习，学会善于用马克思主义的立场、观点和方法观察问题与解决问题。马克思主义的立场、观点与方法本身是一个统一的整体。但是现在的思想政治理论教育中存在着一种忽视整体性的倾向，将这种教育仅仅看成是解决观点问题，以致一些学生将马克思主义仅仅看成一种理论流派，而不是指导思想。因此，理论教育更重要的是解决立场与方法问题。所谓马克思主义的立场，可以包括理论立场和阶级立场(政治立场)等内容：理论立场，就是善于运用辩证唯物论和历史唯物论分析和解决问题；阶级立场，就是站在工人阶级和广大劳动人民一边的立场。而形成立场的因素是众多的，其中主要有利益关系、态度、行为习惯等，它们需要在社会实践中逐步明晰。如态度中情感成分的培养，它可能与认知因素相一致，也可能与认知因素不一致。正如一些西方学者对马克思主义理论的研究(认知)是一回事，而情感又是另一回事。如果说认知可以通过灌输解决的话，那么情感则需要在一定的活动中培养。因此，作为了解了书本知识的大学生，迫切需要通过生动活泼的教学活动、乃至参加实践活动来发展自己的情感，特别是高级情感，如责任感、义务感等。

掌握马克思主义分析和解决问题的方法十分重要。大学生思想政治理论教育不仅仅直接教授马克思主义的结论，更是说明经典作家在具体的历史时空条件下运用什么方法产生了这些判断和结论，如经典的阶级分析方法、矛盾分析法、历史与逻辑相统一方法、系统方法(联系与发展的方法)等等，它们统一于马克思主义的世界观和方法论。总之，综合解决立场、观点和方法两者的统一，是思想政治理论课程的一个重要功能。但综合方法论的熏陶作用如何更好地与大学生的成才需求相契合，是一个值得研究的问题。尤其是当大学生都有发展综合素质、包括思想政治理论素养的内在需求时，也应看到大学生存在着个别差异。这种个别差异可以表现在思想基础、理论素养层次、学习动机、学习目的、成才期望值等多方面。对有不同思想基础、理论素养层次和成才期望值的学生来说，接受综合方法论的熏陶的程度也会是不同的。

思想政治理论课的功能发挥是一个整体效应，孤立强调某一方面忽视其他方面，就会破坏课程的整体功能，与此同时，所强调的该功能也会丧失殆尽。

二、新时期大学生接受思想政治理论课教育的心理状态和精神面貌

新世纪新时期，随着科学技术迅猛发展和文化多元发展，人们的思想意识呈现出许多新的特点。我国作为社会主义国家，在走向和谐世界、构建和谐社会的新形势下，正在努力建设和谐文化，巩固社会和谐的思想道德基础。把握机遇、应对挑战、努力提高教学的实效性，是当前高校思想政治理论课建设的重要任务。只有全面把握大学生接受思想政治理论课的心理状态和精神面貌，深刻分析大学生接受思想政治理论课的认知特点，才能提高高校思想政治理论课教学的主动性、针对性和有效性，提高大学生的思想道德素质，构筑坚强有力的思想道德基础。

1. 新时期大学生思想道德成长的新特点

新时期大学生思想道德成长主要具有以下特点：

(1) 我国全方位对外开放促使大学生的全球意识、人类意识增强。

世界经济全球化是一个以经济为主体带动政治、文化的全方位全球化的发展过程。世界经济全球化趋势给人们带来的观念上的变化是十分显著的。人们日益突破了国家和民族的狭隘眼界，逐渐超越了国家的差异和社会制度的分歧，越来越习惯于用全球的、世界的眼光看问题，不仅关注经济、政治、文化、宗教等社会中存在的问题，而且关注人口、能源、粮食、污染等影响人类生存和发展的问题。这些问题不仅仅是一个国家所面对的问题，也不是一个国家竭尽全力能够解决的问题，而是整个世界和全部人类所面临的和需要解决的共同问题。因此，世界意识和人类意识日益进入人们的思维方式。世界意识和人类意识对大学生思想成长的特点也有一定的影响，主要表现在：他们开始具有比较广阔的视角，不再满足于对事物仅仅从当前和局部的角度进行分析或说明，更加习惯于用世界的观点去看问题；他们开始具有比较全面的人性，不再满足于对事物仅仅从自我和自利的角度进行解析或阐释，而是更加习惯于用人类的观点去看问题，并且从中得出他们关注人类生存、发展、和平等问题的观点或结论。

（2）社会主义市场经济的发展促使大学生主体意识增强。

社会主义市场经济的建立和完善，已经深深地影响了人们积极性、主体性和创造性的发挥。市场经济是利益经济，市场经济的这种求利性或趋利性是对“重义轻利”传统价值观的冲击和否定，有助于转变人们的思想观念和思维方式，激发人们的主体性和能动性。市场经济是自主经济，自主机制是市场经济的重要机制。市场经济自主性的特质赋予了人们讲求等价交换、公平竞争的主体意识，加强了人们的风险意识、使命感和责任心，增强了人们的积极性、主动性和创造性。市场经济是竞争经济，竞争机制是市场经济的主要机制，要求人们必须具备全面的素质和较强的能力，促使人们日益重视自身的发展，促使人们不断增强发展意识。市场经济是自由经济，自由机制也是市场经济的机制之一。市场经济的自由性特点带给了人们在经营方面的主体性和人身自由，进一步强化了人们在全面的社会生活中的自由意识，人们越来越关注自己在政治生活、思想意识、社会活动等方面的自由和权力。

我国社会主义市场经济的发展不断强化着大学生的主体意识、自我意识、利益意识、自由意识、民主意识、责任意识、成长意识等都在加强。在这种情况下，大学生的学习认知活动不再满足于教师单方面的灌输、讲解，他们越来越希望通过自己的独立思考和判断来获得新知识、新观念，尤其是对传统的思想政治教育中价值观教育的内容，更强调要通过自己的独立判断来决定接受与否。于是，在思想政治教育过程中，大学生的参与意识越来越强，他们要求参与全部教学过程，希望有表达自己独立见解和与教师、同学进行讨论与争辩的机会。

（3）实践方式的变化促使大学生自我发展能力的培养。

随着科学技术的快速发展，人们的实践方式发生了很大的变化。在现实社会中，实践方式的变化主要表现为：一是科学技术的日新月异使智力因素在人类实践活动中所发挥的作用日益凸显，智力因素在人的综合素质中日渐占据主导地位，这就促使大学生日益重视自身能力的提高和全面素质的培养；二是电脑的普及和广泛应用使之日益成为人们实践活动的主导工具。这种主导性工具，大大改变了人们关于劳动、效率、价值、生活方式等观念。大学生同样也受到了深刻的影响和极大的冲击，他们不仅在获得知识、了解外部事物方面的能力明显增强，而且对思想政治理论教育的内容、水平、方式和途径等都提出了越来越高的要求；三是全球互联网的建立使实践活动日益具有“交往实践”的性质，实践越来越具有多极主体性、社会交往性、综合创新性等特点，于是大学生越来越关注师生之间或同学相互之间的交流与互动。实践方式的这些变化给大学生思想的健康成长所带来的影响是十分深刻的，重新认识自我、发展自我、创造自我、努力掌握知识、重视培养能力、重视提高全面素质等日益成为他们在求学、认知、自我发展的认识活动和实践活动过程中所关注的重点。

(4) 生活方式的多样化促使大学生丰富个性的要求强烈。

随着我国经济的发展,人们的工作、消费、出行、娱乐等方式都发生了明显的变化。由于电子信息技术和网络的发展,人们的工作方式日益进入了弹性工作日和家庭作业式的时代,这样的工作方式使人们有更多的时间和机会来安排自己个性化的生活方式,于是旅游、发展业余爱好、进修深造、开拓第二专业研究和第二就业领域等,都成为人们日常生活方式的内容;以信贷方式购置住房、汽车等大宗消费品使人们能够更早、更充分地拥有自己发展个性的空间和条件;旅游、传媒的发展大大开拓了人们的眼界、加快了人们知识更新的速度,这些无疑促使人们的个性发展的要求增强,而且个性的程度大大提高,内容也更加丰富多彩。生活方式的这些变化对大学生思想成长的影响同样是深刻的,大学生不屑于人云亦云地重复他人的观点,力图提出自己的独特见解;对任何问题都试图提出多样化的解释方式和解决方案;思想更加活跃、观念更新加快;自我实现的要求更加强烈,个性发展的模式更加多样化。

新时期思想政治和马克思主义理论教育的这些新特点,对高校思想政治理论课教学提出了更高的要求。

2. 新时期大学生接受马克思主义理论的认知特点

在高校思想政治理论课教学实践中,我们日益注意到新时期大学生在接受马克思主义理论教育时,存在着以下一些新认知特点:

(1) 以知识教育为依托实现价值观教育。

由于包括马克思主义基本原理在内的思想政治理论课程体系是真理体系、世界观方法论体系和价值观体系的统一,因此,思想政治理论课程教学从内容上看可以分为知识教育、能力教育和价值观教育等几个方面。从知识教育和能力教育的关系来看,由于价值观的树立是依赖于相关真理的,所以只有坚持以知识教育为依托,引导学生在学习知识的过程中自觉树立起正确的价值观,才能发挥思想政治理论课程的知识教育和价值观教育相统一的思想政治教育功能。这也是发挥思想政治教育主渠道作用的必然要求。

(2) 以能力培养促进科学价值观教育。

能力教育有助于学生在环境、条件变化了的情况下运用马克思主义基本原理的观点去分析和解决问题,自觉得出正确的价值观结论;能够使学生在复杂的情况下坚持正确的思想政治观点,因此,思想政治理论课教学必须把能力教育放在十分重要的地位上,自觉做到以能力培养促进正确价值观教育。

(3) 教育主客体互动和交替。

一方面,在教学过程中,教师必须充分发挥教学的主导作用,但同时也要努力调动教育客体的主观能动性,即调动学生作为学习和认知主体的主观能动性;另一方面,教师还必须与学生教学相长,既要做学生的教师也要做学生的学生,必要时向学生学习，这样才能促进教学水平和教学实效性的提高。

(4) 坚持主导价值观教育和鼓励个性发展相结合。

高校思想政治理论课必须坚持对学生进行正面的思想道德教育，这是显而易见的基本要求。但是，由于我们社会发展要求多样化的个性发展和多样化的人才类型，所以，我们在坚持正面的社会主导价值观教育的同时，也必须充分注意鼓励学生多样化的价值追求和个性化的发展模式，从而促进人才培养的多样性、丰富性。此外，新时期大学生在接受思想政治教育时的认知特点还包括更注意观点之间的比较和对照，要求有更加宽广的知识背景，要求更加贴近现实和具有更鲜明的针对性、更民主的学习气氛和更宽松的学习环境，与个人成长、发展的关系更直接。

(5)“两个课堂”和“两支队伍”相结合。

“两个课堂”相结合是指思想政治理论课的课堂教学小课堂与社会实践大课堂以及社会教育大课堂相结合；“两支队伍”相结合是指思想政治理论课教师队伍与班主任、辅导员、党团工作者队伍相结合。这样做是使理论教育紧密与社会实践、与现实相结合，从而提高思想政治理论课教学的现实感和针对性。

(6) 学校各教育环节相互配合、相互促进的系统运作。

由于思想政治教育是整个高校，甚至是整个社会的共同的事业，不是也不能由个别教学环节单独完成，因此，思想政治理论课的教学必须取得整个高校各个教学环节的支持和配合，才能取得较好成效。因此，高校的有关领导部门必须成为整个高校思想政治教育工作的真正有效的组织者、领导者和协调者，只有这样才能保证哲学课的教学成果得到巩固和发展。

上述新时期大学生思想道德成长的特点和大学生在接受马克思主义理论教育时的新认知特点，要求我们必须改变传统的思想道德和马克思主义理论教育的教学模式，以新的教育理念指导教学工作，必须实现思想政治理论课教学的重大改革。

三、实施高校思想政治理论课05新课程方案的背景

改革开放以来，特别是党的十三届四中全会以来，高校思想政治理论课教学取得了很大成绩，但面对新世纪新阶段的新变化、新情况，思想政治理论课还存在一些亟待解决的问题，需要进一步加强针对性和实效性。

实施新课程方案是当前形势下应对国际意识形态斗争的需要，是实现全面建设小康社会和中华民族伟大复兴的需要，是大学生健康成长的需要。中央高度重视思想政治理论课教材编写工作，把教材纳入马克思主义理论研究和建设工程中，作为工程的重点教材加以建设，这是中央加强和改进高校思想政治理论课的一项重大决策。经中央审定出版的教材具有科学性、权威性和严肃性。

与“98 方案”相比，“05 方案”的显著特征是实行了思想政治理论课全新的课程设置，课程体系和内容也以新的面貌出现。这一变化体现了党中央根据新时期思想政治理论发展的新特点以及大学生思想状况的新变化，是高校思想政治理论课在指导思想和观念上的创新。

这一创新立足于以下背景：

1. 马克思主义中国化的发展，要求把大学生马克思主义理论教育的重点转向当代中国的马克思主义

中国共产党领导中国人民革命和建设 80 多年的历史过程，就是马克思主义中国化的过程，在这一过程中产生的理论成果，就是中国化的马克思主义，即毛泽东思想、邓小平理论和“三个代表”重要思想以及以胡锦涛同志为总书记的党中央的最新理论发展成果。中国化的马克思主义，其实质就是坚持马克思主义的基本原理，从中国的国情出发，通过理论创新充分体现马克思主义与时俱进的理论品质，形成符合中国实际的马克思主义。实践证明，只有中国化的马克思主义才能指导中国革命和建设的实践，才能解决中国革命和建设的根本问题。因此，对当代大学生进行马克思主义理论教育，最重要的是进行当代中国化的马克思主义理论教育，因为只有立足于中国的实际，结合现实的改革和发展来学习马克思主义，才是活生生的马克思主义。根据这一指导思想，对原来的课程设置进行了调整，把“马克思主义哲学原理”和“马克思主义政治经济学原理”合为一门“马克思主义基本原理”，突出马克思主义理论的整体性和综合性，更有利于大学生从总体上把握马克思主义基本原理；把原来的“毛泽东思想概论”和“邓小平理论以及‘三个代表’重要思想概论”合为一门“毛泽东思想、邓小平理论和‘三个代表’重要思想概论”，更好地突出马克思主义中国化的三大理论成果，有助于大学生更完整地掌握中国化的马克思主义；把“思想道德修养”和“法律基础”合为一门“思想道德修养与法律基础”，把法治教育与道德教育有机地结合起来；增设一门“中国近现代史纲要”，突出国史、国情教育。课程设置的这一创新，从课程体系上理顺了马克思主义基本原理与中国化马克思主义的关系，使大学生既从源头上掌握马克思主义的基本原理，又立足于中国实际把握马克思主义中国化的三大理论成果，并在学分上体现突出中国化的马克思主义理论教育。同时，又把法治教育、道德教育、历史教育融合在一起，形成了一个结构合理、功能互补，能够体现时代特征的思想政治理论教育课程体系。

2. 新时期大学生思想状况的新变化，要求对课程设置进行整合，以增强教学的针对性

改革开放和社会主义市场经济的发展，使我国的经济社会发生了巨大的变化。大学生的思想状况也出现了许多新情况、新特点，思想意识呈现多样性和复杂性。思想政治理论课教育的目标是使大学生在这多元化的意识形态中把握正

确的世界观、人生观与价值观，确立马克思主义在意识形态中的指导地位。要实现这一目标，一个重要的渠道就是加强对大学生的思想理论教育，并能够有一个科学合理的课程体系。回顾高校思想政治理论课改革和发展的历程，每一时期的课程设置变化都是与当时思想理论教育的要求和大学生的思想实际紧密相连的。对当代大学生的思想政治理论课教育，目的是帮助他们掌握中国特色社会主义理论的科学体系和基本观点；掌握马克思主义的基本原理和世界观、方法论；了解国史国情，深刻认识历史和人民是怎样选择了社会主义道路，选择了中国共产党；树立体现中华民族优秀传统与时代精神的价值标准和行为规范，具有高尚的理想情操和养成良好的道德品质。为达到这一目的，需要在课程体系上进行创新，“05方案”就是课程体系创新的具体体现。

3. 高校教学改革的不断深化，要求形成一个必修课与选修课、理论教学与实践教学相结合的思想政治理论课教学体系

高校教学改革总的方向是加强素质教育，注重全面发展，为大学生的成才打下扎实的基础和提供良好的平台。思想政治理论课就其性质来说，是属于思想政治教育的课程，但它的功能具有双重性，既具有思想政治教育的功能，又具有人文、社会科学知识教育的功能，而这两方面又是相互渗透、相互交融的。坚持马克思主义的指导思想，是思想政治理论课的首要功能，是必须突出的思想性。马克思主义又是一门科学，作为科学它是通过社会科学的各门学科来支撑的。同时，马克思主义作为科学又是在实践中得到检验的，因而思想政治理论课的教育又离不开社会实践。新的课程方案着眼于教学改革的基本方向，对思想政治理论课的设置作出了创新性的改革，适当减少了必修课的数量，为开设人文、社会科学的选修提供了空间，并把社会实践的内容包含在课程中。因此，新的课程设置较好地把思想政治理论课的思想教育功能、人文社会科学知识教育功能和社会实践环节有机结合起来，成为与高校教学改革同步配套的一个组成部分。

“05 方案”与“98 方案”相比，在课程设置和教学内容上都有了较大的变化。如何适应这一变化，提高教育的有效性，这对于我们从事思想政治理论课教育的教师来说，既是一个挑战，也是一个机遇，面对新的形势和新的任务，重要的是必须在思想上确立创新的理念，通过全面创新，开创思想政治理论课教育的新局面。

第二节　探索高校思想政治理论课建设的规律性

全面实施好新一轮高校思想政治理论课程改革，思想政治理论课建设研究的根本任务就是要深入探索和揭示其规律性。深入探索和把握高校思想政治理论课建设的规律性，是进一步加强和推进高校思想政治理论课建设，提高高校思想

政治理论课教学的实效性，充分发挥大学生思想政治教育主渠道作用的迫切需要。

高校思想政治理论课建设的规律性主要体现为马克思主义理论体系转化为高校思想政治理论课课程体系的规律性；高校思想政治理论课课程体系转化为高校思想政治理论课教学体系的规律性；高校思想政治理论课教学体系转化为大学生思想道德素质和综合素质体系的规律性。

一、探索理论体系转化为课程体系的规律性

首先是着力探索马克思主义的理论体系转化为高校思想政治理论课课程体系的规律性问题。

1. 思想政治理论课程教学以马克思主义理论体系为直接认识对象

马克思主义的理论体系是一个科学的体系，是马克思主义者对自然界和人类社会客观发展规律进行研究和探索的科学研究成果的系统集成。高校思想政治理论课课程建设面临的首要任务，就是把马克思主义的科学理论体系转化为科学的课程体系。这种转化的实质，就是通过科学设计和合理设置高校思想政治理论课程体系，优化马克思主义理论教育和思想道德教育的课程结构，建构合理的马克思主义理论与社会主义思想道德的知识结构体系。马克思主义理论体系和高校思想政治理论课程体系都是以科学认识客观规律为主要内容，所不同的是，马克思主义理论体系侧重于系统探索和揭示自然界和人类社会发展的客观规律、社会主义社会发展的规律和人的全面发展的规律；高校思想政治理论课程体系侧重于系统认识和掌握自然界和人类社会发展的客观规律、社会主义社会发展的规律和人的全面发展的规律。高校思想政治理论课教学以马克思主义理论体系为直接认识对象，以自然界和人类社会发展规律、社会主义社会发展规律和人的全面发展规律为最终认识对象。高校思想政治理论课程体系建立和设置的根本目的，是通过学习和掌握马克思主义理论体系的科学成果来最终认识和掌握自然界和人类社会发展的客观规律、社会主义社会发展的规律和人的全面发展的规律，并运用这一规律来改造自然界和人类社会，促进人的全面发展和社会的全面进步。因此，在马克思主义理论体系向高校思想政治理论课程体系科学转化的过程中，要重点反映和传播马克思主义关于自然界和人类社会发展的规律、社会主义社会发展的规律和人的全面发展规律的科学研究成果，并以马克思主义关于人类社会发展规律的科学理论为基础，以马克思主义关于社会主义社会特别是中国特色社会主义发展规律的科学理论为重点，以马克思主义关于人的全面发展规律的科学理论为落脚点，形成科学的高校思想政治理论课程体系。

2. 转化的思想政治理论课程体系要充分反映马克思主义理论体系

马克思主义理论体系是一个整体的体系，它既包括对自然界的整体的、综合

的研究成果，又包括对社会的整体的、综合的研究成果，还包括对人的整体的、综合的研究成果。马克思主义的理论研究包括经济、政治、文化等各个方面，马克思主义哲学、政治经济学、科学社会主义、人的全面发展理论等都是马克思主义科学理论体系整体的重要组成部分，这些不同组成部分之间既相互区别、又相互联系，既各有特色、又融为一体。因此，在高校思想政治理论课程设计和设置中，要着力促进马克思主义理论体系向高校思想政治理论课程体系的整体转化。要把马克思主义科学理论成果作为系统的整体的课程教育体系来设计，既要体现各门课程的相对独立性，以便通过分门别类的学习和研究，深刻理解和掌握马克思主义关于经济、政治、文化、社会及人的发展等方面的重要理论；更要体现各门课程之间的相互联系，以便通过各门课程的综合学习和研究，深刻理解和把握马克思主义关于经济、政治、文化、社会及人的发展各个方面重要原理的内在联系，从整体上把握马克思主义科学理论体系的真理性。在马克思主义理论体系向高校思想政治理论课程体系转化的过程中，要坚持把高校思想政治理论课程体系看作是一个有机的整体，把它看作是马克思主义科学理论体系的整体再现，使高校思想政治理论课程体系既能够充分反映马克思主义的科学理论体系，又有利于建构合理的思想政治理论的知识结构体系。

3. 思想政治理论课程体系要体现马克思主义发展的最新理论成果

马克思主义的理论体系是一个发展的体系，它随着时代的进步而不断丰富和发展。从马克思主义理论发展的历史来看，马克思主义理论是一个开放的体系。马克思主义并没有结束科学理论的发展，而是开辟了科学理论发展的新的道路。马克思主义在发展的历史长河中，经历了不同的发展阶段，形成了不同发展阶段的理论研究成果，每一历史发展阶段的新的理论成果，都为马克思主义的理论宝库增添了新的内容，赋予了马克思主义科学理论体系新的生命力。马克思列宁主义、毛泽东思想、邓小平理论和“三个代表”重要思想就是反映了不同历史时期鲜明时代特色的马克思主义的重大理论成果。它们既与时俱进，又一脉相承，充分展现了马克思主义理论体系是一个不断发展的科学理论体系。在高校思想政治理论课程设计和设置中，要着力促进马克思主义理论体系向高校思想政治理论课程体系的动态转化。高校思想政治理论课程设置要充分反映马克思主义理论与时俱进的特点，既要加强马克思恩格斯创立的马克思主义基本原理的教育，又要加强马克思主义在国际共产主义运动以及中国社会主义革命和建设实践中应用成果的教育，把发展着的马克思主义纳入高校思想政治理论课程体系，丰富高校思想政治理论课程教学内容，坚持用一脉相承又与时俱进的马克思主义教育青年大学生，使青年学生既了解马克思主义的发展历史，又了解马克思主义理论发展的最新成果，教育和引导学生在坚定马克思主义信仰的同时，注重运用马克思主义的最新理论成果，回答实践提出的新问题，不断提高运用马克思主义科学理论和方法分析和回答现实问题的能力。

根据上述特点和要求，在高校思想政治理论课程建设过程中，要把高校思想政治理论课程体系的设置作为一个重点，总结高校思想政治理论课程方案设置和调整的经验教训，探索高校思想政治理论课程体系完善的规律，揭示高校思想政治理论课程体系与马克思主义理论体系之间的本质联系，坚持用是否科学反映马克思主义的理论体系作为衡量高校思想政治理论课程体系设置合理与否的根本标准，并依据这一标准，促进马克思主义理论体系向高校思想政治理论课程体系的科学转化、整体转化和动态转化，进一步完善现有的高校思想政治理论课程体系，不断提高高校思想政治理论课程体系设置方案的科学性、合理性和有效性。

二、探索课程体系转化为教学体系的规律性

深入开展高校思想政治理论课程建设研究，探索高校思想政治理论课建设的规律性，还要着力探索高校思想政治理论课课程体系转化为教学体系的规律性问题。

1. 转化的实质是促进高校思想政治理论课程体系和培养方案的实施

高校思想政治理论课教学体系是思想政治理论课程教学要素的有机结合和系统集成。高校思想政治理论课程体系转化为教学体系，实质上是把思想政治理论的知识结构体系转化为思想政治理论课程的教育结构体系，通过科学的教学体系来促进高校思想政治理论课程体系和培养方案的实施。

在高校思想政治理论课程教学体系建设中，要着力促进高校思想政治理论课程体系向教学体系的全面转化。随着高校思想政治理论课 05 新课程方案的实施，高校思想政治理论课程体系有了很大的调整，每一门课程的内容体系也有了很大的变化。高校思想政治理论课程建设面临的一个突出问题，就是现有的教学体系难以适应新的课程体系。实现高校思想政治理论课程体系向教学体系的转化，使思想政治理论课教学体系更好地服务于新课程方案的实施，是新时期高校思想政治理论课程建设面临的重大任务。在课程体系向教学体系转化的过程中，要注重转化的全面性，使高校思想政治理论课教学体系的每一要素都能更好地适应新的课程体系及其实施的需要。

2. 教学体系的要素

高校思想政治理论课教学体系的要素包括教师、教材、学生、教学手段、教学设施等，把高校思想政治理论课程体系转化为教学体系涉及高校思想政治理论课教师队伍建设、教材建设、学生学习问题以及教学设施、教学环境问题等。其中，高校思想政治理论课教师队伍建设问题是高校思想政治理论课程体系向教学体系转化的首要问题。从高校思想政治理论课程建设的历史发展和现实状况来看，影响高校思想政治理论课程教学效果的一个重要因素，就是教师本身的政治理论

水平、思想道德素质和业务素质状况。据有关方面对高校思想政治理论课教师队伍建设现状的调查结果表明，教师队伍的整体素质是好的，但某些高校教师的知识能力结构、学位学历状况以及思想政治状况和工作状态离新世纪新阶段的思想政治理论课程改革和发展的要求还有一定距离。如何对高校思想政治理论课教师进行选拔、培训，使其能够更好地适应新的思想政治理论课程建设的要求，较好地把新的高校思想政治理论课程体系转化为教学体系，是课程建设中的难点。教材建设问题也是高校思想政治理论课程体系向教学体系转化的一个重要问题。教材是知识的载体，每一门高校思想政治理论课程的教材，都是这门课程知识内容的系统展现。如果说课程体系涉及全部高校思想政治理论课程知识结构的建构的话，那么，每一门高校思想政治理论课程的建设，则涉及该门课程的知识体系和知识结构的建构。高校思想政治理论课程教材建设，既要着眼于从宏观上整体建构高校思想政治理论课程的知识结构，又要着力于从微观上具体建构每门课程的知识体系。教材实质上是知识内容体系的再现，因此在高校思想政治理论课程建设中，如何建设以科学合理的知识体系为基础的高质量的教材，也是高校思想政治理论课程建设中需要探讨的一个重点问题。除此之外，高校思想政治理论课程体系向教学体系的转化还要注意解决好学生学习、教学手段与教学设施等问题。只有注重教学要素的全面转化，才能使教学体系更好地适应和服务于高校思想政治理论新课程体系的建设。

3. 注重教学要素的有机结合和整体优化

高校思想政治理论课程体系向教学体系的转化，不仅要注重教师、教材、学生、教学手段、教学设施等教学要素的转化和优化问题，更要注重这些教学要素的有机结合和整体优化问题，通过结构转化来实现整体优化。要分析把握每一教学要素的特点，采取有效的方式把这些教学要素结合成一个密切联系、结构合理、优势互补、整体优化的教学体系，提高教学体系运行的整体效应。在这一结构转化过程中，要发挥教师这一首要教学要素的主导作用。在教学各要素组成的教学体系结构中，教师处于主导地位，对其他教学要素的配置和运行发挥着决定性的作用。无论是教材的编写、教学内容的更新、教学方法与手段的创新、学生学习积极性、主动性与创造性的调动还是教学氛围与环境的营造，都离不开教师的主导作用。因此，要充分发挥教师在教学体系结构中的主导作用，促进课程体系向教学体系的结构性转化，使教学体系结构能更好地适应课程体系结构的需要，从根本上提高高校思想政治理论课教学的整体效果。

4. 分层次转化

在高校思想政治理论课教学体系建设中，要着力促进高校思想政治理论课程体系向教学体系的层次转化。高校思想政治理论课程体系向教学体系的转化，并不是整齐划一的，而是分层次、有步骤进行的。不仅课程体系向教学体系每一要素的转化要在整体规划的前提下逐步实施，分层次有步骤地转化，如在高校思想政治理论课程体系向教学体系的转化过程中，首先要通过课程体系向教学体系中教师教学要素的转化来实现向其他教学要素的转化，就是课程体系向教学体系中同一教学要素的转化也要分层次、有步骤地进行，如课程体系向教学体系中教师教学要素的转化，往往也是首先通过向骨干教师的转化再逐步向普通教师转化。新的课程体系的整体建构、理解和把握，每一门课程的知识体系的建构和把握，都是首先通过骨干教师来完成的。要使普通教师能够尽快地适应高校思想政治理论课的课程体系结构和每门课程的知识体系结构，能够胜任新课程方案及新教材的教学工作，必须有效地实现广大教师的知识结构转换。而这一工作也必须通过骨干教师知识结构的带头转换来带动普通教师的知识结构转换。转换的基本方式，就是先通过骨干教师的学习、研究和培训，再通过他们对普通教师进行培训，逐步推进教师知识结构的转换，确保高校思想政治理论课新课程方案的顺利实施。

因此，在高校思想政治理论课程建设中，要深入探讨把高校思想政治理论课程体系转化为教学体系的客观规律，着力促进高校思想政治理论课程体系向教学体系的全面转化、结构转化和层次转化，不断提高高校思想政治理论课程体系转化为教学体系的能力。

三、探索教学体系转化为素质体系的规律性

深入开展高校思想政治理论课程建设研究，还需要深入探索把高校思想政治理论课教学体系转化为大学生的思想政治素质及综合素质体系的规律性问题。

1．转化的实质是知识向素质的转化

高校思想政治理论课教学体系是以教学内容为核心的体系，把高校思想政治理论课教学体系转化为大学生的思想道德素质和综合素质体系，最重要的就是要把教学内容转化为大学生的思想道德素质和综合素质。这一转化的实质，是教学知识内容向学生综合素质的转化，是知识向素质的转化。在这一转化过程中，要着力推进高校思想政治理论课教学体系向素质体系的重点转化。无论是教材的编写、教师的传授、学生的学习、教学手段的运用、教学氛围的营造，都要以教学知识内容向学生思想道德素质和综合素质的转化为重点。

2．坚持以教学内容为核心优化教学体系

在高校思想政治理论课的教学中，要注重加强对教师、学生、教材、教学手段、教学环境同教学内容关系的研究，坚持以教学内容为核心优化教学体系，探索运用各种教学要素把教学内容有效转化为学生思想道德素质和综合素质的规律，不断提高实现这一转化的能力。要以这一探索为基础，不断增强教学的针对性、科学性和有效性。增强教学的针对性，就是要加强对当代高校大学生的思想特点及

影响因素的分析，把握大学生思想发展变化的基本脉络和现实状况，了解大学生存在的主要思想问题和理论困惑，从高校大学生的思想实际出发，有针对性地开展教学活动，不断更新教学内容，使教学内容能更好地反映大学生的思想实际，解答大学生的思想问题和理论困惑。增强教学的科学性，就是要把马克思主义理论作为一个整体来进行系统、深入的理解和把握，在教学内容上，注重引导学生完整、准确、科学地理解和把握马克思主义的科学理论，防止对马克思主义理论零碎的、片面的、肤浅的理解，防止用个别结论代替或否定马克思主义的基本原理，防止用个别现象否定马克思主义的普遍真理。增强教学的有效性，就是要运用科学的方法来讲授科学的内容，去粗取精、去伪存真、由此及彼、由表及里，引导学生着重掌握马克思主义的科学世界观和方法论，提高运用马克思主义的科学世界观和方法论分析解决实际问题的能力，在解决思想问题和实际问题的过程中不断加深对马克思主义理论的理解，从而牢固树立坚定正确的理想信念。

根据思想政治理论课教学目标的要求和学生思想实际、学科体系、课程结构的科学性要求，学生接受特点、学习心理和认知规律，以学生成长、成才需要接受的思想政治教育内容为主体，以理想信念教育为核心，以爱国主义教育为重点，以基本道德规范为基础，构建结构合理、功能互补、相对稳定的教学内容体系。

3. 坚持以学生为主体，实行主体转化

高校思想政治理论课教学体系转化为大学生的思想道德素质和综合素质体系，还必须坚持以学生为主体，实行主体转化。高校思想政治理论课作为大学生思想政治教育的主渠道，最终目的是为了满足大学生思想道德发展及全面发展的需要。开展高校思想政治理论课教学，不仅要以提高大学生的思想道德素质、促进大学生的全面发展作为出发点和落脚点，而且目的是要把大学生作为提高思想道德素质、实现全面发展的主体。为此，在高校思想政治理论课教学过程中，要把教师的主导作用与学生的主体作用结合起来，充分调动大学生学习的积极性、主动性和创造性，使大学生成为主动学习科学理论知识，提高思想道德素质和综合素质的主体。高校思想政治理论课与一般专业课最大的不同，就在于它是以改造人的主观世界，提高人的思想道德素质，促进人的全面发展作为根本目的的课程。因此，高校思想政治理论课教学不仅要引导大学生学习掌握马克思主义理论的科学知识，更要引导大学生把马克思主义理论的科学知识作为正确的世界观、人生观、价值观内化为自身的思想道德素质，外化为自身良好的社会行为习惯。因此，在高校思想政治理论课教学研究中，要注重加强对理论教学和实践教学、第一课堂和第二课堂、内化和外化关系的研究，教育和引导大学生注重把马克思主义科学的世界观、人生观、价值观和方法论内化为自身的思想道德素质，外化为自身的行为和行为习惯，积极投身社会实践活动，在改造主观世界的过程中注重改造客观世界，在改造客观世界的过程中进一步改造自己的主观世界。

因此，在高校思想政治理论课建设中，要深入探讨把高校思想政治理论课教学体系转化为素质体系的客观规律，着力促进高校思想政治理论课教学体系向素质体系的重点转化和主体转化，不断提高把高校思想政治理论课教学体系转化为大学生的思想道德素质和综合素质体系的能力。

第三节　正确处理高校思想政治理论课教学中的几个关系

思想政治理论课的教学过程与世界上任何事物的发展过程一样，也包含着许多复杂的矛盾。这些矛盾相互交织，共同推动着思想政治理论课教学的改革和发展。新一轮思想政治理论课的教学改革是否有较大的成效在于我们能否准确认识和把握教学过程中的各种矛盾，正确处理好思想政治理论教学过程中的各种关系。深入探讨这些矛盾，有利于加深对思想政治理论课教学过程本质的认识，从而自觉地推动思想政治理论课的改革和建设。

一、从教师与学生的辩证关系来看，要正确处理好主导与主体的关系

高校思想政治理论课的教学过程是教师按国家规定的课程目标，有目的、有计划地指导青年大学生学习和掌握马克思主义基本理论及其在中国的实践与发展的规律，学习和掌握社会主义道德规范和法律规范，提高思想政治觉悟和道德品质，形成科学的人生观和世界观，提高整体素质，成为全面发展的人的过程。这是一个复杂的矛盾运动过程。其中的主要矛盾是什么呢？是学生的思想道德素质的实际水平与教育者所要完成的思想道德教育要求之间的矛盾，简言之，也就是要求与现实之间的矛盾。思想政治理论课的整个教学过程都是围绕着培养全面发展的人而展开的。思想政治理论课教学过程的性质和特殊性既是由思想政治理论课的课程性质、地位和任务决定的，又是由大学生思想品德的形成规律决定的。因此，它既是使学生掌握知识、培养能力、提高觉悟三者相统一的过程，又是使学生提高思想认识、培养道德情感、坚定正确政治信念、锻炼良好意志品质、不断身体力行诸环节相统一的过程。在教学过程中，教师与学生的矛盾既对立又统一，构成了教为主导与学为主体的相互关系。

1. 教师是思想政治理论课教学的主导

在思想政治理论课教学过程中，教师作为教育者，起着主导的作用。所谓主导，是指它处于教与学矛盾统一体中的主要矛盾方面，在整个教学过程的发展方向和教学活动的组织实施中起着引导支配作用。无论是解决“知”与“不知”的矛盾，还是解决“信”与“疑”以及“知”与“行”的矛盾，教师都处于主导地位，起着主导

的作用。(1) 教师因受过专业理论和教育理论的训练而具有组织教学的知识准备和能力素养。也就是说,教师的教是以自己的学为起点的,先学而后教。教师在整个教学过程中,先熟悉教学大纲和教材内容,然后根据教学要求,采取一定的教学形式和方法组织好教学活动。教师在整个教学过程中起着组织者和领导者的作用,决定了其主导地位。(2) 如果教师对马克思主义是坚信不疑的,那么,教师在教学过程中就会理直气壮,以自己的才学充分显示本学科真理性的魅力;如果教师本人对社会主义的前途信心不足,那么,在教学过程中必然理不直、气不壮,言不由衷,甚至对马克思主义轻描淡写或避而不谈,却大讲特讲社会意识多元化,而学生也势必如坠五里雾中,不知所云,无所适从。这样下去,不但思想政治理论课教学的目的不能达到,还会产生种种不良的效果。唯有教师本人的信仰是坚定的,才能以马克思主义的立场、观点和方法引导学生透过现象看本质,看事物发展的规律,从而信服马克思主义。(3) 只有教师身体力行,学生才能仿效而行之。

正因为教师在思想政治理论课教学过程中居于主导地位,教师的理想信念、道德情操、人格魅力直接影响到学生思想政治素质的养成。思想政治理论课是科学性与政治性的统一。要求教师有扎实的理论和学术水平,要具有对教学方法和规律的深刻把握,不断提高科研能力和教学水平。教师应精通自己的专业,有广博的知识结构,并努力使教学反映相关学科的学术前沿问题,力求从研究的层面上讲授教学内容,掌握教学艺术,增强教学的科学性和吸引力。

2. 学生是思想政治理论课学习的主体

高校思想政治理论的教学过程既是教师"教"的过程,又是学生"学"的过程。在"教"与"学"的矛盾中,"教"居于主导地位,"学"处于被动的、次要位置。然而,不管教师在教学过程中的地位和作用有多么重要,教师都无论如何不可能也不应该代替学生进行学习活动。教学对象——青年大学生的主体地位和作用都是不能忽视、不应该忽视的。大学生固然是受教育的对象、接受者,但他们绝不是消极被动的"接受器",他们是活生生的、有思想、有个性的人,教师不可能将知识硬塞进学生的头脑中去,更不可能迫使其在不理解、不确信的情况下会自觉地从事某种行为。就学习过程而言,学生是内因,教师是外因,外因要通过内因起作用。因此,学生的主体性表现非常重要。思想政治理论课教师一定要树立学生是学习主体的观念,一定要在调动和发挥学生学习的主动性和积极性上多下功夫。那种"目中无人",漠视学生的主体作用,在课堂上一味照读讲稿的刻板做法显然是不能再持续下去了。

青年大学生之所以是教学过程中学习的主体,是因为:(1) 要学懂马克思主义基本理论,青年大学生要有学习的主动性和积极性。学生学习书本首先要经历感知教材和理解教材的阶段。要感知教材,就要主动联系已有的知识和经历,通过回忆和对比，建立联想，在头脑中形成清晰的印象。要理解教材，就要学生开动脑筋，透过现象深入本质，通过分析综合真正搞清概念的内涵、外延和基本原理的精神实质。所有这些，都表明学习活动是一种复杂的脑力劳动，需要有敏锐的观察力，又需要严密的思考。这一切，离开了学生的积极探索精神，当然是不行的。(2) 要使学生相信马克思主义理论的真理性，也离不开学生的主体作用。信仰是一种强烈的自我意识，任何外加的强制都是无济于事的。有些学生对马克思主义基本观点表示一定程度"怀疑"或"不信"也是不奇怪的，这除了客观的社会原因外，从主观方面讲，是因为年龄、知识水平、社会阅历等因素的制约，使青年学生的思想方法容易带有片面性、表面性，往往以偏概全、以点代面，因而对复杂的社会现象不易分析清楚，看到的往往只是理论与现实之间的种种矛盾。教师只有通过引导学生自愿地、主动地去思考、分析、比较，才可能使学生消除思想上的疑惑，解开认识上的疙瘩，逐渐建立起正确的信念。学生通过自己的深思熟虑建立起来的信念，才能经得起考验，不容易推翻。(3) 要使青年大学生在懂与信的基础上，运用马克思主义基本原理认识世界，成为自己行动的指南，更少不了青年大学生的积极性。"行"是知识、觉悟、信念、意志等要素的复合体，学生将知识转化为行动，这是任何教师的主导作用也代替不了的。

总之，正确处理好教师与学生这对关系，就是要准确认识和把握教师和学生在整个教学过程中的地位、作用，充分发挥教为主导和学为主体两个积极性，只有教师"导"好，学生才可能学好，教师因势利导，就是要因学生之势而导，这样才能导得有效。

二、从学生的全面发展来看，要正确处理好智力因素发展和非智力因素培养的关系

思想政治理论课教学活动的最终目的，是通过对马克思主义基本理论的传授，形成大学生较高的政治觉悟和良好的思想品德。从心理学的角度看，政治觉悟和思想品德是由道德认识、道德情感、政治信念、道德意志和道德行为等五种要素所构成，即人们常说的知、情、信、意、行。

在教学过程中，应使学生的这五要素得到统一的培养和发展，也就是使学生智力因素与非智力因素得到均衡的发展和培养。所谓"知"，即思想道德认识，包括知识和智力的因素。它既是指大学生对有关马克思主义基本原理、中国革命与建设的理论和实践及社会主义道德规范、法律规范的进一步认知；又是指在此基础上形成的思想观念。大学生良好的思想道德品质的形成，离不开正确思想道德认识的形成。因此，正确获知是整个思想政治理论课教学过程的开端和原点，是由知到行转化的初始环节。所谓"情"，即道德情感，是指大学生根据一定的思想政治观念和道德标准评价自己或别人的思想、道德行为时所产生的情绪体验，即

人们在真伪、是非、善恶面前所具有的爱憎、好恶等发自内心而外化为态度的情绪体验。它是一种巨大的精神力量，是形成学生良好的思想道德素质的一个必不可少的非智力因素。例如，通过组织学生参观“虎门销烟纪念馆”、“八一南昌起义纪念馆”、“红军长征纪念馆”或“中国历史博物馆”的相关展览，使学生心灵受到巨大的震撼，从而进一步感受到革命胜利的来之不易及中华民族伟大的凝聚力和向心力，从而产生为中华之崛起而读书的激情。所谓“信”，即信念或信仰，是指大学生在对革命理论有了较深刻的认识并对其产生了强烈的情感后，对这种理论的真理性所表现出来的一种确信不移的态度。它是知与情的“合金”，是形成世界观的基础，是产生意志的前提，是认识转化为行为的支柱。思想政治理论课教学必须培养大学生对马克思主义的坚定信仰，具有高度发达的社会主义必然代替资本主义的必胜信念，决心在中国共产党的领导下为实现共同理想和最高理想而奋斗。所谓“意”，即意志品质，是指在一定信念的支配下，为实现既定的目标，而在行为过程中克服内心障碍和外部困难所持续作出的自觉的努力。在信念产生之后，能否将它持久地化为一种行动，变成一种习惯，意志起着决定性的作用。思想政治理论课教学就是要培养学生具有为建设祖国、诚心诚意为人民服务而勇于克服各种困难的决心和毅力。所谓“行”，即政治行为和思想道德行为，是把认识和信仰付诸实践。它是指学生在一定的政治认识、道德信念、思想情感和意志品质的指导和支配下对他人对社会所作出的行为反应，是一个人道德品质的外部表现。思想道德行为包括行为方式、行为习惯和行为的意志表现。思想政治理论课教学的一个目的就是使学生养成良好的行为习惯。学生是否养成了良好的行为习惯，既是衡量学生思想品德和政治觉悟的重要标志，更是衡量思想政治理论课教学的一个重要指标。

知、情、信、意、行，是德育过程中的五个基本要素，它们紧密联系、相互制约、相互促进。在这个过程中，“知”是起点，是基础。没有马克思主义基本原理、中国革命与建设的实践与理论、社会主义道德规范和法律规范作为认识的基础，正确的世界观、人生观、道德观和法制观就不能形成；没有这一认识基础，情感、信念、意志和行动就失去了根基，就无以依托。“行”则是转化的归宿，是教育的终极目标。只有青年学生自觉地将他所获得的正确的世界观、人生观、道德观和法制观付诸行动，并形成良好的行为习惯时，思想政治理论课教学才算真正达到了预期的目的。同时，青年学生通过自己的行动，能加深认识，增强情感，坚定信仰，锻炼意志，并进一步推动新的行动，如此循环往复，达到人生较高的境界。而在知行统一的过程中，“信”是核心和主导，“情”、“意”是起着重要的中介作用的桥梁。当青年学生对某种思想政治倾向或道德倾向产生了共鸣，有了强烈的爱憎时，就会产生一种强大的力量，推动他们对事物采取追求或唾弃、赞成或反对、适应或改造的行动。作为一种为了达到某种目的而支配自己的行为并锲而不舍的心理活动，坚强的意志可以克服一切困难和障碍,坚持履行正确的思想政治观点和道德规范,促使从“知”到“行”的最终完成。正是因为思想政治理论课教书育人过程中的这种丰富性和复杂性,才使它较之专业课具有更大的挑战性和无穷的魅力。在教学过程中,思想政治理论课教师只有对学生晓之以理、动之以情、笃之以信、炼之以意、导之以行,把知、情、意、信、行的培养统一于教学的全过程,才能很好地完成艰巨的教学任务。

三、从课程目标的全面实现来看,要正确处理好知识、能力、思想品德和行为的关系

思想政治理论课既要教书,更要育人,这是它总的课程目标。对这一总目标,可分解为理论性的、能力性的、思想品德性的和行为性的四个分目标。

1. 知识性课程目标

这一目标主要是解决对思想政治理论课的“知”的问题。思想政治理论课教书育人的首要任务是向青年大学生传授马克思主义的基本理论及其在中国实践的基本知识。知识是认知活动的产物,是对事物的属性和联系的认识,表现为知觉、表象、概念、原理和法则等思维和心理形式,主要是由一系列的基本概念、原理构成的。根据青年大学生认知活动的顺序和水平,可以把思想政治理论课教书育人的知识性课程目标分为由低到高的四个基本层次:了解基本事实、掌握基本概念、掌握基本原理、掌握学科的知识结构。知识结构是一门学科领域内的事实、概念、观点、原理等各方面内容的组合方式。掌握知识结构的课程目标,反映了知识系统化和教学系统化的要求。它是知识教学的终结性目标。

2. 能力性课程目标

培养学生思维能力、反思能力、道德自我教育能力是思想政治理论课教书育人的另一个重要课程目标。能力是人们认识和处理问题的本领。它是人们完成某项任务或进行某种活动的主观条件。能力的培养要以一定的知识教学为基础,同时能力的提高又强化了对知识的学习和把握。培养青年大学生具有运用马克思主义基本理论的立场、观点、方法认识和解决问题的能力,是高校马克思主义理论课能力教学的总体目标。在对思想政治理论课的学习中,大学生所要解决的具体问题主要有三个:第一,思想政治理论课知识的认知问题;第二,与思想政治理论课学习内容有关的社会现实问题;第三,个人思想品德发展问题。这些问题的逐步认识和解决,是思想政治理论课教书育人的重要标志。尽管认识和解决这些问题需要一定的时间和有关的特殊能力,但是无论何种能力都是由一些共同的基本能力要素所构成的。根据这些能力要素的水平可以判断能力的发展状况。

3. 思想品德性课程目标

培养学生具有较高的思想政治觉悟和道德品质是高校思想政治理论课教书

育人的根本课程目标。这一目标集中体现了思想政治理论课课程的德育性质。它在课程目标体系中居于核心地位，起着主导作用。思想品德性教学可分为由低到高逐步发展的四个层次：愿意接受、产生兴趣、忠实信仰、立下志向。远大理想的树立，标志着科学人生观和世界观的基本确立，体现了高度的思想政治觉悟和高尚的道德品质的逐步形成和完善，也反映了社会价值标准的内化和个体道德社会化过程的基本完成。

4. 行为性课程目标

思想政治理论课是否达到了教书育人的课程目标，最终是要体现在青年大学生的日常行为当中的。行为是人的有目的有意识的活动，是人的思想品德的外在表现。行为性课程目标可分为由低到高的四个层次，即遵从性行为、模仿性行为、习惯性行为和自觉性行为。高校思想政治理论课的教学任务可以概括为：传授知识，培养能力，提高觉悟，强化良好行为。其中，传授知识是基础，培养能力是关键，提高觉悟是方向，强化良好行为是载体。四者是相互联系，相互促进，相辅相成，不可分割地构成教学任务的四大方面。

第四节　以创新精神推进思想政治理论课的新方案改革

如何有效地推进高校思想政治理论课程新方案的实施，是摆在广大思想政治理论课教师面前的新课题。面对这一新的任务，广大教师作为实施这一新方案的主体，应该以创新的理念、积极的态度全力投入新课程的改革和建设。

一、创新教学观念，体现教学时代性

“05 方案”以创新的课程体系反映了思想政治理论课的时代特征和教学总体要求，贯彻落实“05 方案”首先必须在教学观念上进行创新，使教学的理念和新时期思想政治理论课教育的时代特征和课程要求相适应。具体地说，教学观念的创新应体现在以下两个方面：

1. 树立引导性教育的观念

思想政治理论课教育的目标和主要功能是对大学生进行比较系统的马克思主义理论和思想政治教育，使他们能够树立正确的世界观、人生观与价值观。在新的历史条件下，如何实现和充分发挥思想政治理论课教育的这一目标和功能，作为教师在观念上要有一个正确定位。面对经济、社会、文化、人的思想观念都发生了重大变化的现实，思想政治理论课教学也必须突破传统的观念，树立引导性教育的理念来指导教学。

(1) 思想政治理论课教育的特点决定了采取引导性教育更具有效性。

从学生的角度来看,思想政治教育的有效性如何,与其是被动地接受教育还是主动地接受教育有着密切的关系。当学生还没有认可某一理论和思想时,如果采取灌输性的教育,往往会使他们产生一种逆反心理,这种逆反心理的存在,会对要接受的理论产生一种排斥,从而将直接影响教学的效果。这就需要教育者首先树立正确的教学观念,以引导性教育的观念来实施思想政治理论课的教学。

确立引导性教育的观念,就是要把握思想政治理论课教育的特点,遵循其规律。由于当代大学生社会经历较少,从他们自身来说,对马克思主义理论的认同是缺乏良好基础的,再加上一些社会思潮的影响,更是造成了他们在理论认同上的无所适从。因此,思想政治理论课教育首先要通过教育者的努力,引导学生去认同这一理论,而不是简单地采取灌输的办法。转变教育观念,不采取简单的灌输性教育,并不违背思想政治理论课教育的性质,更不是放弃教育,而是从思想政治理论课教育的特点出发,更好地、更有效地进行教育,即把引导学生对马克思主义理论的认同作为教学基本出发点,把教师首先看作是一个引导者。通过这一观念的转变以及教学方式的转变,消除学生对马克思主义理论课程的逆反心理和排斥现象,这就在客观上提高了教学的有效性。

(2) 当今社会思想的多元化决定了采取引导性教育能够帮助大学生作出正确的选择。

由于多种经济成分的存在、生活方式的多样化和社会利益群体的差异,必然导致思想、文化、观念、理论的多元化。大学生作为思想最活跃的社会群体,也一定会受到这种多元化的影响。从整个社会来说,要使这种多元化变为一元化是不现实的,同样要使大学生不受这种多元化的影响也是不现实的。引导性教育是以承认多元化意识形态的存在为前提,在坚持思想政治理论课教育明确导向的基础上,通过正确的引导使大学生在多元化意识形态存在的前提下,指导思想上选择马克思主义理论。这也是思想政治理论课教育的主要功能和任务。

2. 树立问题式教学的观念

贯彻落实"05 方案"要解决的一个基本问题是如何把实施新的课程设置落实到提高教学效果上。提高教学效果,从根本上说,就是要把教学出发点真正转向学生,从学生的思想实际和理论需求出发,而不是从书本、从理论体系和概念出发。在观念上要实现的转变是强化问题意识,淡化体系意识。"05 方案"根据新形势下高校思想政治理论课教育的特点和新的要求,提出的课程设置导向是把原来细分的学科综合起来,以学科综合的优势,更好地解决大学生所面对的带有综合性的问题。显然,新课程设置是以增强教学的针对性,而不是以理论体系的完整性为出发点的。当前在积极准备实施"05 方案"时,应该把着力点放在提高教学效果上,更注重以问题为出发点的专题式教学。

首先,新课程设置并不是以学科的理论体系为出发点,无论是“马克思主义基本原理”、“毛泽东思想、邓小平理论和‘三个代表’重要思想概论”还是“思想道德修养与法律基础”,都不是以现成的学科理论体系为基础设置的。因此,以专题的形式把这些课程涉及的基本内容和主要理论观点结合实际讲深、讲透,能够更好地提高教学的有效性。贯彻落实“05方案”,强化问题意识,突出专题教学,就是要求我们把主要精力放在对新课程要求的总体把握上,放在对内容的深化理解上,在此基础上设计出更好的专题,而不是把主要精力用于追求体系的完整性。只有下功夫去研究教学内容和方法,研究学生的思想实际,才能真正地把教学落实到有效性上。

其次,专题教学更有利于提高教学效果。在如何提高教学有效性的问题上,同样需要实现观念的转变。是把教学的着力点放在理论体系上,还是放在提高教学效果上,实际上是教学改革的指导思想问题。衡量教学改革是否达到目标、是否有效,标准不是看它是否从理论体系出发,而是看它是否有针对性地解决了学生思想中存在的各种问题。根据课程的基本内容,结合大学生的思想实际,梳理出若干个专题,更有利于提高教学效果。思想政治理论课的教学目标不是要把学生培养成为某一学科的专家,而是要使他们通过对思想政治理论课的学习,把握观察社会、分析问题的基本方法,认同、理解党坚持的理论、路线、方针、政策,坚定建设中国特色社会主义的信念,能够成为社会主义事业的合格建设者和可靠接班人。

二、创新教学内容,增强教学针对性

课程设置的创新要由内容创新来支撑,在课程设置已经确定的条件下,课程改革的重点无疑是教学内容的创新。教学内容创新的总体要求是用发展着的马克思主义武装大学生的头脑,坚持理论联系实际,使教学内容贴近实际、贴近生活、贴近学生,具有针对性,体现时代感、富有感染力。

每一门课程都有自身特定的教学内容,教材是对教学内容的基本规范。但是,对于一门课程的改革和建设,决不是只限于编写出一本高质量的教材,课程改革和建设的实质是要根据理论与实践的发展,对教学内容不断创新,使课程不断发展和完善。因此,课程改革与建设更重要的是要求教师在教学过程中的创新。教材在教学内容上出现滞后性是符合教材发展规律的,但教师的教学内容滞后于理论与实践的发展则是不符合教学规律的。对于教师来说,教学内容的改革和创新是教学工作的永恒主题。教学内容的创新不是离开课程教学的基本规范和要求去另搞一套,而是要求在遵循教学基本规范和要求的基础上,通过自己的研究、提炼、加工,从受教育者的实际出发,把新的理论发展转化为学生乐于思考、愿意接受的语言,使学生能够感受到通过教师的教学,得到教材上得不到的东西,给他带来了更多的启发和思考。具体而言，教学内容的创新，应该立足于以下两个方面：

(1) 必须把握理论研究的前沿和理论发展的最新成果。

思想政治理论课教学的特征是要用理论去武装学生的头脑，用理论的力量去推动学生分析和思考问题。要达到这一目标，前提是我们所传授的理论必须是与时俱进的马克思主义理论，是被实践所证实的具有生命力的理论。因此，教师必须把握实践中理论发展的最新成果。实践证明，不顾实践发展中出现的新现象、新情况、新问题，也不问面对这一系列新变化在理论上有什么新发展，只是重复原有的理论内容，这样的教学不仅不可能有好的效果，而且还会有损于思想政治理论课的形象。思想政治理论课教学所具有的理论性特点，决定了对教学内容的创新有着更高的要求。教师是否始终能够站在理论研究的前沿，是否始终能够把握理论研究的最新成果，决定了他是否始终能够把教学内容的更新和理论创新作为教学的内在要求。大学生是生活在现实社会中的，面对每天接触到的种种现象和现实问题，只有用发展的理论去分析、解释，才能对学生中存在的问题起到解惑释疑的作用。如果教学内容不能随着实践的发展而不断创新，不能反映理论发展的最新成果，不能跟踪理论研究的前沿，思想政治理论课的教学是不可能充满生机和活力的。

(2) 必须把握大学生的思想动态和他们所关心的现实问题。

思想政治理论课教育的有效性与教学的针对性是正相关的，只有加强教学的针对性才能提高有效性。加强针对性，就是要探寻教学"供求结合点"，了解教育对象的思想情况，研究他们所关心的热点问题和感到困惑的疑点问题。思想政治理论课教学只有找准和学生思想实际、成长成才要求与全面素质提高的最佳结合点，才能有的放矢，调动学生的学习积极性，使学生学有所思、思有所悟、悟有所得。为此，教学内容要紧密结合国际局势的变化和时代发展的要求，紧密结合我国改革开放和现代化建设实际，紧密结合大学生思想实际，不断解决思想政治理论课"供给"和学生"需求"之间的矛盾，努力回答我国社会转型期学生普遍关心的热点、难点和深层次问题。同时要深入了解社会，因为了解学生和了解社会是一致的。是不是了解学生、了解社会，关系到教学是否有的放矢，是否能符合学生需求的根本性问题。了解学生、了解社会，其实质是把马克思主义的理论与学生的实际、社会的实际联系起来，这是理论联系实际原则的具体体现。思想政治理论课教学要做到的理论联系实际，不是用理论去迎合实际，而是用理论去分析实际、说明实际，即理论是"矢"，实际是"的"。在提高思想政治理论课教学有效性的整个链条中，把握大学生的思想实际是重要的一环，是加强教学的针对性、提高教学有效性的基础。

教学内容能够体现理论发展的最新成果，这是增强教学针对性的一个方面。

了解学生，把握他们的思想脉搏和关心的问题，这是增强教学针对性的另一个方面。把这两个方面结合起来，就能够使教学内容的创新得到强有力的支撑。

教学内容的创新，以提高教师的科研能力和研究水平为基础。思想政治理论课教育是一门独立的学科，是科学的理论教育，从事这一教学的教师在业务素质上也必须与这一学科的发展要求相适应。提高教师业务素质，最主要的是提高教师的科研能力和水平。对教师来说，必须确立科研为本的观念，即要从观念上解决对科研的认识问题。有一种看法认为，思想政治理论课教育属于公共基础课，不同于专业课，有没有科研不是大问题。如果抱有这样的观念，长此以往的结果是教师科研能力和水平低下，既逊色于搞专业的教师，也不能适应思想政治理论课教学自身的要求。因此，要解决教师科研的问题，首先是要解决观念的问题。教师只有确立了科研为本的观念，科研才会成为教师的内在要求和自觉行为，才会对科研有巨大的需求和动力。

三、创新教学方法，提高教学有效性

教学方法是整个教学过程的一个重要环节，注重教学方法，深化教学方法的改革和创新，对于提高教学效果具有重要的意义。从教学方法创新这一层次上来研究提高思想政治理论课教学的有效性，意味着对课程教学的性质和特点、教学对象的特殊性和要求、教学规律和环节有了更深刻的认识。教学方法创新不只是课堂教学的问题，而是涉及教学的各个环节。要把思想政治理论课教学看作一个整体来研究教学方法改革。

研究课堂教学方法的实质是要解决用怎样的方法才能使学生更有效地接受教学内容。大量事实表明，用传统照本宣科的教学方法是不能取得令人满意的效果的。这是因为，首先，现在学生潜意识里存在马克思主义理论离现实太远的想法，导致主动性不强。这种状况从一开始就给思想政治理论课教学增加了难度。其次，学生更多关注现实社会生活中的各种现象和问题，其中很多现象和问题令他们感到困惑和迷茫，但又不能找到正确的答案。对于这些问题，学生迫切需要了解，具有强烈的求知欲望。而对于书本上的东西，学生总认为是比较枯燥的，提不起兴趣。如果不了解学生的这些特点，在教学方法上不创新，就不能有的放矢地进行教学。

思想政治理论课教学要贯彻理论联系实际的原则不是一句空话和套话，贯彻这一原则的实质是要把握其内涵，把这一原则与教学对象的特点、教学内容的特点以及思想政治理论课教学自身的特点结合起来，赋予这一原则具体内涵。具体就是，以现实生活中学生关注的热点问题、深层次问题作为切入点，在此基础上，融会贯通地把马克思主义基本理论传授给学生。教师要善于把学生关注的现实问题与马克思主义理论联系起来，要在用马克思主义基本理论说明、解释现实问题上下工夫。切实改进教育教学方式和方法,努力贴近学生实际,提供启发式、参与式、研究式、案例式、实践式等教学形式,激发学生学习的积极性和主动性。教学要加强针对性、具有现实感,也是和这一“问题切入式”的教学方法分不开的。这一方法之所以比较有效,是因为在学生看来,教师要讲的内容是大家关心的、想知道的问题,这是教与学两个方面的共同点,有了共同点,就能够抓住学生的思想,就能为提高理论教学的有效性创造很好的条件。

要充分运用现代化教学手段。在信息化、网络化条件下,大量的现代教学媒体应运而生,有电视录像、投影、多媒体教学软件、电影等等。这些媒体集声、像、图、文于一体,可以把理性的内容具体化,把抽象的道理直观化,以丰富多彩、生动活泼的形式给受教育者造成鲜明清晰的视觉印象和冲击力,达到传统教育方法所无法取得的效果。

思想政治理论课教学具有的特殊性,要求在考核方法上也必须创新。考试方法创新,实质是要解决学生怎么学的问题。从正确引导学生学习的角度研究考试方法,要把握这样两个问题:

首先,要根据教学目标来设计考试方法。思想政治理论课教育的基本目标是使学生掌握马克思主义的基本原理,并用学到的基本原理去分析、解决各种社会现象和现实问题。根据这一目标,在考试环节上需要认真地研究考什么、怎样考的问题。因为考试考什么、怎样考,会引导学生学什么、怎么学。考核基本原理,目的不是背诵,而是掌握,只有学生真正掌握了,才谈得上运用。这就需要转变考试的指导思想,不能只是把考试的内容局限在考概念、背基本原理,而应该把考试的重点转到运用基本原理分析实际问题。以这一指导思想来设计考试的方法和内容,才能够充分发挥考试对学生学习的引导作用。

其次,考试要能够成为一个科学的评价机制。考试对教与学发挥了怎样的作用,这要看考试是否能够对教与学形成一个科学的评价机制。即通过考试这一环节,能否科学地检验教学的情况和效果,能否科学地反映学生学习的情况和效果。考试对学生来说,就是要起到以下的作用:第一,使学生认识到,如果平时学习不认真,光靠考试前背书本是不能应付的。第二,使学生体会到,如果不掌握基本原理,光靠背一些名词、概念是不管用的。第三,使学生感觉到,如果平时认真学习,掌握了基本原理,考试应该是没有压力的。这样的考核评价机制,对学生来说,会把学习的重点转到掌握基本原理上,而不是死记硬背,更不能靠考前突击。对教师来说,在教学中必须把讲授基本原理作为教学的重点,在讲透理论的基础上,更多地运用理论去分析现实问题和现象。

注重教学方法创新,其意义并不只是单纯的方法问题,而是要求教师对思想政治理论课教学的性质和特点、学生的思想和要求、教学规律和环节等都进行深入研究,在转变教学指导思想的基础上,以提高教学的有效性为出发点来创新教学方法。在此基础上对教学方法的改革和创新,意味着对思想政治理论课教学认识的升华,也一定能够使教学的有效性得到切实的提高。

四、创新教学环节,注重教学实践性

马克思主义理论具有很强的实践性。思想政治理论教育不仅应增长学生的相关知识,最根本的目的还在于引导学生将思想政治理论方面的认识落实于行动。社会实践则是达到这种目的的最有效途径。针对大学生现阶段的思想道德状况,以及高校思想政治理论课教育现状和存在的普遍问题,中宣部、教育部特别强调:"把实践教学与社会调查、志愿服务、公益活动、专业课实习等结合起来,引导大学生走出校门,到基层去,到工农群众中去。要通过形式多样的实践教学活动,提高学生思想政治素质和观察分析社会现象的能力,深化教育教学的效果。"从目前情况看,社会实践教学虽在进行,但实效性并不理想,因此,在大学生思想政治理论课程教学中创新社会实践教学环节、提高教学的实践性迫在眉睫。

1. 社会实践教学环节实效性现状

社会实践教学在思想政治理论课的整个教学中是极其重要的,从目前全国的总体情况来说,理论上我们都能认识其重要性,几乎每门相关课程教学都进行了一次或两次的社会实践教学活动。不过,社会实践教学的实效性并不明显,社会实践教学活动多流于形式,只重活动本身,而对活动的内容、结果及最终的效果,并未作科学的安排和评定;学生参加社会实践多以参观等被动的方式进行,不能以其中一员的身份积极参与社会实践单位的建设,也难以达到培养学生社会责任感的目的;被动的社会实践教学多限于增加学生对现实社会的感性认识,对所学知识的感性论证,无法真正体现社会实践的知与行相结合的意图。思想政治理论课时数量有限的社会实践教学作为有益的尝试,打破了原有单一的理论教学,虽值得肯定,但是其实效性较为有限,而这种局限性又削弱了人们对思想政治理论课实践教学的重视,以至于影响整个社会实践教学的开展。

思想政治理论课的社会实践教学环节,长期为人们所忽视,现阶段这方面的工作仍主要在于引起人们对社会实践教学的认同和重视,鼓励人们尽快地将社会实践教学环节引入教学过程中,至于社会实践教学的效果还未提上日程。这种思路并不可取,因为刚开始的效果会直接影响社会实践教学整体的发展。社会实践教学涉及学生、学校和社会实践点众多方面,也涉及时间、地点、经费、交通等繁杂的事项,显然,单靠任课教师的力量是难以很好地处理社会实践教学所需的众多条件的,而目前思想政治理论课的社会实践教学多以任课教师为主体,一个学期搞一两次社会实践已属不易。这种情况也限制了社会实践教学的连续和深入,社会实践教学未纳入整个教学计划。另外,学生分布于各个院系,时间方面难以统一,而思想政治理论课社会实践一般是利用周末,这种时间段的活动不计学生的学时,也不计教师的工作量,这就会影响教师和学生的社会实践的积极性。因此,一学期每门课也只能进行一两次社会实践教学,难以持续、稳定地进行。由上述种种条件所限,思想政治理论课的社会实践教学形式较单调,多以参观考察为主,学生在实践活动中多是被动地听、看,以接受者的身份为主。这样的社会实践难以为学生提供真正"实践"的机会,学生也难以在社会实践教学活动中获得锻炼和提高。

2. 增强思想政治理论课社会实践教学实效性的措施

(1) 约束机制与非约束机制相结合。

社会实践教学中的约束机制,指在思想政治理论课的教学和学习中,学校需明确规定社会实践教学的学时,同时,确定对社会实践教学活动一定比例的考核成绩,或者确定一定数量的学分,要求教师和学生必须完成所规定的学时和学分,并通过教师、社会实践点相关人员、学生等多方评价的方式,寻求较客观的成绩考核标准。非约束机制指思想政治理论课社会实践教学在具体时间、内容、社会实践点的选择和社会实践目标的确定等方面给学生和教师较大的自主权,同时,社会实践教学主要任务不仅仅在于完成所规定走出校门的时数,更重要的是让学生在社会实践中真正达到认识上的飞跃和行为上的自觉规范。约束机制确保社会实践的真正落实,它提供了相应的学时和学分等条件,也以考核成绩来调动学生的积极性。不过,这需要教学计划的重新修订,需要教学管理部门与教学单位、任课教师的协调。约束机制有利于思想政治理论课社会实践教学的规范化和制度化。而非约束机制一方面使社会实践教学更具可操作和可行性;另一方面,以学生的知与行的实际效果为主,能避免课堂教学中应试教育的困境,避免社会实践教学也成为应试教育的延伸,即单纯地为了完成学时和学分,为了一个好的考核成绩,而遗忘了社会实践教学的真正目的。将约束机制与非约束机制结合起来,能保证社会实践教学的落实,也能提高社会实践教学的效果。

(2) 针对性实践与综合性实践相结合。

思想政治理论课具体分为不同的课程,每一门课有其独特的内容,但是各门课的最终目的是相同的,即培养学生健全的人格、正确的价值观和人生观、高尚的道德品质和道德情操,因而思想政治理论课教学又是一个有机的整体。社会实践教学应注重思想政治理论课的特点,一方面,可以根据每一门课的特殊性,设计一些对每一门课针对性较强的社会实践教学,在社会实践的方式、内容和社会实践点等方面突出具体课程的特征,如思想道德修养与法律基础课中,社会实践教学可以突出道德品质教育,实践内容、实践任务和实践点都需以这一主题为中心,也可以法律教育为中心来设计社会实践,让学生感受和认识法律的威严,通过正反面的社会实践点引导学生增强和提高法律意识。马克思主义基本原理课可设计社会经济发展方面的社会实践,让学生认识中国社会和经济发展状况,也可从世界观和价值观的角度确定社会实践的主题和基调，等等。针对性实践主要是为了突出每一门课程的重点和特殊性而进行，针对某门课程教学中的某一独特教学内容，通过课堂教学与社会实践的密切联系，加深学生对某一问题的认识，并内化为相应的行为。针对性实践适合在某一具体课程的教学中采用，针对性强，也较为灵活。同时，思想政治理论课所包括的几门课又是一个有机整体，最终目的相同，部分教学内容的任务和要求是一致的，在设计社会实践时，可以淡化课程界限，立足于思想政治理论课这一"大课"，统一规划社会实践。这不仅可避免社会实践教学内容的重复，也能整合各门课教师的力量，更好地进行社会实践。例如，爱国主义、社会责任感等教学内容是思想道德修养、中国近现代史、毛泽东思想、邓小平理论和"三个代表"重要思想概论、马克思主义原理等几门课程共同的内容，虽然侧重面不一样，设计相关的社会实践时，可以立足于整个思想政治理论课教学作综合考虑，相同或相近的内容可跨越课程的界限，在实践时间、实践地点、实践的具体形式等问题上，各门课程的教师共同商定，以更好地规划实践教学。综合性实践的另一意义是对同一实践点进行多方面的观察和认识。因为人的实际行为总具有多种意义，现实社会也是全面的，思想政治理论课的任务也有多重性，这类社会实践的立意不是在各门课程中找到共同点，而是以某一社会实践点为中心，要求学生在实践中获得多方面的锻炼，如照料孤寡老人的活动，要求学生在活动中培养爱心、对他人的理解，培养健全的人格和善良品性，从中体会生命的价值，体会到快乐也在对他人的帮助和关爱中，培养学生对所照料老人的责任心，还可要求学生从社会角度构想如何给老人们更好的生活条件，从中培养学生的社会责任感，等等。综合性实践可以充分发挥思想政治理论课的合力，有利于培养学生全面观察和分析问题的能力，也有利于学生的全面发展。

(3) 定点实践与全面实践相结合。

在选择社会实践点的问题上，思想政治理论课教学可以将定点实践与全面实践相结合。定点实践指学校将某一实践点确定为一学期或两三个学期的思想政治理论课的社会实践单位，一批学生(如一个班)长期在某一实践点进行活动，各次的实践内容、目的和方式可以相同或不同。定点实践的益处在于学生可以较深入地了解和参与实践点的工作，对社会现实的认识更全面、客观和深入，学生对实践点形成归属感，从中能增强其责任意识。同时，定点实践有利于社会实践单位对学生的了解和评价，为社会实践活动考核成绩提供了一个较客观的标准。全面实践指社会实践点的多样化，学生可以在多个实践点实践。这种方式可以扩大学生的视野，使学生接触更广泛的社会现实，也能利用社会实践点的变换引起学生的新鲜感。但其局限性在于难以深入和全面，多是走马观花，更谈不上培养学生社会责任感和学生对社会实践点的亲切感和归属感。思想政治理论课的社会实践教学不仅以增加学生对社会现实的感性认识为主，更重要的是要让学生有"行"

的机会,在“行”中提升其价值观、人生观和道德品性。因此,思想政治理论课的实践应以定点实践为主,以全面实践为辅,将定点实践与全面实践结合,发挥两种方式各自的优势,增强实践教学的效果。

(4) 观察了解与直接参与相结合。

观察了解的实践方式指学生到社会实践点去参观、考察,听相关的情况介绍,也包括社会调查等,这种方式是目前思想政治理论社会实践中最常用的方式,其优点是组织起来较容易,不会给实践单位增加太大的工作量,对学生而言也较省事,只要带着眼睛去看、带着耳朵去听即可。但是,学生在实践中仍是局外人,较为被动,其实践活动主要停留在增加感性认识,未能真正体现社会实践教学的最重要的含义“行”。直接参与的实践方式指学生在实践点亲自去实践,直接参与实践点的具体工作,包括参与生产劳动,参与照顾孤寡老人和残疾人的具体事务,参与社区服务、社区管理,在革命纪念馆担任讲解员,帮助交警维持交通秩序等。直接参与的实践方式真正体现实践的最根本要求,将学生的知落实于行,它利于学生在亲身的活动中理解他人、理解生命的意义,培养学生勤劳朴实的品性,提高学生的责任意识,也能锻炼学生与实践单位工作人员及实践单位具体服务对象交流、交往的能力,提高学生适应社会的能力。但是,这种实践方式需要社会实践单位给学生以具体培训和指导,甚至包括对学生“工作”中引发的问题的善后处理,社会实践单位的配合是采用直接参与实践方式的前提。

从目前来看,思想政治理论课实践教学主要以参观了解为主,直接参与的实践方式受到各种条件的限制,采用得很少。但是,直接参与的实践方式是极有意义的,它最能体现实践教学的真正意图。因此,我们应将观察了解和直接参与两种方式相结合,特别是学校、教师等应尽可能地创造条件,与较多实践单位建立长期友好的合作关系,增加学生的直接参与方式的实践,以真正提高思想政治理论课社会实践教学的实效性。

(5) 学习经验与发现问题相结合。

思想政治理论课的社会实践以正面教育为主,通常选择实践点都以先进和典范为标准,学生在实践点所学习的主要是相关的成功经验、感人的先进事迹等。这是课程的特征所决定的,即从正面引导学生。但是,对于大学生而言,模仿他人只是其行为的一个依据,他们也有一定的思想和分析判断能力;同时,大学生们在今天已不再单纯地局限在校园内,从社会舆论、各种媒体中了解到了一些社会生活中的不良现象,如果教学中一味回避或掩饰,只能起负面作用;再者,大学是大学生们从学校到社会的过渡期和场所,应适当地让学生了解现实生活的复杂性,甚至可以有选择地进行反面教育。因此,社会实践中应增加发现问题的任务和要求,具体的可采用两种形式:一是在学习经验的过程中,让学生从更进一步完善的高标准上,有意识地去“发现”先进事迹或典范单位有待于改进的地方,培养学生辩证思维的意识和能力，学会全面、发展地看问题；二是选择反面实践点，让学生理解错误思想和行为的不良后果，并能引以为戒，自觉规范自己的行为。当然，反面实践的次数不宜多，并且在反面社会实践中，应加强对学生的正面引导。

以学习经验式的实践为主，辅以有选择的发现问题式实践，可让学生接触较真实的社会，认识到进步是社会的主流，也明白社会生活的复杂性，并能正确地分析和对待各种问题，择善而从。以学习经验式的实践为主将学习经验式实践与发现问题式的实践相结合，有利于增强思想政治理论教育的现实性和社会实践的真实性，并让学生明确正确选择的重要，也能帮助学生更好地完成从学校到社会的过渡，从而提高社会实践的效果。思想政治理论课的社会实践教学的实效性是其社会实践教学成败的关键，也关系到思想政治理论教育能否真正贴近实际、贴近生活，关系到整个课程教学改革的效果。注重上述几个方面的问题将有助于加强思想政治理论课社会实践教学的实效性。

第十章　高等学校思想政治工作队伍建设

正如毛泽东同志所言：政治路线确定之后，干部就是决定因素。高等学校思想政治工作队伍是高校传播先进文化理念、培养德才兼备的高素质人才的关键力量。这支队伍自身所具备的素质、理念和工作态度，直接影响到高校思想政治教育的成效和人才培养的质量。因此，正确认识建设这支队伍的重要意义，清晰梳理这支队伍的人员组成，建立科学有效的培养和考核机制，高度重视这支队伍的建设，打造一支党委领导下，以党政干部为骨干，全校师生员工共同参与的高素质的思想政治工作队伍，是做好高校思想政治工作的关键。

第一节　关于思想政治工作队伍建设的若干认识问题

长期以来，对高校思想政治工作队伍建设中的一些问题，很多人还存在认识上的模糊甚至误区，在一定程度上影响了高校思想政治工作全面而有效的开展。因此，在探讨这支队伍的建设主题展开之前，必须首先澄清几个认识问题。

一、所有教职员工都应做好思想政治工作

中共中央国务院发出的《关于进一步加强和改进大学生思想政治教育的意见》明确指出，思想政治教育工作队伍是加强和改进大学生思想政治教育的组织保证。大学生思想政治教育工作队伍主体是学校党政干部和共青团干部，思想政治理论课和哲学社会科学课教师、辅导员和班主任。《意见》同时指出：高等学校各门课程都具有育人功能，所有教师都负有育人职责。广大教师要以高度负责的态度，率先垂范、言传身教，以良好的思想、道德、品质和人格给大学生以潜移默化的影响。

应该讲，有关文件对高校各支队伍在思想政治工作中所承担的职责都有清晰

的表述。但是，我们也清醒地看到，一段时间以来，人们往往将思想政治工作归结为仅仅是专职政工人员的事情。尤其表现在，在教工层面，一旦发生教职工思想政治层面的问题，人们就会自然认为是党的书记应该去解决的问题，而行政口似乎只管业务，没有这方面的工作要求；在学生层面，人们也往往认为对学生进行思想政治教育，应该是专职学生工作副书记和辅导员的事情，而教师在课堂上若发现学生有缺课、迟到、学习风气差的现象，往往也会把管理责任归为专职思政人员，而忽略了自身也在其中承担着教书育人的重要职责。正由于这样的原因，没有形成思想政治工作的合力，对学生的成长和成才都产生了一定的不利影响。

长期以来，高校思想政治工作的经验和教训告诉我们，思想政治工作的开展离不开专职政工人员这支骨干队伍，同时也离不开全体教职员工的积极参与。以学生思想政治工作为例，辅导员制度的设立，为确保党对高校的领导提供了根本保证，也为确保高校人才的培养方向提供了根本保证。尤其在当前形势下，扩招政策使高校学生人数剧增，日益开放的社会环境使大学生的思想状况逐步复杂和多元，相对单一的成长经历也使大学生的心理承受力明显减弱，生活自理能力变差，这为高校的学生事务管理带来新的难题。与此同时，当前大力在高校青年中培养发展党员的工作要求也使大学生党建工作任务日益繁重。因此，在高校中，势必需要一支专门的全职的队伍去承担这些繁杂的工作，满足服务大学生成长和发展的迫切需要。

但是，仅仅依靠这支队伍，还是非常不够的。由于思想政治工作的潜移默化性、全方位性和渗透性，事实上，高校所有工作人员都对学生产生着潜移默化的影响，对学生的思想发展和健康成长起着重要的作用。以专业教师为例，"教师是人类灵魂的工程师"，承担着教书育人的职责，用韩愈《师说》中的话，就是承担着"传道、授业、解惑"的职责。教师自身素质的高低、思想境界高尚与否，是否敬业爱生，直接影响着学生的思想实际。而且，结合专业的学习，凭借教师在专业上的优势和学术威望，他们对学生进行思想的引导还具有专职思想政治辅导员所不具备的专业优势。同样的道理，教师是通过教书育人，而学校的管理干部则通过管理育人，后勤职工是通过服务育人。这几支队伍之间的关系，不是彼此孤立的，他们所起的作用，是相互渗透、相互影响、相互补充、相互促进的。只有全体教职员工齐心协力，充分认识到自身在思想政治工作中的职能，充分履行各自在思想政治工作中所应承担的职能，从而形成一股强大的教育合力，我们的思想政治教育工作才能取得积极的成效。

二、教师中的思想政治工作队伍的组成

作为对大学生承担教书育人重要任务，在课堂上、生活中对大学生进行言传身教的专业教师队伍，自身同时兼具教育者和被教育者两种角色。他们往往思想

开放、思路活跃，善于思考、敢于直言。但我们必须同时看到，新的形势使教师自身接受思想政治教育的必要性日益增强。越来越深入的改革开放使所有的教师都处于开放的全球化形态下，面临世界多样思想文化的冲击和碰撞，教师是否能坚守符合中国特色的社会主义价值观念，并用于指导和影响学生，至关重要。因此，加强业务工作领域的思想政治工作队伍建设非常关键。

但是，关于业务领域的思想政治工作队伍的组成，一部分人员头脑中同样存在着认识的误区，往往认为这仅仅是党的条线的工作。固然，高校党组织在思想政治工作中起着统揽全局的领导作用，是组织时事政治学习、开展日常思想政治教育工作的第一责任人，但是，我们还必须认识到，思想政治教育是全员性的工作，思想政治工作还必须结合具体工作才能更好取得实效。事实上，客观生活中，业务教师思想方面的问题，往往会跟他们自身所承担的教学、科研工作密切相关。尤其是在高校这样的单位，对业务领域人员的思想政治工作，必须要紧密结合他们的教学、科研工作实际，必须充分依托不同层面、不同业务领域的各级机构和群体的党政组织。比如在高校的二级学院中，除了学院党政班子成员外，还要充分发挥系科、教研室负责人的作用，充分发挥各种学术机构、团体，包括科研项目、课题组负责人的作用。让同样在业务领域的、和业务教师紧密接触的这些不同层面的负责人一起做业务教师的思想政治工作，将思想政治工作和教学、科研业务结合起来开展，使对业务教师的思想政治工作有具体的载体，不致流于空泛，有利于提高教育的实效。

三、各级党组织在日常思想政治工作中的作用

《中国共产党普通高等学校基层组织工作条例》第二十三条明确规定，“高等学校党的委员会统一领导思想政治工作”。2007 年 5 月颁发的《中共教育部党组关于加强普通高等学校基层党组织建设的意见》进一步强调：“党的基层组织是党的全部工作和战斗力的基础。在高校党委领导下的基层党组织，担负着党在高校直接联系群众、引导群众、组织群众、团结群众，把党的路线、方针、政策落实到基层的重要职责。”

从学校一级党委到学院、部门层面的分党委，党总支到系科、教研室层面的党支部，高校各级党组织通过各个层面的组织建构，形成全校思想政治工作网络布局，各个层面的党组织在其中各司其职、分工协作。其中，学校党委起着统揽全局的作用，对学校思想政治工作的大局进行整体规划、部署和指导。学院层面的党组织则起着承上启下的作用，一方面，学院党组织要坚决贯彻落实学校党委的工作部署，将学校党委的工作意图结合学院实际，转化成学院党组织的工作目标，予以贯彻、执行、落实；另一方面，学院党组织还肩负着下情上达的作用，及时、真实地反映所在单位师生员工的思想动态，帮助上级党组织及时掌握基层师生所思所

想，为上级党组织提供工作决策依据。作为学院党组织，还要针对下属的各基层党支部，就各党支部需要贯彻落实的工作进行部署和布置，并指导和督促、检查各党支部有效开展工作，最终贯彻落实。而作为学校党组织的最基层单位，也就是系科、教研室的党支部，是思想政治工作最前沿的阵地，直接面对基层群众，党支部工作的好坏，直接关系到学校、学院的工作要求是否能最终贯彻落实。所以，党支部是做好高校思想政治工作的基础力量。

四、建设一个在党委领导下，以党政干部为骨干，全校师生员工共同参与的思想政治工作机制

党中央于 2005 年 1 月 17 日—18 日专门召开了全国加强和改进大学生思想政治教育工作会议。会议明确指出，大学生是十分宝贵的人才资源。他们的素质尤其是思想政治素质如何，他们能否成为社会主义事业的合格建设者和可靠接班人，关系党的事业后继有人和国家长治久安，关系实现全面建设小康社会的宏伟目标和中华民族伟大复兴。加强和改进大学生思想政治教育是推动党和国家事业不断发展的必然要求，是提高全民族素质、促进人的全面发展的必然要求，是增强我国发展后劲和国际竞争力的必然要求，是提高党的执政能力、巩固党的执政基础、完成党的执政使命的必然要求。这项工作是事关国家前途和民族命运的战略工程，是事关科教兴国和人才强国战略的基础工程，是事关社会主义先进文化建设和精神文明建设的重大工程，是事关千家万户切身利益的民心工程。正由于这项工程的极端重要性，必须要形成加强和改进大学生思想政治教育工作的强大合力，建立起党委领导下，以党政干部为骨干，全校师生员工共同参与的思想政治工作机制。高校要在党委的领导下，党政群齐抓共管、全体教职工全员育人、全方位育人、全过程育人。高校所有教师都担负着教书育人的光荣职责，都要为人师表、言传身教、率先垂范，自觉承担起对学生开展思想政治教育的神圣职责。各级宣传、教育等党政有关职能部门和共青团等群众组织，在大学生思想政治教育中担负着重要责任，要按照分工协作的要求，认真担负起应尽的职责，各自发挥优势，共同做好工作。要把大学生思想政治工作的各项目标任务具体分解到有关部门和单位，采取有力措施，加强督促检查，保证各项任务落实到位。

第二节　构建多层次、高素质、全覆盖的思想政治工作队伍

一、建设一支精锐的职业型的思想政治工作专职队伍

当前，思想政治工作的紧迫需要要求我们必须建设一支精锐的职业性的专职

工作队伍。教育部《关于加强高等学校辅导员班主任队伍建设的意见》明确指出："辅导员、班主任是高等学校教师队伍的重要组成部分，是高等学校从事德育工作，开展大学生思想政治教育的骨干力量，是大学生健康成长的指导者和引路人。"对这支队伍的配备要求，2006 年 9 月 1 日起正式施行的中华人民共和国教育部令第 24 号《普通高等学校辅导员队伍建设规定》第三章第六条明确指出，"高等学校总体上要按师生比不低于 1∶200 的比例设置本、专科生一线专职辅导员岗位。辅导员的配备应以专职为主、专兼结合，每个院（系）的每个年级应当设专职辅导员。每个班级都要配备一名兼职班主任"。根据中央的指令要求，各地还纷纷出台了各具地方特点的相关意见予以落实。比如上海市出台的《关于进一步加强上海市高校辅导员队伍建设的若干意见》中，对配备的比例要求也做了优化，要求本、专科生专职辅导员按 1∶150 的比例配备，研究生专职辅导员按 1∶200 的比例配备。同时还指出，除了传统的配在班上的做法，辅导员还可配在学生生活园区或专业、二级学科、实验室（课题组）中。

由辅导员、班主任组成的这支思想政治工作的专职队伍，是开展大学生思想政治教育的骨干力量，是高校学生日常思想政治教育和管理工作的组织者、实施者和指导者，承担着学生的人生导师和健康成长的知心朋友的重任。他们的工作领域，可以说涵盖了学生生活的方方面面。工作内容包括学生价值观引导、道德品质教育、党团建设、学风建设、心理指导、就业指导、勤工助学、宿舍管理、帮困救助、社会实践、社团文化建设等等。这就要求辅导员要兼具人生发展引路人、职业指导师、心理咨询师等多重角色，必须在政治上和业务能力上都具有过硬的素质，精锐和职业化是这支队伍的建设目标。

根据精锐和职业型的建设目标，首先，在辅导员的聘用上，有一定的准入条件。比如，上海市出台的《意见》就明确指出，要求新聘的辅导员应该为中共党员，一般具有硕士及以上学历，有相关的学科专业背景，有较强的责任心和敬业精神，热爱学生，善于做大学生思想政治工作。其次，辅导员在工作过程中，还应该通过再培训和学习，取得相应的职业资格。劳动部、人事部发布的《职业资格证书规定》对职业资格有明确阐述："所谓职业资格是指从事某一职业所必备的学识、技术和能力的基本要求。职业资格包括从业资格和执业资格。前者是指从事某一专业学识、技术和能力的起点标准；后者是指政府对某些责任较大、社会通用性强、关系公共利益的专业实行准入制度，是依法独立开业或从事某一特定专业的学识、技术和能力的必备标准。"作为职业型队伍建设的需要，相关社会职能部门应依据辅导员的工作任务、学科背景、学历层次、道德水准、工作能力等方面来建立相应的职业资格制度。目前，心理咨询师、就业指导师等部分较成熟的辅导员上岗职业资格系列已经在上海等地投入实践。

总体而言，"政治强、业务精、纪律严、作风正"十二字，是对辅导员这支精锐又职业化队伍标准的凝练表述。

政治强：高校辅导员首要的素质是政治素质，这就要求辅导员必须是中共党员。追溯高校辅导员制度的历史，我们可以发现，高校辅导员最初叫政治指导员，起源于1933年党在江西瑞金创办的第一所由中共中央直接领导的军事院校——中国工农红军大学，后更名为中国人民抗日军事政治大学，迁址延安。政治指导员全面负责基层中队学员的思想、学习、健康和生活等工作，是学校对学员进行教育和教学的得力助手。新中国成立后，我国的高校在继承抗日军政大学政治指导员制度优良传统的基础上，同时借鉴了前苏联的经验，建立了政治辅导员制度。政治辅导员的第一要务就是思想政治工作。同时，辅导员还要承担学生党建工作的职能，一般都要兼任学生党支部书记，负责学生支部的建设和大学生的培养发展工作。"打铁须得自身硬"，因此，从事这个职业的辅导员首先必须要有政治强的素质，能真学、真懂、真信、真用马克思列宁主义、毛泽东思想、邓小平理论和"三个代表"重要思想和科学发展观，学习贯彻落实党的"十七大"精神，进一步坚定理想信念，坚守政治原则、政治立场和政治方向。

业务精：思想政治教育是一门学科，也是一门艺术。高校的辅导员队伍将由"实践型"向"实践—研究型"转变。要干好这个职业，辅导员必须掌握思想政治教育学科的相关专业理论知识，包括马列原著经典、党的历史、党的理论、思想政治工作方法等等。除此之外，还要了解学生思想状况和成长成才的规律，成为学生的心理咨询师、职业指导师、生活指导师等。尤其是身处当今知识经济时代、信息化时代、全球一体化时代，学生对当今社会的政治、经济、科技、文化都保持高度的关注，辅导员必须掌握诸如心理学、教育学、管理学、伦理学、法学、社会学、经济学、危机应急处理、电脑网络技术等等方面的专业知识和能力，才能符合职业需要。同时，工作中要既讲究方式方法、又善于区分不同性质的矛盾，做到头脑清醒，审时度势、防微杜渐。

纪律严：一支精锐的队伍，必须有严明的纪律作保证。辅导员首先必须坚守严明的政治纪律，在牢牢掌握党的方针政策和国家法律法规的基础上，增强法治观念，自觉用《党章》规范自己的言行，所有言论保持和我们党和国家的方针、路线、政策高度一致；其次，辅导员还必须有严明的职业纪律，在工作中一般要坚持和学生同吃同住同活动的"三同"要求；第三，辅导员也必须坚守严明的工作纪律，以党员教师的标准严格要求自己，坚持党风廉政，坚持高尚的师德，言传身教，给学生以良好的影响。

作风正：作为与学生接触最为密切的大学老师，辅导员的作风直接影响到学生的思想健康。深入群众、发扬民主、尊重和理解学生，以人为本，热忱服务，是辅导员应该树立的良好形象。辅导员的作风，体现的是大学教师的师风，体现的是党员的党风，更是我们党、我们国家和社会所要倡导的社会主义核心价值观，对学生影响巨大。所以，作为精锐的职业性的辅导员队伍，必须具备良好的作风。

二、建设一支务实的专业型的思想政治工作理论队伍

思想政治工作的开展离不开理论的指导。高等学校思想政治理论课程承担着对大学生进行系统的马克思主义理论教育的任务，是对大学生进行思想政治教育的主渠道。充分发挥思想政治理论课的作用，用马克思列宁主义、毛泽东思想、邓小平理论和"三个代表"重要思想武装当代大学生，是党的教育方针的具体体现，是社会主义大学的本质特征，也是党和国家事业长远发展的根本保证。高等学校的思想政治理论课教师是马克思主义理论和党的路线、方针、政策的宣讲者，社会主义意识形态和精神文明的传播者，是大学生健康成长的指导者和引路人。因此，这支队伍，首先自身必须具有良好的马克思主义理论素养，具有较高的科研水平和教学能力，同时还必须坚持正确的政治方向、良好的思想道德素养以及强烈的社会责任感。

应该讲，改革开放以来，尤其是党的十三届四中全会以来，我国高校的两课（指普通高等学校所必开的公共马克思主义理论课和思想品德课）教师在思想政治工作领域取得了很大的成绩，尤其在邓小平理论和"三个代表"重要思想进教材、进课堂、进学生头脑方面取得了成效，教材建设、教学的方式方法也在逐步改进，在引导大学生坚定对马克思主义的信仰、对社会主义的信念、增强对改革开放和社会主义现代化建设的信心、对党和政府的信任方面，发挥了重要的作用。但是，就当前而言，新的形势对高等学校的两课教师队伍也提出了新的要求。尤其是世界多极化和全球化的趋势下，科技革命日新月异，各种思想文化相互激荡，同时，改革开放所带来的社会经济成分、组织形式、就业方式、利益关系和分配方式日益多样化给人们的思想带来了巨大的冲击，在这样的新形势下，如何引导大学生正确认识错综复杂的国际、国内局势，把握国际局势的发展变化和人类社会的发展规律，正确认识国情和社会主义的发展规律，增强信心，承担责任，是这支队伍必须研究和解决的重大课题。

实事求是地讲，面对新的形势和新的情况，高等学校的两课教学存在许多的不适应，还不能真正跟上形势发展的新要求，有许多亟待解决的问题。学科建设基础比较薄弱、课程内容重复、教材质量参差不齐、教学方式方法比较单一，教学的针对性、时效性不强，因此教学效果欠理想。解决这些问题的关键在人，关键是要建设一支高素质的思想政治工作理论队伍。鉴于两课教师队伍长期的工作经验，我们认为，务实，是这支队伍能够应对新的工作挑战、真正取得工作实效的努力方向。思想政治理论不能脱离实际，不能"闭门造车"，只有密切联系当前的国

际国内形势和大学生成长中的思想实际，才能真正取得实效。因此，不断加强自身学习，全面把握新时期思想理论课的指导思想和总体要求，深入研究思想政治理论中的新情况、新问题，编写具有时代特征、针对性强、内容鲜活的新的两课教材，不断革新课堂教学方法，推进课程体系建设和学科专业建设，并切实改进理论课教学的方式和方法，用务实的精神，科学、正确的理论切实解决大学生成长中的思想困惑，是这支专业型队伍要承担的历史使命。

三、建设一支尽职的业务型的思想政治工作日常管理队伍

思想政治教育是个系统工程，由方方面面的力量组成的业务型的日常管理队伍是高校思想政治工作的重要力量。这支队伍，在高校一般以学生工作领导小组的形式存在，由主管学生工作的党委副书记、党委组织部、宣传部、学生工作部(处)、团委等各个部门的相关人员组成。这些部门，在思想政治教育工作中都担负着各自的重要职能，尽管工作侧重点各不相同，但各有优势，目标一致。由这些部门相关人员组成的这支队伍，承担着高校师生思想政治工作日常管理的职能。首先，各个职能部门在学校党委的统一领导下，在同一个工作目标下，发挥各自优势，担负各自职能，从组织、宣传、党建、团建、学生日常管理等不同角度，统筹规划和组织实施相关业务工作，并指导学院层面的党组织书记、副书记、学生辅导员等队伍开展相关条线的业务工作，实施有序管理。其二是齐抓共管、协同作战。尽管这些职能部门都有各自不同的业务领域，但工作目标都是一致的。学校以学生工作领导小组的形式将这些职能部门组织在一起，互通情况、共商思想政治工作的实施方案，并在方案确定后，分头实施，协同作战，形成合力。

可以说，学生工作领导小组整合了学校管理层面方方面面的力量，覆盖了思想政治工作的各个业务层面，作为业务型的日常管理队伍，责任重大。这支队伍是否具备高度的政治素质和精湛的业务能力，影响到是否能高质量地、有效地统筹规划好全校的思想政治工作，也影响到是否能指导好基层工作的有效开展。因此，这支队伍的合理配备，是确保思想政治教育工作有效进行的前提条件。

四、建设一支资深的专家型的思想政治工作规划指导队伍

思想政治工作规划指导队伍的主要职责是：研究高校思想政治教育的内在规律，做好高校思想政治教育工作的预测工作，制定高校思想政治教育的大政方针，提出带有全局性的、普遍性的、专题性的、针对性的高校思想政治教育的相关问题，提出相关意见建议，并指导开展相关工作。

当前，国际局势风云变幻，国内改革也已进入攻坚阶段，各种矛盾凸显，社会

形势呈现日新月异的态势，人们的思想也更复杂和多元，思想政治工作中面临的挑战日趋严峻。在这样的情况下，由资深专家组成思想政治工作的规划指导队伍显得尤其必要。这支资深专家队伍的来源可以是多渠道的，如社会党政工作要人，高校、社会研究机构的专家学者，相关行业领域的资深人士，也可以是思想政治工作领域的行家等等。高校应以更开阔的工作思路，充分整合全社会的专家资源，建立起一支权威的资深专家队伍。凭借这支资深专家队伍的专业优势、行业优势、阅历优势、经验优势等，可以从更广阔的视野、更高的层面、更远的目光、更深的思想深度，前瞻性地预测思想政治教育中可能面临的新情况和新问题，在新的社会思潮、思想风暴来临和国际局势变幻之际，迅捷、科学、有效地指导思想政治工作领域内的相关应对工作，规划和指导相关的工作队伍有效开展工作，从而使我们的思想政治教育工作不管在什么情况下，面临怎样的复杂局面，始终应对自如、切有实效。

五、建设一支全体教职工参与的广泛性的“三育人”队伍

广义而言，高校的每一位教职员工都承担着思想政治教育的职能。大学生的成长与高校的每一位工作人员都有着直接或间接的关系。学校的每一个工作环节都体现着育人的功能。教师教书育人、干部管理育人、职工服务育人。以教师为例，教师是人类灵魂的工程师，是学生成长进步的导师。“高校所有课程都具有育人功能，所有教师都负有育人职责。”中央下发的16号文件中明确要求要加强师德建设，“要抓住教师职前培养、职后培训、职务聘任等关键环节，加强马克思主义理论教育，加强教书育人、为人师表教育，加强学风和学术道德教育”。要树立学为人师、行为世范的崇高目标，严于律己，以德施教，以高尚情操、丰富学识和人格力量影响教育学生。同时教师在自己专业领域的教学过程中，要深入挖掘蕴含在各门课程中的思想政治教育资源，在知识传授中对大学生进行思想政治教育。如，上财务管理的专业课的教师，可结合财务管理教学内容中对诚信的要求，开展对大学生的诚信教育；上跨文化交流课的老师，可结合跨文化交流中一些礼仪和注意事项的讲解，开展爱国主义、国格、人格、民族精神的教育。苏霍姆林斯基曾经指出，“造成青少年教育困难的重要原因在于教育实践在他们面前以赤裸裸的形式进行，而处于这种年龄阶段的人按其本性来说是不愿意感到有人在教育他们的”①。因此，结合专业知识的讲解而开展的思想政治教育，往往比单纯的思想政治教育更容易取得实效。同样的道理，除了教学之外，在学校的管理、服务各个环节中，管理、服务工作人员的自身素质、工作态度以及工作成效同样影响着所有学生的思想实际，渗透着教育功能，对学生的世界观、人生观和价值观的确立起着潜

---

① 苏霍姆林斯基. 睿智的父母之爱. 河北人民出版社，2001.

移默化的作用，所谓“润物细无声”。因此，发挥全体教职工的育人作用，实现高校教学、管理、服务工作中思想政治教育功能的全覆盖，是思想政治工作最终取得实效的重要条件。

六、建设一支校外特聘的思想政治工作兼职队伍

《中共中央宣传部、教育部关于进一步加强高等学校形势与政策教育的通知》中，在对教师队伍的建设方面，明确提出，“可聘请地方党政领导、知名企业家、社会各条线的先进人物担任特约报告员”。作为对高校专职思政教育课教师队伍的有益补充，聘请校外的相关人士组成兼职教育队伍，具有多方面益处。校外的特聘人员，他们往往以自身独特的行业特色、丰富的个人阅历和显著的工作业绩，使其教育更具有独特的个性特征，也更具有说服力和感染力。同时，他们的讲课或报告，因为内容中伴有大量的社会信息和鲜活的实践案例，更具有实践性、针对性和时代性，也因此更受大学生的青睐。

要建设好这支队伍，学校应高度重视这支队伍的重要作用，充分挖掘校友、离退休老同志、社会合作共建单位、优秀学生家长等资源，用对教育事业的真挚情感邀请和感召其中的优秀分子加入到学校思想政治教育队伍的行列，并加强日常的联络和沟通，注重结合思想政治教育工作在教育内容、教育主题等方面的实际需求，有体系、合理化、系统化地建设好这支队伍。

七、建设一支党政结合的教职工思想政治工作队伍

在高校，思想政治工作的对象不仅仅是学生，同时也涵盖了全体教职员工。由于教职工自身作为思想政治教育的实施者承担着教育职责，直接关联着学生思想政治教育开展的质量和成效，所以他们自身的思想政治素质情况和对这支队伍的再教育显得至关重要。在高校，教职工的教育学习建立有相应的机制，每周的教师政治学习制度的设立就充分体现了这项工作的必要性和极端重要性。

对教职工的思想政治工作，应着重强调建立一支党政结合的工作队伍。毋庸置疑，党组织在思想政治教育工作中担负着首要的职责。但鉴于高校教师的工作特点以及思想政治工作必须结合实际工作开展才更易于取得实效的特点，高校教职工的思想政治工作不能纯粹务虚，而要充分重视利用好系科、教研室、科研团队负责人这样一支队伍。这支队伍的人员应该业务能力强，并具有广泛的群众基础，开展工作具有一定的说服力。同时，充分依托教师所赖以依存的跟专业紧密结合的行政建制的负责人开展思想教育工作，可以使教职工的思想政治工作不至于流于空泛，得以与他们的具体工作实际结合，从而更能提高教育的有效性。当然，在其中党组织对这支队伍负有当然的组织学习、教育以及具体指导，共同探讨

问题、解决问题的职责。

在党政结合的教职工思想政治工作队伍中，也应包括工会、妇委、共青团、民主党派、群众团体、离退休组织等的参与。

第三节　思想政治工作队伍的培训

一、思想政治工作队伍培训的基本要求

2006 年 9 月起施行的教育部关于《普通高等学校辅导员建设规定》第十五条明确规定："辅导员的培养应纳入高等学校师资培训规划和人才培养计划，享受专任教师培养同等待遇。"

开展思想政治工作队伍培训，其基本要求在于造就一支职业化和专业化的思想政治工作队伍。通过培训，使这支队伍最终以思想政治工作为职业，长期从事这项专门工作，专司其职，实现工作、职务与职业的全面统一。同时，通过专门的学习和培训，使他们系统掌握从事这项工作应具备的思想政治教育专业的相关专业知识和技能，学习开展思想政治工作的手段、方法和经验，具备相应的专业学术水平。

首先，职业化是高校思想政治工作队伍建设的迫切要求。长期以来，高校的思想政治工作岗位往往会被当作是一个职业驿站，尤其是作为专职思政从业人员的辅导员岗位，更类似"铁打的营盘流水的兵"，基本实行"定期转岗"，使这支队伍大多成为这个职业的匆匆过客，在岗人员似乎永远是新手，在岗期间也存在"熬年头"和"定期服役"的思想，难以真正安心工作，从业人员非常不稳定。造成这种现象的主要原因是：一些思政工作者对当前的思想政治工作不满意，评价不高，甚至有些模糊或不正确的认识。一些人认为现行的思想政治工作的效果不尽如人意，也有人认为市场经济条件下思想政治工作的作用不明显，甚至不少人认为思政工作者的社会地位不高，没有以往的自豪感和自信心，而且工作方式方法难以适应新形势的需要，工作难以开展。这些问题都造成了思想政治工作队伍不稳定的现状，从而导致思想政治工作在现实社会中没有真正作为一门独立且稳定的职业而存在，极大地影响了高校思想政治教育的成效。因此，通过学习培训，克服种种错误的片面认识，加强对这份工作的正确认识，通过增强理论学习和实践锻炼，消除对这份工作的顾虑，从而树立职业信心和职业自豪感，提高从业能力和素质，也是我们开展培训的要求和目标。

其次，专业化是高校思想政治工作队伍建设的内在要求。高校的思想政治工作队伍，尤其是辅导员队伍，普遍存在年龄、职称、专业、学历、学缘结构不合理的现象，专业素质较低，人员结构不合理，难以对大学生的全面发展进行有效的指

导，工作方式方法落后于时代的发展，难以具备相应的理论素养和政策水平，因而工作往往停留在低层次和低效率上。

众所周知，世界政治多极化、经济全球化、文化多元化趋势的日趋增强，以及我国政治、经济、教育体制改革的进一步深入，互联网的普遍使用和迅猛发展，给高校的思想政治工作带来了新的巨大挑战，思想政治工作从业人员面临的形势更加复杂、任务更加繁重、工作更加艰巨，如果没有经过专业的思想政治教育专业的学习和相关研究，在工作中仅仅凭经验和感觉，是难以有说服力地、有实际成效地开展工作的。这也势必造成工作方法简单粗糙，缺乏创新和针对性、时效性差的问题。因此，思政工作从业人员的专业化建设势在必行。

二、思想政治工作队伍培训的基本内容

《普通高等学校辅导员建设规定》第十七条指出，要"对辅导员进行思想政治教育、时势政策、管理学、教育学、社会学和心理学以及就业指导、学生事务等方面的专业化辅导与培训，开展与辅导员工作相关的科学研究"。

1. 思想政治素质的培训

作为大学生的人生导航者，思想政治工作的从业人员首先必须具备过硬的思想政治素质。小平同志曾经说过："如果说变质，那么思想的庸俗化就是一个危险的起点。"而要做到坚定理想、永不变质，信念是根本。作为这支队伍的从业人员，必须真学、真信、真懂、真用马克思列宁主义、毛泽东思想、邓小平理论和"三个代表"重要思想以及科学发展观等党的基本理论，构建理想信念的强大精神支柱，从而切实解决听谁的话、跟谁走、为谁服务的问题。

而对这支队伍的思想政治素质的培训，其内容应基本围绕社会主义核心价值体系四个方面的基本内容，即马克思主义指导思想、中国特色社会主义共同理想、以爱国主义为核心的民族精神和以改革创新为核心的时代精神、以"八荣八耻"为主要内容的社会主义荣辱观。这四个方面的基本内容相互联系、相互贯通，共同构成辩证统一的有机整体。正如十七大报告中所指出的那样：要巩固马克思主义指导地位，坚持不懈地用马克思主义中国化最新成果武装全党、教育人民，用中国特色社会主义共同理想凝聚力量，用以爱国主义为核心的民族精神和以改革创新为核心的时代精神鼓舞斗志，用社会主义荣辱观引领风尚，巩固全党全国各族人民团结奋斗的共同理想。

2. 思想政治教育专业理论知识的培训

思想政治工作者要有效开展工作，其中很重要的一条是要能以科学的理论引导人，达到以理服人的效果。因此，思想政治工作的从业人员还必须接受思想政治教育专业理论知识的培训。思想政治教育作为一门科学，本身也是一门

专门的学科，有其科学的课程体系。课程内容一般主要包括马克思主义基本原理、毛泽东思想、邓小平理论和“三个代表”重要思想概论、形势与政策、思想政治教育原理与方法、人生观价值观理论及其教育、政治学原理、伦理学原理、社会心理学、法理学、马克思主义哲学史与原著选读、西方思想政治史、现代调查理论与方法等。通过专业理论的学习，帮助思想政治教育工作者在理解人类文明发展史的基础上掌握马克思主义基本理论，在对中国现代化历史和现实的学习中深刻理解中国的国情、社情、人情；理解中国特色社会主义理论与实践，并在对思想政治教育及其相关知识技能的学习中掌握思想政治工作的基本能力。同时，了解国际上发达国家思想政治教育的经验，能从学术上解析党和国家有关方针政策的科学性，从而具备从事马克思主义理论教育的能力，以及做人的思想工作的能力。

3. 社会学、政治学、教育学、心理学等相关专业知识的培训

当今已经越来越普遍的思想政治工作中所面临的新现象、新问题、新挑战，其实并不是不可逾越的障碍，而是一种社会发展的自然规律。这就需要我们掌握更全面的科学理论，用科学的思维、方法去加以分析和解决。思想政治教育是一门综合性很强的工作，除了思想政治教育的专业知识外，还涉及社会学、政治学、教育学、心理学等诸多专业领域知识。

社会学是研究社会和社会问题的学科，它涉及人类生活的各个方面，以揭示各个时期社会结构、发展动力和规律为其主要任务。政治科学是研究国家学说、政治理论、政治制度和政治思想史的科学。思想政治教育是人类社会生活的一个重要组成部分，其本身同社会生活各个方面是紧密关联的。因此，如果说社会学和政治学研究的是社会和政治领域的一般问题，那么，思想政治教育学则是专门研究社会思想政治观点及其教育活动的特殊问题。马克思主义社会学和政治学所阐明的社会和政治领域的一般规律及其本质，对思想政治教育无疑有着重要的启示与借鉴作用。

高校的思想政治教育工作同样离不开教育学和心理学的专业知识支撑。教育学是研究教育现象及其规律的科学，主要探讨教育的一般原理，如教育的本质、目的、制度、内容、方法和管理等。而要做好高校师生的思想政治教育工作，同样要求我们研究掌握思想政治教育过程的矛盾、本质及其规律，从这个意义上说，高校思想政治教育同样是教育学的一门分支学科。教育学揭示的一般原则，对思想政治教育工作具有一般理论和方法论的指导作用。

同样，心理学是研究心理规律的科学。所谓心理规律是指认识、情感、意志等心理过程和能力、性格、气质等心理特征的规律。思想政治教育工作要求我们对教育对象开展心理过程的分析，遵循人们心理发展变化的规律，考虑师生个体的心理特征，才能达到预期的教育效果。心理学研究心理过程的一般规律和人的一

般心理特征，是思想政治教育学理论来源之一，对开展思想政治工作有着重要的借鉴与启示作用。尤其是在当前的社会形势背景下，高校的教师面临越来越大的精神压力，而成长阅历相对单一的独生子女一代也带有明显的心理脆弱的特征，因此，心理学知识的掌握也成为思想政治工作者的必然要求。

4. 人文素质课程的培训

人文素质课程包括中国传统文化研究、艺术欣赏等。高校思想政治工作者与其他领域的思政工作从业人员相比，其特点之一是其在高校这样一个特定的从业环境中，所面临的工作对象是具有较高科学文化素质的社会文化科学领域中的精英和佼佼者，因此，对从业人员的综合人文素质也提出了更高的要求。一方面，自身具备较好的人文素养和知识底蕴，对增强自身的人格魅力和学识品味无疑具有积极价值；另一方面，人文底蕴和艺术修养的提升，也是组织开展具有一定品味和质量的相关活动如学生的社团活动的现实需要。还有更重要的一个影响是，思政工作人员和师生，尤其是和学生平时接触密切，其自身的文化和艺术素养情况，对学生的成长有着潜移默化的作用，在耳濡目染间，思政工作者的品味和文化修养自然也会影响到学生的良好文化素养的培养。

5. 相关技能课程的培训

高校的思想政治工作者还应掌握秘书学、演讲与口才、计算机和网络科学、谈判学、公共关系学等相关专业领域的知识和技能，具有较高的综合能力。首先是语言文字表达能力：理论宣传、演讲动员、心理咨询、就业指导、计划总结、文件起草等都是思想政治工作要涉及的内容。而这些内容都需要借助有良好的语言文字表达能力来完成，表达能力的强弱直接影响到工作开展的实际成效。计算机网络运用能力：现代社会已经是信息社会，辅导员的工作同样需要大量信息的支撑，掌握计算机文字处理、网络信息的获取、课件制作与运用、多媒体使用、网上通讯、网页开发与设计等，不仅可以提高思想政治工作的成效，同样也是占领网络思想政治宣传阵地的必然要求。调查研究与组织协调能力：思想教育工作中矛盾的处理和解决、活动的设计和实施，人员的调配和各种有效资源的整合，都需要从业人员具备良好的调查研究能力和组织协调能力，才有可能最终实施完成和取得最后实效。所以，秘书学、演讲与口才、计算机和网络科学、谈判学、公共关系学等相关专业知识和技能，都是思想政治工作人员需要学习培训的内容。

三、思想政治工作队伍培训的主要方式

《普通高等学校辅导员建设规定》第十八条指出："高等学校要积极选拔优秀辅导员参加国际交流、考察和进修深造。支持辅导员在做好大学生思想政治教育工作的基础上攻读相关专业学位，鼓励和支持专职辅导员成为思想政治教育方面

的专门人才。”

1. 思想政治教育专业学位研读

要依托高校马克思主义理论教学及相关哲学社会科学学科所设立的马克思主义与思想政治教育专业博士点、硕士点，或者专门针对这支队伍举办思想政治教育研究生班，鼓励思想政治工作人员报考与研读相关专业，进一步加强理论学习，系统掌握马克思列宁主义、毛泽东思想、邓小平理论、“三个代表”重要思想、科学发展观以及我们党的方针、政策、路线，掌握思想政治教育的规律、方法，为辅导员专业化发展提供相应的学术、学科支撑。对于已经获得硕士学位的，要鼓励并创造条件进一步攻读博士学位，从而在专业化的基础上进一步向专家化方向发展。

2. 专业化的岗位培训

作为一名称职的辅导员，在专业知识上，不仅需要有较高的学历层次和学科背景，同时还要掌握从事大学生思想政治教育工作的专业知识和技能，具有较为广博的社会科学和自然科学知识以及良好的人文素养，具体可分为政治学、教育学、心理学、社会学、组织管理学、电脑网络技术等。针对这样的需求，相关职能部门应建立岗位培训制度，以高校为依托，建立辅导员岗位培训基地，开展定期岗位培训。在岗位培训中，要兼顾好发展性原则、针对性原则和系统性原则，也就是说，要将辅导员个人职业发展规划纳入辅导员队伍整体发展规划，通过相应的培训，使之明确职业发展目标，激发职业发展潜能，提高职业能力，提高队伍的整体素养；同时，要强调培训内容理论性与实践性相统一，紧密联系辅导员的思想和工作实际，科学设置培训内容；同时注重面上培训和骨干培训相结合，在全员培训的基础上，有计划有步骤地开展分类培训。

3. 相应职业资格的培训

目前，一些地方政府和部门已经根据高校思想政治工作岗位尤其是辅导员岗位应该具有的相关素质要求，开展了相应的职业资格系列培训和考证工作，比如心理咨询师、职业咨询师等。职业资格培训制度的建立，可以帮助思政工作从业人员在结合岗位培训的基础上，进一步、更深入、更系统，也是更规范地学习相关专业知识。最终通过考试的形式，检验和衡量这些专业知识的学习和掌握情况，提供渠道和机会，使思政工作者取得相关职业资格证书，持证上岗。职业资格培训工作的开展，使思政工作者向着更专业化、职业化的方向发展迈出了实质性的步伐。

4. 国内外进修、考察、学习交流活动

随着国家改革开放进程的加快，高校间的国际交流也日益增多，思想政治工作从业人员包括辅导员的出国进修、考察、学习交流也具有了现实可能性。正如文件中所要求的那样，我们要像重视教学科研人员那样重视我们的思政教师的培训工作。因此，在安排出国进修等学习机会上，同样要将思政教师纳入整体规划。思政人员的出国学习交流可以分两种。一种是短期的进修。可以以见习、实习的形式，到国外相关高校的管理部门工作，在工作中加强对国外高校师生教育管理经验的学习，汲取国外的先进管理理念为我所用。见习的同时，可以兼顾适当选修当地高校的相关专业课程，从理论和实践两方面得到启示和收获。另一种是短期的考察交流。一般是以考察团队的形式，带着课题、带着问题，参观访问国外的相关高校组织，在短期内对国外高校的教育管理工作进行了解和交流，获取相应的有价值的信息，从而促进自身的工作。

当然，开展国外的进修、考察、学习、交流活动，需要较大的经费投入，成本比较高。为使这些投入物有所值，首先，高校在组织这样的活动的时候，应做好严密细致的准备工作。如，精心选择有价值的国外进修、学习高校组织，出行前充分利用互联网等渠道，事先了解国外高校相关情况和特点，精心设计对自身工作有价值的考察方向、研究课题，加强对进修、考察人员的事先工作培训（包括加强外语能力的培训）以明确学习要求等，以充分的准备工作促进学习进修效率的提高等。其次，作为学习进修或参加考察交流的人员，应倍加珍惜这样的学习机会，充分利用好难得的学习机遇和环境，主动积极地了解、学习国外高校文化和师生教育管理方面的经验，以开放的眼光、积极的沟通和深入的思考，获取更多有价值的学习成果，从而最终促进自身的工作。

除了国外进修外，我们也不能忽视国内高校及相关领域间的互相学习和交流。应该讲，思想政治工作是我们党的优良传统，各个地方和领域在多年的实践探索中都各有所长、各有特点。因此，有计划地选送思政工作人员到不同的地方、不同的高校、包括跨行业领域去进修、考察和学习，博采众长，集思广益，同样是一种很好的学习渠道和培训方式。

5. 社会调查和社会实践

思想政治教育工作者要引导大学生步入社会，对学生所关心的思想、政治、生活、工作、学习与就业等问题有效地释疑解惑，自己首先要参加社会调查和社会实践，突破高校的局限，深入社会，了解社情民意，积累社会知识和较为深厚的人生阅历。一般而言，师生思想问题的产生，都不是空穴来风，都与社会有着密切的关系。马克思在《关于费尔巴哈的提纲》一文中明确指出，“人的本质并不是单个人所固有的抽象物。在其现实性上，它是一切社会关系的总和”①。由于社会是变化的，社会关系也在变化，人的本质也具有历史性和可变性。因此，“必须从人们现有的社会联系，从那些使人们成为现在这种样子的周围生活条件来考察人们”②。人的本质也

① 马克思，恩格斯. 马克思恩格斯全集[C]（第一卷）. 人民出版社 1956 年，(p18).
② 马克思，恩格斯. 马克思恩格斯全集[C]（第三卷）. 人民出版社 1956 年，(p50).

是历史与现实的辩证统一体，一个人带有历史的烙印，表现为历史文化对他的影响，也具有现实的模子。因此，深入社会现实，了解变化着的社会环境和社会生活，无疑可以帮助我们更深刻地认识人们思想问题的根源所在，从而更有针对性地开展工作，更有效地解决问题。

进行社会调查和社会实践，还有一种更深入和有效的方式是进行挂职锻炼。挂职锻炼可以分校内和校外两种。一种是在校内范围开展的，可以有组织有计划地选派符合一定条件的思政工作者到机关部处相关职能部门或者学院的相关岗位进行挂职；一种是在校外范围开展的，也就是选派符合一定条件的思政工作者到社会上的政府机关、企事业单位的有关岗位进行挂职锻炼。这种挂实职进行锻炼的方式，可以让思政从业人员通过不同岗位、不同工作环境、不同工作任务的磨练，得到锻炼提高。

当然，社会实践的组织实施要取得实效，还必须注意以下几个方面：

一是要注意真正深入基层。一般而言，基层工作矛盾比较集中、直接，环境较艰苦，工作在第一线，没有任何退路，工作独立性强，与群众联系密切。因此，到基层工作，能有效磨炼思政人员的意志，增强他们适应新环境的能力，处理复杂问题和驾驭复杂矛盾的能力，锻炼工作中的决策指挥能力，同时在工作过程中培养他们与人民群众的深厚感情。比如，就高校而言，尤其是那些长期在机关工作的人员，应选派他们到学院、系科第一线，最好是直接带班级，使他们能在和一线最基层师生的接触中，真正了解工作对象的所思所想，以及开展工作所面临的实际情况，从而帮助他们今后在开展自身工作时，能考虑到基层的实际需求以及可操作性。

二是要注意有针对性地开展实践。尤其是要针对某些思政人员自身素质特点进行实践。一是要针对自身弱点进行实践锻炼。工作缺乏独立性的人，就委以重要责任，促使其独立开展工作；缺乏吃苦耐劳精神的人，就派其到艰苦的环境中接受锻炼，培养吃苦耐劳精神；不善于做群众工作的人，就让他多联系群众，在接触中获得收益等等。二是要充分发挥所长进行锻炼。可针对政工人员的长处，用其所长，充分发挥他们的才干，一方面促进工作，另一方面，也为他们提供更广阔的锻炼和施展自身才华的舞台。

三是要注意轮岗锻炼。如长期在基层单位工作的同志可选派到领导机关锻炼，使他们站高一个层面，提升眼界，拓宽视野；而长期在领导机关工作的同志应选派到基层进行锻炼，使他们在基层接受磨炼，取得基层工作经验。作为长期在高校工作的思政人员，还应该为他们创造机会，走出高校的围墙，到社会上政府机关、企事业单位等进行锻炼，这样，可以帮助他们跳出学校工作的局限性，进一步拓展眼界，畅通信息，加强行业间的横向交流，从而达到集思广益、博采众长的效果。

第四节　思想政治工作队伍的考核

思想政治教育工作者的劳动和其他所有的劳动一样，有一个投入和产出的比例问题。若不注意对他们的劳动成果进行投入产出的分析，不去评价他们的劳动效果和效益，那么既看不出部门和部门之间的差别，又看不出个人与个人之间的差别，势必造成干好干坏一个样，干多干少一个样的情况。建立一套科学的工作评估和考核制度，对每个部门、每个同志的工作效果进行科学的考核，使效果好的、成绩突出的受到表彰和奖励，使效果差的、成绩不理想的从中找到差距、受到督促，从而调动广大思政教育工作者的工作积极性、主动性和创造性，不断提高队伍的整体素质和工作的质量。

同时，思想政治教育效果的评估和考核具有检验教育目的、评价教育过程、改进教育形式、调整教育内容的方法论意义。建立科学的评估考核制度，有利于改革思想政治教育工作的内容，创造新的工作开展形式和方法，进一步实现思想政治教育的科学化。通过开展这项工作，建立起一套科学的效果评估标准、评估指标体系和评估原则。而这些内容的建立，一般都要经历由实践到理论，由理论到实践的多次反复、多次修改、多次完善的过程。这些标准、指标、体系、原则的建立，能为思想政治教育工作指明努力的方向，使教育者明白自己的工作着力点，从而增强教育的针对性，也提高了受教育者接受教育的主动性。评估考核的过程，实际上也是一个大家共同总结经验、发现问题、改进工作的过程。这样的过程，有利于激发大家的上进意识，形成齐心协力去研究探索教育规律、积极主动去改进工作的良好氛围。

总而言之，评估和考核是思想政治教育工作中承上启下、继往开来的联系环节。它制约着思想政治教育的各个方面，是加强思想政治教育领导和管理的行之有效的方法。建立健全评估考核体系和制度，是新时期思想政治教育发展和创新的极其重要的工作内容之一。

一、考核工作的到位度

工作的到位度一定程度上体现了思想政治工作人员的工作态度和政治思想素质以及责任感、事业心和奉献精神。思想政治工作的性质决定了其工作的繁杂程度和对工作对象进行深入接触和了解、互动的工作要求。要把思想政治工作务实地切实地做下去，就必须要求落实完成相关“规定动作”，包括日常思想教育、形势教育、理论教育、党团活动、社团活动、社会实践、文化体育活动的组织实施等。因此，根据高校思想政治工作的具体要求，结合各个学校的具体特点和实际情况，规划和设计相应的工作评估考核内容指标体系，是确保工作到位的重要前提。如，以下列举的是上海某高校对辅导员的工作考核具体指标部分内容：

一级指标	二级指标
学风建设开展情况	学风建设十二条措施落实情况：抓考勤、抓自修、抓读书、抓竞赛、抓考级、抓考研、抓考风、抓方法、抓讲座、抓标兵、抓讲评
周三下午政治学习情况	周周有安排，每次有主题
党团建设开展情况	党建团建工作制度、工作计划及实施情况
专项主题教育活动开展情况	文明修身系列活动以及“感恩教育”、“欣赏教育”工作计划及实施情况
学生自管宿舍工作开展情况	辅导员主管和协管制度落实情况；指导楼管会工作，每周一次例会；党团活动进宿舍；学术活动进宿舍；开展宿舍文化活动；辅导员在宿舍办公时间的落实情况
职业发展指导工作开展情况	开展职业发展指导课程，就业率情况
心理健康教育开展情况	心理健康二级网络建立情况
网络思想政治工作开展情况	辅导员是否每天上网，有针对性地做思想工作
校园文化活动和社会实践开展情况	开展校园文化活动和社会实践活动的制度、计划书及实施情况
帮困助学开展情况	帮困助学制度落实及思想教育开展情况

另外，同时规定了一些必须完成的工作细节要求：

辅导员工作到位情况	1. 撰写学期工作计划及学期、学年总结； 2. 每月按时填写一份“学生辅导员工作情况月报表”； 3. 参加校、院（部）组织的辅导员工作例会、培训； 4. 参加校、院（部）工作值班，不漏岗； 5. 每月召开一次以上班会、班团干部会议； 6. 每学期与班级任课教师联系两次以上； 7. 学生在校表现不好或异常及时向家长通报； 8. 与后进学生谈话每月不少于 10 人次； 9. 深入学生宿舍每周一次以上。

通过这些指标体系的建立，使思想政治工作的落实有了非常明确的工作着力

点，同时对辅导员开展工作的到位情况有了很详细的基本考察点和具体观测指标，使所有的应该开展的工作不至于流于空泛和疏漏，确保了相关工作的落实，也使辅导员有了明确的工作要求。

二、考核工作的创新性

如果说在工作到位度考核中所列举的一些指标只是表明了我们必须要去做的一些工作，也就是“规定动作”的话，那么，如何设计一些“自选动作”去有效完成这些规定项目，工作是否能有所创新性，则是区别工作质量高下、成效大小的重要分水岭。

众所周知，当前，国际国内形势继续发生深刻变化，大学生的思想政治教育既面临难得机遇，又面临严峻挑战。国际形势风云变幻，意识形态领域斗争日趋复杂。从国内而言，随着我国社会深刻变革，人们思想的独立性、选择性、多变性和差异性进一步增强，东西方各种思想文化相互激荡，今后一个时期既是我国的发展机遇期，又是矛盾凸显期，热点难点问题明显增多，开展思想政治工作，统一思想、凝聚力量的任务非常繁重。特别是互联网等新兴媒体的出现，对传统思想政治工作和教育管理方式提出了很大的挑战，一些传统的相对单一的教育方法已经不能满足现代思想政治教育工作的需要，创新高校思想政治教育已经时不我待。因此，在评估和考核这项工作时，对工作创新性的考核应该摆在突出的位置。

考核工作的创新性，应主要从内容、方法、手段、载体、机制等方面入手进行评估衡量。首先，要看工作内容是否充分体现时代特征、紧贴高校师生思想实际，受到师生真心欢迎。如，对学生进行思想品德、人格精神主题教育，能结合现代学生成长背景和独生子女一代的自身弱点，从“感恩”、“欣赏”的角度出发，通过案例教育等方式，开展文明修身系列主题活动，就非常有时代意义，同时也贴合了学生的实际特点和成长需求。又如，上海某高校结合身边发生的贺宝根教授舍身救生、英勇牺牲的感人事迹，精心组织师生报告团，开展事迹报告会，并通过反映他平凡却感人的事迹的光碟等的制作发行，充分挖掘这位平时普普通通，却有着崇高师德风范的教师身上的闪光点，在师生中掀起一场敬业爱生的师德教育活动，因其内容的贴切和真实感人，在师生中引起了强大的思想震动，收到了很好的成效。其次，看工作方法和手段、载体是否有创新。面对崇尚个性的一代，传统的“我说你听”、“我打你通”的思想政治教育方式已经不再是教育的灵丹妙药，取而代之，尤其在高校这样的环境，相互间平等的、朋友式的交流更能取得实效。除了思想政治工作人员丰富的阅历和生活、工作的宝贵经验，掌握心理学专业知识，从心理咨询的角度进行问题的化解和矛盾的疏解，是当今大家越来越重视的更为有效的方式之一。与此同时，充分利用互联网的功能，通过设计相关管理程序，开发相关主题网页和软件，将思想政治工作的阵地延伸到网络，充分利用互联网的信息管理、交互等功能，提高管理的效率，也是新时期思想政治工作领域正在探索和尝试的创新点。思想政治工作在互联网的渗透，意义非常重大，不仅有效介入了越来越庞大的网上生活群体的生活，也使互联网这样一个受众面极其广泛的媒介被主流声音所引导，同时，网络的信息管理上的高效特点，也充分运用到我们的管理工作中，为我们服务。比如，沪上某高校自己开发设计的BBS，已经成了大受学生欢迎的网上生活天地，学生在这里抒发内心思想、生活中的喜怒哀乐，教师可以在这里真切地把握到学生的真实思想脉动。当然，因为BBS的真实、平等、开放性，也会导致网上的内容良莠不齐，除了一些有违我们的政策的言论，一般的问题，我们都将之作为可以引导的教育线索，所有的思想政治工作人员，都有责任和义务在BBS上以普通网民的身份，用学生乐于接受的方式和话语，开展思想引导工作。对于那些在网上反映出一定思想问题的学生，学校还可以运用网络的相关技术，查找出相关人员，交由相关单位和老师同时在网下开展辅助引导工作，实现网上和网下的互动，更好地取得工作的成效。第三，考核机制的创新。如何使繁杂的思想政治教育方方面面的工作有机地整合在一起？党、团、学各个条线如何实现有机的一体化运作和互动？如何突破高校的局限，充分整合社会教育资源，实现高校与社区、全社会的有效互动？这些都需要我们在工作机制的创新上去动脑筋、下功夫。

当然，重视考核工作的创新性，并不是说要摒弃我们思想政治工作中的优良传统。长期以来，我党建设发展的历史说明，传统的思想政治工作在不同的历史时期都发挥了重要的作用，在我们党和国家、社会的建设过程中功不可没。如今，历史的车轮已经驶进了一个新的时代，我们面临的是新的时代环境和时代环境下的工作对象，所要重视的应该是如何创造性地继承和运用好思想政治工作这个传统法宝，使其在新的历史时期同样焕发强大的生命力和战斗力，来为我们新时期的发展目标服务。所以，创新是一个民族不竭发展的动力，同样也是思想政治工作不竭发展的动力。对创新性的考核，其最终的诉求也是为了更好地将我们传统的思想政治工作的宝贵经验继续在新时期得以有效传承和发扬光大。

三、考核工作的实绩(整体效应)

如果说工作的到位度和创新性是做好思想政治工作的两个重要前提的话，那么，工作的最后实绩和整体所取得的效应，则是我们思想政治工作的最终归结点和所要实现的目标。所以，对思想政治教育工作的评估，除了看其工作是否到位，是否有创新精神外，最关键的要看其是否取得了实效。工作忙忙碌碌并不一定就是到位的，经常在工作上翻新招也不一定就是开展了成功的有价值的创新。那么，如何来衡量这个实效，如何来评判是否取得了实绩？我们必须确定衡量这一效果的客观尺度。马克思曾经说过，“人们的思维是否具有客观真理性，这并不是一个理论问题，而是一个实践问题。人应该在实践中证明自己思维的真理性，即自己思维的现实性和力量，亦即自己思维的此岸性，关于离开实践的思维是否具有现实性的争论，是一个纯粹经院哲学问题”①。因此，还是那句话，实践是检验真理的唯一标准。

高校思想政治教育工作成效的体现，应具体反映在以下三个方面：

第一，是否促进了教学科研工作的发展和学生的成才。思想政治教育的成效应首先看是否促进了生产力的发展，是否体现出其“间接生产力”的成效。在高校师生中生产力促进和发展的体现，就是教学科研和学生的学习成才情况。是否振奋起师生献身于教学科研和学习成才的巨大热情和创造精神；是否在教师的教学科研和学生的学习成才过程中充分发挥了保证作用、监督作用和服务作用，应该是我们首先要衡量和参照的重要方面。

第二，是否促进了学校的精神文明建设。物质文明和精神文明两手都要抓，两手都要硬，是我们社会主义初级阶段所必须坚持的基本方针。一个单位的思想政治工作是否有成效，还要看通过开展工作，在这个单位是否形成了有利于单位建设发展的理论指导、舆论力量、价值观念、文化氛围和校园环境，还要看这个单位整体的人的思想道德素质和文化素质情况。当前，政府主管部门对学校精神文明单位的创建和评估指标体系日益完善，整个指标体系几乎覆盖了学校生活的各个方面，那么，思想政治工作是否取得实效，就应该同时看是否促进了这些方面的工作。一个思想政治工作卓有成效的单位，也一定是一个舆论引导正确有力、价值引领正确高尚、文化氛围积极健康、文明之花处处盛开的单位。

第三，最终还要看是否促进了人的全面发展。人的全面发展是人的彻底解放的标志，也是小康社会建设的目标。马克思主义认为，人的全面发展是人之为人的规定性，即人的本质和人性的全面生成、丰富和发展。人的全面发展表现为人的活动、需要和能力的全面发展，人的社会关系的全面丰富、社会交往的普遍性和人对社会关系的全面占有与共同控制，人的素质的全面提高和个性的自由发展。那么，把提高人们认识世界和改造世界的能力作为自己根本目的的思想政治教育，在高校而言，其效果必然要在是否促进了师生的全面发展上充分体现出来，要看通过开展工作，是否帮助和推动了师生的全面发展。

当然，在评价和考核思想政治工作的成效的同时，鉴于思想政治教育工作本身的一些特点，我们还要注意处理好以下几个关系。

---

① 马克思，恩格斯. 马克思恩格斯全集[C](第三卷). 人民出版社 1956 年，(pp3－4).

首先，要处理好显性效果和隐性效果的关系。这里的显性效果，一般多体现在教育对象的外在行为和通过教育较快体现的活动成效、工作业绩和学习成果上；而隐性效果，一般是指一时看不见、摸不着的，大多体现在思想认识、道德情感、意志信念等心理上的无形变化和对工作、学习的业绩取得潜在的推动、促进作用。事实上，人们接受教育之后再认识水平、思想观念、道德品质、行为习惯等的提高和发展，归根结底是个体身上所体现的这种有形变化与无形变化的矛盾运动。两者相互联系、相互制约、相互渗透、相互促进，完整地体现着思想政治教育的辩证效果。当然，思想政治教育工作的成效，有些是不可能马上立竿见影地得到体现的，但长远而言，是有积极作用的。"十年树木，百年树人"，我们不能期望人们的头脑中某种思想观点的形成、政治意识的培养、道德观念的确立，可以由某项具体的思想政治教育活动的实施马上收到立竿见影的效果。但我们相信，一些教育活动的实施，虽然不可能一下子完全转变一个人的思想观念，但多少会在这个人的头脑中留下一些印记，产生一些影响。积累到一定的时候，有了激活的契机，一定会体现出来。比如，如今已经深入人心的文明习惯，如不闯红灯，不随手乱扔垃圾，不乱插队等，当初在刚刚推行时，也并不是马上就能收到很好的效果，但是，多少年的坚持，如今最终成效得以体现。我们不能说这仅仅是现在开展的那几件工作的具体成效，而应该看到，这同样是多少年前在更艰苦的环境下开展的同样主题的教育工作成效长远效果的体现。因此，评价和检验思想政治教育的效果，不能只看到显性的一面，同样也要客观地看到其隐性效果或长远效果的另一面。

其次，要处理好"一因多果"、"一果多因"、"多因多果"的关系。思想政治教育的工作成效应该体现在思想政治教育的实践所引起的教育对象发展变化的社会效应上。但是，在事物的发展变化中，"一因多果"、"一果多因"、"多因多果"的情况经常发生，因此为检验思想政治教育的成果带来了一定的困难，需要我们认真加以分析和甄别。应该看到，被教育对象的思想、行为的表现，涉及社会生活的各个领域，包括政治经济、学习工作、社会交往、文化娱乐，甚至家庭生活等各个社会生活层面。一个人的思想、品德、作风、情操等，只有在这样的广阔领域才能得到充分的体现。另一方面，思想政治教育体现在这些领域内的效果，也很难说是独立的成果；相反，被教育对象体现在这些领域中的问题，也不能简单地认为就是思想政治教育不力的单一原因，还牵涉家庭教育、社会环境因素等。事物之间的因果关系非常复杂，一因一果的情况是非常罕见的，更多的是多因多果。因此，我们在评价思想政治工作的成效时，要处理好多种因果关系，客观全面地加以分析。

第三，要处理好稳定和反复的关系。辩证唯物主义告诉我们，世界上的万事万物都是沿着否定之否定的道路曲折地向前发展的，思想政治教育的效果也是如此。固然,我们希望在开展了思想政治工作之后,其积极的成效能得到长期的保持和体现,但是,客观外界环境也是在不断的变化之中的。外界刺激的多样性,使人们的现实思想也随之发生变化,并可能在变化的过程中出现反复。这种反复往往表现为在时间、空间和事件上同一主题认识上的差异性,这给判断思想政治教育的成效也带来了困难。比如说,一些法轮功参与人员在通过接受教育后,有了转化,但也有的在接触了反面宣传后,又有了反复的现象。对此,我们不能简单地评价之前所开展的教育工作,不能认为某人对某事的认识上出现了反复,就简单地否定了之前对其开展的所有工作的成效;也不能简单地断言,某人对某事的暂时认同,就体现了工作的绝对成功。评价思想政治工作的成效,还是要坚持动态发展的原则,不能就一事一时下定论,要正确认识思想政治工作过程中出现的反复现象。

第四,要处理好定性和定量的关系。

定性和定量的原则是一条适用于自然科学和社会科学研究的基本原则。定性评估一般侧重对考核对象的整体及其性质进行综合分析、鉴别确定,而定量评估则一般是运用数据的形式,通过对效果表现中的一些量的关系的分析来反映和把握思想政治工作的效果。思想政治教育效果的评估和考核,必须将两者有机地结合起来,做到两者的有机统一。辩证法告诉我们,没有无质的量,也没有无量的质。没有定量分析的定性评判,往往容易导致主观随意和事实模糊。凭一时的印象和主观经验就简单得出结论,往往难以说明事物的真实情况,也难以取得公信力;与此同时,我们也要看到,思想政治教育是社会主义精神文明的重要内容,其直接的成果是精神成果,而精神成果有许多是难以量化的,而且思想政治教育的效果往往具有不确定性,很难加以精确测量。定量是阐明定性的客观依据,但不能取代定性;定性也只能作为定量的前提和归宿,不能在评估全过程中取代定量。所以,只有正确把握评价考核中定性和定量的关系,才能对思想政治教育的成效作出客观公正的评价。

第五,要处理好理论性和操作性的关系。

理论是建立在科学的基础上的。进行思想政治教育成效的考核,必须有科学的理论为考核依据,但同时也要注意有具体可操作性,这样才能取得实际效果。《普通高等学校辅导员建设规定》第二十二条指出:“各高等学校要制定辅导员考核的具体办法,健全辅导员的考核体系。对辅导员的考核应由组织人事部门、院(系)和学生共同参与。”当然,辅导员仅仅是高校思想政治教育工作队伍的一部分,分条线建立全面、科学、有效的对思想政治教育工作成效的考核办法,是一个需要静心、耐心和细心投入的课题,要求我们既要参照一般的作为人力资源管理范畴的人事工作考核规律,也要结合思想政治教育工作这个特殊的领域特点,做到有较强的针对性和可操作性。这就要求我们不仅要在科学的理论指导下建立考核评估的指标体系,同时也要求我们有合理有效的考核方式方法。如除了根据指标体系看递交的材料,听取工作汇报外,还应该深入师生基层,了解师生的实际思想、学习、工作和生活现状,观察他们的精神面貌和行为表现,听取他们的意见反馈。又比如,还可以开展抽样调查、追踪调查,获取相关的数据和具体素材,从而真正做到科学全面地进行考核,做出合理的评价。

第十一章　高校思想政治工作与党的建设

高校思想政治工作是高校党建工作的重要组成部分，同时又是高校党建工作的优良传统和重要法宝。在新的历史条件下，高校思想政治工作面临新的形势、任务与挑战，这就要求高校党的各级组织都要把思想政治放在重要位置，切实加强对思想政治工作的领导，充分发挥群众组织的作用，加强党的自身建设，不断推进高校思想政治工作迈上新的台阶。

第一节　加强党对高校思想政治工作的领导

党对高校思想政治工作的领导，主要是通过党对思想政治工作的政治领导、思想领导和组织领导来加以实现的。政治领导旨在解决方向问题，具体表现为贯彻好党的路线、方针及政策。思想领导旨在解决精神动力问题，具体表现为开展积极有效的思想政治教育和宣传教育。组织领导旨在充分发挥党的组织优势，选拔好各级领导班子和干部队伍，充分发挥党员干部的先锋模范作用。具体地说，党对高校思想政治工作的领导，是通过学校党委的总揽全局、协调各方作用，基层党组织的政治核心、战斗堡垒作用，广大党员领导干部以及共产党员在各自岗位上的先锋模范作用来实现的。

一、学校党委对全校思想政治工作的总揽全局、协调各方作用

1. “总揽全局、协调各方”的基本内涵及其表现

（1）基本内涵。“总揽全局、协调各方”是高校党委工作的重要原则。“总揽全局”要求高校党委要立足于党的工作大局，集中主要精力抓住根本性、全局性、关键性的重大问题，把好政治方向、决策重大问题、安排重要人事、开展宣传教育、维护学校稳定、形成工作合力、领导群众组织，从政治上、思想上、组织上加强领导，保证党的路线、方针、政策在本校得到正确贯彻与全面落实。“协调各方”要求

高校党委要从整体推进学校工作出发,统筹协调好工会、教代会、共青团、妇委会、民主党派之间的关系,统筹安排好纪检、组织、宣传、统战等方面的工作,使各方都能各司其职,各尽其责,相互配合,形成合力。

"总揽全局、协调各方"是相互联系、相互促进的统一整体。"总揽全局"是"协调各方"的前提条件和根本目的,"协调各方"是"总揽全局"的基本手段和根本动力。只有牢固树立"总揽全局"的观念,才能做到"协调各方",也只有做到"协调各方",才能更好地"总揽全局"。

(2) 集中表现。《中国共产党普通高等学校基层组织工作条例》规定了高等学校党委七个方面的主要职责:① 学习、宣传和执行党的路线、方针、政策,坚持社会主义办学方向,依靠全校师生员工推进学校的改革和发展,培养有理想、有道德、有文化、有纪律的社会主义事业的建设者和接班人。② 按照从严治党的方针,加强学校党组织的思想、组织、作风建设,发挥党的总支部的政治核心作用、党支部的战斗堡垒作用和党员的先锋模范作用。③ 讨论决定学校改革和发展以及教学、科研、行政管理等工作中的重大问题。④ 领导学校的思想政治工作和德育工作。⑤ 按照干部管理权限,负责干部的选拔、教育、培养、考核和监督。⑥ 领导学校的工会、共青团、学生会等群众组织和教职工代表大会。⑦ 做好统一战线工作,对学校内民主党派的基层组织实行政治领导,支持他们按照各自的章程开展活动。

以上七个方面的主要职责,充分说明了学校党委要对全校工作发挥"总揽"和"协调"作用,但总揽不等于包揽,协调不是取代,而是集中抓住根本性、全局性、关键性的重大问题。可集中概括为:

第一,把好方向。即把好社会主义高校的正确方向。坚持正确的办学方向是高等学校发展的本质要求,也是高校党委的首要职责。我国高校的社会主义性质决定了高校党委要始终坚持把用马克思主义中国化最新成果武装高校党员干部和广大师生的头脑,作为高校党建工作的首要任务,不断巩固马克思主义在高校意识形态领域的指导地位。我国高校的社会主义性质决定了高校党委要始终站在全局和战略的高度,坚持育人为本,切实加强和改进大学生思想政治教育,担当起培养和造就中国特色社会主义建设者和接班人的使命。当前,高校党委首要的政治任务就是要把党的十七大精神学习好、领会好、贯彻好,真正落到实处。

第二,抓好大事。即抓好学校深化改革,促进发展大事,抓好党管人才大事。深化改革、促进发展是当前高校的中心工作,学校党委要紧紧围绕这一中心抓好党的建设,要着重研究领导学校以内涵式发展为主的办学思路,坚持深化改革,抢抓机遇,实施跨越式发展。同时要坚持贯彻规模、结构、质量和效益相统一的原则,进一步强化管理,把提高质量和优化结构放在突出位置,进一步实施"教育质量提升"战略,以培养高质量的合格人才为办学第一要务,确保学生的基本素质与创新能力适应社会需求与自身发展。实施人才强国战略是党中央认真分析我国面临的国际国内形势，在社会主义现代化建设新的历史时期做出的重大战略决策，对教育特别是高等教育提出了新的更高的要求。党的十七大强调要坚持党管人才原则，努力造就世界一流科学家和科技领军人才，开创人才辈出、人尽其才的新局面。高校是培养高素质人才的基地，是聚集各类优秀人才的高地，高校党委要以人才队伍建设为抓手，把建设高水平的师资队伍始终摆在重中之重的位置，抓紧抓好。

第三，用好干部。即要将更多的德才兼备的优秀干部选拔到各级领导岗位上来。"政治路线决定以后，干部是决定因素。"高校党委必须始终坚持用好的作风选人、选作风好的人。要提高选任干部的透明度，使群众对干部选拔任用有知情权、参与权、选择权和监督权。要通过委任、聘任、选任等多种形式任用干部，逐步形成干部能上能下、能进能退、能高能低的有效机制，真正把群众信任、能干事、肯干事的人选拔到各级关键领导岗位上去。同时，要加强对干部的培训、教育、考核和管理；用好表扬和批评武器，激励和监督干部创造性地搞好本单位工作。

2. "总揽全局、协调各方"的重要性及其必然性

(1)"总揽全局、协调各方"是社会主义高校的性质决定的。

培养什么人、如何培养人，是我国社会主义教育事业发展中必须首先解决好的根本问题。大学生是国家宝贵的人才资源，是民族的希望、祖国的未来。要使大学生成长为中国特色社会主义事业的合格建设者和可靠接班人，不仅要大力提高他们的科学文化素质，更要大力提高他们的思想政治素质。只有真正把这项工作做好了，才能确保党和人民的事业代代相传、长治久安。高等学校是知识创新和技术转化的重要基地，承担着为经济社会发展提供科研成果和智力支持的重要责任。高等学校是传承精神文明和维护社会稳定的重要阵地，在社会主义精神文明建设和维护社会稳定中负有重要职责，必须抓好党的建设这个根本保证。

(2)"总揽全局、协调各方"是由高校在新的历史时期所担负的重要使命决定的。

百年大计，教育为本。教育在全面建设小康社会和实现中华民族伟大复兴的事业中具有先导性全局性作用。这种先导性全局性作用集中表现为：通过高等教育的进一步改革与发展，为实现全面建设小康社会的宏伟目标提供智力支持和人才保证。高等学校是知识分子汇聚之地，是各种思想文化集散之地，也是新思想新观念发源之地。承担着人才培养、知识创新和社会服务的重要任务。当代大学生是国家人才资源的重要组成部分，是实施人才强国战略的重要力量。加强和改进大学生的思想政治教育，把他们培养成为中国特色社会主义事业的建设者和接班人，对于全面实施科教兴国和人才强国战略，推进高校各项事业发展具有重大而深远的战略意义。

(3)“总揽全局、协调各方”是新的形势对高校提出的新的要求。

加强党的执政能力建设是党的十六届四中全会对全党提出的新的要求，党的十六届四中全会明确提出，按照党“总揽全局、协调各方”的原则，改革和完善党的领导方式，是当前和今后一个时期加强党的执政能力建设的一项重要任务。进入新世纪，国际局势正在发生深刻变化，我国进入全面建设小康社会、加快推进社会主义现代化建设的新阶段。从外在环境来看，社会大量涌入的外来思想文化、急剧转型的社会环境、飞速发展的信息技术等，对学生的生活方式、思想观念和价值取向产生深刻的影响。上海处于改革开放的前沿，各种思想文化相互激荡，社会热点、理论焦点在此交流交锋，这些情况一定会在思想活跃的大学生身上反映出来。从高校自身来看，高等教育的结构优化和布局调整进程加快，高校内部的管理体制改革逐步深化，这些都对高校党的领导水平和领导方式提出了新的要求。

3. 坚持和完善学校党委领导下的校长负责制

《中华人民共和国高等教育法》第三十九条明确规定：国家举办的高等学校实行中国共产党高等学校基层委员会领导下的校长负责制。中国共产党高等学校基层委员会按照中国共产党章程和有关规定，统一领导学校工作，支持校长独立负责地行使职权。这一领导体制可以概括为“党委统一领导学校工作，在党委领导下，校长全面负责学校的教学、科研和其他行政管理工作”。实行党委领导下的校长负责制，是在总结新中国成立以来正反两方面经验教训的基础上确立的具有中国特色的高校领导体制。实践证明，实行党委领导下的校长负责制，有利于党的路线方针政策在高校的贯彻落实，有利于高校的改革发展稳定。

坚持和完善学校党委领导下的校长负责制，要着重处理好“党委领导”与“校长负责”的关系。“党委领导”与“校长负责”是不可分割的有机整体。首先，要坚持学校党委的领导核心地位，确保学校党委统一领导学校的工作。“校长负责”是党委领导下的“校长负责”，不能削弱党委领导，更不能脱离党委领导。其次，校长是学校主要的行政负责人和法定代表人，在学校党委集体领导下，依法独立负责地行使职权，全面负责学校教学、科研和其他行政管理工作。校长要尊重党委的领导，对于学校行政工作中重大问题和重要事项，由校长为首的行政领导负责提出工作意见和方案，提交党委集体讨论决策。学校党委确定的大政方针和决策等事宜，需要以校长为首的行政系统组织实施。“党委领导”是“校长负责制”的党委领导，党委不能包办、代替校长行使法律规定的职权。党员校长是党委集体领导的重要成员，党委要尊重和重视党外校长的意见，涉及学校行政重大问题决策时应协商一致。与此同时，校长也要处理好与副校长的关系，副校长既要服从党委集体领导，又是校长的助手，应按照分工和岗位职责的要求协助校长开展工作。最后，要处理好“党委领导”、“校长负责”与科学决策、民主管理的关系。充分发挥高校学术委员会和教职工代表大会的作用，建立健全高校管理和决策科学化、民主化的运行机制，在领导体制上为高等学校的改革和发展提供有力保障。

二、高校各级基层党组织在本单位的政治核心作用

1. 政治核心作用的表现

高校基层党组织是建立在院(系)的党的基层组织，在高校党组织结构中处于承上启下的关键位置。它在校党委的领导下，对院(系)实行政治领导、思想领导和组织领导，对院(系)行政工作发挥保证和监督作用。基层党组织的政治核心作用是党的领导的具体体现，也是加强党对思想政治工作领导的基本条件。

政治核心作用是一个组织概念，它要求党的组织要把握好本地区、本单位发展的战略目标和政治方向，为社会、经济、文化的发展提供强大的精神动力和智力支持，不断增强党在人民群众中的吸引力和凝聚力。因此，政治核心作用的实质就是发挥党组织的政治领导作用。

高校基层党组织的政治核心作用具体表现在四个方面：(1) 保证党和国家的方针、政策在本单位(部门)得到全面贯彻执行。(2) 领导、部署本单位(部门)的思想政治工作和精神文明建设以及工会、共青团等群众组织工作。(3) 按照党管干部的原则，做好干部工作。(4) 对本单位(部门)的长远规划等关系到事业发展和群众切身利益的重大问题参与决策。

2. 发挥基层党组织政治核心作用的重要意义

(1) 有助于党的路线方针政策在基层的贯彻与落实。

党的路线方针政策是党的思想意志和主张的体现，是实现党的领导的途径，是推动中国特色社会主义事业取得胜利的保证。党的路线方针政策必须通过各级党组织特别是基层党组织的认真贯彻执行才能落实。高校院(系)基层党组织是党领导高校的组织基础，是党在高校教学、科研、管理第一线的战斗堡垒。高校基层党组织通过参与决策、宣传发动、组织实施和保证监督等工作环节旗帜鲜明地坚持社会主义办学方向，坚持马克思主义的指导地位，在实践中不断增强贯彻执行党的路线、方针、政策的自觉性和坚定性。

(2) 有助于院(系)各项工作的有效推动与开展。

基层党组织是院(系)的执政核心，它通过理论教育工作带领全院(系)师生全面贯彻“三个代表”重要思想和党的教育方针；通过党员发展工作，为党扩大阶级基础，增添新鲜血液，从而不断提高战斗力；通过师德师风建设和大学生思想政治教育、群众工作等途径，有力地调动了积极性，提升了师生的精神面貌，促进了学校的改革发展与稳定。同时，基层党组织通过加强自身建设，形成了完备的组织体系和工作制度，加强了党员教育、管理和监督工作，党员意识得到增强，党组织的战斗堡垒作用和党员的先锋模范作用得到发挥，在院(系)各项工作中成为了重

要的骨干力量。

(3) 有助于化解矛盾,为院(系)和谐发展创造条件。

基层党组织是学校党委与院(系)师生之间联系与沟通的桥梁,具有传递信息、化解矛盾、凝聚力量的重要作用。基层党组织政治核心作用发挥得好,始终把群众利益放在第一位,不断拓展党员联系群众的途径,丰富党员服务群众的内容,畅通群众表达意愿的渠道,有助于理顺情绪,化解矛盾,为院(系)和谐发展创造条件。

3. 以科学发展观引领基层党组织政治核心作用的更好发挥

(1) 正确处理"主角"与"配角"的关系。

基层党组织的政治核心地位,决定了它在事关院(系)政治方向的大问题上是绝对的"主角"。基层党组织必须立场坚定、旗帜鲜明地坚持社会主义办学方向,坚持马克思主义的指导地位。同时,基层党组织在院(系)行政工作上,发挥保证监督作用。因此,基层党组织要善于处理好与行政领导既分工又合作的关系,支持行政负责人独立负责地行使职权,当好行政工作的"配角"。要建立健全党政联席会议制度,院(系)工作中的重要事项,经过党政联席会议,按照民主集中制的原则集体研究决定。院(系)党政主要负责人会前要充分沟通酝酿,交换意见,根据议题内容分别主持会议。党政之间既要明确职责,又要协同合作;既要合理分工,又要形成合力;有效形成院(系)党政相互配合、协调运转的工作机制。

(2) 正确处理"核心"与"中心"的关系。

坚持围绕中心、服务大局是高校基层党组织建设的主要原则。"中心"是指学校工作的中心,"大局"是指全面建设小康社会和构建社会主义和谐社会的大局、推进高校改革发展稳定的大局、培养德智体全面发展的中国特色社会主义事业建设者和接班人的大局。"围绕中心、服务大局"要求基层党组织将党的工作放到促进教育教学、加强科学研究、推进社会服务的大局中去谋划,以中心工作的成效衡量和检验基层党组织建设的效果。基层党组织要找准工作的着力点和切入点,防止出现基层党组织工作的"空转"现象。如果基层党组织工作只是限于传达传达精神,学习学习文件,组织组织活动,不融入本单位本部门的实际工作中,就难以有效开展工作,作用也就无从发挥。

(3) 正确处理"刚性"与"柔性"的关系。

基层党组织政治核心作用的发挥,一方面需要制度的"刚性"保证,建立科学的考核评估体系,明确基层党组织的任务和目标,量化细化基层党组织的责任,形成刚性约束,努力做到组织健全、班子坚强、队伍过硬、制度完善、活动正常,不断提高基层党组织的战斗力,真正把党组织建设成为促进高校各项建设和跨越式发展的坚强战斗集体。另一方面需要思想政治工作的"柔性"保证。基层党组织通过开展深入细致的思想政治工作,不断增强工作针对性和实效性,从而更好地提高党组织的凝聚力和感召力。

三、高校全体共产党员在本职工作中的先锋模范作用

1. 党员先锋模范作用的表现

共产党员的先锋模范作用是指党员按照党章的要求，在建设中国特色社会主义伟大实践中，在生产、工作、学习和一切社会活动中，通过自己的骨干、带头和桥梁作用，影响和带动周围的群众，共同实现党的纲领和路线。共产党员无论何时何地，在何种条件下，都要发挥先锋模范作用，这是党对每个党员的基本要求。共产党员的先锋模范作用具体细化为骨干作用、带头作用和桥梁作用。

（1）骨干作用。

“骨干”是比喻在总体中起重要作用或基本作用的人或事物。党员的骨干作用要求党员在群众中或者在生产、工作、学习和社会生活中发挥“主心骨”的重要作用。无论何时何地，党员都要表现出对党的事业的坚定性、积极性、主动性和创造性，以此形成强大的感召力和凝聚力，把广大群众争取和团结在自己的周围，进而紧紧吸引和团结到党的周围，沿着党所指引的方向前进。

（2）带头作用。

共产党员应处处以身作则，在各项工作和活动中都走在群众的前面，处处给群众作出表率，成为群众学习的榜样，带动人民群众为实现党的目标和任务而共同奋斗。榜样的力量是无穷的，共产党员应该自觉地在群众中发挥榜样作用，带好头，在群众中产生巨大的示范作用，增强人民群众对党员的信任感，使党员真正成为群众心目中的带头人。

（3）桥梁作用。

共产党员除了发挥骨干、带头作用之外，还应该充分发挥好自身在党和人民群众之间的桥梁与纽带作用。一方面，要经常向群众宣传、解释党的路线、方针、政策和主张，使群众自觉地为实现党所提出的各项任务而奋斗；另一方面，要及时地、如实地向党组织反映群众对党和政府工作的意见，以便党组织能够经常听到群众的呼声，更好地改进工作，从而保证自己的决策能正确地代表群众的利益，进一步巩固和发展党同人民群众的密切联系。

2. 高校全体党员发挥先锋模范作用的重要意义

（1）这是由党的性质决定的。

《中国共产党章程》明确规定，中国共产党是中国工人阶级的先锋队，同时是中国人民和中华民族的先锋队。“先锋”者，即先进、先行之意。先进性是对党的性质的基本概括，党的先进性是党的生命线。党的十七大报告再次强调，先进性是马克思主义政党的生命所系、力量所在，要靠千千万万高素质党员来体现。党员是构成党的肌体的细胞，而肌体的细胞健康、充满生机活力，整个肌体才会坚强

有力、生机勃勃。党的先进性从整体上规定了党员的先进性，党员的先进性从个体方面反映着党的先进性。因此，只有广大党员个体处处发挥先锋模范作用，体现先进性，党的先进性才有坚实的组织基础和坚强的组织保证。

(2) 这是由高校党员在党组织中的基础地位决定的。

党的基层组织是党的全部工作和战斗力的基础，是党执政的组织基础。而党员是党组织的基础组成部分。每个党员工作、学习、生活在党的基层组织之中，党员素质高，党组织的创造力、凝聚力、战斗力就强，战斗堡垒作用就发挥得好，党的先进性就能够充分展现出来；反之，党员素质差，基层党组织的创造力、凝聚力、战斗力的体现也就会受到限制。因此，党员素质的高低对于基层党组织作用发挥的大小具有决定性作用。因此，加强高校党对思想政治工作的领导，必须把坚持不懈地提高党员素质、充分发挥党员的先锋模范作用作为根本着力点，切实抓紧抓好。

(3) 这是由高校党员在教书育人中的特殊地位决定的。

高校党员教师具有双重身份。作为一名教师，是人类文明的传承者，担负着"教书育人"的神圣使命，必须忠诚于党的教育事业，胸怀祖国、热爱人民，默默耕耘、无私奉献，以人民教师特有的人格魅力、学识魅力和卓有成效的工作学为人师、行为世范。作为一名党员，应更好起到带头、带领作用，走在教书育人的前列。在党中央大力实施科教兴国、人才强国战略的今天，我们要充分发挥教育的基础性、先导性、全局性作用，在全社会大力倡导尊师重教的风尚，大力发展教育事业，大力提高全民族素质，教师党员在其中发挥着极其重要的作用，因此，对于高校来说，充分发挥党员教师的先锋模范作用，是当前高校党建工作的一项重要任务。

随着学生党建工作的开展，大学生党员成为高校党员队伍的重要组成部分。大学生党员是党员队伍中年龄层次低、学历层次高、最富有朝气和活力的群体，是引领中国未来社会经济发展的重要力量，是未来高级专门人才和各级领导干部的重要来源。因此，充分发挥学生党员的先锋模范作用，加强学生党员队伍先进性建设是当前高校党建工作的又一个重要课题。

3. 切实发挥好高校党员的先锋模范作用

(1) 坚定理想信念，在为建设中国特色社会主义奋斗中发挥先锋模范作用。

坚定的共产主义理想信念是共产党员先锋模范作用的首要要求。党的十七大提出，要使广大党员、干部做共产主义远大理想和中国特色社会主义共同理想的坚定信仰者。坚定的共产主义理想信念是立身之本、力量之源。共产主义理想信念代表了社会进步的方向，凝聚了绝大多数人的意愿和根本利益，是凝聚人心、战胜千难万险的强大动力。在当前，坚定理想信念具体表现为坚定不移地为建设中国特色社会主义奋斗。中国特色社会主义，是当代中国发展进步的旗帜，是全党全国各族人民团结奋斗的旗帜。高校党员必须始终不渝地坚持以邓小平理论和"三个代表"重要思想为指导，深入贯彻落实科学发展观，毫不动摇地坚持和发展中国特色社会主义。

(2) 提高本领,在争创一流业绩中发挥先锋模范作用。

提高本领是知识经济时代对党员提出的新要求。共产党员只有不断提高自己的专业水平,增强自身的本领,才能始终站在时代前列。首先,提高本领是党的执政能力建设的新要求。不断把各方面的优秀人才聚集到党和国家的各项事业中来,把中国共产党建设成为优秀人才高度密集的执政党。其次,提高本领是共产党员更好发挥先锋模范作用的基本路径。胡锦涛在新时期保持共产党员先进性专题报告会上指出:党和人民的事业是由无数具体工作推动的,党的执政能力也是由各级党组织和全体党员干部的工作能力组成的。共产党员保持先进性,必须体现到在改革发展稳定的各项工作中发挥先锋模范作用上,体现到带领群众为推动经济发展和社会进步而开拓进取的实际行动中。

(3) 牢记党的宗旨,在全心全意为群众服务中发挥先锋模范作用。

实践党的宗旨,要胸怀一颗为人民服务的真心。全心全意为人民服务,必须做到真心实意,不能三心二意,半心半意,更不能虚情假意。要真心实意地想群众所想、急群众所需,时刻把群众的冷暖挂在心上。要经常深入群众、联系群众、关心群众,努力为大多数群众的利益着想,真心实意为群众办实事、办好事,用自己的实际行动塑造良好的共产党员形象。实践党的宗旨,要从细微处做起。全面建设小康社会是惠及十几亿人民群众的大事,这件大事是由无数涉及群众切身利益的小事汇聚而成的。关心群众生活,为群众谋利益,就是要从为群众解决具体问题入手。全心全意为人民服务,还要做到坚持不懈,持之以恒。

第二节　党组织通过发挥群众组织的作用开展思想政治工作

相信群众、依靠群众、放手发动群众,是马克思主义的一项重要原则。高校党委必须十分重视群众组织的建设和领导,通过发挥工会、共青团、妇委会、民主党派等群众组织的作用来共同做好思想政治工作。

一、领导好工会、共青团、妇委会工作,发挥好教代会作用

1. 充分发挥高校工会的独特作用

(1) 高校工会的基本特点。

高校工会是学校党委领导下的群众性团体组织,是学校党委紧密联系和组织广大教职工的桥梁与纽带,是教职工合法权益的代表者与维护者。高校工会有两个基本特点:第一,高校工会是党领导下的群众性组织,是教职工合法权益的代

表者与维护者,其设立的宗旨与中国共产党的宗旨的一致性,决定了高校工会必须在党委领导下开展工作。第二,高校工会作为教职工群众性的组织,具有自身的政治、组织、民主、活动渗透等优势,能更广泛地联系群众,倾听群众心声,了解群众意愿,发挥好职工教育、民主监督、维护权益、协调关系等职能。所以,高校工会在对广大教职工进行思想政治工作时具有独特作用。

(2) 高校工会的基本职能。

第一,参与学校管理。《中华人民共和国工会法》规定:"通过职工代表大会或者其他形式,组织职工参与本单位的民主决策、民主管理和民主监督,是工会的职责。"高校工会在学校党委的统一领导下,在学校各项改革中充分发挥自身优势,积极配合党政,在动员、组织、宣传、教育群众,参与制定、修改和实施改革方案等方面,具有十分重要的、不可替代的作用。随着社会主义市场经济的迅猛发展和高校内部体制改革的不断深入,特别在涉及学校发展大局和教职工切身利益的问题上,高校工会义不容辞地发挥了学校党委与教职工之间的桥梁作用,充分尊重教职工的主人翁地位,调动他们的积极性和创造性,扩大他们对学校工作的监督渠道,为他们参与改革创造条件。

第二,维护教职工合法权益。既然高校工会是教职工合法权益的代表者与维护者,它必然将切实维护好广大教职工的合法权益作为自身的根本任务和工作切入点。胡锦涛曾强调,全心全意为职工群众服务,这是工会工作的生命线。高校工会面对的是以知识分子为主体的特殊群体,他们民主意识浓,责任意识强,不仅仅满足于自身的身体健康,更渴望得到人格的尊重和人生价值的全面实现,因此,他们的维权要求与社会上其他行业工会会员维权要求相比,具有更加强烈的特点。

第三,加强对教职工的教育。高校工会作为学校党委领导下的群众组织,肩负着宣传党的基本路线、宣传国家政策、教育教职工、建设校园精神文明等特殊责任。高校工会所具有的健全的组织体系、群众化的工作方式和广泛的群众基础,为高校工会有效开展教职工教育、参与校园文化建设等方面工作创造了条件。高校工会除了组织各类政治学习、各种学习报告、参观访问、座谈会等形式的教育以外,还根据学校发展要求以及教职工的特点,采用灵活多样、丰富多彩的方式,在广大教职工中开展各类教育活动。

(3) 在构建和谐校园中,充分发挥学校工会作用。

高校和谐校园建设是和谐社会建设的重要组成部分。第十五次全国高校党的建设工作会议提出了要按照构建社会主义和谐社会的总体部署和要求,密切联系高校发展实际和高校师生思想实际,突出重点,扎实推进和谐校园建设的要求。高校工会要进一步发挥桥梁与纽带功能,积极协调好各种关系,在构建和谐校园中充分发挥自己的独特作用。

2. 充分发挥共青团的主体作用

(1) 共青团组织的性质。

中国共产主义青年团(简称共青团)是中国共产党领导的先进青年的群众组织,是广大青年在实践中学习共产主义的学校,是中国共产党的助手和后备军。青年工作是党的群众工作的重要内容,共青团事业是党的事业的重要组成部分。共青团的基本任务是:发挥好党的助手和后备军作用,为党的事业教育、团结和带领好青年;发挥好作为国家政权的重要社会支柱的作用,积极协助政府管理好青年事务;发挥好党联系青年的桥梁和纽带作用,依法代表和维护青年的利益,反映青年的意愿和呼声。

(2) 共青团组织的作用。

高校共青团工作是全团工作的重要组成部分。高校的团员占学生总人数的比例达到 90%以上,主要对象是在校的大学生和研究生,他们居于较高的文化知识层次,思想活跃,知识面广,对社会问题十分敏感,他们的思想状况在一定程度上对全团青年有着引导性影响,因此,做好高校的共青团工作,对全团工作起着举足轻重的作用。

共青团工作在高校思想政治工作中具有独特的政治优势和组织优势。高校的根本任务是育人,即通过课堂进行有目的的、系统的教育活动,为社会主义现代化建设培养各类专门人才;而高校共青团工作的目标也是育人,通过课余时间进行思想政治教育,帮助青年团员成长成才,为社会主义建设服务。高校团工作与学校工作互相配合,形成教育合力,共同提高。

(3) 共青团工作的创新。

第一,围绕中心服务大局,这是共青团创造一流业绩的立团之本。共青团工作必须秉承"青年为本、以德为先、服务为重、发展为主题"的工作理念,以服务学生成长成才为宗旨。党的十七大报告指出:"要全面贯彻党的教育方针,坚持育人为本,德育为先。"作为培养青年学生的大熔炉,把学生培养成德智体美全面发展的中国特色社会主义事业建设者和接班人,为学生的成长成才服务,是高校共青团一切工作的出发点和落脚点。学校共青团要发挥助手和后备军作用,始终围绕党政中心工作,认真落实党的指示,坚决执行党的决定,致力于学校改革发展目标和人才培养目标的实现,在理论学习、组织建设、校园文化、社团建设、社会实践、学生维权、信息调研等方面开展好工作。

第二,坚持服务学生发展,把准脉搏着眼需求,这是共青团巩固群众基础的兴团之策。了解学生、服务学生,想学生所想,急学生所急,做一切有利于学生成才成长的事,做学生成长的领跑员、指路灯、知心友。

第三,加强团的自身建设,锐意进取,苦练内功,这是共青团可持续发展的壮团之举。只有不断提高团干部自身党性修养、人格境界、理论水平、服务能力,才能从容应对工作挑战，才能满足青年成才需求。

第四，坚持适应时代、顺应潮流，研究青年创新工作，这是共青团实现与时俱进的强团之路。创新是发展的灵魂，研究时代特征，把握青年规律，创新工作体系，才能开创共青团工作的新局面。

3. 认真做好妇委会工作

高校妇女工作委员会（简称妇委会）是党委领导下的妇女群众基层组织。高校妇委会的基本职能是代表和维护妇女的权益，促进男女平等的实现，将知识女性组织起来，凝聚她们的力量，为高校各项工作的开展和两个文明的建设发挥作用。

高校妇委会工作因其工作对象的特殊性而具有特殊的意义。广大女教职工勤奋工作、无私奉献，在高等教育事业和社会经济发展中发挥了重要的作用，涌现出一大批女领导干部、女教授、女专家和一大批“三八红旗手”，她们成为高校人才队伍的重要组成部分，成为科教兴国的中坚力量，成为推动社会发展的重要力量。所以，重视做好这部分人群的工作，调动她们的积极性，意义深远而重大。

（1）围绕高校发展全局，更好发挥妇委会作用。

高校妇委会组织要主动接受党组织的领导，认真贯彻党的路线方针政策，充分发挥好党联系妇女群众的桥梁纽带作用。高等学校是国家人才培养和科学研究的重要基地，高校妇女工作必须围绕并服从服务于这个大局，积极主动地开展工作。这就要求妇委会必须把妇联组织的工作部署和学校建设发展大局结合起来，寻找发挥作用的切入点和突破口，在工作中紧紧围绕学校的中心工作，努力服务于学校的发展建设，从而不断增强妇委会的影响力。

（2）围绕高校妇女特点，更好地提高工作成效。

高校知识女性具有广博的科学文化知识、丰厚的文化底蕴，她们关心学校发展，具有强烈的进取精神，是推进学校各项工作的重要力量。高校妇委会必须在较高的起点上，坚持以女教师、女干部工作为龙头，以女学生工作为基础，开展多种形式的教育、服务和维权工作。如以实施女性素质工程为重点，全面提高女教工、女学生的综合素质。在全校女教工中开展“巾帼建功”活动，举办讲座、培训班、报告会等多种形式，对她们进行新形势、新知识、新观念教育，引导她们提高素质、岗位建功，营造比学赶帮的良好氛围。

（3）围绕妇委会自身能力建设，不断提高自身素质。

加强妇女组织能力建设是做好新时期高校妇女工作的前提条件。高校党委要坚持以党建带妇建，以建设高素质干部队伍为关键，以创新工作机制为重点，以加强基层组织建设为基础，不断提高各级妇女组织的创造力、凝聚力和战斗力。一要大兴理论学习之风，不断提高思想政治水平、马克思主义理论素养和群众工作水平，提高服务大局、服务妇女、服务基层的综合素质，提高学习、协调、创新的能力。二要积极探索新形势下妇女基层组织建设和发挥作用的新途径，紧紧围绕高校妇女群众尤其是知识女性群众的特点，不断拓展工作领域，创新工作机制，改进工作方式，扩大工作覆盖面。三要加强妇女干部队伍建设，进一步优化妇女干部队伍结构，提高妇女干部整体素质。同时，要转变工作作风，树立妇女干部的良好形象。

4. 发挥好教代会作用

高校教代会是广大教职员工行使民主权利，民主管理学校的重要形式。加强教代会建设，充分发挥教代会作用，对于全心全意依靠教职工办好学校；充分调动教职工的积极性和创造性；实现决策民主化、科学化；促进学校改革、发展和稳定具有重要的作用。

(1) 领导重视是关键。

高校党政领导要从贯彻落实"三个代表"的重要思想和科学发展观的高度，从全心全意依靠工人阶级的高度来认识加强教代会工作的重要性。切实加强对教代会工作的领导与支持，把教代会工作纳入学校的重要议事日程，真正发挥其在党群关系中的桥梁与纽带作用。

(2) 代表素质是基础。

教代会代表的综合素质是发挥教代会作用的基础。代表的综合素质包括思想素质、业务素质、能力素质等，代表的政策水平高低、工作热情大小、参与能力强弱，都会影响教代会作用的发挥。为从整体上保证教代会代表的素质，要着重抓好三个环节：一是抓好教代会代表的选举环节，真正把那些思想好、作风正、懂业务、有能力、热心为教职工说话办事的人推选出来当代表。二是抓好教代会代表的培训工作，通过定期培训，使代表们夯实理论基础，提高参政议政能力，明确肩负的责任，从而更好地履行代表职责。三是加强与代表的联系，尤其是让代表们在教代会闭会期间也有事干、有担子、有任务，从而更好地发挥他们的积极性。

(3) 制度建设是保证。

民主是教代会的灵魂，监督是教代会的基本权力，要充分发挥教代会民主监督的作用，必须高度重视教代会自身建设的制度化和规范化，健全教代会机构，建立相关的工作制度，畅通上下沟通的渠道，真正保证教代会作用的有效发挥。

二、加强同各民主党派、无党派人士的联系，做好统一战线工作

1. 统一战线工作是高校党的建设的重要组成部分

统一战线是我们党执政兴国的重要法宝，高校统一战线工作是党的统战工作总体格局中的重要组成领域，是高校党的建设的重要组成部分。高校统战工作承担着民主党派、党外知识分子、无党派人士、民族宗教、归侨侨眷、台胞台属以及海外留学人员等方面工作，涉及面广，综合性强，是整个统战工作的缩影和窗口。做

好高校统战工作，团结广大党外知识分子，充分调动他们的积极性和创造性，发挥他们在民主监督和参政议政方面的作用，对于坚持和完善中国共产党领导的多党合作和政治协商制度，维护高校稳定，促进社会主义和谐校园建设，有着不可替代的作用。

2. 高校统战工作具有独特的优势

(1) 人才优势。

高校人才荟萃，智力密集，党外知识分子集中，是新的社会阶层人士的重要发源地，也是海外留学人员的输出源和归国留学人员的汇聚地。充分开发并有效利用这一宝贵资源，最大限度地调动广大知识分子的积极性和创造性，对于高校更好地完成培养高素质人才的根本任务，具有十分重要的现实意义。高校中的党外知识分子不仅人数多，而且骨干多，作用大，他们大多数是学有专长的高、中级知识分子，分布在教学科研的第一线，是学校教学科研工作的一支重要力量。

(2) 党派优势。

高校的民主党派作为参政党的基层组织，具有组织健全、党派成员比较多和层次比较高的特点。他们在社会上有影响、政治上有地位、学术上有造诣，他们参与学校管理，参与学校重大决策，对学校有关事务进行民主监督，是高校参政议政的重要力量。安排党外人士担任行政管理、教学科研、学术咨询、工会、教代会等机构岗位的领导职务，保证了党外人士参政议政、参与民主监督的独特作用。通过与党外人士交友联谊、召开座谈会、情况通报会等形式，充分调动统一战线各方面人士的积极性，使他们为学校改革发展献计献策，不断增强党的凝聚力、创造力和战斗力。通过举荐并向社会和各级人大、政府、政协输送党外代表人士，促进学校内部环境与外部环境的和谐发展。

(3) 协调优势。

构建和谐校园，既是贯彻落实中共中央关于构建社会主义和谐社会精神的具体体现，也是促进高校自身全面、健康、协调、可持续发展的内在要求。高校统战工作所具有的协调关系、沟通思想、理顺情绪、化解矛盾、维护安定团结等方面的独特优势，在和谐校园建设中具有独特的作用。通过统战工作，把各民主党派的力量调动起来，把少数民族的力量凝聚起来，把出国和归国留学人员的力量连接起来，把海外侨胞和归侨侨眷的力量团结起来，从而为构建和谐校园夯实群众基础。

3. 努力做好高校统战工作

(1) 发挥优势。要切实加强高校民主党派和无党派人士工作，进一步推进党领导的多党合作和政治协商制度建设；要大力加强高校党外代表人士队伍建设，为统一战线各方面输送更多优秀人才；要进一步发挥高校在统战理论研究方面的优势，努力以理论创新推动工作创新；要切实加强对高校统战工作的领导，为工作开展提供有力支持和必要条件。

（2）创新思路。社会进步、体制转型、观念更新的新形势，给高校统战工作提出新的要求。高校内部深化改革、提升内涵、建设和谐校园的新任务，给高校统战工作提出新的思路。党外知识分子的新特点，给高校党外知识分子工作提出新的课题。面对新形势、新任务、新特点，高校党委必须按照党的十七大所要求的，以改革创新精神加强党的建设，做好统战工作。

（3）拓宽渠道。现代信息技术、传媒技术的发展给统战工作提供更多、更有效的手段。一方面，信息网络使统战工作的主客体交流、沟通更为快捷；另一方面，利用信息网络技术、大众传媒来进行统战工作，可以使传统的单一灌输方式变为灌输教育相结合的立体方式，教育形式可以更加生动、活泼。

三、做好民族工作、宗教工作、侨务工作等，调动一切积极因素

1. 认真做好民族宗教工作

高校民族宗教工作是高校党的群众工作的一个重要方面。民族问题本质上是发展问题。随着经济建设的加快，高校将越来越多地承担为少数民族地区培养人才的任务，因而在高校学习进修的少数民族干部和学生呈增多的趋势。高校党委要认真贯彻党的民族政策，做好少数民族工作。既要尊重他们的风俗习惯和宗教信仰，保护他们的合法权益，又要加强马克思主义民族观和党的民族政策的教育，积极引导他们把才智和精力集中到社会主义现代化建设事业上来。宗教问题是维护改革、发展、稳定的重要问题。目前随着国际文化交流的增多，高校出现了少数知识分子信仰宗教，以及个别来华学习的外国留学生信仰宗教的情况。宗教问题具有复杂性、国际性等特点，加之高校少数学生缺乏对宗教问题的认识，因此，我们要全面正确地贯彻落实党的宗教政策，坚决抵制境外敌对势力利用宗教进行渗透的行为，为青年学生的成长创造一个健康、科学、文明的环境。

（1）民族宗教工作无小事。高校各级党组织要高度重视民族宗教工作，把它作为大事来抓。要从党和国家事业发展的全局和战略的高度，充分认识民族宗教问题的重要性，进一步增强做好民族宗教工作的责任感和紧迫感，为开创高校民族宗教工作新局面作出应有的贡献。

（2）民族宗教工作寓小事。高校民族宗教工作离不开小事，需从细微处着手。要着重加强对党的民族宗教政策的宣传教育，让更多的人了解和掌握民族宗教工作的政策和原则。要积极探索高校民族宗教工作的基本规律，总结出既遵循党的民族宗教工作总的政策，同时又结合各高校特点与要求的民族宗教工作方法。

2. 认真做好侨务工作

侨务工作是党和国家的一项长期的战略性工作，在党和国家事业发展中占有不可替代的位置。高校作为知识分子聚集的地方，归侨侨眷相对比较集中。特别

是随着我国改革开放的深入，对外交流的加强，归侨侨眷无论是人数还是层次都发生了新的变化，这对侨务工作提出了新的要求。

（1）高校侨务工作的新特点。

第一，人数越来越多。随着国家经济的发展和改革开放的深入，高校侨务工作对象的人数越来越多，一方面是留学人员、新移民人数增多；另一方面是海归人士不断增加，使得高校侨务工作的对象不断扩大。

第二，层次越来越高。高校的留学人员绝大多数是为攻读学位而出国深造的，他们具有年纪轻、学位高的特点。高校海归的人员中绝大多数具有较为丰富的教学管理经验和学术背景，是高校各个岗位的中坚力量。

第三，作用越来越大。高校侨务工作对于高校教学、科研和管理能力的加强、对于高校改革的深入、对于高校更好地凝聚人心发展事业、对于高校积极地参与地方经济文化建设、对于进一步扩大高校的社会影响力都具有积极的作用。

（2）高校侨务工作的着力点。

新形势下的高校侨务工作要把着力点放在最充分地调动归侨侨眷的积极性上。以科学发展观为指导，统筹侨务工作与其他工作的关系，发挥侨务工作优势，围绕学校中心工作，服务学校发展大局，为构建社会主义和谐校园作出积极贡献。

一是要充分汇集侨智。高校党委要高度重视归侨侨眷“人才库”和“专家群”的优势，努力营造尊重、鼓励、信任的良好环境，使越来越多的优秀人才能回到高校工作，使高校真正成为“筑巢引凤”之地。

二是要切实凝聚侨心。高校党委要十分关心归侨侨眷的生活、工作和学习情况，经常向他们通报情况，定期听取他们的意见和建议，及时为他们排忧解难。同时，还要通过开展丰富多彩的活动，丰富他们的生活，增进与他们的沟通与交流，从而不断增强凝聚力，调动积极性。

三是要积极发挥侨力。高校党委要注意发挥归侨侨眷这一特殊群体的独特优势，为他们搭建施展才华的舞台，鼓励他们积极建言献策、参政议政。同时要利用多种渠道鼓励归侨侨眷在本职岗位上发挥自己的专长，为高校教学、科研和管理作出积极贡献。

四、广泛联系学生会、研究生会和社团，发挥学生组织的能动作用

学生组织是高校党的群众工作的重要组成部分，包括学校设立的专门从事大学生思想政治教育和学生事务管理的正式组织与以学生自治为主的非正式组织。主要包括学生会、研究生会和社团等组织。它们是加强和改进学生思想政治教育工作的重要依靠力量。

1. 学生组织的基本特点

(1) 广泛性的群众基础。

无论是学生会、研究生会还是学生社团，三者的共同特点是广泛性的群众基础。学生会是在学校党政领导下，在上级学联和学校团组织指导下的全校学生的群众性组织，学生会依照法律、学校规章制度和各自的章程独立自主地开展工作。研究生会是研究生的自治组织，在学校党委领导和团委指导下，体现研究生"自我管理、自我服务、自我教育"的群众性组织。学生社团是高校学生在学校有关组织的指导下根据自己的兴趣爱好而自发组织起来的群众团体，是学生志同道合的组织。这些学生组织都具有广泛的群众性。

(2) 组织活动的自主性。

无论是学生会、研究生会还是学生社团，都具有较强的自主性特征。高校学生会和研究生会是连接学生和学校的桥梁与纽带，通过各种渠道反映同学们的建设性意见和要求，维护广大学生的正当权益，为学生提供了自我教育、自我服务和自我管理的载体与平台。

(3) 影响效果的深刻性。

学生组织对于大学生健康成长具有积极的作用。首先，学生组织为大学生提供了释放自我、展示自我的舞台，有助于学生综合素质的提高和能力的拓展。其次，学生组织具有较强的凝聚功能，有助于培养学生的集体归属感。归属感是人的基本的需要之一，对于大学生情绪的调整、学业任务的完成都具有积极的意义。学生组织，特别是学生社团组织由于组织机构的松散性、兴趣爱好的一致性、社团活动的多样性等特点，有利于形成宽松、活泼、平等的良好氛围。第三，学生组织有利于校园文化的繁荣和优良校风的形成。校园文化是指学校所具有的特定的精神环境和文化气氛，健康的校园文化对于陶冶学生情操、启迪学生心智、促进学生的全面发展具有积极的意义。学生组织是校园文化的重要载体，学生会、研究生会开展的各种精彩的校园文体、艺术、科技活动，极大地丰富了校园生活。学生社团开展的各类社团活动对校园文化建设也具有潜移默化的作用。

2. 新形势下学生组织面临的机遇与挑战

(1) 以学分制为标志的高校改革对学生教育管理提出新的课题。

学分制改革和后勤社会化改革的进行对学生管理模式形成了巨大的冲击。学分制赋予学生更多的自由，使得班级的概念淡化，学生的流动性、自主性更大。后勤社会化使学生生活园区成为学生工作的新平台。公寓制条件下的住宿形式，改变了原来班级学生相对固定的情况，使不同专业、不同年级的学生有了更多交流、接触的机会，公寓制下的学生组织建设成为高校学生工作的新课题。

(2) 网络化的数字校园带来学生生活新特点。

随着互联网的迅猛发展，网络已成为大学生活的重要组成部分，并迅速地对大学生的思维模式、学习模式和交往模式产生影响。网络时代，大学生的生活已经从现实世界延伸到了网络空间，而这个空间具有更加私密性、虚拟性、广泛性、迅捷性等特点，为学生组织建设提供了新的空间。

(3) 办学规模的日益扩大带来学生管理跨度的增大。

随着高教事业的发展，入学人数增加，办学规模扩大，新校区建立，这都带来办学格局的新变化，为我国传统的大学运作理念和管理模式都带来了新的冲击和挑战，而其中最直接的问题就是学生教育和管理的问题，包括对学生组织建设也提出了新的要求。

3. 充分发挥学生组织的育人功能

(1) 自主性与导向性的统一。

学生组织虽然具有较强的群众性特点，但高校党组织要加强对学生组织的管理和引导，做到自主性与导向性的统一。导向性主要表现在：第一，把好总体方向关。要确保学生组织的正确方向，使高校学生组织始终成为弘扬校园文化主旋律的重要阵地。第二，把好人员选拔关。要重视学生组织骨干队伍的选拔、教育和管理。真正将那些政治素质高、学习成绩好、工作能力强、群众口碑好的学生选进学生组织担任负责人。

(2) 丰富性与主题性的统一。

学生会组织在举行各种丰富的活动时，要处理好活动内容与形式的关系，既重视活动形式，更要注重活动内容，使两者完美统一。要实现学生对学生组织教育、活动内容的认同，就要把“外在的要求”变为“自我的需求”。因此，必须加强学生活动的趣味性和丰富性。但是，还必须凸显主题性，体现教育意义。

(3) 管理性与服务性的统一。

加强学生组织的育人功能，离不开对学生组织的严格管理，同时也要切实帮助学生组织解决实际困难和问题，增强服务意识。学生组织对于大学生成长的特殊作用，决定了学生组织应该成为大学生健康成长的良师益友。因此，高校各级党组织必须充分认识并积极发挥学生组织的优势，将严格管理与热情服务结合起来，保证学生组织能有序、健康、优质地发展。

五、积极发挥离退休干部的独特作用

1. 思想认识要到位

(1) 离退休干部是党和国家的宝贵财富。

离退休干部是一个非常特殊而重要的群体，他们具有政治优势、威望优势和经验优势，他们将自己的毕生精力都奉献给了党的事业，是党和国家不可多得的宝贵财富。高校离退休干部更有着高学历、高职称等特点，他们为教育事业的发展作出了不可磨灭的贡献。他们虽然已经离开工作岗位，但是他们丰富的工作经验对今天的教育工作仍然有着启示作用;他们一丝不苟的工作态度、爱岗敬业的优秀品质和忘我的奉献精神对年轻的教育工作者仍然有着鞭策和激励作用。

(2) 离退休干部工作是高校党的工作的重要组成部分。

离退休干部工作虽然不是高校党的工作的中心,却牵动着中心,影响着大局。做好离退休干部工作,有利于更好地继承和发扬党的优良传统,有利于维护学校的改革发展稳定,有利于创设"老有所养、老有所为、老有所学、老有所乐"的良好氛围,推进和谐校园建设。在新的形势下,尤其是伴随着"双高"(高年龄、高生病率)期的来临,对离退休干部工作提出了更高的要求。

(3) 做好离退休干部工作是义不容辞的责任。

老一辈为国家、民族和社会作出了不朽的贡献,作为后辈,没有理由忘记他们,也不能忘记他们。关心、帮助和照顾老同志,认真做好离退休干部工作是全社会的共同责任和应尽义务。

2. 管理服务要落实

(1) 政治上尊重,切实落实好各项老干部的政治待遇。政治上对老干部的尊重,是做好老干部工作的基本要求。政治上对老干部的尊重,首先表现在要切实加强对老干部的思想政治工作,要通过多种形式认真组织老干部学习邓小平理论、"三个代表"重要思想和科学发展观。其次,要切实落实好老干部的政治待遇,坚持重大情况通报制度、阅文制度、参加会议制度、参观考察等制度,保持与老干部信息渠道的畅通,使他们能及时知晓党内和学校工作中的重大事件。最后,要加强离退休党支部建设,充分发挥党支部在教育、凝聚、团结、关心离退休老干部中的重要作用。

(2) 生活上照顾,切实落实好各项老干部的生活待遇。生活上对老干部的照顾,是做好老干部工作的核心内容。生活上对老干部的照顾,着重在于及时解决好关系到老干部切身利益的实际问题,对老干部要有感情、有热情、有真情,为老干部办实事、做好事、解难事,使老干部真切地感受到党、国家和学校党组织的温暖。

(3) 思想上关心,为老干部发挥余热搭建平台。离退休干部虽然已经离开工作岗位,但他们仍然非常关心和关注学校的发展,学校各级党组织和老干部工作部门要积极引导老干部根据自己的特长,力所能及地发挥作用。

3. 队伍机制要健全

首先要加强老干部工作部门自身建设。这是做好工作的基础。老干部工作部门人员要不断提高自己的政治水平和思想水平,牢固树立"干一行、爱一行"的思想,把"为老干部服务好"作为自己的第一要务。同时,还应不断地改进工作方法,提高工作能力,积极探索新形势下加强老干部工作的新途径、新方法,增强工作的针对性和实效性。

其次要建立齐抓共管的良好局面。不仅仅老干部工作部门要积极投入，而且学校各部门各单位都要加强对老干部工作的认识，形成齐抓共管的良好局面。

再次要搞好文体设施建设。为了实现老有所乐、老有所学，老干部工作部门要不断地进行文化体育设施建设，办好老干部活动中心，鼓励老干部参加老年大学；要随着条件的变化和离休人员的增加适时地完善、扩充基础设施，为老干部提供良好的活动环境和学习环境。

第三节 以改革创新精神推进高校党的自身建设

以改革创新精神推进高校党的自身建设，是完成党的十七大赋予高等教育历史使命的根本保证；是按照党的十七大要求应对高校党建工作新挑战的迫切需要；是落实党的十七大关于党的建设总体部署的必然要求。以改革创新精神推进高校党的自身建设，必须着重建设高素质的高校领导班子；以不断增强组织生活有效性为抓手，推进高校基层党组织建设；以先进性为主题，着力建设高素质的党员队伍和干部队伍。

一、建设高素质的高校领导班子

高校领导班子是高校改革和发展的领导者、组织者和推动者，发挥着把握方向、驾驭全局、凝聚人心、团结带领的重要作用。始终坚持把建设高素质的高校领导班子作为高校党的自身建设的基础环节，是高校党的建设的重要启示和宝贵经验。

1. 把思想政治建设放在首位，努力提高领导班子的思想政治素质

思想政治素质是高校领导班子最重要的素质。江泽民曾指出，高校的党委书记、校长应该努力成为社会主义政治家、教育家。成为社会主义政治家，这是对领导班子思想政治的基本要求。高校领导班子固然应该成为教育家，懂教育、懂管理，同时还必须懂政治、讲政治，必须坚持正确的政治方向、政治立场、政治观点，增强政治敏锐性和鉴别力，必须成为一名政治家。合格的高校领导干部光有高学历、高职称显然是不够的，按照社会主义政治家的要求，他们还应当具有高觉悟、高能力，要不断增强党的意识，强化党性观念，始终明白自己的第一身份是党员，第一职责是为党工作。因此，必须把思想政治建设放在领导班子建设的首位，努力提高领导班子的思想政治素质。高等学校是学习贯彻"三个代表"重要思想的重点领域，当前，要在高校深入学习好、贯彻好、落实好十七大精神和"三个代表"重要思想，用"三个代表"重要思想武装广大师生员工的头脑，特别是领导干部的头脑。

2. 以执政能力建设为重点，着力提高领导班子的办学治校能力

办学治校能力是党的执政能力在学校的具体体现。办学治校能力具体包括领导班子谋划发展、推进改革和勇于创新的能力；依法办学、科学管理和民主管理的能力；统筹协调、人才培养、知识创新和社会服务的能力；加强和谐校园建设的能力。党的十七大指出，党的执政能力建设关系党的建设和中国特色社会主义事业的全局。因此，必须把提高领导水平和执政能力作为各级领导班子建设的核心内容抓紧抓好。高校领导班子的办学治校能力直接决定和影响着学校前途，关系着我国高等教育的发展，因此必须紧紧围绕高等教育改革和发展中面临的重大问题，加强领导班子建设，不断提高驾驭学校改革发展的能力。

3. 以民主集中制为中心，着力加强领导班子作风建设

作风就是形象，作风就是战斗力，领导班子要把作风建设摆在自身建设的突出位置。领导班子作风建设的重要内容是进一步健全民主集中制为核心的领导工作制度。

贯彻民主集中制是高校党政班子提高战斗力、创造力和凝聚力的根本保证。只有贯彻执行民主集中制的各项原则，才能确立党委在高校的核心领导地位；才能保证党委决策的准确、科学，使班子形成正确的决策；才能更好地集中广大教职工的智慧，从而有效地完成历史赋予高校的重任；才能在班子中形成“心齐、气顺、风正、劲足”的良好局面，从而保证班子在决策中高度一致，成为团结、坚强的领导集体。

二、以增强组织生活有效性为抓手，不断推进高校基层党组织建设

党的十七大报告提出“优化组织设置、扩大组织覆盖、创新活动方式、充分发挥基层党组织推动发展、服务群众、凝聚人心、促进和谐的作用”的要求。加强高校基层党组织建设，是保证党对高等教育坚强领导的重要举措；是坚持社会主义办学方向，培养社会主义事业合格建设者与可靠接班人的必然要求；是维护高校稳定、构建和谐校园的根本保障；是加强高校党的先进性建设和保持共产党员先进性的现实需要。

加强高校基层党组织建设的总体要求是：坚持以马克思列宁主义、毛泽东思想、邓小平理论和“三个代表”重要思想为指导，全面落实科学发展观，以凝聚人心、推动发展、促进和谐为目标，以改革和完善基层党组织的领导体制和工作机制为重点，以创新基层党组织活动方式、增强工作实效为抓手，着眼于解决好培养什么人、怎样培养人的根本问题，着眼于增强党的阶级基础和扩大党的群众基础，着眼于保持党的先进性，通过推进思想、组织、作风和制度建设，切实把高校的中心任务落实到基层各项工作中，为促进高等教育事业全面协调可持续发展提供坚强的保证。

1. 优化基层组织设置,扩大党的工作覆盖面

随着高校办学体制、内部管理体制改革的不断深化,高校的组织结构和党员构成、活动方式等都发生了新的变化,这就需要科学合理地设置基层党组织。设置基层党组织必须坚持有利于加强党对高校的领导,有利于加强党员的教育管理,有利于促进高校教学科研事业发展的基本原则。党支部在党的基层组织中处于最基础的地位。有的高校将党支部建立在学科上,提出"把党员培养成学术骨干,把学术骨干培养成党员"的口号;有的高校将支部活动由班级向课堂、社区、社团、学科团队、社会实践等方面延伸,形成"多渠道、全覆盖"的工作新模式,不断强化党员意识,让党员时刻牢记身份,充分发挥党员的先锋模范作用。

2. 加强党支部书记队伍建设

要按照德才兼备和专兼结合的原则,选拔和吸引更多政治素质高、思想作风好、热爱党务工作、善于做群众工作、具有较高学术造诣和较强组织管理能力的党员干部和教师从事学校党务工作,特别要选好配好党总支书记和支部书记。要把政治素质高、党性原则强、热爱党务工作、业务能力过硬的同志选拔到支部书记岗位。要像关心教学科研骨干的成长那样关心基层党务工作者的成长,落实各项政策待遇。要建立健全基层党务工作者的激励机制,积极帮助解决他们思想、工作、生活中的实际问题。要充分利用党校、网络等载体,加大对基层党务工作者的培训力度,不断提高他们的思想政治素质和业务水平。根据学生党支部建在班上、党支部书记多由学生党员担任的新情况,着力加强学生党支部书记队伍建设。依托党校对学生党支部书记分层、分批开展培训,不断提高思想素质和业务水平。

3. 创新基层组织活动方式,提高组织生活有效性

创新是基层党建工作保持生机活力的源泉。高校基层党组织主动研究新情况,探索新方法,增强创新意识,提高创新能力,大大提高了党的工作覆盖面和有效性。创新基层党组织的活动方式,改进基层党组织的工作方法,使党组织的工作更加贴近党员群众的思想、学习和生活,增强针对性和实效性,切实改变一些学校基层党组织软弱涣散的状况。党内组织生活是加强党员教育、提高党员素质、强化党员管理的一项经常性工作,需要常抓不懈、常抓常新。

(1) 坚持先进性建设主题,增强组织生活的导向性。

增强组织生活的导向性,就是要充分发挥组织生活在引导党员、教育党员、鼓舞党员中的作用,牢牢把住正确的政治方向,传递党的声音,弘扬时代主旋律。当前,我们要增强组织生活的导向性,就必须始终坚持先进性建设主题。

(2) 突出党员主体地位,增强组织生活的主动性。

增强组织生活的主动性,就是要突出党员在组织生活中的主体地位,充分调动他们的积极性。突出党员的主动性,遵循党员思想变化的基本规律,体现了"以

人为本”的科学发展观的要求。在确定组织生活内容时，要善于把握好党员的思想脉搏，了解好他们的内在需要；在选择组织生活形式时，要变“单向灌输”为“双向互动”，变“我讲你听”为“平等对话”，同时，在教育中要坚持真理服人、真情感人和真心待人。

（3）拓展活动载体，增强组织生活的有效性。

增强组织生活的有效性，是基层党建工作中一个值得关注的问题。如何提高有效性，拓展适合党员特点的组织生活载体是关键所在。当代高校党员生活在一个信息传播迅速、信息渠道多样的时代，党员对组织生活的形式和载体的需求是多样性的。除了集中讲座之外，体验式教学、社会实践等都是深受党员欢迎的组织生活形式。

三、以先进性为主题，着力培育有战斗力的党员队伍

党员是党的肌体的细胞和党的活动的主体，党员队伍的先进性是党的先进性的重要基础。加强党的先进性建设，必须始终抓好保持和发展党员队伍的先进性这个基础工程，必须始终抓住党员队伍这个主体。

1. 体现高校特点，坚持“一般标准”与“岗位特点”相统一

先进性教育活动与具体工作息息相关。高校共产党员的先进性具有鲜明的角色特征。高校教师是人类文明知识的传播者，是人类灵魂的塑造者。因此，要求高校教师必须具有献身科教、服务社会的历史使命感和社会责任感，具有坚持实事求是的科学精神和严谨的治学态度。同时还应做到法制观念强，保护知识产权，尊重他人劳动和权益；认真履行职责，维护学术评价的客观公正。对于大学生党员来说，鲜明的角色特征是指大学生这一群体所具有的年龄、成长经历、知识结构、认知水平、心理特点以及校园生活环境和方式。大学生党员，既是大学生又是党员，具有双重特征。在他们身上，应该既具备一名党员的精神品质，同时又呈现鲜明的大学生特点。

2. 尊重党员主体，坚持“外在教育”与“自我教育”相统一

“外在教育”是指外界施加的教育活动。党校培训、集中党课、党支部生活等都是外在教育的良好形式。高校具有丰富的教育资源、健全的管理资源以及行之有效的教学手段和方法，在“外在教育”方面具有独特的优势。“自我教育”是指教育者教育自己的过程。“外在教育”必须与“自我教育”相结合，才能收到良好的教育效果，这是由人的思想变化的基本规律所决定的。人的思想变化遵循认知、情感、意志、信念、行为转化的过程，在这个过程中，教育对象能否把“外在要求”内化为“自我需求”是关键，只有在完成“内化”之后，外在的教育才能是有效的。尊重党员主体地位是实现这种“内化”的前提，只有把握好党员的思想脉搏，了解他们的内在需要，才能激发其内在的积极性。

3. 立足教育实效，坚持“制度建设”与“人格引领”相统一

党的先进性是由多方面要素共同构成的，包括指导思想、路线纲领、奋斗目标、方针政策，也包括组织原则、领导体制、工作机制、干部能力、党员素质，等等。要长期保持和不断发展党的先进性，关键在于完善制度和机制，把党的先进性要求转化为党员自觉遵守的行为准则。因为制度更带有根本性、全局性、稳定性和长期性。

在具体教育中，要注重党员思想的成长与成熟，注重人格的培养与塑造。人格蕴含了世界观、人生观和价值观的根本内容，对人的终身发展具有深远影响，在党员素质中具有根本性的作用。内容上要特别突出理想信念和党员意识教育，为他们健康成长树好魂。方式上要坚持“党性修养”与“人格引领”相统一，为他们全面成才引好路。

在人格引领中，要注重发挥社会实践的熏陶和先进榜样的感召作用。各种类型的社会实践活动，有助于党员更好地了解国情，体察民情，增强社会责任感，增强思考力和辨析力。高校党组织应当为党员开辟更多的社会实践的场所和机会，让他们在实践中体验，在体验中感悟，在感悟中提高。先进榜样由于其强烈的人格感召力和情感渲染力，在教育中具有独特的作用。如开展“访问身边共产党员”活动，让党员去寻找身边不同岗位、不同年龄、不同职务的共产党员内在的共同的精神品质，会产生良好的效果。

四、以质量为根本，积极慎重地做好在知识分子中发展党员的工作

做好发展党员工作，是高校党的自身建设的一项重要的经常性的工作，是高校党委和各级党组织的重要使命。高校党委必须高度重视，在“坚持标准、保证质量、改善结构、慎重发展”十六字方针基础上，积极慎重地做好在知识分子中发展党员的工作。

1. 深刻认识新形势下发展党员工作的重大意义

(1) 做好党员发展工作，是实施人才强国战略、加快推进社会主义现代化建设的迫切需要。实施人才强国战略、加快推进社会主义现代化建设，既要靠党的基本理论、基本路线、基本纲领和方针政策的正确指引，靠各级领导班子和领导干部的坚强领导，也要靠基层党组织的战斗力、凝聚力、吸引力的加强。加强知识分子尤其是大学生党建工作，把他们培养成为中国特色社会主义事业的建设者和接班人，对于全面实施科教兴国和人才强国战略，确保我国在激烈的国际竞争中始终立于不败之地，确保中国特色社会主义事业的兴旺发达、后继有人，具有重大而深远的战略意义。

(2) 做好党员发展工作，是增强党的阶级基础和扩大党的群众基础，不断提高党在全社会的影响力和凝聚力的重大举措。源源不断地把符合党员条件的先

进分子吸收到党内来，不断为党的肌体补充新鲜血液，是我们党保持蓬勃生机的根本保证。大学生学历层次高，最富有朝气和活力。做好大学生党建工作，培养一大批热爱党、向往党、追求党的入党积极分子，并把其中的优秀分子及时地吸纳到党的队伍中来，有利于增强党的阶级基础，有利于扩大党的群众基础，有利于改善党员队伍的构成和分布，从而扩大党的工作覆盖面，提高党在全社会的影响力和凝聚力。

(3) 做好党员发展工作，是以党建为核心、全面加强思想政治工作的最为有效的途径。党建工作不仅是思想政治工作的重要组成部分，而且是思想政治工作的核心，对思想政治工作具有引领、推进作用。通过学生党建工作，在学生中倡导正确的世界观、人生观和价值观，有利于为大学生成长奠定正确的思想政治基础；通过学生党建工作，特别是通过学生党员的带头作用，形成"发展一个，带动一片，影响一批"的效果，有利于校园文化建设和校园生活各个方面的提升；通过学生党建工作，学生党支部的战斗力和凝聚力得到加强，学生党建工作的实践得到丰富，有力地推进了高校基层党组织建设。

2. 坚持把政治标准放在首位，严格把好发展党员的质量关

(1) 建立健全"静态"与"动态"相统一的党员标准把握机制。

对于党员标准的科学理解和准确把握，是保证发展党员工作质量的前提条件。一名入党积极分子是否符合入党条件，一名党员是否符合先进性要求，最基本的评价标准是党章要求。党章明确规定了党员的基础条件、基本条件和具体条件，这是党章关于"党员标准"和"先进性内涵"的经典表述与原则规定，具有"静态"的特征。但是当我们将党章规定的党员标准落实到不同对象身上进行具体评判的时候，又具有"动态"的特征。这是因为，先进性标准除了具有原则性、概括性的"静态"特征之外，还具有鲜明的时代性、角色性和实践性特征，会随着时代的发展、党的历史任务的变化和角色的不同而具体地细化和量化，体现为"静态"与"动态"的统一。因此，党组织在具体把握党员标准时，既要防止把先进性标准刻板化、概念化，从而对党员求全责备；又要防止因过分强调"动态"特征而对党员降格以求。应在"静态"与"动态"相统一的基础上，对入党积极分子进行全面的、客观的、立体的考察与评判。

(2) 进一步建立健全"过程"与"结果"并重的党员质量保障机制。

"过程"与"结果"是党员发展工作中两个互为因果的方面。"过程"是指发展党员全过程，包括各个环节的工作，"结果"是指最终发展的党员的质量。"结果"的形成离不开"过程"，"过程"的最终指向是"结果"。我们强调"过程"与"结果"并重，就是要通过"过程"的质量，去保证"结果"的质量。学生党员发展工作事关党的事业大局，必须始终把质量放在首位，并将质量意识贯穿于发展过程的始终。要学懂弄通发展过程中每一个具体环节的内容和要求，做细、做实、做好发展过程

的每一个环节的工作。在把"入口关"时，要严格遵守发展工作制度，"早"字着手、"育"字贯穿、"公"字当头、"严"字把关。要进一步推广"公示"、"答辩"等行之有效的做法和经验，建立起党组织考察与党外群众监督相结合、内在思想认识考核与外在行为表现观察相结合的完备的保障体系，确保新党员质量。

(3) 进一步建立健全"授权"与"督查"相统一的工作质量监控机制。

"授权"与"督查"是党员发展工作中互为统一的两个方面。"授权"是指学校党委将党员发展部分权限授予学院，其目的是为了消除党员发展工作的瓶颈，从而更好地保证发展党员的质量。"督查"是指学校党委对学院党建工作进行督促和检查，其最终目的也是为了保证发展工作的质量。"授权"与"督查"相统一是指高校党委进一步加大发展党员授权力度与进一步加大督查力度的统一。对于已经授予审批权和转正权的学院党组织，要进一步完善"发展计划送审制"、"志愿书领取责任制"、"特殊情况报告制"和"责任追究制"等一系列制度，强化学院党组织的责任意识、纪律意识和质量意识，从而确保发展党员工作的质量。同时，通过"定期巡查"与"随机抽查"相结合、"面上调研"与"个案分析"相补充的方式，加强对全校发展党员工作的宏观指导。

3. 构建严格的党员管理测评机制

(1) 优化与完善并进的党支部建设。

首先，要以书记队伍的建设为抓手，不断提高党支部的向心力。党支部书记是党支部的"带头人"，他们的个人素质和工作能力对支部的影响很大。党组织除了要选优配强队伍外，还要进一步加强对这支队伍的再教育、再培训工作。除进行必要的理论学习外，还要加强支部工作的实务训练，使他们在政治上、业务上、能力上不断获得提高。

其次，要以组织生活为抓手，不断提高党支部的战斗力。组织生活要有考勤、有主题、有记录、有检查，以此保证组织生活质量。

第三，要以党支部凝聚力工程建设为抓手，不断提高党支部的吸引力。通过组织党支部与党员、党外群众的各种"结对"活动，送温暖、送关爱，凝聚人心。通过开展党支部学生党员、党员与普通群众之间的"双满意、双服务"活动，让更多的党员在服务中增强素质，让更多的党支部在服务中提高吸引力。

(2) 激励与监督并举的考核评价机制。

按照党员标准，通过科学的方法和正确的途径，开展对党员和党支部的考核和评价，也是为实践所证明的行之有效的增强党员队伍先进性的重要举措。首先，要建立完整而全面的评价体系，要探索围绕理想信念、党性修养、责任意识、业务学习、群众基础、社会活动、行为规范等内容，建立思想认知与行为表现相结合，抽象要求与具体岗位相结合，一般情况与关键时刻相结合，定性与定量相结合的评价体系。其次，要体现激励与监督并举的原则。如通过定期开展满意度测评、召开党内评议会等形式进行监督；通过好项目立项活动、党内评优等形式进行激励。最后，要将考核评价与整改提高结合起来，最终达到使党员个人提高素质、支部改进工作、党外群众得到实惠的效果。

(3) 严格与规范并行的党内管理机制。

严格与规范的党内管理是党员先进性的重要保证。要进一步加强党员管理的制度建设，建立健全预备期考察制度、关键时刻提醒制度、介绍人责任制度、定期谈话制度、亮牌明示制度、党员述学述责制度、不合格党员推出制度等等，督促党员认真履行党员义务，保障党员正确行使权利，形成稳定而有效的观念导向与价值模式，对切实强化党员管理，加强党员队伍建设，发挥积极的作用。

五、以党校为主要阵地，加强高校党员干部和入党积极分子教育工作

党校是广大党员、干部和入党积极分子学习、研究、宣传马列主义、毛泽东思想、邓小平理论、“三个代表”重要思想和科学发展观的重要阵地，是党员、党员领导干部锤炼党性的熔炉，是培训入党积极分子的学校。办好高校党校，对于坚持马克思主义在意识形态领域的主导地位，对于进一步加强高校党建工作和思想政治工作都具有十分重要的意义。

1. 坚持党校姓“党”原则，增强党校工作的阵地意识和责任意识

党校姓“党”是党校办学的基本原则，它既指明了社会主义高校党校的根本属性，又指明了高校党校工作的基本方向。党校虽然具有学校的性质，但不是一般的学校，作为学校党委的一个重要部门，党校必须始终与社会主义办学方向相一致，必须与中国特色社会主义建设者和接班人的目标相统一，必须紧密围绕党建的中心任务来开展工作，为促进学校的改革、发展和稳定提供强大的精神动力和思想保证。在具体的办学宗旨、办学理念、办学要求以及教学内容、教学方法、教学手段等方面始终把传播党的基本理论、增强党性锻炼作为主题，充分发挥党校的“阵地”和“熔炉”作用。

2. 坚持分类分层指导原则，精心设计党校教育内容体系

分层分类的培训原则，也是高校党校工作的重要原则。该原则的提出，是为了更好地突出培训对象的主体地位，根据培训对象的不同特点开展不同的教学。随着形势的发展，大规模培训干部任务的提出，高校学生党建工作得到前所未有的重视，高校党校培训的任务和对象更加多样化。除传统的入党积极分子培训外，预备党员培训、党务干部培训、新上任干部培训、后备干部培训、党外干部培训等等，都列入了党校培训的内容。因此，高校党校必须根据培训对象的不同特点与岗位要求，有针对性地设计教育内容体系，抓住重点、关注热点、突破难点、化解疑点。

3. 坚持党校教育的实效性原则，推进党校体制、方法与手段创新

党校教育的实效性是高校党校工作的出发点和归宿。提高实效性的根本途径是推进教学体制、教学方法与教学手段的创新。体制创新，要努力构建宏观指导与微观管理相结合的党性教育运行体系。方法创新，要充分尊重教育对象的主体地位，善于激发主体参与积极性，不断提高党性教育有效性和针对性。除了精心组织课堂教学以外，还要十分注重实践体验环节的作用，把课堂理论学习深化到实践之中。在党校教育过程中，要特别注重教育对象思想的成长与成熟、人格的培养与塑造，要给教育对象提供更多的自我教育、自我反省、自我改造和自我完善的机会。手段创新，要注重开发和利用丰富的网络教育资源，开设网上党校，展开网上讨论，为党校教育开辟更为广阔的空间。

六、坚持不懈地加强党风廉政建设

党风廉政建设是关系到党和国家生死存亡的大事，也是高校党的自身建设的重要内容。党的十七大把反腐倡廉建设工作提到了新的高度，要求全党同志一定要充分认识反腐败斗争的长期性、复杂性、艰巨性，把反腐倡廉建设放在更加突出的位置，旗帜鲜明地反对腐败。这对高校党风廉政建设提出了更高的要求。

1. 充分认识党风廉政建设的重要性

(1) 加强党风廉政建设，是深入贯彻落实科学发展观，建设和谐校园的重要保证。

高校党风廉政建设作为党的建设的重要组成部分，不仅是和谐校园建设的重要内容，也是和谐校园建设的重要途径和保障。通过建设和谐的领导班子，为和谐校园建设提供必要的组织保证；通过建设廉政文化，为和谐校园建设提供必要的思想道德基础；通过依法治校、规范管理为和谐校园建设提供必要的制度保障；通过切实维护师生利益，为和谐校园建设提供必要的群众基础；通过强化监督和惩治，及时消除隐患，为构建和谐校园提供必要的条件。因此，高校党组织要深入贯彻落实科学发展观，建设和谐校园，必须加强党风廉政建设。

(2) 加强党风廉政建设，是加强高校党的建设的客观需要。

高校党委在新的历史方位，要带领全体党员和广大师生不断开创事业发展新局面，必须坚持以改革的精神加强自身建设，不断提高党员干部的党性修养和思想道德水平，增强拒腐防变和抵御风险的能力；必须不断加强制度建设，提高依法行政和依法管理的水平；必须不断发展党内民主、强化监督，保证各级领导干部正确行使手中的权力；必须不断加强和改进党的作风建设，经受住来自各个方面的考验，把党建设成为始终带领人民团结奋进的坚强领导

核心。

(3) 加强党风廉政建设,是高校反腐倡廉建设向纵深发展的必然要求。

开展反腐败工作,要从根本上解决问题,必须牢固树立“重在预防”的理念,坚持“标本兼治、综合治理、惩防并举、注重预防”的方针,不断加大从源头上防治腐败工作的力度。中央作出更加注重预防的战略决策,既是我们党对反腐倡廉规律认识的深化,也是深入推进反腐倡廉工作的必然要求。把有效预防腐败摆在更加突出的位置,进一步加大工作力度,已成为高校加强反腐倡廉建设的必然选择。

2. 科学认识党风廉政建设的长期性

胡锦涛强调,要准确把握党风廉政建设和反腐败斗争面临的形势和任务,充分认识反腐败斗争的长期性、复杂性、艰巨性,坚持反腐倡廉常抓不懈,坚持拒腐防变警钟长鸣,把反腐倡廉建设贯穿于社会主义经济建设、政治建设、文化建设、社会建设各个领域,体现在党的思想建设、组织建设、作风建设、制度建设各个方面,不断把党风廉政建设和反腐败斗争引向深入。这对高校党风廉政建设提出了新的要求。党风廉政建设绝不是一劳永逸或一蹴而就的工作,高校党组织必须常抓不懈、警钟长鸣。

3. 切实提高党风廉政建设的有效性

(1) 加强典型教育。高校各级党组织要按照十七大的要求,切实加强反腐倡廉的正面教育,深入推进廉政文化建设,打牢领导干部廉洁从政的思想道德基础,筑牢拒腐防变的思想道德防线。同时要强化反面典型的警示教育,针对领导干部作风建设、廉政勤政方面存在的问题,组织开展主题教育活动。大力加强廉政文化建设,努力营造以廉为荣、以贪为耻的社会氛围,使党员干部自觉做到自重、自省、自警、自励,坚决抵御各种落后思想和腐朽文化的侵蚀,追求积极向上的生活情趣,养成良好的生活作风,永葆共产党人的高风亮节。

(2) 重在制度建设。依靠制度从源头惩治和预防腐败,是加强党风廉政建设的根本途径。党的十七大提出,在坚决惩治腐败的同时,要更加注重治本、更加注重预防、更加注重制度建设。因此,高校各级党组织应该牢固树立制度意识,把反腐倡廉融入高等学校教学、科研、管理、后勤等各项工作中去,建立健全适合高校改革发展规律和特点的惩治和预防腐败体系。完善领导班子集体决策机制、“三重一大”议事规则和程序,切实抓好制度执行力不够的问题,形成用制度管权、用制度管人、用制度管事的长效机制。

(3) 强化监督力度。党内监督是党风廉政建设的重要环节,对加强党风廉政建设起着至关重要的作用。党内监督的实质是党从人民的利益出发,按照从严治党的要求,进行自我约束和自我完善。党内监督的核心问题是对权力予以有效制约,保证权力能够按正确的目标和正确的方式去规范地运用,具有扶正祛邪、惩恶扬善的作用。强化监督力度，首先要做到政务公开，切实完善民主管理与监督。其次要广泛开展调查研究，让党员干部和教职员工享有充分的知情权和参与决策权。最后要加强对重点部门、重点人员的监督管理。对高校来说，招生、教材设备采购、课题经费使用、工程承包确定、职称评定，这些都应该成为监督的重点。尤其要抓好对重大工作事项的监督检查，更多地开展事前和事中监督，在防范上下功夫。

第十二章　做好高校思想政治工作要有科学思维

思想文化的多元化，需要高校思想政治工作者思维方式的科学性。要做好高校的思想政治工作，必须面对现实，改变传统的思维方式，全方位地思考问题，树立科学的思维，用科学思维取代传统的思维方式，只有这样才能适应新时代的要求。

第一节　树立创新意识，挣脱“因循守旧”的思想束缚

一、“单向灌输”、“我讲你听”不符合时代发展的要求

随着科技革命和信息革命向社会生活的深度和广度的扩张，尤其是以互联网为标志的第四媒体的崛起，人们获取信息的渠道不再仅仅是报刊、影视、广播、文件。互联网突破了全球信息交流的空间限制，改变了信息传播的传统方式，使人的思想行为发生了根本变化。互联网的兴起，使人们获取社会信息的手段增多，容量增大，快捷有效，可以说是“一网打尽”，造成了人们思想的空前活跃。以前搞思想工作的“你说我听，听了就动”、“听也得听，不听也得听”、“舍此一家，别无分店”、“我向你灌输，你对我服从”已不符合时代的要求。① 传统的思想教育一般都是以教师为中心，沿袭教师“灌输”、学生被动接纳的模式。从根本上说，传统的思想教育模式是单向的，甚至带有一定的强制性，作为传播者的教师和作为接受者的学生缺乏有效沟通，使得教育流于表面化和应试化，容易造成学生的逆反心理，教育很难收到成效。

---

① 刘宗发，张艳国，徐楚桥. 新时期宣传思想工作如何创新——关于当前宣传思想工作创新问题的调查与分析[J]. 中南民族大学学报(人文社会科学版)，2004(1).

二、思想政治工作的创新，需要解放思想、实事求是、与时俱进

胡锦涛同志在十七大报告中指出："解放思想、实事求是、与时俱进，是马克思主义活的灵魂，是我们适应新形势、认识新事物、完成新任务的根本思想武器。"思想政治教育是党的一个优良传统和政治优势。解放思想、实事求是、与时俱进，是党的指导思想、思想路线，是党始终保持生机和活力的决定性因素。思想政治工作是党的工作的重要组成部分，更是高校思想政治工作的指导思想，在高校思想政治工作中坚持和弘扬党的思想路线，对于保持与时俱进的生动局面和思想工作自身的发展，有着至关重要的意义。诸多国内国外因素使得高校师生价值观念越来越趋向多元化，高校思想政治必须与时俱进，充分体现时代性。如何通过加强和改进思想政治工作培养出符合时代要求的社会主义事业建设者和接班人，是高校当前和今后面临的主要工作任务。

（一）坚持解放思想，破除旧的思想障碍

高校要大力推进解放思想，用党的最新理论成果指导实践，这是贯彻党的思想路线的根本要求和目的。胡锦涛同志在党的十七大报告中指出："解放思想是发展中国特色社会主义的一大法宝。"解放思想创造了历史，没有解放思想，中国革命还要在黑暗中摸索更长的时间；没有解放思想，我国就不可能以世界上少有的速度持续快速发展起来，取得举世瞩目的成绩。思想解放、开风气之先，就能后来居上、引领时代；思想僵化、不能与时俱进，难免不进则退、被动落伍。解放思想是实事求是的必然要求。解放思想，就是使思想和实际相符合，使主观和客观相符合，按照客观规律办事，就是实事求是。今天，解放思想的过程，就是把马克思主义基本原理与发展中国特色社会主义的具体实践相结合的过程。

高校思想政治工作要解放思想、开拓发展，就是要通过解放思想，强化忧患意识，破除影响思想政治工作发展中的思想障碍，把思想从不适应、不利于科学发展的认识中解放出来，把存在的问题一个一个地解决掉，为在科学发展的道路上实现新跨越扫除障碍。高校适应新时期高等教育可持续发展要求需要进一步转变观念，树立居安思危意识，克服"改革疲劳症"，再续改革发展动力。思想解放的程度如何，最终要看是否有利于贯彻落实科学发展观，构建社会主义和谐社会。解放思想需要科学精神。要树立科学的思维方式，既破除对马克思主义的教条思维，又破除对西方学说的教条思维，着眼于新的实践和新的发展，科学地研究新情况，灵活地解决新问题。因循守旧，不思进取，不是解放思想；头脑发热，空想蛮干，不是解放思想；"打擦边球"、"闯红灯"，也不是解放思想。正如温家宝同志指出的，新时期的解放思想应该突出三点：第一就是要继续破除迷信，反对本本主义。只有这样，才能永远保持生机和活力。第二，要坚持实践是检验真理的唯一标准。鼓励大胆的探索、实验和创新。第三，要使每个人，特别是领导干部的思想

得到解放，也就是说要有独立思考、批判思维和创造能力。只有这样，社会主义整个事业才会不断前进。

（二）坚持实事求是，从国情出发，从实际出发

我国社会主义初级阶段将是长期的，不可逆转的，这是中国当前最大的国情，也是中国当代最大的实际。市场经济的建立给高校思想政治工作带来大量的新情况、新问题，高校连续几年扩招加剧了原有存在的思想政治工作难度，这些使高校思政工作难免遇到一些困惑和难题，同时也启发了新思路。

第一，市场经济的建立和完善给思想政治教育工作提供了广泛的思路，思想政治工作如何在新形势下求实和发展，关键的一点是拓宽思路，从实际出发，实事求是地研究教育对象，客观地分析他们在新时期的思想变化，采取有针对性的对策引导他们健康成才，从而保证高校培养出的人才是社会主义建设需要的，能够为社会市场经济的发展服务的有用人才。

第二，市场经济的平等合作、开放竞争等意识，也为思想政治工作者拓宽了思想政治工作内涵。继承和发扬传统思想政治工作的优良传统，就要摒弃僵化的教条，开创符合时代特点的、适合新形势要求的思想政治工作的好思路、好方法。如何坚持社会主义意识形态教育，弘扬时代主旋律；如何用科学的世界观、人生观和价值观教育青年师生；在以经济建设为中心的时期怎样正确处理认识经济和政治、经济发展和思想道德升华、经济增长和人的素质的提高，以及人的全面发展的关系等，这些都是高校思想政治工作者面临和正在思考的问题，同时，这也给高校思想工作带来了机遇和希望。[①] 高校解决师生思想问题应当与解决实际问题相结合，在为师生办实事、办好事中增强思想政治工作渗透力。针对当前高校思想工作相对薄弱的问题，要努力把宣传思想工作寓于为师生排忧解难之中，既讲道理，又办实事，做好化解矛盾、理顺情绪、凝聚师生的工作。

最重要的一点是，我国社会主义市场经济在不断完善，坚持走社会主义道路不动摇的信念决定了高校思想政治工作只能加强，不能削弱。社会主义市场经济健康发展的标志就是两个文明共同进步，缺少和削弱某一方面都是不文明的、不健康的、畸形的发展。市场经济要求思想政治工作者和被培养的人具有良好的政治和思想素质，这一点将促使高校领导重视思想政治工作，为高校思想工作的发展和完善提供各方面的条件和支持。

（三）坚持与时俱进，全面推进思想政治工作的创新

解放思想是不能一劳永逸的，需要随着客观世界的变化和社会实践的发展。与时俱进就是要使思想政治工作者的全部理论和工作体现时代性，把握规律性，富于创造性。不言而喻，加强和改进大学生思想政治教育的关键在于与时俱进，

① 马文瑛. 新形势下高校思想政治工作的思考[J]. 中国素质教育理论与实践，2004(5).

不断创新。譬如主动占领网络思想政治教育新阵地，加强心理健康教育，把优秀传统文化和中国革命史作为德育课教学的主要内容，等等。

湖南各高校近年来就采取扎实有效的创新举措，有效提高大学生思想政治素质。中南大学在全国率先构建网络思想政治教育系统，将以往枯燥的说教式思想政治工作，隐形于对学生方方面面的学习与生活的关爱与服务之中，不仅受到本校学生欢迎，不少省外高校学生也经常登录进行在线咨询；湖南大学将电影引入课程体系，开发出人文基础公共必修电影课；湖南农大则充分发挥学生社团的作用，让学生根据个人兴趣在社团开展自我教育，全校学生社团达 110 多个，参与学生占学生总数的 90%。他们还采取诸如构建德育网络体系、将优秀影片引进课程体系、发挥学生社团优势之类的创新举措，自始至终地将思想政治教育与解决大学生实际问题相结合，把引导学生与服务学生相结合，从而有效地提高大学生思想政治素质，先后涌现了洪战辉、文花枝、高春娜、李春华等一大批在全国引起反响的道德典型。这不禁让我们为思想政治工作的与时俱进叫好。

三、发挥两个积极性，创新思想政治工作的思路、内容、载体、方法

（一）高校思想政治工作应摒弃以往的陈旧观念，转变工作思路，更新工作方法，以确保工作的实效性

首先，在计划经济体制下形成和发展起来的高等教育，带有鲜明的计划性、统一性和封闭性，而创新性、多样性和开放性尤为不足。知识经济极大地加速了政治经济国际化、信息全球化、多元化的进程，提出了开放性思想教育的问题，从而使高校在社会主义主旋律教育和优秀传统文化教育上的难度加大，这使承担着培养大学生良好的思想政治工作重任的高校思想政治工作面临着巨大的压力，客观上要求高校思政工作者必须突破落后的、保守的旧观念，形成开放的意识、广阔的视野和即时的应变能力，把握国际社会发展趋势，了解科技发展的最新成果，研究它们给大学生的思想观念、生活方式带来的深刻影响，及时调整思想工作思路。

其次，创新意识和能力的创造型人才的培养是事关一个民族、一个国家生存和发展的大事，是世界各国教育界都应致力解决的问题。创新意识和创造性思维能力的培养在创造型人才的培养中占有非常重要的地位。而随着年龄的增长，青少年的观察、想象能力日渐衰弱，学生思维定势和对权威的服从却日益增强，思想工作者要认真研究创新意识和创造能力培养的特点。高校思想工作在这方面具有自己独特的优势，思想政治工作者应把创新意识和创造性思维能力的培养作为重要的工作目标，并在这方面有所作为。①

第三，在知识经济时代现代科学技术发展的高度分化，产生出许多分支学科

---

① 张豪锋.知识经济与高校学生思想工作创新[J].洛阳师专学报，2002(1).

和边缘学科，现代科学技术高度综合，又产生出许多横断学科。思想政治工作是一门综合性比较强的应用学科，它的科学体系的形成和完善，是在不断吸收借鉴新学科知识的过程中实现的。在知识经济时代的科技大潮中，高校思想政治工作者既要广泛借鉴和吸收心理学、教育学、伦理学、人才学、社会学等相关学科知识，还要注意学习借鉴新的学科知识和方法，把一些带有经验性的知识系统化、理论化。

第四，网络技术的迅猛发展，造就了社会的网络化趋势，代表了信息社会的发展方向，这种方向也就是思想政治工作的发展方向，这一变化体现了思想政治教育与社会之间的辩证关系，是不以人的意志为转移的客观规律。它要求高校思想政治教育工作创新体系必须适应新的网络环境，适应教育对象的发展变化，树立思想政治教育的网络环境观念。只有这样，思想政治教育才能与时代要求紧密结合，才能满足主体发展的需要，充分发挥思想政治教育"生命线"的服务保证作用。① 高校思想政治工作者应顺应全球信息技术飞速发展和计算机网上世界对学生影响越来越大的客观现实，因势利导，主动运用现代信息技术手段，制作生动直观的多媒体德育软件，让社会主义意识形态和中华民族优秀道德文化传统直接上网竞争，在网上建立高校思想教育的新阵地，使大学生在各种知识、信息、社会思潮的相互碰撞、比较中提高识别选择能力，树立正确的思想道德观念。新时期的思想政治教育工作需要思想政治工作者主动地用理性的思维把大学生放到社会大舞台中去培养，增进其战略思维、全球视野，提高其思考力、鉴赏力、辨别力、执行力。

（二）高校思想政治工作要发挥两个积极性

改革开放在不断深化，人们的思想观念在不断更新。在这更新的过程中，高校思想政治工作队伍要面对学生数量逐渐扩大、思想复杂、情绪易变、知识面较宽而同时各方面压力又较大的大学生群体，这就加大了学生思想政治工作的难度。因此，思想政治教育需要高校调动不同层面力量，充分调动思想政治工作队伍和学生共同的积极性，集中群体智慧，发挥思想政治工作队伍和学生两方面的积极性，形成一支全方位、多角度、有针对性的工作梯队，真正把思政工作落实、做细。

1. 要提高思想政治工作队伍的综合素质

专职思想政治工者是思想政治教育队伍的主力军，为使这支队伍稳定、可靠、富有战斗力与创造力，关键是要完善选拔、培养、管理和激励机制。应当严格条件和标准，选聘政治强、业务精、纪律严、作风正、德才兼备、乐于奉献的同志从事思想政治教育工作；通过各种培训，提高这支队伍的政治素质、品德素质、作风素质、

① 胡昌恩，黎伟．构建网络环境下的高校思想工作创新体系[J]．重庆科技学院学报（社会科学版），2006(3)．

知识素质和能力素质，使这支队伍有过硬的本领来处理新形势下出现的各种新问题，开创学生思想政治工作的新局面；加强管理、定期考核，实行工作业绩与职务聘任、奖惩、晋级挂钩。坚决从思想上重视、从政策上落实，改善他们的工作条件，保证他们的生活待遇，以显示对这支队伍的重视和关心，稳定这支队伍的思想，调动这支队伍的积极性，使他们能安心工作，发挥主观能动性，把学生思想政治工作做好做活。[①] 高校思想政治教育的教师也是思想政治工作队伍的重要组成部分。激励广大教师切实担负起育人职责十分重要。在全球化意识与经济浪潮冲击下，高校教师也存在着重经验轻理论，重经济轻政治，重金钱轻思想的现状，部分教师还存在着重学业轻实践，重专业课轻思想政治课的错误思想，这都不利于高校思想政治课教学实践的开展。教书育人是教师的天职，思想政治课教学实践是在教师指导或带领下进行的。在某种程度上，教师往往对教书精益求精，而育人却相对不足。但恰恰教师从事思想教育最有说服力，也最易于为学生接受。所以，应当采取量化考核的办法，鼓励广大教师积极投身育人工作，要求教师必须负责一定量的班级，促使他们直接深入到学生中去，言传身教。从数量与质量两个方面充实提高思想政治课教师队伍是思想政治课社会教学实践的当务之急。

2. 应当充分发挥学生党员干部的积极作用，激发、调动全体学生的参与积极性

学生党员干部本身是受教育者，同时又是学生与学校、老师之间的桥梁，他们在加强和改进大学生思想政治教育的过程中起着得力助手的作用。一个优秀的学生党员、干部就是一个榜样、一面旗帜，对周围的同学起着其他方式不可替代的示范作用。因此，要充分发挥他们在政治上、组织上、道德上和学习上的凝聚、表率与标兵作用。[②] 另一方面，广大学生是思想政治课社会教学实践的主体，是祖国的未来和民族的希望，他们朝气蓬勃，思想活跃，充满生机与潜力。由于“全球意识”和经济浪潮的冲击，以及各种西方思潮的侵蚀和社会“腐败”、“腐化”现象的滋生，尽管主流是好的，可是高校学生中一部分同学的价值观、人生观和世界观发生了错位。有的内心深处关注“自我价值”，而很少关心社会价值；部分学生习惯于“索取”而拒绝“奉献”。这部分学生往往只谈“自由”而忽视“纪律”，只求“权利”而无视“义务与责任”，对民族的前途、国家的命运不够关心，个别学生还不知道自己肩负的历史责任。[③] 因此，采取措施激发、调动与提高广大学生的参与热情和积极性，是目前各高校思政教育的重要环节。

---

① 仲兆京，宣扬，史永庆，方九亿. 突出人本，创新形式，打造特色，形成合力，努力做好大学生思想政治教育工作[J]. 中国高等医学教育，2006(7).

② 同上。

③ 同上。

第二节　树立民主意识，改变“居高临下”的工作态势

一、教师和学生是思想政治工作的对象，是“主体”而非“客体”

突出教师、学生主体地位，树立民主意识，是做好高校思想政治工作，构建和谐高校的重要内容。以促进师生的全面发展为基础，以教师和学生的成功为学校的成功，实施“促进学生学业发展成功”、“促进教师专业发展成功”为目标的、以师生为主体的教育教学及评价体系，切实地关注每个学生和教师的个体差异及其对发展的不同要求，并给予及时地指导，帮助他们获得成功。这需要高校既重视学生的学习成绩，也重视学生的思想品德以及多方面潜能的发展；既重视教师业务水平的提高，也重视教师职业道德修养的提高以及生活、工作条件的改善，为教师和学生的全面和谐发展创造条件。高校不能把学生当作未来简单的生产工具或赚钱的机器，把学校当成人力加工厂，按物的生产对教学进行非人性化的设计和管理。

传统教育一个很大的弊端是把教师和学生隔离开来。或以教师为中心，教师的教学只按自己的主观意志，可以毫不顾忌受教育者的需要和兴趣，从某种意义上讲，即教师实行家长制；或以学生为中心，舍弃教育目标而对学生放任自流，听之任之。在此种二元论指导下，学生被异化成按照统一规格和标准进行批量生产的产品，既无教的主体也无学的主体，即便有主体也是主体或主客对立中的主体。人的主体性被隐退，生成的是社会主体。这与人的生命本性相悖。

随着政治文明建设的推进和社会民主化进程的加快，青年大学生的自主意识、平等意识、民主意识日益增强，只有充分相信青年大学生的内在主体能力，充分尊重他们的主体性，充分调动他们的主观能动性，才能使教育者的教育内化为他们的自觉行为，才能有效地发挥教育的效果，而决不能把学生看成是“无我”、“无心”、“无情”的知识接受器和储存器。青年大学生的成长是一种自我发展、自我完善的过程，如果没有他们个人的主动性，没有他们自我的正确认识，就不可能有他们的全面发展与进步。思想政治工作者的责任就是引导学生敏锐地知觉自我，从而达到正确的认识自我；有效地调节和控制自我，从而到把握和战胜自我；积极地激励自我，从而达到有效地发展自我。高校学生专职思想政治工作者和教师应当注重青年学生的特点，重视学生个人的利益、需要和情感；重视主体性，促进学生的个性发展。

传统教育模式只注重知识的传授，培养出的学生缺乏自主性、创造性，仅知道按划定的框框读书、学习、生活，形成了依赖性的人格。进入高校以后，学习、生活方式发生了很大变化，需要学生自主地安排生活，这种转变很容易让学生无所适

从、迷失方向。因此，高校的思想政治工作者应及时抓住这一特点，从正面对学生进行引导，在生活、学习上对学生进行帮助。最主要的是以学生为主体，加强学生的独立人格的培养、独立思维的培养和创新技能的培养，从学生的兴趣、个性发展出发，关注学生自身的自由发展和潜能开发。高校思想政治理论课教师的教学活动更应该是在自觉的、能动的、合乎规律的前提下发动、控制、操作的，主体性是人的文化精神特质，高校思想政治理论课的教学活动凝合着文化的活力源泉的要义，体现的应是主体性自觉意识和由此扩张了的人的主体能力。①

二、改变"居高临下"的管理模式

权力集中在上层、集中在主要领导人手中的组织形式，在一定时期和形势下，可能更有效率，更被学校领导所青睐，但这必然限制、压抑多数人的主动性。有很多高校领导他们往往对在自己身边出现的问题浑然不觉。他们往往居高临下，简单地把教职员工看作制度的对象，有规训而无体谅，设置大量的中层机构和人员来从事管理、监督，各机构、组织之间界限划分越来越严，有效的内部沟通越来越少。在这种环境下，许多教职工被迫应付，个性受到压抑，个人与学校联系松弛，导致出现一些不和谐的现象。

高校领导应当跳出"官僚机构"的模式，摆脱自己高高在上的架子，加强与思想政治工作者的沟通和对他们的人文关怀。调动广大师生员工发挥积极性和创造性。让每个师生员工尤其是基层管理者相信，他们是学校的主人，他们的意见倍受重视，他们的参与颇受欢迎，他们"参政议政"、"共商校是"是学校和谐发展的需要。

中国是一个以治学而闻名的国度，但自西汉董仲舒的"罢黜百家、独尊儒术"被汉武帝采纳以后，加之确立维护封建"四权"的三纲五常，中国的教育被"天地君亲师"所禁锢，君亲师之言即为真理。中国长期处于人治环境的教育，则更是重灾区。儒家提倡的"内圣外王之道"，历史长河中从未出现过儒家所塑造的那种"圣王"或被儒家称颂的"王圣"。由于"天地君亲师"都并列于神位，除帝王是"圣王"外，与之并列的亲和师，也都沾上了"圣王"的光环，学生在亲和师面前还敢讲人格平等吗？数千年的教化和强调，使"三纲五常"沉淀为中国人深层的心理结构，变为备受压抑的无个性人格的潜意识。到现在，"官本位"的意识还没有完全消除，教师的长期的"居高临下"使学生已经麻木，很容易丧失"怀疑一切"的批判精神，不去创新，这就是断送了民族进步的灵魂！看看当今的许多学校，由于中国传统教育体制根深蒂固的影响，把学生完全训练成"机器"、"工具"，教师要学生唯学至上，不允许对课文和答案质疑；学生对教师和教材唯唯诺诺，哪里还有现代化的民

① 李艳. 高校思想政治理论课主体性教学的主旨[J]. 长春工业大学学报(高教研究版)，2006(3).

主意识?[①] 民主意识是人本教育实施与否的重要标志,是高度文明社会发展的基本意识和基本要求。它拒绝教师和专职思政工作者的“居高临下”,要求反映人格平等,服从多数,保护少数,愉快氛围,符合宪法的自由,决策参与意识等等。“居高临下”阻碍了教师和学生民主意识的形成,无形中使教师和学生之间产生了一道隔阂,不利于学生的参与和主人翁意识的培养,不利于教学和思想工作的开展。事实上,在中国,有这样困惑的教师不在少数。

三、以平等的态度对待工作对象,是做好思想政治工作的基点

平等是和谐、宽容和竞争的前提,平等是指人与人之间处于同等的社会地位和平等的权利。平等不仅带来教育教学管理活动中的人格平等,而且有利于杜绝各种歧视。高校领导与思想政治工作者、思想政治工作者与学生之间平等的交流环境,可以形成特有的“场效应”,它由他们之间平等的人格、相容和谐心态、互补创新的态度构成,达到参与者的心理相容,使彼此既有独立见解又能协调一致,产生对立统一效果。只有平等的环境氛围才能促进沟通交流,促进成员内驱力形成,从而产生预想不到的良好效果。

高校应始终贯彻“平等、尊重、合作、发展”为基本内涵的人本思想,以诚待人,以情感人,以理服人。建立待教师如英雄的干群关系,给予每一位教师以学校主人的地位尊重,服务、帮助和热心指导,给予他们以切实充分的人格尊重、人文关怀和人情温暖。和谐的高校应给师生员工提供安全感、归属感和信任感。特别是高校的领导者,须用历史唯物主义的观点理解个人与群众间相互依存的关系,个体作用和群众作用的关系,依靠广大教职员工,推进学校的建设与发展,改革和创新。那种军事化的、行政命令和控制式的上下关系完全不合时宜,取而代之的应是合作式的、朋友式的平等关系,激励教师员工的积极主动而不是单凭个人的权力和命令去解决问题。高校要努力营造令教师感到备受重视的文化环境,精神愉快、乐意工作的环境,合作精神成为主流的环境,即一个人际关系高度和谐的环境。

高校思想政治工作突出“以学生为本”的理念充分彰显了思想政治工作师生“平等”基点的核心。政治文明建设的推进和社会民主化进程的加快,需要高校思想政治工作更加突出“以学生为本”的理念,增加思想政治工作的亲和力。高等学校的中心任务是培养人,大学生是教育活动的主体,要取得学生思想政治工作的良好效果就必须牢固树立“一切为了学生”、“为了一切学生”、“为了学生的一切”的“以学生为本”的思想。高校思想工作者在实际工作中,要贴近学生、贴近实际、贴近生活,尊重学生、关心学生,真心真诚地和学生交朋友,体现尊重人、理解人、

---

① 罗利建.人本教育[M].中国经济出版社,2004(p85).

关心人、爱护人。把自己视为青年学生的朋友和志同道合的同志，切实改变过去的教育方式，变“说教式”为“讨论式”，变“号召式”为“激励式”，变“命令式”为“引导式”，真正达到通过思想政治教育的吸引力、感染力开启他们的心灵。工作中还要注意承认学生的差异，允许并尊重学生的个性，决不能期望用一个标准、一个模子造出一种规格的人才；要贯彻好民主原则和疏导方针，加强调查研究，注意倾听学生呼声，关注学生正常的利益诉求，把握学生的思想脉搏，透过学生思想政治上存在的各种问题和现象，分析查找原因，联系学生思想实际，切实帮助其解决实际困难，有的放矢地抓教育。根据不同学生的情况、特点，采取不同的方法，因人施教，实施思想政治教育工作的“望、闻、问、切”，防止“一锅煮”、“一刀切”和“一个方子吃药”，做到晓之以理，动之以情，送之以爱，真正使教育入耳、入脑、入心。

第三节　树立求实意识，克服形式主义的不良影响

一、形式主义是危害思想政治工作效果的痼疾

唯物辩证法认为，任何事物都有形式和内容两个方面，都是形式和内容的对立统一体。没有形式，工作内容就无法表现。但脱离了内容的形式，或一味追求形式，不做扎实的工作，不注重实际和效果，就是形式主义。形式主义说起来很“臭”，可在实际工作中却很“香”。尤其是在思想政治工作领域，一些人热衷于表面，不注重实际效益，有意无意滑向了形式主义。思想政治教育中的形式主义之所以成为顽疾，绝不是偶然的，有其深刻的思想和社会根源。形式主义的本质是理论脱离实际，从认识论上讲它是主观主义的表现，从思想方法上看，是形而上学的东西。由于搞形式主义不需要做艰苦细致的工作，凭“花拳绣腿”有时就可以眩人耳目，取悦上级领导和机关，这种运行上的“低成本”，结果上的“高收益”，会让搞形式主义的人乐此不疲，并产生恶劣的示范效应。另外，思想政治教育主要是通过宣传的方式来进行，它需要许多形式载体，这就使形式主义总想在思想政治教育中找到藏身之地。

目前高校思想政治工作中的某些形式主义对搞好大学生思想政治工作和大学生思想道德素养形成的负面影响不可忽视。一是它不仅使人们在理论上对思想政治工作产生混乱，在行动上背离思想政治工作的原则，而且容易助长华而不实、弄虚作假的风气，助长官僚主义、个人主义和名利思想的膨胀，从而败坏思想政治工作的优良传统，削弱思想政治工作的凝聚力与说服力。二是形式主义的工作方法使思想政治工作的信誉和效果受到极大损害。由于形式主义在处理问题的时候，总是热衷于追求表面形式，而不管形式体现着怎样的内容，是一种“最低级、最幼稚、最庸俗的方法”，它不但不能解决学生的思想问题，提高学生的觉悟，

反而招致学生的反感；不仅不能为学生办实事，反而无端增加学生负担，可以说形式主义既虚耗物力和财力，浪费精力和时间，又误党误国误生，必须要彻底根除。①

总之，形式主义给学生带来的负面影响，难以历数，最大害处在于动摇基本的思想信念。教育是观念的放大器，错误的观念大摇大摆上了殿堂，个人人格成长会受到污染，民族性格也会受到污染。思想政治教育既是形式主义的受害者，也可以成为形式主义的掘墓者。把思想政治教育延伸得更广泛一些，把思想教育从云端请回生活。但要充分认清和克服思想政治教育中形式主义的艰巨性、长期性，树立打“持久战”的思想，高校思想政治教育一定会取得丰硕成果。

二、坚持从实际效果出发，求真务实

国务院专门下发的《关于进一步加强和改进大学生思想政治教育的意见》强调大学生思想政治教育要“努力提高思想政治教育的针对性、实效性和吸引力、感染力，培养德智体美全面发展的社会主义合格建设者和可靠接班人”。

（一）求真是加强和改进高校大学生思想政治教育工作的关键

信息革命促使人们思想观念的变革。许多新的观念的兴起，与传统的价值观念发生冲突。追求健康的生活方式和愉悦的生活情趣，成为现代文明的基轴。在社会转轨时期，社会环境的多变性及其负面影响，也给高校思想工作的顺利开展带来很大难度。一些不良社会现象削弱了思想工作的主导力度，使该工作面对了一个比较复杂的环境。高校思想工作要将真理、真实、真情、真话融为一体，使思想工作做到学生的心坎上，兴奋点上，难点上，显现出实效性来，难度越来越大。

加强和改进大学生思想政治教育工作，必须动真格、下真功夫。以胡锦涛同志为总书记的党中央高度重视大学生思想政治教育工作，作出了一系列决策部署。他在十七大报告中强调要坚持育人为本这个中心，抓好课堂教学这个关键，夯实健康向上的校园文化这个基础，改善管理服务这个条件，加强队伍建设这个保证。把思想政治教育工作贯穿到高校工作的全过程，做到教书育人、管理育人、服务育人、全员育人、全程育人、全方位育人。这就要求高校必须建立健全思想政治教育工作灵敏的反应机制。亲近性是加强和改进大学生思想政治教育工作的前提，高校大学生思想政治教育工作者必须贴近学生，做到一看、二访、三谈、四心、五结合、六查六比。“一看”就是要看学生情绪和表现；“二访”就是要及时进行家访和查访；“三谈”即有思想问题必谈、班内班外出现不和谐必谈、事关学生的利益和奖惩必谈；“四心”是了解学生情况要细心，帮助学生要热心，做思想工作要耐

---

① 蔡建军.关于当前思想政治工作形式主义的哲学思考[J].武警学院学报，2002(1).

心，对学生生活要关心；“五结合”即思想政治教育工作要与学生的学习相结合，与加强学生管理相结合，与严肃校规校纪相结合，与学生综合考评相结合，与提高学生素质相结合；“六查六比”是查政治学习比“三观”的正确性，查不文明行为比文明素质的高低，查法制观念比遵纪守法的自觉性，查责任心比奉献精神，查配合比协作精神，查消费行为比艰苦奋斗精神。

（二）务实是加强和改进高校大学生思想政治教育工作的内在要求

由于种种原因，近年来大学生特别是大专生就业的矛盾和困难依然突出，毕业生们往往感到前途渺茫，学习积极性下降，政治热情不高。大学生思想政治工作面临的新情况，从本质上说是时代变革和社会转型过程中社会现实的具体反映。从这个实际出发，认真研究大学生思想政治工作的特点，努力开创大学生思想政治工作的新局面。增强针对性和实效性，体现了思想政治教育的内在规律和本质要求，它具有五个层面的内涵：

第一，思想政治教育工作的理念要符合实际，保证思想政治教育工作目标和行为的正确性。这个理念就是以学生为本，要尊重学生、关心学生、关注学生发展，这就需要改善学生的生存条件，公正地维护学生利益，关注学生中的弱势群体，对他们要有特殊的关爱和照料，从而使思想政治教育工作具有较强的亲和力。第二，思想政治教育工作的内容要与实际问题相结合，保证思想政治教育工作的针对性。比如，就大学生就业形势严峻作思想政治教育工作，一要讲中国特殊的国情；二要讲高校教育从精英教育向大众教育转变的现状；三要讲大学生就业形势严峻的必然性；四要讲转变观念；五要讲竞争意识，失业与空位并存等问题。再比如，针对改革和发展中出现的一些矛盾问题、消极腐败现象和暂时困难等，要讲清楚，任何国家在经济体制转轨过程中和工业化过程中都难免出现社会阵痛和困难，我们绝不能因为出现一些问题和困难，对改革开放产生怀疑，对建设中国特色社会主义前途发生动摇，对党和政府失去信任。对待改革开放的实践，我们要支持改革者，鼓励创业者，帮助失误者，鞭挞空谈者，惩治腐败者，从而解决学生信仰、信念、信任问题，强化思想政治教育工作的针对性。第三，思想政治教育工作的方法要与实践相结合，增强思想政治教育工作的可行性。高校思想政治教育工作者要引导学生走向社会，走向工厂，走向农村，走向经济建设的第一线，在改革的前线撷取智慧之花，在西部大开发中汲取改革开放的养料，在市场磨练中成长成才。第四，思想政治教育工作要增加实际投入，多做实事、好事，给受教育者解决实际问题：（1）高校应加大思想政治教育工作的力度，增加思想政治教育工作上人、财、物力的投入；（2）构建帮困扶贫机制，实施温暖工程，确保无贫困生因贫困而失学；（3）关注大学生学历层次的提升，为专升本、考研的学生减轻压力，提供直接或间接的服务和条件；（4）缓解就业压力，想方设法与用人单位沟通、联系，尝试联合办学等，增加就业的机会。第五,思想政治教育工作要有实效。①

将学生思想道德建设与学生自身需求"捆绑"推进是取得高校思想政治工作实效性的重要体现。随着大学生对就业问题关注程度的提高,上海各高校及时创新德育教育模式——将大学生职业发展指导与德育工作相结合,从大学生切身利益出发,对大学生群体进行职业发展教育的同时,开展思想教育、诚信教育、行为规范教育等相关思想政治教育。

复旦大学主动与上海市就业指导中心、杨浦区就业指导中心及杨浦区科委等政府部门合作,建立大学生职业指导和就业实习基地,对大学生进行创业教育和"创业训练营"活动,积极引导有创业热情的毕业生组成团队,尝试创业。在此基础上,复旦大学还不失时机地引导毕业生以"国家利益、集体利益为重",积极组织发动毕业生到西部、到基层工作,投身到西部大开发、振兴东北老工业基地等国家重大战略中去。上海交通大学在加强学生就业指导的同时,建立学生诚信系统,以诚信数据为载体,整合信用资源,建立学生个人信用信息库和奖优罚劣的信用机制,引导学生走上社会后"诚信工作、诚信做人"。

为了让大学生能自由发出"声音"、加强归属感、树立"主人翁"意识,上海高校也在积极探索德育与校园民主化管理相结合的新途径——复旦大学举办的"校长书记午茶会"已坚持了4年,近年来又增设了"部处长沙龙",成为学校领导和职能部门与学生沟通的重要渠道;华东师范大学的"校领导与学生恳谈会"针对校园舆论焦点、热点问题,着眼于解决学生实际需求,展开讨论。此外,华东师范大学、上海应用技术学院等上海多所高校,还实行了由学生自我推荐、校长聘请的"校长助理制度",学生课余时间到校长办公室"上班",参加校长办公会议了解学校重大事件及其决策过程,增强学生的归属感、荣誉感,培养在校大学生的社会实践能力。"学校主动为我们搭建参与学校事务的平台,不仅锻炼了我们应对各种事务的实践能力,更培养了一种民主参与的主人翁意识,为我们找工作打下了很好的基础。"华东师范大学大四学生蒋礼说。上海交通大学学工委(学生工作委员会)秘书长、学工处(学生工作处)处长徐国权说,学生在"感受关爱"、"品尝甜果"的同时,他们的社会责任心及回报社会的使命感必将被极大地激发。换言之,只有当学生个体发展受到学校充分重视和支持时,学校的思想教育才能可亲、可信,有感染力、影响力,真正让高校思想政治教育"润物细无声"。

(三)要认真研究大学生思想政治工作的新特点

思想政治教育是做人的工作,而人的思想是最活跃的,时刻都在变化着。人的思想变化必然会受到社会关系、社会矛盾、社会思潮以及社会生产和生活方式等因素的制约。思想政治教育要想取得实效,就必须研究客观环境对人们思想的

---

① 郑健,路明.高校思想政治工作新探[J].中国环境管理干部学院学报,2006(6).

作用和影响，把握思想变化的社会原因和时代特征；就必须因人而异，因时而异，因地而异。只有认真研究新形势下大学生思想政治工作的特点和规律，积极开辟新途径，探索新办法，创造新经验，大学生思想政治工作才能充满生机与活力。工作实践中我们深深体会到新形势下的大学生思想政治工作有三个新的特点：一是知识化。思想政治工作要以理服人，借助社会学、心理学、管理学的最新研究成果来不断充实，增强说服力；思想政治工作也要越来越多地采用现代科学技术的成果来改进教育的手段和教育的方法，增强吸引力和感染力。这就要求我们必须重视新知识的学习和运用，在思想政治工作中给人以知识，用知识武装人、说服人。二是实际化。大学生中存在的思想问题有相当一部分是由学习、生活、人际交往、择业等方面的现实问题引起的，他们思想情绪的波动和实际问题能否得到妥善解决之间的关系越来越大。这就要求我们必须把解决思想问题同解决实际问题相结合。三是个性化。不同年级、不同年龄、不同性格的学生接受教育的需求、水平、能力不同，即使同一学校、同一年级，性格、生理、心理不同，也会产生不同的接受教育的需求、水平、能力。思想教育具有个性化、个人化的特点。这就要求针对不同受教育者的要求，进行不同教育目标、途径、方法的教育。①

总之，发扬求真务实精神，就要坚持重实际、知实情、讲实话、办实事、求实效，反对形式主义，不做表面文章，努力做到重心下移，分类指导，运用说服教育、示范引导、解疑释惑、提供服务的方法，把思想工作做深、做细、做活、做实，做到师生的心坎上。要以求真务实精神思考工作，以求真务实要求部署工作，以求真务实作风推动工作，以求真务实标准检验工作，推动高校思想工作的创新发展。②

第四节 树立理性意识，用良好的心态开展工作

一、高校思想政治工作者要以理性平和的心态处理思想政治工作中的矛盾，提高心理素质

思想政治工作是我国高校一大特色和优势，高校思想政治工作既是一个思想传播的过程，同时也是一个政治教育的过程，即用马克思主义科学理论和党的基本路线、基本方针等来教育学生的过程。但不管是思想传播，还是政治教育，都面临着心理传播和心理接受的问题。养成良好的心理素质，有利于提高思想政治工作的效果。在新形势下，随着经济成分、组织形式和分配方式的多样化，人们的主观意识不断增强，思想政治工作的难度日趋增大，要想提高工作的实际效果，对于

---

① 陈运琴.从实际出发，切实做好大学生思想政治工作[J].孝感学院学报，2002(8).
② 黄华.高校宣传思想工作创新的思考[J].南昌工程学院学报，2006(10).

思想政治工作来说，应养成良好的心理素质，积极探索，寻求新经验、新方法，保持思想政治旺盛的生机和活力，以应对工作中出现的复杂局面。思想政治工作归根到底离不开人，出发点和归宿点都是人，因此，重视和提高思想政治工作者的心理特征是做好高校思想政治工作的重要基础。

心理素质，是个体在心理过程、个体心理等方面所具有的基本特征和品质，是指个体心理诸要素及其发展水平。心理素质的获得是一个动态的过程，是人们行为的基础，有什么样的心理素质，就会产生什么样的思维和行为反应，心理素质是决定工作成败的重要因素。思想政治工作者所具备的心理素质，直接影响到思想政治工作的效果。

一个合格的思想政治工作者应该具备良好的心理素质。首先要保持心态平和，以理性平和的心态处理思想政治工作中的矛盾。没有健康的心理，思想政治工作就无法经受心理挫折的考验，无法帮助他人维护心理健康。时刻保持情绪稳定，心情舒畅，有利于随时开展工作。要保持思想政治工作的良好心态，必须做到以下几点：第一，淡泊名利，不为物质利益所诱惑。如果思想政治心态不正，为物质名利所惑，贪图享乐，不能自拔，甚至不择手段，铤而走险，则无法正己正人，更有可能走上邪路。第二，稳定的情绪。情绪是人对外界事物所产生的直接情感的反映。作为一名优秀的思想政治工作者，应具有饱满的热情和稳定持久的情绪，要善于自我控制。不阴沉抑郁，喜怒无常，要善于恰如其分地表现自己的情绪。情绪激动时如果无法控制自己，就谈不上从事思想政治工作。要控制过激情绪，尤其在“制怒”方面应注重日常训练，不以物喜，不以己悲。在思想政治工作的方法和手段上，应当充满“人情味”，对犯错误也能动之以情，晓之以理，处处与人为善，将心比心。这样才能增进对工作对象的感染力，使他们对生活、对事业充满信心。

除了具备上述的理性平和心态外，思想政治工作者还应调整思想状态，不断完善自我，在实践中要正确培养以下几种心理特征：

一是完善的个性。优秀的思想政治工作者的个性影响面广，应具有“多维性”。具体表现在：在气质上，思想政治工作者应当沉着冷静，稳重老练。考虑问题要深思熟虑，力求全面、周到，不简单片面；在制定计划、安排工作、布置任务时，要从实际出发，量力而行，做到留有余地，不满打满算，更不要冒进；在谈话、讲话时，要注意分寸，做到诚实可信；在处理问题时，要三思而行，做到积极稳妥，合情合理，不操之过急；在开展各种活动时，严密组织，具体指导，做到有理、有利、有节。在性格上，应勤奋朴实，谦虚谨慎，豁达开朗，待人宽容，富有正义感和责任心，这样就能团结和协调各种各样的人一道工作。

二要有坚强的意志，善于自我激励。优秀的思想政治工作者要体验身处逆境的滋味，经得起挫折和失败的打击，必须具有坚强的意志，表现在：工作自觉主动，自制力强，勇敢、坚定，有坚持不懈、百折不挠、不达到目的誓不罢休的毅力和恒心。同时，思想政治工作者要通过不断的自我暗示，把自己的热情和能力调动起来，并不断进步。

第三是广泛的兴趣。兴趣是人们积极探究事物的认识倾向，对于追求真理、提高能力、充实生活十分必要。为了适应当前思想政治工作已向社会化形势发展的需要，思想政治工作者也必须注意培养自己广泛的兴趣。兴趣广泛，才能敢于并善于涉足各种场合，才有利于与工作对象之间增进了解，缩短距离，沟通思想感情；才有利于及时引导和帮助工作对象培养文明、健康和科学的生活情趣，也有利于增强思想政治工作的吸引力和说服力。因此，优秀的思想政治工作者不仅要对本行工作，而且对文体活动也要有较大的兴趣，进而培养强烈进取心和奋斗精神；灵活地把正面教育引向 8 小时之外；把教育融入思想性、知识性和趣味性中，寓教育于感染熏陶、潜移默化之中。

总之，思想政治工作是一门综合性的工作，政策性、理论性、思想性、科学性都很强。提高高校思想政治工作者的心理素质，是提高高校思想政治工作权威性和有效性的基本保证，是十分必要的。

二、提高学生的心理素质是高校思想政治工作的重点之一

（一）案例聚焦及分析

2007 年 4 月 16 日上午，美国弗吉尼亚理工大学发生枪击案，该校韩国学生赵承熙开枪杀死 32 人后，自己也开枪自杀。这起被称为美国历史上最严重的校园枪击案震惊了世界。犯罪心理学专家、中国人民公安大学教授李玫瑾认为，许多人都将目光集中或归咎于美国的枪支泛滥，但是，真正需要人们引起高度重视与关注的，是如何发现人的异常心理问题。应该看到，心理问题的危害性更甚于枪支问题。枪支可怕，心理问题更可怕，因为，对于心理问题严重的人来说，即使没有枪，也会对社会造成巨大的危害。中国也存在这类案件：2004 年 2 月 13 日至 15 日，云南大学学生马加爵用铁锤杀害 4 名同宿舍同学；2001 年 9 月至 2003 年 11 月，黄勇杀害无辜青少年 17 人。李玫瑾教授曾对这些案例进行过犯罪心理分析，她认为：性格缺陷酿成悲剧……但同时，心理问题的出现是有迹象可循的，心理内容会在人的日常生活中有所表现……

大学是人生的转折站，学生要从亲情包围的家庭走入独立打拼、充满激烈竞争的现实社会。这一阶段的学生在心理上尚未完全独立，面临的问题较多，如升学、择业、恋爱等。心理的成熟与家庭背景、个人经历和追求等有关。对于“心理贫穷”的学生来说，他们尤其需要亲情和关爱。当他们遭受挫折，品尝失败时，亲情或友情是最有力的缓解方式。而学校，尤其是大学恰恰在这方面较为薄弱。

不难看出，随着社会竞争的加剧、生活节奏的加快以及当代大学生学习压力和就业压力的加大，大学生的心理问题日益增多，心理失衡、心理危机时有表现。今天的大学生不仅应当具备较强的学习能力、逻辑推理能力、分析综合能力和创新能力，而且必须具有健全的人格，稳定的情绪，较强的适应力、耐挫力、自制力和社交能力，坚忍不拔的毅力和宽宏大量、团结容人的品质。大学生只有具备了这些良好的心理素质，才能适应现代社会的激烈竞争和快速变革。18 岁至 25 岁之间这一年龄段的人看似外形接近成年，但心理尚未成熟，并且很不稳定，所以，教育要有责任意识，不仅传授知识，还要帮助青少年心理成熟，帮助他们顺利度过这一阶段。注重培养大学生的健康心理，是高校思想政治工作和人才培养不可缺少的重要环节，是当下形势和思想政治工作的急迫要求。

(二) 提高大学生的心理素质

心理因素在青年成长中作用的增强，需要思想工作不但要入耳入脑，还要入心，不仅要入理，还要入情。高校思想政治工作必须浸透到心理健康教育中，积极做好心理疏导工作，以增强他们的心理调节和控制能力。所谓心理健康教育，就是心理教育工作者运用心理学、教育学原理以及心理咨询理论和技术对受教育者施加一定的影响，帮助他们化解心理矛盾、减少心理冲突、缓解心理压力、优化心理素质，使受教育者的心态得以正常发展，保持良好的状态，形成良好的个性和思想品质，促进人格的完善及人的全面发展。大学生心理健康教育的宗旨是从思想根源上找到学生产生心理障碍的原因，通过宣传、教育、引导、启发、心理咨询等实践活动，扫除各种思想障碍。它既可以提高学生的心理素质，又能促进学生综合能力的全面发展。

良好的心理素质是理性思维的前提，它是学生树立正确的世界观、人生观、价值观的重要基础。高校思想政治工作者要关注和提高大学生的心理素质，培养他们理性地去思维，从而指导他们正确、理性的行为。首先要培养学生的社会责任感，要使他们自觉地意识到自己的价值和使命，努力使广大青年学生成为既有社会责任感又充满理想、具有自信心的人。二要培养他们自理、自主的能力，克服依赖心理。要启发学生认识活动的主观能动性，启发学生增强自我教育、自我约束的能力，使得他们心灵的塑造由他律转化为自律，要引导学生保持身心的愉悦，保持心灵的舒展和内心精神生活的充实。三要培养学生树立正确的竞争心理。不要把自己的成功寄托在别人的失误和失败上，而要靠自身的实力去战胜对手，在思想上要确立有时竞争的对手又是合作伙伴的理念。四要优化接受心理。被教育者的接受心理是取得教育效果的重要因素，要通过诱导和不断调节青年学生的接受心理，通过关爱、鼓励挖掘学生的潜智力，通过点拨，滋润学生的悟性，使聪明者更聪明，不聪明者变得聪明。五要培养抗挫、折抗失败的能力。不怕挫折知难而进是每一个成功者必须具备的心理素质，要成就一番事业不可能不遇到艰难与风险，没有百折不挠的精神就不可能成人，更不可能成为栋梁之才。

第五节 用辩证法改变“非此即彼”的思维程式

一、“非此即彼”的思维方式是长期“左”的思想影响的产物

在文化大革命期间,“阶级斗争为纲”使人们看问题形成了一种定势思维:不是无产阶级就是资产阶级;不是社会主义就是资本主义;不是集体主义就是个人主义;不是好就是坏;不是“是”就是“非”;不是白就是黑;不是“义”就是“利”;不是“善”就是“恶”……没有过渡,没有余地,没有中间地带。在这种思维方式之下,一有问题就争论,一争论就上纲上线,谁最“左”,谁就最“革命”。这种思维程式影响很深。半个多世纪的历史经验和教训表明,“非此即彼”的思维不符合客观事物的本来面貌,因为客观事物是十分复杂的,并不能简单地归结为社资、好坏、是非、黑白。好坏之间有不好不坏,黑白之间有灰色。我们经常碰到的是良莠不齐,是好坏参半,是利弊相当,是是非混杂。

我们必须摒弃“非此即彼”的思维定势,应更加辩证地看待国内外形势,认识周围的事物,评价古今的人物,像恩格斯教导我们的那样:按照事物的本来面目来认识世界。[①] 我们更要学会辩证地思索,全面地认识,思维方式千万不可绝对化、极端化。

二、克服绝对化思维,按照事物本来的面目认识事物

在特定的历史阶段,在我国的社会生活中曾盛行片面性、绝对化的思维方法,这就是人们经常谈起的一点论、单打一、一刀切、一阵风、大呼隆。这种思维方法有时还会像影子似地紧紧缠住我们,不时表现在社会生活的各个方面。在我们的工作中,最容易犯的一个毛病,恐怕就要算绝对化。要么肯定一切,要么否定一切,说好就一切都好,似乎没有一点缺点;说坏就一切都坏,似乎没有一点优点。绝对化,是一种形而上学的思想,它用静止、僵化、片面、凝固的观点观察事物,看不到事物的变化、运动和发展,对我们的事业危害极大。绝对化的思想方法,不利于做好思想政治工作,不利于管理,不利于帮助学生的进步。防止绝对化应认真处理好个别与一般的关系。个别和一般是对立面的统一:个别离不开一般,一般寓于个别之中;但个别与一般又是有区别的。所以,我们既不能以个别代替一般,又不能只看到一般而忽视了个别。[②]

在思想政治工作中,有了绝对化的思想,不仅不能帮助学生进步,而且有时还

① 林樟杰,解放日报.2007—02—19.

② 史美珩.论片面性绝对化的思维方法[J].浙江师范大学学报(社会科学版),1999(6).

会起消极作用。人都是变化中的人，先进可以变为落后，落后的也会变为先进。绝对化的观点，不是用发展、变化的观点看人、识人，而是用老印象看人、论人。平时，对学生的长处和短处的认识，如果不能坚持唯物辩证法的观点，也会犯绝对化的错误。说到短，就一切都是短，看不到学生长处的一面；说到学生的长处，就把他看成一朵花，似乎什么缺点都没有。"真理再向前迈进一步，就会变成谬误。"喜欢用绝对化观点看问题的人，是一种思想、方法上的"疑难杂症"，治好这个病的药只有一种，那就是马克思主义的唯物辩证法。

三、以辩证唯物主义为指导，从实际出发做好思想政治工作

高校思想政治工作要坚持虚实结合，即务虚与务实方法的辩证统一。虚实结合，既是思想政治教育必须遵循的原则，也是思想政治教育两种方法的辩证统一性体现。虚即"务虚"教育方法，即采取理论学习、思想教育、开会座谈讨论、宣传激励、交流谈心、开展批评与自我批评以及利用网络手段及现代化媒体进行教育的方法。师生"虚"的问题即思想认识问题，包括师生理想、信念的培育问题；对党的路线方针政策的正确认识和理解的问题；各种思想观念问题以及矛盾和困惑的化解。这些"虚"的问题的解决需要强化"务虚"的思想政治教育方法。实践证明，这种"务虚"教育方法只要运用得当是很有成效的，也是很有必要的。但是师生的思想政治工作又不能单靠这种"嘴上功夫"来说道理，不能仅凭理论学习、作报告、开会谈话来解决问题。在做好"务虚"工作的同时，也要做好"务实"。"务实"就是要关心和实现师生的利益，这是思想政治工作的内在目的之一。马克思说过："'思想'一旦离开'利益'，就一定使自己出丑"，"人们奋斗所争取的一切，都同他们的利益相关"。人的利益是多种多样的，但可以归纳为物质利益和精神利益，其中物质利益是基础。因此，关心和满足师生的物质需求，为师生办一些实事好事，是思想政治教育的应有之义。毛泽东也指出："必须给人民以看得见的物质福利。"在满足了物质需要后，人们还有更多的精神需要。马斯洛将人的需要分为：生理需要、安全需要、交往需要、自尊需要、自我实现需要。精神需要包括人的自尊需要、信任需要、自我实现需要等等。这就要求高校思想政治教育工作必须将"务虚"与"务实"相结合，同时解决师生思想问题和物质精神利益问题。两种方法的关系是辩证统一的，"务虚"是"务实"的目的之所在，"务实"不能离开解决人们思想认识问题这一根本目的；"务实"又是"务虚"的基础之所在，"务虚"需要借助一定的物质和精神利益条件作为手段，而且思想政治教育归根到底又是为经济建设服务的。所以，高校思想政治工作方法要虚实结合，要把虚的形式与实的内容结合起来，虚不失实，实不离虚。①

① 董金权.思想政治教育方法辩证逻辑特征刍议[J].南昌航空工业学院学报(社会科学版)，2002(4).

第六节　树立法制意识，纠正无制约的思想政治工作模式

一、高校思想政治工作必须在法律范围内进行

高校的思想政治工作者在开展工作时也要注重强化自身法制观念，在法律范围内更好地进行大学生思想政治工作。

依法治校与以德治校紧密结合起来，是建设有中国特色社会主义和高校校园文化建设的内在要求。法制文明属于政治建设和政治文明，德治属于思想道德建设和精神文明，只有把两者结合起来，既发挥法律对学生思想和行为的强制性规范和约束作用，又发挥道德对学生思想和行为的教育引导和自我启发功能，才能使学生不失去正确的目标，并有正确的行为规范。高校道德建设需要法律的保障。社会主义初级阶段，道德是多层次的，而且是多元的，不可能用同一标准去要求所有的学生，为了保护大学生长远的、根本的利益，必须有法律强制力，这种强制力就是对违反基本道德的威慑。虽然不能完全靠强制力来维持，但如果没有强制力的保障，任何一个学校都很难保持稳定和搞好各项建设。因此，高校思想政治工作作为高校办学的一个方面的工作，必须要在法律范围内进行。①

二、思想政治工作不是包办一切、涵盖一切、压倒一切的，不是无制约的

1. 高校思想政治工作要实施规范化管理

做好高校思想政治工作要尽量避免工作责任的不当转移。比如：工作规范不到位，用空洞的思想工作来解决学生遇到的一切问题，或是放任学生自己，干好干坏一个样，没有对工作状况的具体考核标准。对负责的工作，只停留在布置传达层面，或是笼统地包办，至于贯彻和实施效果则不闻不问。这就违背了思想政治工作本身的意义。

任何一项工作，如果没有规范，都不会有好的效果。思想政治工作实行规范化管理，工作的深度才会有所保证。思想政治工作需不需要规范化管理，能不能实施规范化管理，其回答是肯定的。加强和改进思想政治工作，使思想政治工作有理、有形、有情、有效，使思想政治工作像经济工作那样有一套明确具体而有效的适应形势、任务需要的基本做法、基本形式和基本要求，使思想政治工作项项有制度，事事有程序，件件有人负责，这就是思想政治工作规范化管理的基本要求。

---

① 董淑范."入世"对高校法制教育与道德教育的要求[J].长春师范学院学报(人文社会科学版),2002(4).

思想政治工作像其他科学一样,有其基本的内涵,有基本规律可循,有基本要求应予以满足。思想政治工作实施规范化管理是现实的、是必须的、是思想政治工作本身所要求的。

2. 思想政治工作的规范化管理

(1) 建立调查研究制度。及时准确地了解掌握学生的思想情绪,是做好学生思想政治工作的基础和前提。在改革开放和发展社会主义市场经济条件下,学生的接触面日益扩大,信息量急剧增加,各种思潮相互碰撞。思想政治工作应当及时、准确地把握住学生的思想脉搏和发展趋势,必须制定调查研究制度,经常不断地、有计划地深入基层调查研究,而绝不是不弄清事实,用思想压制思想或是将学生“一棒子打死”。只有克服随意性,才能恰如其分地对群众的思想状况和社会关系作出正确的判断,才能有的放矢地做好工作。

(2) 定期分析制度。思想政治工作的目的是做人的思想转化工作,应当分析研究人的思想问题产生的原因和发展趋势,把握人的思想活动规律,然后有针对性地解决问题,提高人们的觉悟。因此,搞好思想问题的分析,是解决思想问题,从而做好思想政治工作的关键环节。特别是对思想问题进行定期的分析,对于抓住一个时期的主要矛盾,解决倾向性的问题,具有十分重要的意义。进行思想分析,要注意抓住两个环节,一是对思想问题进行深入的解剖;二是选择有针对性的解决办法。进行思想分析必须坚持经常性和制度化。

(3) 协调会议制度。思想政治工作是一项广泛而普遍的群众性的工作,需要动员大家一起来做。从高校来看,不仅党组织要做,而且行政领导、工会、共青团、学工部等也要做,上述力量汇合在一起,形成多方位和复合型的思想政治工作网络体系。

(4) 个人负责制度。个人负责制,是进行思想政治工作的一项重要制度。在高校深化改革的今天,显得更为重要。它主要规定各个工作部门和各类工作人员的工作责任,具体包括职责、职权、一定时期工作对象,所要完成的任务、工作标准和要求等。坚持这项制度,有利于培养思想政治工作干部独立思考和独立工作的能力;有利于对工作督促检查,对工作人员进行考核。在实行个人负责制的过程中,要树立集体主义观念,搞好部门之间、个人之间的配合协作。

(5) 奖惩制度。奖励和惩罚是一种重要的教育手段。高校开展思想政治工作时,一方面对思想政治表现好的学生进行奖励,另一方面对思想政治表现差的或造成严重损失的学生给予惩罚。这样,就需要制定科学的奖惩制度。奖励要坚持精神鼓励和物质鼓励相结合,以精神鼓励为主、物质鼓励为辅的原则。惩罚要坚持以思想教育为主、惩罚为辅的原则。而绝对不是要超越法律的范围任意惩罚和肆意伤害学生,这样只会是违背思想政治教育的本意,后果难以想象。

三、在增强民主意识的同时，增强法制意识，是新时期思想政治工作的必然要求

作为新时期的高校思想政治工作者，其增加民主意识和法制意识的必然性主要体现在其具体的工作实践中，即对学生加强民主意识和法制意识教育的必要性上。

（一）增强大学生的民主意识

在改革开放发展到新阶段的今天，民主、自由、公平、公正的思想业已被广大学生接纳，大学生虽然崇尚民主观念，但对民主认识仍显模糊，对民主的目的和内容了解不够，简单地认为民主就是自由。他们缺乏对社会主义民主实质的认识，有的甚至盲目崇拜资本主义的民主。因此，一是要在大学生中倡导平等意识。平等是民主的灵魂，没有平等就没有民主。在社会主义社会，无论你是贫或富、在城或乡、是“官”或民，在公民的权益上是平等的。大学生在发展个性自由、实现自我价值的同时，必须尊重他人的个性自由和价值，不能损害他人的权益。二是要培养大学生中先进分子、学生党员的民主决策、民主监督、民主管理和体现民意、保障民权的观念，增强他们依法办事、遵守法律、清正廉洁的观念和素质，为我们党造就具有民主作风、法制观念和清廉之风的新一代后备力量。

（二）增强大学生的法律意识

1. 大学生法律意识薄弱

大学生法制观念淡漠的危害不容小觑。北京大学化学系的王某仅仅因为朋友对自己的疏远就决意投毒，致两人严重中毒，送至医院抢救才脱离危险。当自己遇到困惑或合法权益受到侵犯时，法制意识淡漠的大学生不是更多地寻求朋友或者家人的帮助，而是采取极端不可取的方式——打击报复——从而酿成悲剧。清华大学学生刘海洋用硫酸烧伤动物园里的 5 只狗熊一案，曾经引起社会上的广泛关注。据他说自己已经学过法律基础课，知道民法刑法，却以身试法，用浓烈的硫酸浇向狗熊。他说，“没想到后果那么严重”。作为一名正在接受高等教育的成绩优秀的学生，他居然声称自己没有预料到会有这样的后果，且不论这是否有违常理，最起码可以看出来该生缺乏最起码的对动物的爱心和对法律的尊重！在合肥发生的一件大学生盗窃案件中，遭受盗窃的几十名同学中居然无一人报案，可见防范意识之弱。他们中有的是不了解报案程序，有的甚至不会想到要去报案。当权利受到危害的第一时刻想到的维权方式不是法律，法律作为维权武器所存在的意义便大打折扣。而从另一个角度来看，对犯罪分子的纵容亦是对他人合法权利的破坏！

2. 加强大学生法律意识教育的重要意义

第一，加强大学生法律意识教育，是大学生顺利成长、发展的需要。其一，大

学生的健康成长离不开学习法律知识和增强法律意识。如果不懂法律知识，法律观念不正确，就不会评判是非，就不能依法办事，甚至还可能走上违法犯罪道路。其二，大学生综合素质的提升与发展，离不开法制教育。大学生要能适应知识经济时代，并真正作为主力军在知识经济时代发挥巨大的能动创造作用，必须有过硬的综合素质。法律素质是其中不可或缺的部分。

第二，从近几年法制建设的实践来看，法律和法规日益成为社会主义市场经济的重要组成部分。法律法规既是市场经济发展的内部机制、内在要求和重要条件，又对市场经济的建立和发展起着引导、规范和保障作用。建立和完善社会主义市场经济体制，是一个长期发展的过程，也是一项艰巨复杂的社会系统工程，任重而道远，这自然要落在一代又一代大学生的肩上。作为未来经济建设骨干力量的大学生，只有学法、懂法，掌握法律知识，自觉用法律来规范自己的行为，依法办事，才能做好专业工作；相反，如果不学法、不懂法，不仅影响工作，而且可能在国内外经济活动中上当受骗，使国家、集体和个人蒙受损失。因此，市场经济越发展、法制建设越健全，社会对大学生法律素质的要求就越高。

第三，加强大学生的法律意识教育，提升他们的法律素质，对于促进社会主义两个文明建设具有积极的价值。其一，民主法制观念的形成，是精神文明建设题中本有之义。其二，物质财富的创造以及物质文明的发展，归根结底，取决于人的素质的全面提升。在进一步完善和发展社会主义市场经济，建设民主、富强、文明的社会主义法治国家的现实境遇中，法律素质在劳动者素质中尤为突出。

3. 根据目前大学生法制观念存在的与和谐社会要求不相符问题，要有针对性地开展教育

一要加强诚信教育，诚信是大学生进入社会的“通行证”。市场经济正常运行需要经济主体诚实守信、遵守契约；民主政治良性发展需要社会主体遵纪守法、相互信任。大学生只有努力培养诚实守信的优良品质，奠定立足现代社会的道德基石，才能成为高水平的党政人才、企业经营人才、专业技术人才，承担起全面建设和谐社会和社会主义现代化建设的重任。

二要增强公平正义意识。通过对大学生进行法制教育，使法对人行为的指引、评价、预测作用成为他们的行为规范，使我们的大学生知道应该做什么，可以做什么和不可以做什么。用法律深刻的思想内容和道义精神为他们树立起判断是非曲直的标准，用以评价和预测他人及自己行为合法或非法的尺度，尊重公平竞争的法律秩序，理解他人的合法利益并取得自己的合法利益，按照法律原则和道德观念，公道正直地为人处世，维护社会的公平正义。

总之，高校必须加强大学生民主法制的政治观教育。传统的灌输政治观和教育理念的教育方式已经不适应民主法制教育，这就要求高校的民主法制教育一定要尊重科学，讲究教育的科学性。大学生是有知识、有才华、有希望的一代，他们

思想活跃、思路敏捷，相信他们具有甄别、比较、去伪存真的能力。高等院校应根据新形势的需要和各高校的特点，在进行法律基础课教学、校园法制宣传和普法教育时，多结合学生实际，从身边事例讲起，培养学生的法律兴趣，使他们逐步具有自觉地、积极地学习法律的内在动力；把政治观教育、社会公德教育和民主法制教育融为一体，增加教育内容；同时根据大学生正处在公民意识的萌生年龄，做好其公民权利义务教育。

后 记

本书是在讲授硕士课程“高校思想政治工作”和博士课程“德育新论”的过程中，同几届研究生相互切磋、共同研究的结果，也是在编写过程中与上海师范大学、上海电力学院的部分专职干部、理论教师一起探讨、齐心合作的结果。

思想政治工作是一门做人的工作的学问，在以人为本的新认知下，它显得格外神圣、格外重要，也变得更加艰巨、更加多彩。

高校的思想政治工作不仅包括学生思想政治工作，也包括干部和教职工的思想政治工作。它不仅与时代背景有很大关系，而且与工作对象和工作主体的各种各样的自身因素有关。它涉及工作的目标、原则、内容、方法和渠道，也涉及日常工作、课程改革、队伍建设、党建保证乃至思维方式。因此这个课题具有非常丰富的研究资源和十分广阔的探索空间。本书虽然经过认真思索，反复斟酌，力求有所创新，有所突破，但也只能是一孔之见，定有不少疏漏与错误，敬请读者给予批评指正。

承蒙中国人民大学党委书记程天权教授为本书作序，深怀感激！上海教育出版社高教室张文忠主任、王鹂编辑为本书出版做了大量细致的工作，在此一并表示感谢！

林樟杰

二〇〇八年十二月于上海师范大学

参考文献

著作类

1. 马克思，恩格斯. 马克思恩格斯全集（第1卷，第2卷，第3卷）[C]. 人民出版社，1956.
2. 马克思. 1844年经济学哲学手稿[M]. 人民出版社，2000.
3. 马克思，恩格斯. 马恩选集（第三卷）[M]. 人民出版社，1972.
4. 列宁选集（第一卷，第三卷）[C]. 人民出版社，1972.
5. 邓小平文选（第2卷，第3卷）[C]. 人民出版社，1993.
6. 毛泽东文集（第3卷）[C]. 人民出版社，1996.
7. 江泽民. 教育必须以提高国民素质为根本宗旨[A]. 江泽民文选（第二卷）[C]. 人民出版社，2006.
8. 江泽民论有中国特色社会主义[M]. 中央文献出版社，2002.
9. 江泽民. 论"三个代表"[M]. 中央文献出版社，2001.
10. 胡锦涛. 在全国优秀教师代表座谈会上的重要讲话. 2007年8月31日.
11. 胡锦涛. 高举中国特色社会主义伟大旗帜　为夺取全面建设小康社会新胜利而奋斗. 在中国共产党第十七次全国代表大会上的讲话，2007.
12. 中共中央关于加强和改进思想政治工作的若干意见.
13. 中共中央宣传部教育部关于进一步加强高等学校学生形势与政策教育的通知.
14. 中共中央宣传部教育部关于进一步加强和改进高等学校思想政治理论课的意见.
15. 中共中央国务院关于进一步加强和改进大学生思想政治教育的意见. 2004年8月26日.
16. 刘小新. 当代大学生主导价值观研究[M]. 首都师范大学出版社，2005.
17. 汉斯・摩根索. 国际纵横策论[M]. 上海译文出版社，1995.
18. 布鲁贝克著，王承绪等译. 高等教育哲学[M]. 浙江教育出版社，2002.

19. 林樟杰. 高等学校管理新认知[M]. 上海教育出版社,2007.
20. 蒋明军. 高校学生工作研究与探索[R]. 上海中医药大学出版社,2005.
21. 喻国明. 传媒影响力[M]. 南方日报出版社,2003.
22. 顾海良. 高校思想政治教育导论[M]. 武汉大学出版社,2006.
23. 林樟杰. 论新时期中国的知识分子问题[M]. 上海交通大学出版社,1999.
24. 朱国仁. 高等学校职能论[M]. 黑龙江教育出版社,1999.
25. 杜威. 民主主义与教育. 杜威教育名篇[M]. 教育科学出版社,2006.
26. [美] 戴维·波普诺. 社会学[M]. 辽宁出版社,1987.
27. 理论热点面对面·2007. 学习出版社,人民出版社.
28. [加] 阿拉普拉著,杨韶刚译. 作为焦虑和平静的宗教[M]. 华夏出版社,2000.
29. 林樟杰. 学思无涯[M]. 上海三联书店,2004.
30. 徐晨光. 思想政治工作方法创新研究[M]. 红旗出版社,2002.
31. 上海财经大学邓小平理论研究中心. 我国社会主义改革实践过程对人们思想的影响研究[M]. 上海人民出版社,2001.
32. 上海社会科学院邓小平理论研究中心. 当今国际环境和国际政治斗争带来的影响研究[M]. 上海人民出版社,2001.
33. 唐伟. 组织凝聚力研究初探[D]. 北京师范大学出版社,2004.
34. 白振汉,陈耀德. 现代管理心理学[M]. 青岛出版社,1997.
35. 纪宝成. 发展与繁荣人文社会科学[M]. 中国人民大学出版社,2004.
36. 陈志江. 当今日本教育概览[M]. 河南教育出版社,1994.
37. [美] 伯顿·克拉克,王承绪译. 探究的场所——现代大学的科研和研究生教育[M]. 浙江教育出版社,2002.
38. 杨东平. 大学精神[M]. 辽海出版社,1999.
39. 江卫东. 人力资源管理理论与方法[M]. 经济管理出版社,2002.
40. 李辽宁. 当代中国思想政治教育意识形态功能研究[M]. 武汉大学出版社,2006.
41. 蔡克勇. 我国高等教育体制改革及其综合效益分析[M]. 人民教育出版社,1997.
42. 伯顿·克拉克,王承绪译. 高等教育新论[M]. 浙江教育出版社,1987.
43. 李娟. 思想政治工作创新[M]. 中国言实出版社,2004.
44. 亨利·纽曼. 大学的理想[M]. 浙江教育出版社,2001.
45. 韩庆祥等. 人学——人的问题的当代阐释[M]. 云南人民出版社,2001.
46. 杨德广. 教育新视野新理念[M]. 上海教育出版社,2008.
47. [意] L·L·卡瓦利-斯福扎等著,乐俊河译,杜若甫校. 人类的大迁徙[M]. 科学出版社,1998.

48. 范俊军编译. 联合国教科文组织关于保护语言与文化多样性文件汇编[M]. 民族出版社,2006.
49. 萨义德. 知识分子论[M]. 三联出版社,2002.
50. 高等学校党的建设研究[M]. 上海教育出版社,2005.
51. 上海教育系统党的建设研究[M]. 上海教育出版社,2005.
52. 探索与实践——上海市科技教育党委系统党建研究成果文集. 上海教育出版社,2007.
53. 继承与跨越——党的第三代领导集体统战理论与实践的新发展. 学林出版社,2004.
54. 罗利建. 人本教育[M]. 中国经济出版社,2004.

期刊类

1. 项久雨. 利益逻辑与思想政治教育价值的生成. 思想理论教育,2008(1).
2. 胡代光. 经济全球化的影响和我们的对策. 宏观经济研究和我们的对策,2002(7).
3. 陈安金. 大学生宗教信仰成因及对策探析. 科学与无神论,2004(1).
4. 刘昊,薛平平. 流行时尚文化对青年大学生的影响. 长沙大学学报,第 21 卷第 6 期.
5. 李长安. 宗教与社会稳定问题的思考. 当代法学论坛,2006(3).
6. 祖国华. 试论大学生思想政治教育的主体、客体与载体[J]. 现代教育科学,2005(6).
7. 刘洋. 浅论学生思想政治教育的观念创新[J]. 教学与管理,2006(3).
8. 杨岚,刘争先. 新时期大学生典型示范教育创新分析[J]. 法制与社会,2007(1).
9. 陈杰桂. 高校道德建设中的师生互动关系初探[J]. 科教文汇,2007(3).
10. 彭鸿雁. 网络时代背景下的"思想政治理论课"教学[J]. 政治理论研究,2007(4).
11. 李树和,李全,陈达光. 深化实践育人创新大学生思想政治教育工作[J]. 思想政治教育研究,2007(2).
12. 刘晓明,洪梅. 在高校思想政治教育中探索体验式教育[J]. 理论学习,2007(1).
13. 张珏. 日本:教育对日本现代化起了主要作用[J]. 教育发展研究,2003(3).
14. 叶珊,赵梅. 影响高校群体凝聚力的因素分析及应对策略[J]. 医学教育探索,2006 年第 5 卷第 4 期.
15. 王军,曾雪珊. 推进高校岗位聘任制度的政策环境问题及对策[J]. 科技管理研究,2006(10).
16. 耿鹏翔. 大学生就业困境的制度分析[J]. 经济理论研究,2007(7).
17. 浦建民. 高校教师人际关系分析. 江苏高教,1997(6).
18. 石书臣. 论思想政治教育的意识形态性与非意识形态性的统一[J]. 探索,2003(3).
19. 于洪军. 意识形态教育:思想政治教育的应有之义[J]. 求实,2004(10).
20. 苗素莲. 市场行为对大学的影响[J]. 现代大学教育,2003(5).
21. 王勤. 论思想政治教育的经济价值[J]. 教学与研究,2003(3).
22. 王利华. 论思想政治教育的精神动力价值[J]. 经济与社会发展,2006(4).
23. 罗保华. 试论思想政治工作对文化发展的价值显现[J]. 唯实,2003(3).
24. 罗保华. 思想政治工作文化价值探析[J]. 中国青年政治学院学报,2004(2).
25. 吴琼. 当代国外思想政治教育方法及其启示[J]. 求实,2000(5).
26. 丁雪梅. 论大学生人格教育与完善[J]. 社会科学论坛,2006(10).
27. 王利华. 论思想政治教育的精神动力价值[J]. 经济与社会发展,2006(4).
28. 王成文. 高校思想政治教育个性化的理性思考[J]. 思想政治教育研究,2006(3).
29. 陈若松. 论大学生思政教育的情理交融[J]. 思想政治教育研究,2005(6).
30. 王秉琦等. 思想政治个性化教育研究及其实施途径[J]. 思想教育研究,2006(9).
31. 麦培年,宋善文. 论马克思主义理论素养教育在高校思想政治教育中的地位[J]. 党史文苑,2007(6).
32. 谢其梅. 增强实践意识,优化大学生思想政治教育[J]. 中国高等教育,2007(12).
33. 邓维贵. 从“三个层面”构建和谐校园文化[J]. 广东教育·教研,2007(21).
34. 黄钊. 社会主义核心价值体系基本内容及其要素关系[J]. 思想教育研究,2007(7).
35. 陈瑶. 现代大学要有现代办学理念[J]. 现代情报,2004(7).
36. 朱伟. 论核心价值体系与校园文化建设[J]. 教学与管理,2008(2).
37. 南永晨. 坚持马克思主义在大学生思想教育中的主导地位[J]. 社科纵横,2007(10).
38. 王霞. 当前的集体与个人关系新辨[J]. 社会科学论坛(学术研究卷),2005(8).
39. 张玉春. 用制度建设营造公平正义的和谐校园[J]. 发展,2007(7).
40. 李尚益. 论当代大学生的品格培养[J]. 文史博览(理论),2007(1).
41. 黄耀忠,黄舟倩. 和谐社会呼唤仁爱精神——学习洪战辉有感[J]. 中国教育导刊,2006(11).
42. 王勇,王良平. 大学生善良品质的缺失与重构[J]. 思想政治教育研究,2006(5).
43. 李佃鑫. 论和谐党委领导班子的构建[J]. 中国石油大学学报(社会科学版),2007(5).
44. 王威孚,汤萱. 试析党委领导在推进和谐校园建设中的作用[J]. 学校党建与思想教育,2007(6).
45. 刘庆昌. 大学精神呼唤教授治校[J]. 教育,2008(2).
46. 顾人峰. 现代大学制度的核心——教授治学与校长治校[J]. 理工高教研究,2004(6).
47. 王希永. 如何搞好以人为本的思政教育[J]. 思想教育研究,2004(10).
48. 李晓莉. 论高校思想政治教育与心理健康教育的整合[J]. 教育与职业,2007(2).
49. 于钦华. 突发事件对高校思想政治教育的启示[J]. 华南热带农业大学学报,2004(3).
50. 程浩,于建春. 论社会实践活动与大学生思想政治教育的关系[J]. 求实,2005(2).
51. 杨克平,傅晓燕. 教书育人:高校教师职业道德的真谛[J]. 中国高等教育,2007(1).
52. 王旭东. 简论教书育人[J]. 北京教育(高教版),2007(2).
53. 潘世墨. 高校学生工作:“教育、管理、服务”的辨正关系[J]. 中国高等教育,2007(10).
54. 卢斌,李玉华. 大学生自我教育的作用及其能力培养途径[J]. 学校党建与思想教育,2005(11).
55. 徐伟东. 构建高校学生思想政治工作网络教育的新体系[J]. 黑龙江高教研究,2005(11).
56. 车承军. 高校学生思想政治工作有效性的制约因素及其对策[J]. 中国高教研究,2004(8).
57. 王伟,李文喜. 谈推动高校学生思想政治工作创新[J]. 中国成人教育,2005(10).
58. 章国平,吴小龙. 当前大学生思想政治状况与教育对策[J]. 黑龙江高教研究,2006(10).
59. 拓宏伟,刘浩弘. 试析多元文化思潮及大学生思想政治教育[J]. 教育与职业,2006(6).
60. 王凡. 试述高校思想政治工作在处理突发事件中的作用[J]. 思想教育研究,

2007(2).
61. 谢萍,谷诚.试论高校思想政治教育与行政管理[J].学校党建与思想教育,2006(12).
62. 马福运.以社会主义荣辱观统领大学生思想政治教育[J].思想政治教育研究,2007(1).
63. 徐柏才,张俊.用社会主义核心价值体系指导大学生思想政治教育[J].学校党建与思想教育,2007(2).
64. 赵晓春.2007年国际形势特点分析[J].思想理论教育导刊,2008(1).
65. 张莉等.大学生接受德育的认知特点分析及对策[J].湖北社会科学(教育论丛),2007(9).
66. 邱柏生.论思想政治理论课的基本功能[J].学校党建与思想教育,2005(4).
67. 林美卿等.强化实践性教学环节提高思想政治理论课教学实效[J].思想理论教育导刊,2006(3).
68. 顾钰民.以创新精神推进思想政治理论课的改革和建设[J].教学与研究,2006(6).
69. 骆郁廷.高校思想政治理论课建设的规律性初探[J].思想理论教育导刊,2007(3).
70. 梅荣政.科学认识思想政治理论课的学科定位[J].思想理论教育导刊,2006(5).
71. 确保高校思想政治理论课新课程方案高质量实施的有力举措——访教育部社科司司长杨光同志[J].思想理论教育导刊,2007(5).
72. 孟庆艳.精炼与致用:思想政治理论课教学体系的科学建构[J].辽宁教育研究,2006(12).
73. 翁铁慧.创新大学生思政教育队伍建设的理念与举措[J].中国高等教育,2005(20).
74. 马文瑛.新形势下高校思想政治工作的思考[J].中国素质教育理论与实践,2004(5).
75. 仲兆京,宣扬,史永庆,方九亿.突出人本,创新形式,打造特色,形成合力,努力做好大学生思想政治教育工作[J].中国高等医学教育,2006(7).
76. 蔡建军.关于当前思想政治工作形式主义的哲学思考[J].武警学院学报,2002(1).
77. 史美珩.论片面性绝对化的思维方法[J].浙江师大学报(社会科学版),1999(6).
78. Mullen, B & Cooper, C. *The relation between group cohesiveness and performance: an integration*. Psychological Bulletin, 1994.

79. Randel. D. M. *the Harvard Concise Dictionary of Music and Musicians*. The Belknap Press of Harvard University Press, 1999.

报纸类

1. 于文书. 党的教育方针的新视角[N]. 光明日报, 1999-10-18.
2. 湖南省邓小平理论和"三个代表"重要思想研究中心. 加强对社会思潮的正确引导[N]. 人民日报, 2005-04-22.
3. 骆郁廷. 建设和谐的大学文化[N]. 中国教育报, 2007-04-10.
4. 诚信为本　奋发向上——二〇〇七年高校学生思想政治状况滚动调查述评(上)[N]. 中国教育报, 2007-07-27.
5. 2002年全国教育事业发展统计公报[N]. 中国教育报, 2003-05-13.

图书在版编目(CIP)数据

高等学校思想政治工作新认知/林樟杰主编. —上海:上海教育出版社,2009.5
ISBN 978-7-5444-2358-8

Ⅰ. 高... Ⅱ. 林... Ⅲ. 高等学校—政治工作—研究—中国 Ⅳ. G641

中国版本图书馆 CIP 数据核字(2009)第 061664 号

高等学校思想政治工作新认知

林樟杰　主编

上海世纪出版股份有限公司
上　海　教　育　出　版　社 出版发行

易文网:www.ewen.cc

(上海永福路 123 号　　邮政编码:200031)

各地新华书店经销　　上海商务联西印刷有限公司印刷

开本 700×1000　1/16　插页 2　印张 22.25

2009 年 5 月第 1 版　　2009 年 5 月第 1 次印刷

印数 1-2,500 本

ISBN 978-7-5444-2358-8/D·0019　定价:39.00 元